LES ENFANTS DE LA GUERRE

Du même auteur

Les Luttes ouvrières en France du XVIIIe au XXe siècle, ouvrage collectif, Floréal, 1976.
La France de 1968, Le Seuil, 1978.
Les Années munichoises, Floréal, 1980.
Les Loups en France, Aubier, 1981 (en collaboration avec Claude-Catherine Ragache).
La Guerre détraquée, Aubier, 1983.
Le Jour J : 6 juin 1944, Le Seuil, 1984.
La Vie quotidienne des écrivains et des artistes sous l'occupation, Hachette-Littérature, 1988 (en collaboration avec Jean-Robert Ragache).
Le Retour des loups, Ramsay / de Cortanze, 1991.

GILLES RAGACHE

LES ENFANTS DE LA GUERRE

Vivre, survivre, lire et jouer en France 1939-1949

PERRIN

ISBN : 2-262-01153-2

1

Quand l'enfance s'en va-t-en guerre...

L'annonce, au milieu des vacances, d'un nouveau conflit avec l'Allemagne produisit une sorte d'excitation, de fébrilité même, surtout chez les garçons qui voyaient là une rupture avec le quotidien et peut-être le début d'une grande aventure, sans mesurer toutes les souffrances et les deuils qu'allait impliquer une telle affaire. Incapables de bien distinguer la fiction de la réalité certains l'accueillirent comme un loisir inattendu : « Les grandes vacances, au lieu de tirer un peu en longueur comme à l'ordinaire, ne manqueraient pas d'agrément : il y avait la guerre ! La guerre c'était ce drame à la fois monstrueux et frivole qui plissait le front des parents et faisait le bonheur des enfants [1]. » Les gamins trouvaient une dimension ludique à l'affaire : « On piquerait des petits drapeaux sur des cartes (...) on verrait enfin de ces combats d'avions qui, peut-être, ne prendraient pas chaque fois plus de trente secondes, comme avait prophétisé, dessins à l'appui, un illustré [2]. » Cependant, au cours des semaines qui suivent, le conflit commence à peupler les esprits. Les mères d'abord, leurs enfants ensuite, ont la psychose d'attaques aériennes massives par « les gaz » et de bombardements violents sur les villes de l'arrière. En effet les Français avaient alors tous en mémoire les images de villes en ruine filmées pendant la guerre d'Espagne et les récits des anciens combattants sur les effets terrifiants du « gaz moutarde » dans les tranchées. Cette peur fut d'abord aggravée par les actualités et les nouvelles en provenance de Pologne où, en septembre 1939, des milliers de bombes s'abattirent indistinctement sur les civils et les militaires. Pour se protéger de cette menace diffuse qui gommait largement les notions de « Front » et

1. In Claude Menuet, *Le Pensionnaire*, Le Seuil, 1993.
2. *Ibid.*

« d'arrière » héritées de 1914-18, dans toute la France, même très loin des frontières, on dissimule donc soigneusement les lumières le soir et on peint les phares des voitures en bleu afin de ne pas offrir de repères aux avions. Des exercices d'alerte sont organisés dans les écoles : « Il était 10 heures; nous dormions tranquillement. Seules Baloulette, Mireille et Claude étaient éveillées. Tout à coup la sirène mugit; sa voix désespérée montait, descendait, indéfiniment. On aurait dit que toute la Nature avait peur. C'était lugubre [1]. » La plupart des enfants considèrent vite les alertes comme un jeu, une parenthèse dans la vie scolaire, car elles ne sont pas suivies d'effet avant mai 1940. Mais, à Vence, quelques gamins prennent cela au sérieux et ils ont de bonnes raisons pour le faire : « Les petits Espagnols pleuraient. Ils se souvenaient des bombardements d'Espagne. Ils croyaient que les bombes allaient tomber. »

A toute heure et en tout lieu des familles entières déambulent avec un masque à gaz à portée de la main, masque très malcommode qui empeste le caoutchouc et sous lequel on étouffe à moitié dès les premières minutes d'utilisation. Chacun prie donc pour ne pas avoir à l'utiliser en situation réelle. « J'ai trois souvenirs d'école. Le premier est le plus flou : c'est dans la cave de l'école. On nous fait essayer des masques à gaz : les gros yeux devant le mica, le truc qui pendouille par devant, l'odeur écœurante du caoutchouc [2]. » Même dans des écoles situées très loin du front de l'Est, comme à Vence, des instructeurs procèdent à des démonstrations, souvent peu convaincantes : « Ils voulaient mettre le masque à Oriol qui n'a pas voulu; Baloulette n'a pas voulu non plus. Ils l'ont mis à Francisco. On aurait dit un éléphant : le masque ne couvre que la figure mais un long tuyau, comme une trompe, pend devant. En enlevant le masque Francisco a dit : Il fait chaud là-dedans [3] ! » C'est dans ce contexte de peur qu'est largement diffusé *Alerte aux avions* un manuel de « Défense passive » illustré par Marcel Jeanjean [4]. Depuis le 6 mai 1939 l'enseignement de la défense passive est rendu obligatoire dans les établissements scolaires. « Le ministre fait aussitôt distribuer dans les écoles le manuel et les élèves sont même autorisés à l'emporter chez eux pour l'instruction des familles [5]. » Clair et simple, il donne quelques notions sommaires sur la manière de se protéger des raids aériens et connaît un franc succès tant auprès des enfants des écoles que de leurs parents. « On nous enseigne (...) à reconnaître les signaux d'alerte émis par les sirènes : deux coups

1. Journal scolaire de l'école Freinet du 27/9/39, INRP.
2. Georges Perec, *W ou le souvenir d'enfance*, Gallimard, 1993.
3. Journal scolaire de l'école Freinet du 22/9/1939, INRP.
4. Album publié aux éditions Hachette.
5. Paul Giolitto, *Histoire de la jeunesse sous Vichy*, Perrin, p. 367.

montants et descendants, c'est l'alerte, mais les avions sont encore loin. La vraie alerte, elle, est annoncée par de très nombreux coups montants et descendants. Un long hurlement continu : c'est la fin de l'alerte [1]. » Des signaux que les enfants vont rapidement mémoriser. En marge de ce développement de la « Défense passive » qui invite chaque foyer à connaître l'abri le plus proche de son domicile (ou de son école pour les enfants) on procède à des évacuations depuis les régions les plus exposées vers les régions rurales du Massif central. Des milliers de petits Alsaciens et de Lorrains passent donc une Saint-Nicolas puis un Noël bien inhabituels et tristes ce qui inspire un « Conte pour les petits évacués » ou « L'extraordinaire tournée du bon saint Nicolas » à Suzanne Minost. Elle imagine que saint Nicolas, perdu dans ses nuages, ignore la situation nouvelle en Alsace. Aussi, quand, accompagné de son âne, il vient distribuer des jouets à Strasbourg, il ne trouve plus d'enfants. Une vieille cigogne demeurée sur place le renseigne et saint Nicolas comprend enfin : « La guerre ! Ce mot terrible avait subitement fait sortir le brave saint de son rêve, et alors seulement il entendit le canon qui grondait au loin [2]. » Désolé, saint Nicolas entreprend aussitôt une tournée exceptionnellement longue afin de retrouver les petits Alsaciens ou Lorrains évacués vers le Centre de la France. L'affaire finit bien. Provisoirement.

La mobilisation

Comme toute la société française, le monde plutôt bien ordonné de l'enfance est profondément perturbé par la mobilisation. Près de huit millions d'hommes sont appelés sous les drapeaux et en quelques jours la plupart des enfants voient leur père, leurs oncles et parfois les grands frères revêtir l'uniforme puis s'éloigner des foyers. Ce sont partout les mêmes scènes d'adieux sur le quai de la gare, les mêmes promesses de s'écrire, de revenir en permission, d'être là pour Noël. De plus, ceux qui habituellement encadraient les enfants, instituteurs, médecins, infirmières... sont eux aussi directement touchés par l'état de guerre : « Les vacances sont finies ! Papa va devoir être soldat, Fernand le chauffeur aussi, et sa femme la cuisinière est inquiète. Maman encore plus, qui nous parle toujours de ses trois frères partis pour le front en 1914 [3]... » Dans des dizaines de villes de garnison, une autre scène, tout aussi stéréotypée, se répète : « La foule était massée près du

1. Témoignage d'enfant, in *Bibliothèque du travail*, n° 489, 1er avril 1961.
2. Conte publié dans *Benjamin* en décembre 1939.
3. In Jean-Louis Besson, *Paris Rutabagas*, Bayard, 1995.

quartier Tilly pour assister au départ des soldats. J'avais dix ans. Je me faufilais pour mieux voir le long cortège de camions, de motos, de side-cars et même de vrais chevaux. C'était impressionnant mais il n'y avait pas de cris de joie [1]. » Les enfants, plus que jamais, vont se trouver entourés de femmes, y compris dans des fonctions d'« autorité ». A l'école, la plupart des maîtres sont sous l'uniforme : « Des femmes dont les maris eux-mêmes se trouvaient aux armées les remplacèrent. Ainsi en mathématiques, succéda à Baugé une petite femme menue à la voix fluette et aux gestes mignards [2]. » Une féminisation accélérée du corps enseignant qui surprend les gamins.

La « drôle de guerre » désorganise l'économie et atteint par ricochet l'approvisionnement des plus jeunes. La firme Nestlé déploie de gros efforts pour assurer tout de même la fabrication « du lait condensé, de la farine lactée, du chocolat, alors que la moitié de ses ouvriers étaient mobilisés, (et pour) livrer alors que presque tous ses camions étaient réquisitionnés ! » Elle affirme sa détermination à poursuivre la fabrication « du chocolat Fip-Fop qui, lui aussi, continuera à sortir par milliers de kilos chaque jour de l'usine de Pontarlier [3] ».

La mobilisation touche aussi ceux qui peuplaient les loisirs des enfants à commencer par les écrivains et les illustrateurs. Dans un premier temps l'armée ne tient aucun compte des talents ou des renommées. Les hommes sont des hommes ! On leur affecte matricules et fonctions militaires sans aucun rapport avec leur métier d'origine. De nombreux animateurs du monde de l'enfance sont ainsi mobilisés. Léo Lagrange, Joubert, Larigaudie, Marijac, Paluel-Marmont, Saint-Ogan, Robert Velter et même l'abbé Courtois [4] reçoivent des « feuilles de route » comme tout un chacun. Puis, dès l'automne, la première émotion passée, comprenant que la véritable guerre n'a pas encore commencé, le pays s'installe pour huit mois dans cet état curieux de « ni paix, ni guerre » baptisé « drôle de guerre » [5]. Des liens sont rétablis entre les civils et ceux qui sont sous l'uniforme, cette période de transition permet aux mobilisés de poursuivre un minimum d'activité professionnelle en faisant contre mauvaise fortune bon cœur. Aussi les enfants retrouvent la plupart des illustrés qui leur étaient familiers, ce qui contribue à une normalisation relative de leur vie quotidienne. Pour *Benjamin*, l'impact de la mobilisation est fort car, à l'exception de

1. Départ de la garnison d'Évreux ; témoignage du frère Gilbert, moine au Bec-Hellouin.
2. In Claude Menuet, *Le Pensionnaire, op. cit.*
3. In *Fip-Fop Magazine*, avril 1940.
4. L'abbé Courtois, dit « Jacques Cœur », rédacteur en chef de *Cœurs Vaillants*, est un ancien combattant.
5. On attribue à Roland Dorgelès, écrivain, journaliste et ancien combattant de la guerre précédente, la paternité de cette expression.

Pinchon tous les hommes sont appelés sous les drapeaux y compris Jean Nohain. Ancien combattant de la guerre précédente et père de famille, Jean Nohain n'était plus mobilisable mais, par patriotisme, il estime devoir s'engager dans une formation blindée. Les illustrateurs Erik et Bellus deviennent respectivement ambulancier et fantassin de seconde classe. Paluel-Marmont reprend du service dans l'infanterie comme capitaine « mobilisé aux Sapeurs-Pompiers de Paris afin d'encadrer une unité de lance-flammes [1] ». Henri Kubnick devient quartier-maître dans la marine et Caza, le chroniqueur sportif, parvient à s'engager dans les chars malgré les séquelles d'une grave blessure [2]. Alain Saint-Ogan, le père de Zig et Puce, déjà mobilisé en 1914-18, est affecté à la « Défense passive » dans Paris même. Revêtu d'un uniforme indécis, il dessine sur le quai d'une station de métro mais les gamins ne l'oublient pas : « J'étais en tant que brigadier-chef – on est ce qu'on peut ! – quelque chose comme commandant de la station « Abbesses ». Des enfants du quartier me rendaient de fréquentes visites [3]. » Dans le Midi, l'instituteur Célestin Freinet n'est pas mobilisé mais il est arrêté par les gendarmes français en mars 1940. Son pacifisme le rend suspect autant que sa sympathie envers les républicains espagnols [4] dont il avait recueilli plusieurs enfants. Ses journaux scolaires continuent de paraître grâce aux enfants qui réalisent tout eux-mêmes, rédaction et composition, avec l'aide d'Elise Freinet.

Comme il ne se passe rien de bien dangereux dans la capitale, l'activité y reprend peu à peu. Une fois dissipée la première émotion, les civils et les enfants vaquent à leurs occupations pendant que les militaires campent sur un front lointain, mal connu des Français, protégé par les gigantesques forteresses de la « Ligne Maginot ». Il n'y a pas d'urgence à maintenir les soldats au front et les permissions sont largement accordées. François Truffaut, qui avait huit ans, se souvient d'une salle de cinéma parisienne, « la Gaieté Rochechouart », bondée « de permissionnaires en uniforme accompagnés de leur jeune femme ou de leur maîtresse » qui venaient voir *Paradis perdu* avec Micheline Presle et Fernand Gravey : « On sait peut-être que ce superbe mélodrame d'Abel Gance se déroule de 1914 jusqu'en 1935, et qu'une large section du film est consacrée à la guerre, aux tranchées, aux usines de munitions où travaillaient les femmes. La coïncidence entre la situation des personnages du film et celle des spectateurs était telle que la salle entière pleurait, des centaines de mouchoirs trouaient de points blancs

1. Archives Nationales (AN) : dossier Z6 NL 3497.
2. D'après *Benjamin*, octobre 1939.
3. *Je me souviens de Zig et Puce et de quelques autres...*, La Table Ronde, Paris.
4. Freinet ne sera relâché qu'en octobre 1941, date à laquelle il sera assigné à résidence dans les Hautes-Alpes.

l'obscurité du cinéma. Je ne devais plus jamais par la suite ressentir une telle unanimité émotionnelle devant la projection d'un film [1]. »

« Nous vaincrons car nous sommes les plus forts ! »

Dès l'automne 1939, la mobilisation des esprits passe par l'affiche, le jeu, le jouet, et la presse. Les enfants sont sollicités tant à l'école que dans leurs loisirs afin de se mettre au service de leurs aînés. Dans toutes les écoles est placardée une affichette repésentant deux écoliers souriants dont l'un demande à l'autre à propos des « Bons d'armement » : « Mon papa a souscrit... Et le tien ? » On devine l'intention délibérée de faire pression sur les familles, via les enfants : « En classe, on nous faisait copier sur nos cahiers que, transformés en bons d'armement, les billets de banque deviendraient *avions rapides, tanks énormes, puissants navires, armes terribles* [2]. »

Désireux de faire participer les Cœurs Vaillants à l'action, les patronages demandent à leurs adhérents de se mobiliser et les invitent à « envoyer un livre dédicacé aux soldats du front, à tricoter ou à confectionner des jeux pour les évacués, à écrire des lettres aux papas et directeurs de patronages mobilisés... [3] » On demande aussi aux écoliers de collecter des ferrailles afin de forger « l'acier de la victoire » et c'est ainsi que des tas d'objets hétéroclites grossissent lentement près des écoles rurales. Les Allemands ne se priveront pas pour les utiliser pendant l'occupation... En accord avec le gouvernement, et en particulier Raoul Dautry, *Cœurs Vaillants* et *Ames Vaillantes* lancent une campagne de récupération de ferrailles dans tout le pays à l'issue de laquelle le ministre de l'Armement reçoit une délégation composée des membres de la direction et de jeunes Cœurs Vaillants en grand uniforme [4].

Pour les fabricants de jeux et jouets il s'agit de s'adapter aux circonstances en modifiant les jouets traditionnels. Ainsi une « bataille navale » commercialisée par Solido représente-t-elle la mer du Nord et les enfants s'y entraînent à organiser le blocus des côtes allemandes au moyen de bateaux de guerre, de sous-marins et de mines. Un jeu qui « colle » à l'actualité, tout comme les autos miniatures de JEP, de Citroën ou de Solido qui se militarisent elles aussi. Chez C.I.J un camion de pompiers est orné des lettres « DP » (Défense Passive) et, en décembre, on vend dans les grands magasins des fortins de bois et

1. *Truffaut par Truffaut*, Le Chêne, Paris, 1985.
2. Claude Menuet, *Le Pensionnaire*, *op. cit.*
3. Cité par Vincent Feroldi dans *La Force des enfants*.
4. D'après les Archives nationales, dossier F 41 1147.

contreplaqué équipés de petits ascenseurs, de canons miniatures et peuplés d'une cinquantaine de figurines reproduisant les soldats de la Ligne Maginot. La couverture du catalogue du Bon Marché de Noël 1939 est ornée d'une poupée qui tricote avec la mention inscrite en gros : « Nous tricotons pour eux. » Ce qui signifie que les petites filles tricotent des lainages pour les hommes qui sont au front. A l'arrière-plan de petits soldats, accompagnés d'un canon et d'une voiture blindée, défilent autour d'un porte-drapeau. La production de figurines militaires, très ancienne dans son principe, devient massive et plus diversifiée. Peu de nouveautés cependant dans les vitrines car il suffit souvent aux fabricants, comme Quiralu, d'accentuer les tendances existantes, les catalogues regorgeant de soldats et de canons en plomb depuis plusieurs années. En 1940 Quiralu propose d'ailleurs un mitrailleur et un officier peints en bleu, ce qui correspond plus à la couleur de la guerre précédente qu'aux uniformes kaki de la guerre en cours. On trouve aussi des tanks en fer bariolés pour camouflage, un obusier de chez Solido, des boîtes complètes de fantassins ou une chenillette de transports de troupes. De quoi occuper les garçons à reconstituer pendant des heures la guerre de papa. Cependant les jouets traditionnels constituent encore la majorité du fonds. Ainsi les gamins rêvent-ils toujours de superbes trains électriques comme l'aérodynamique Paris-Marseille [1] ou l'autorail articulé de type « Bugatti ». Ils jouent toujours avec les châteaux de bois de « Castelbloc » et l'on offre des milliers de poupées aux filles dont la célèbre « Bleuette » offerte à toute nouvelle abonnée de *La Semaine de Suzette* afin de « préparer les futures mères de France » [2]. De nombreux accessoires, vêtements, dînettes, cuisinières, berceaux accompagnent les poupées et il est toujours possible de jouer « à la marchande » ou « à la maîtresse » avec des épiceries ou des classes miniatures.

Afin d'accentuer une mobilisation des esprits qui ne fonctionne pas toujours très bien, une vaste opération de sensibilisation des enfants à l'importance de l'Empire colonial français est lancée au cinéma, dans les revues et par voie d'affiches. « Sur les murs, des affiches montraient la carte du monde où se voyaient les grandes taches rouges du Sahara, de l'Inde, de l'Australie, du Canada, opposées à celle, minuscule et noire de l'Allemagne. Toute l'Afrique, ou presque, était contre les Allemands [3]. »

1. Fabriqué par Hornby.
2. In François Theimer, *La Poupée Bleuette*, Ed. Polichinelle.
3. In Claude Menuet, *Le Pensionnaire*, *op. cit.*

Le cinéma s'en mêle avec *Sœurs d'armes* [1] un récit patriotique dans lequel Jeanne Sully et Josette Day tiennent le rôle de deux jeunes femmes qui ont constitué un réseau d'espionnage à l'arrière des lignes allemandes en 1915. Grandiloquent, le film invite les jeunes Françaises (et Français) à faire montre de la même détermination dans le nouveau conflit. Des livres-cadeaux mis en vente pour les étrennes de 1939 [2] incitent les enfants à mieux connaître « leur » Empire et tentent de les convaincre de ce que la France, relativement pauvre en hommes et en armes, pourra vaincre grâce aux « immenses » ressources de « leur » Empire : « Savez-vous combien la France a d'habitants ? » demande André Maurois. Elle en compte alors quarante millions, mais la réponse donnée par l'auteur est : « Vous êtes fort loin de la vérité... La France a cent dix millions d'habitants.

– Comment cela ?

– Vous-mêmes calculez... Quarante millions en France et soixante-dix millions dans l'Empire français.

– C'est vrai ! J'oubliais l'Empire ! »

Ce genre d'argumentations s'inscrit dans la campagne d'auto-intoxication, « Nous vaincrons parce que nous sommes les plus forts », menée à grand renfort d'affiches et relayée par un numéro spécial de *Jumbo,* « La France est un Empire », dont le titre est orné (par Vica) de personnages symbolisant les continents sur lesquels la France est présente. Il s'agit de l'adaptation « d'un long métrage documentaire tourné à travers les colonies françaises au printemps 1939, par une équipe de techniciens, sur un scénario de Jean d'Agraives et Emmanuel Bourcier. Ce film devait représenter la France au premier festival de Cannes qui n'eut pas lieu pour cause de mobilisation [3] ». André Maurois, Jean d'Agraives, Paluel-Marmont, Vica... participent ainsi à une vaste entreprise de propagande qui consiste à convaincre les enfants de ce que l'Empire était totalement intégré à sa métropole et qu'il lui fournirait les forces nécessaires à sa défense.

On saisit l'opportunité de ce nouveau conflit pour réactiver la collection « Patrie [4] » qui, pendant la « Grande guerre », était composée de brochures consacrées à des épisodes militaires héroïsés et romancés, à la gloire des troupes alliées. Cette fois les enfants peuvent lire la version « 1939-40 », qui vante les exploits des Français contre le IIIe Reich.

1. *Sœurs d'armes*, rédigé par Léon Poirier, est une adaptation de la vie de Louise de Bettignies qui avait constitué un réseau d'espionnage et mourut en forteresse pour cette raison.

2. Il s'agit de *L'Empire français*, d'André Maurois chez Hachette, *La France dans le monde*, chez Mame et de *L'Épopée coloniale racontée à la jeunesse*, chez Gründ, tous trois publiés en 1939.

3. Article de Claude Guillot dans le *CBD*, n° 66, printemps-hiver 1991.

4. Aux éditions Rouff.

Comme il ne se passe pas grand'chose sur le front on leur raconte les coups de main des « Corps francs » [1], des aviateurs et des marins. Rouff parvient tout de même à sortir une vingtaine de titres dont *La Conquête de la forêt de Warndt* qui explique comment les Français ont pénétré en Sarre allemande en septembre 1940 et se termine par le dialogue suivant : « Tu sais vieux, la forêt de Warndt... Eh bien ? – On sera peut-être fier, un jour, d'être de ceux qui l'ont conquise. »

L'auteur se trompait lourdement car, paradoxalement, cette victoire française est un épisode de la « drôle de guerre » quasiment oublié de nos jours [2].

A Toulouse « Tricolore »,une « Collection de guerre pour la jeunesse » [3], permet aux enfants de suivre les exploits de l'armée polonaise en 1939, les combats aériens (dans *Ailes en flammes*) ou encore dans *Les 4 du grand crassier* l'activité de patrouilles françaises dans les terrils de Lorraine. Ce récit débute par une attaque gouailleuse de l'un des soldats contre Hitler : « Et je lui dirai moi, à Hitler ce que j'en pense de ses nazis, de ses SS et de tout son bataclan ! M'est avis que lorsqu'on est peintre faut rester peintre, boulanger boulanger et godiche godiche... Sans quoi la raison du monde dit qu'on fait des bêtises... » Le texte brode sur le thème de l'incompétence militaire d'Hitler, thème largement développé pendant huit mois d'inaction : « De quoi ça a l'air, continua Darguet, ce caporal qui devient général d'un coup ? Pire que ça : dictateur, empereur et tout... et tout ! » Ce type de série fait des émules et Denoël développe *Face à l'ennemi* où un mystérieux « Commandant Verdun » enseigne aux jeunes les devoirs qu'impose la guerre moderne [4]. La réapparition de croquis de Poulbot contribue aussi à rappeler l'atmosphère de la « Grande Guerre ». L'illustrateur, malade, ne bouge plus guère de chez lui mais il réalise quelques cartes postales contre Hitler dont une où un gamin de Paris dit à son copain : « Toi qu'es menteur et rageur, tu feras Hitler et on te flanquera la fessée. »

Le monde de la presse illustrée, dont le rythme de parution est plus rapide que celui des livres, est largement mis à contribution pour

1. « Le terme groupe franc n'a pas d'existence officielle dans notre armée. Et cependant les régiments de 1939 en ont fait surgir en abondance », signale Maurice Noël correspondant de guerre en janvier 1940 dans *La Guerre aux avant-postes* (Plon). En fait les groupes francs sont constitués de volontaires qui effectuent des missions, le plus souvent nocturnes, dans les lignes adverses. Ils réintégreront les unités habituelles en mai-juin 40.

2. Quelques régiments français ont conquis une partie de la Sarre en septembre 1939. Ils s'y maintiendront jusqu'en octobre puis se replieront sur ordre. A ce sujet voir *La Guerre détraquée*, Aubier Floréal, 1983.

3. Ces quatre titres publiés aux Éditions du Clocher, maison catholique.

4. Deux tomes : *La Guerre souterraine* (en mémoire d'André Maginot) et *L'Escadron cyclone*, préfacé par Weygand.

convaincre les enfants de la légitimité de la lutte entreprise par la France. Cependant la guerre accentue les tensions qui préexistaient et des titres fragiles disparaissent des kiosques dont le doyen, *L'Epatant*, créé en 1908, *Bilboquet* et *Jeunesse magazine*. D'autres vont également sombrer : *Allo*, auquel collaborait Erik et *Cadet Revue* [1] dirigé par Alain Saint-Ogan. *Fip-Fop-Magazine*, distribué par Nestlé a bien du mal à reprendre son souffle et ne reparaît qu'après sept mois d'interruption. *Mon camarade*, l'hebdomadaire pour enfants du Parti communiste, est purement et simplement interdit par le gouvernement en septembre 1939. En effet, faute d'avoir dénoncé le pacte germano-soviétique, le Parti communiste a été interdit par le gouvernement Daladier, ses biens placés sous séquestre [2] et ses diverses publications suspendues. Au total, il reste quand même une vingtaine de titres pour animer l'effort patriotique des enfants.

Benjamin réagit dès le 31 août 1939 par une « Lettre des benjamins et des benjamines à M. le chancelier Hitler déplorant cette guerre » qui se termine ainsi : « Monsieur le chancelier Hitler, si vous avez espéré nous impressionner, c'est complètement raté ! ... Vive la France ! » Plus tard, la formule, bien respectueuse, de « Chancelier Hitler » laisse place à des attaques plus vives comme dans *L'Histoire du méchant Adolf* [3]. Les enfants apprennent aussi que les bénéfices de la revue sont désormais versés à la Croix-Rouge et ils peuvent lire une *Histoire de la Pologne en images* ou *La Ligne Maginot expliquée à tous* [4]. En janvier 1940 *Benjamin* fusionne avec le *Journal des Enfants de France,* change de format et fait massivement appel à la photographie ce qui lui donne des airs de magazine. En mars, deux signatures apparaissent dans cette nouvelle formule, Alain Saint-Ogan et J.F. Nicole [5], dont l'influence sera décisive après la défaite. Dès l'automne, *Pierrot* [6] (dont le titre est imprimé en tricolore) change de cap en diminuant le nombre d'aventures exotiques et en augmentant la part des récits à caractère patriotique au point d'aboutir à une quasi « militarisation » de la revue. Cet effort pour faire mieux connaître l'armée française est complété de brochures de Marcel Jeanjean comme *Parlons de marine*. Avant la guerre, *Pierrot* était déjà tourné vers le monde colonial et celui de l'aviation mais cette tendance s'accentue. Ses pages s'emplissent d'uniformes des « armées françaises et amies », série inaugurée par les sol-

1. Revue financée par Ovomaltine, firme de nourriture pour enfants.
2. Décrets-lois du 26 septembre et du 29 novembre 1939 sur les organisations communistes.
3. Bande dessinée illustrée par Cyril.
4. Récits de Pinchon, le père de Bécassine.
5. J.F. Nicole était le rédacteur en chef du *Journal des Enfants de France.*
6. Hebdomadaire publié par les Editions de Montsouris.

dats polonais : « Ils ont été les premiers à la peine, qu'ils soient les premiers à l'honneur », explique la rédaction qui précise : « Si l'armée polonaise a succombé sur son sol, dans une lutte inégale, elle s'est reconstituée en France et combat avec nous [1]. » Un nouveau personnage fait son apparition : « Jean Delabif », Français moyen débrouillard, mobilisé dans l'infanterie comme des millions d'autres et victime des traditionnelles histoires de caserne, puis soldat semi-héroïque plus ou moins volontairement... On trouve aussi un article sur le « généralissime Gamelin » accompagné d'une photo et d'une légende qui en dit long sur l'esprit du temps : « Gamelin ! Un nom qui claque comme Pétain ! » En décembre 1939, un héros de Le Rallic, Kéradec, un colonial bon teint qui n'a peur de rien, prend du service dans *La Légion*, mais la mention « histoire vraie » qui accompagnait les récits précédents disparaît. En avril 1940, le lieutenant Kéradec quitte l'Afrique pour la France où *La légion motorisée débarque en Métropole.* La fiction rejoint l'actualité et désormais le héros vit un printemps bref et violent au cours duquel il monte au front. Les enfants ne surent jamais ce qu'il est devenu car, au mois d'août 40, quand le journal reparaît on n'en trouve plus trace. Disparu corps et biens comme un vrai soldat.

Les catholiques ne demeurent pas en reste. *Cœurs Vaillants* réagit promptement à la mobilisation qui n'entrave pas son fonctionnement « bien que quatre membres sur six de l'équipe sacerdotale dirigeante de l'Union des œuvres soient mobilisés et que manque une partie du personnel [2] ». Marijac, affecté à une unité de cavalerie, fait parvenir des récits « en dessinant au hasard des cantonnements et des alertes, sur la Belgique (...) un Jim et Boum très cocorico dont je n'ai pu conserver, et pour cause, aucun original [3] ». Dans les colonnes du journal on renvoie dos à dos Hitler et Staline sur un ton véhément : « La Russie est aux mains des Sans-Dieu : il y a eu dans ce pays depuis vingt-cinq ans des milliers de martyrs... En Allemagne, on empêche les enfants et les jeunes gens d'aimer notre Seigneur [4]. »

Les scouts sont eux aussi touchés par la mobilisation même si, en l'absence d'un grand nombre de cadres, le mouvement ne semble pas trop affecté. Les enfants conservent le contact et, pendant des mois, de jeunes scouts entretiennent une abondante correspondance avec leur auteur préféré, Guy de Larigaudie, cantonné dans le Nord avec son archaïque groupe de cavalerie qui n'est pas encore mécanisé. Il monte réellement à cheval, presque quotidiennement, ce qui lui procure un indéniable plaisir et il affirme qu'il ne vit pas cette guerre comme un

1. Dans le numéro du 10 décembre 1939.
2. Cité par Vincent Feroldi dans *La Force des enfants.*
3. *Souvenirs de Marijac*, Glénat, Grenoble, 1978.
4. Jean Vaillant en septembre 1939.

drame mais comme une nécessité ou « un devoir ». Pierre Joubert est mobilisé dans la 44e demi-brigade de chasseurs à pied ce qui perturbe la sortie du « Signe de piste » qu'il préparait avec Serge Dalens : « Achevé fin février, *Le Prince Eric* devait sortir au début de juillet. Les illustrations n'étant pas terminées, la parution fut reportée aux premiers jours de septembre. La guerre se chargea de modifier ces plans, et Pierre Joubert, la veille de son départ pour le front, maniait encore ses crayons [1]. » Autre membre du Signe de piste, Jean-Louis Foncine, profite des temps morts pour terminer *Le Relais de la chance au roy* : « J'avais pu envoyer du front d'Alsace, avant le 10 mai 40, la fin du texte du Relais [2] » qui est publié en feuilleton dans *Scout*. La revue lance de nombreux appels au sens civique des enfants, au dévouement et à la mobilisation des esprits au service du pays : « Frère Scout, la guerre est là, c'est l'épreuve qui doit montrer aux yeux de la France entière si le scoutisme est quelque chose d'utile, de magnifique, de sérieux ou bien si ce n'est, comme on le croit trop autour de nous, qu'un amusement de loisirs organisés. » Des consignes précises sont données pour que tous les scouts demeurent en contact entre eux et fassent leur devoir : « A tous bon courage. Le scout sourit et chante dans les difficultés. Il est fils de France et bon citoyen ! » conclut l'aumonier-général Forestier [3]. Bien des scouts sont présents dans les équipes de « défense passive » mais on ne constate pas de militarisation excessive du mouvement.

Comme pendant le premier conflit mondial [4] on assista donc à une tentative de mobilisation des enfants via les jouets, les jeux, les affiches, l'édition et la presse. L'ampleur de cette tentative ne fait pas de doute si l'on en juge par la quantité, la variété et parfois la qualité des moyens mis en œuvre. Cependant il est difficile de juger de ses résultats car, contrairement à la période précédente, les hommes politiques n'eurent pas la durée pour eux. Huit mois, l'équivalent d'une année scolaire écourtée par l'exode, suffisent peut-être à déterminer un état d'esprit patriotique et militariste mais pas à l'ancrer solidement. De toute façon en juillet 1940 toutes les données furent brusquement modifiées et les nouveaux dirigeants du pays durent repenser tout le discours en direction de l'enfance.

1. Serge Dalens, note préliminaire à l'édition 1941 du *Prince Eric*. Commencé en 1939, *Le Prince Eric* ne sera publié, après bien des retards, qu'en 1941.
2. Lettre de Jean-Louis Foncine à l'auteur (août 1994).
3. Éditorial et article dans *Scout* du 5 septembre 1939 n° 136. Dans la revue les enfants retrouvent leurs rubriques habituelles et seuls quelques articles sur Weygand ou « Les aînés à l'honneur » sont en rapport direct avec la guerre.
4. Voir à ce sujet les travaux de Stéphane Audouin-Rouzeau.

Heurs et malheurs de l'exode

Le 10 mai 1940 au matin, après huit mois de « drôle de guerre » le canon tonne brusquement du Rhin aux Ardennes. A l'arrière, les Stukas s'acharnent sur les voies ferrées et les axes routiers. Violente et meurtrière, la campagne de France ne fut pas un simulacre de guerre : 90 000 soldats français et des milliers de civils ont péri dans l'affaire en six semaines pendant que des dizaines de milliers d'autres ont été blessés. Parmi eux beaucoup de femmes et d'enfants. Lors des guerres, les enfants ne sont en principe pas concernés directement par les combats. Pourtant, on a vu en 1914 de très jeunes combattants les armes à la main. Leur patriotisme était tellement exacerbé qu'une loi spéciale avait « dû être promulguée quelques mois après l'invasion du Nord de la France pour interdire aux enfants d'accompagner les troupes, avec ordre aux gendarmes de ramener en sécurité ces trop jeunes combattants [1]. » En mai-juin 1940 on n'observe aucun phénomène comparable. Comme leurs aînés, les plus jeunes subirent cette guerre que tous redoutaient comme une calamité mais on ne constate aucun élan d'enthousiasme, même passager. C'est donc en raison des errances de l'exode, des bombardements et des mitraillages que les enfants furent impliqués dans cette phase particulièrement meurtrière de la guerre.

Gilbert et François-Xavier se souviennent du « bombardement d'un train de munitions en gare de Rennes qui a explosé une journée entière. Réfugiés dans une école, tout bougeait. Cloisons, carreaux volant en éclats. Rassemblés au fond du jardin, nous apercevions toutes sortes d'objets hétéroclites qui s'élançaient vers le ciel, projetés par le souffle, en provenance des pièces que nous venions de quitter [2] ». Le film désormais célèbre *Jeux interdits* a très bien traduit l'immense désarroi et, en même temps, la phénoménale capacité d'adaptation dont peuvent faire preuve des enfants face à une catastrophe de cette ampleur.

Dès le début des combats, les habitants des régions frontalières et des villes bombardées se sont enfuis dans la plus grande confusion, vers le sud et vers l'ouest. Il y eut en réalité deux exodes bien distincts. Celui de mai, du 10 au 28, qui prend fin avec une précaire stabilisation du front sur la Somme et l'Aisne et ne concerne que les populations de Belgique et du Nord. Il fut calamiteux et difficile mais le pire restait à venir : l'exode de juin (du 8 au 25 juin) qui cette fois met en marche les

1. In A. Brauner, *Ces enfants ont vécu la guerre*, ESF, 1946.
2. Témoignage du frère Gilbert, moine au Bec-Hellouin, et de son frère François-Xavier, janvier 1997.

habitants de la région parisienne, puis par ondes de choc successives les civils mêlés aux militaires dans plus de la moitié de la France, y compris dans certaines vallées alpines touchées par la guerre franco-italienne [1]. Parfois l'affolement est tel que l'on entasse quelques objets sur une charrette à bras ou sur un landau et que l'on s'en va à pied, droit devant soi. Puis l'exode nourrit l'exode et le simple passage de civils affolés contribue à en jeter d'autres sur les routes : « Il est une contagion démente dans cet exode. Car où vont-ils ces vagabonds ? Ils se mettent en marche vers le Sud, comme s'il était là-bas, des logements et des aliments, comme s'il était là-bas des tendresses pour les accueillir. Mais il n'est dans le Sud, que des villes pleines à craquer, où l'on couche dans les hangars et dont les provisions s'épuisent... Où vont-ils ? Ils ne le savent pas ! Ils marchent vers des escales fantômes, car à peine cette caravane aborde-t-elle une oasis, que déjà il n'est plus d'oasis [2]. » Si l'exode fut parfois dramatique il ne fut cependant pas vécu de la même manière par tous. Les inégalités sociales se firent durement sentir car les plus riches et les plus prévoyants étaient partis les premiers, le plus souvent en train ou en voiture vers une résidence secondaire ou la maison d'un parent. Les autres avaient suivi avec des moyens de fortune.

Il y eut parfois des blessés et des morts en particulier au sud de Paris et au passage des ponts de la Loire sur lesquels se produisent de terribles embouteillages et des paniques collectives. « Lorque le 16 juin à la nuit tombante, nous arrivons enfin à Gien nous découvrons une ville bouleversée par les bombardements [3], ravagée par les incendies. Les habitants s'étaient enfuis précipitamment, laissant parfois leurs repas inachevés sur les tables. Nous franchissons, non sans peine, le pont sur la Loire, encombré de débris de toutes sortes et jonché de cadavres, principalement des civils, dont un bébé dans son landau [4]. »

Au fur et à mesure de l'avancée des troupes allemandes et du flot de l'exode, la désorganisation gagne du terrain au point de déstabiliser une large moitié du pays. Bien que l'année scolaire ne soit pas officiellement terminée, les écoles ferment une à une, y compris au sud de la Loire : « Comme les vacances étaient proches, qu'on ne faisait plus

1. En juin, les habitants de plusieurs vallées alpines, en particulier dans le Queyras, ainsi que ceux de Menton et de quelques villes de la côte sont évacués eux aussi.

2. In Antoine de Saint-Exupéry, *Pilote de guerre*.

3. A l'époque une rumeur persistante attribue ces bombardements et mitraillages de civils aux Italiens ; en fait, il semble bien qu'il s'agisse d'actions allemandes les Italiens ayant limité leur action au sud-est de la France.

4. Témoignage de Gilbert Ragache, à cette époque sous-officier au 26e RI. Ce régiment en provenance de Nancy, avait combattu sur l'Oise. Très éprouvé il assura néanmoins la défense des ponts de la Loire (à Sully) les 17 et 18 juin puis de différents passages de rivières jusqu'au Massif central.

grand-chose en classe et que les alertes devenaient plus fréquentes, le directeur, estimant qu'il ne pouvait prendre la responsabilité de nous garder plus longtemps, décida de nous rendre à nos parents. Comme je faisais maintenant chaque semaine, je partis à bicyclette et ne pus donc emporter toutes mes affaires. (...) J'étais le seul à rouler, sous un soleil brûlant, en direction du Nord, et croisais une file interrompue d'autos, de camions, de charrettes, de cyclistes [1]. » Rien d'étonnant dans ces conditions à ce que des milliers d'enfants, surtout parmi les plus jeunes, se perdent ou soient séparés de leurs parents. Livrés à eux-mêmes, ils errent parfois par petits groupes ou se joignent à des familles qui ne sont pas les leurs sans toujours bien comprendre ce qui leur arrive. On signale même la formation de quelques bandes d'enfants qui ont « erré pendant quelque temps dans les campagnes, vivant de rapines et d'expédients pour se fixer dans les environs des grandes villes : Toulouse, Lyon, Marseille. Ces bandes ont été rapidement résorbées [2]. »

Pour les plus jeunes, il est difficile de retrouver leur famille car ils sont incapables de donner leur nom ou la moindre indication d'état civil. Après l'exode, on les héberge dans des centres de secours et de pathétiques avis de recherche, souvent accompagnés de photos, sont publiés dans la presse pendant des mois : « Combien de fois avons-nous rencontré de ces pauvres petits qu'un remous soudain de la foule avait arrachés à leurs parents, et dont le désarroi se traduisait par ces larmes d'enfant si émouvantes, tandis que de leur côté, le cœur étreint d'une angoisse indicible, le père et la mère s'acharnaient à des recherches désespérées [3]. » Cette situation fut fréquente et pour la seule région de Laon (dans l'Aisne) une liste de 135 noms est publiée en juin 1940. Pendant des mois, des annonces de ce genre paraissent dans les journaux : « Jacques Debrue, 10 ans, de Boué, est actuellement à l'hôpital de Laval et recherche sa mère [4]. » Peu à peu la plupart des familles se reconstituent ainsi. Ce n'est que six mois après l'exode que l'on retrouve un autre gamin de Laon, le petit Serge Carré... dans les Landes ! Légèrement blessé au pied il avait été confié à des militaires français, des motocyclistes, qui l'avaient déposé à l'hôpital d'Amiens. De là, il avait été évacué avec d'autres militaires, blessés eux aussi, de ville en ville, jusqu'à aboutir dans les Landes. Néanmoins certains de ces enfants demeurent orphelins comme ce bébé de quatre mois, une petite fille, blessée au printemps 1940, déposée par des inconnus à l'hôpital de Laon sans aucune indication d'identité. A l'inverse, des parents ne retrouvent pas toujours leur enfant. En

1. In Claude Menuet, *Le Pensionnaire*, *op. cit.*
2. D'après une enquête du Docteur Marcus, de *L'Entraide française*, 1941.
3. *Les Nouvelles de l'Aisne*, 16 novembre 1940.
4. *Ibid.*

novembre 1940, on est toujours sans nouvelle de la petite Gisèle Triqueneaux, âgée de 2 ans et demi, perdue à Pierrefonds le 16 mai 1940 pendant que sa mère tentait de trouver du pain dans une boulangerie : « On l'a vue, avec son petit burnous de laine blanche, descendre le chemin de Trosly-Loire. » Et depuis, plus de nouvelles...

Conscients de l'ampleur du problème et de l'effet désastreux qu'il a créé les Allemands placardent massivement une affiche ainsi légendée : « Populations abandonnées faites confiance au soldat allemand ! » sur laquelle on voit un militaire souriant qui porte un gamin dans ses bras et protège deux petites filles. Afin de faciliter le regroupement des familles les Allemands autorisent les enfants âgés de moins de quinze ans [1] à franchir librement la ligne de démarcation à condition qu'ils soient accompagnés d'un adulte lui-même autorisé à circuler. Ce règlement facilite la mobilité des enfants et permet à un certain nombre d'entre eux de gagner la zone libre puis l'étranger pour les plus menacés.

L'exode fut pour des millions d'enfants une réalité, parfois tragique, parfois ludique car, heureusement beaucoup n'eurent pas à affronter la violence. Un sondage réalisé en 1945 affirme que « 25 % des enfants furent impressionnés surtout par les bombardements et la mitraille le long des routes. D'autres nombreux parlent de l'encombrement, du ravitaillement insuffisant, des nuits pénibles, des vols, de la fatigue, de la peur, des morts. Très peu rapportent des actes de solidarité [2] ». Néanmoins leur vie quotidienne fut brusquement chamboulée. Cette période est décrite « à chaud », dès 1941 dans un roman de Magdeleine du Genestoux. Son héros s'appelle Rémy Dubois. Il a dix ans et s'est perdu pendant l'exode en traversant la Loire à Saumur. Séparé de sa mère (son père est mobilisé), il est recueilli par deux vieilles demoiselles de Bordeaux qui le dirigent ensuite vers une ferme de Dordogne. C'est le prétexte à la description d'une ferme encombrée par de nombreux réfugiés. Magdeleine du Genestoux qui évite toute allusion à Pétain, ce qui eût pourtant été facile car le jeune Rémy échoue à Bordeaux en juin 1940, ne parle pas non plus des Allemands (absents de la région où se déroule l'action) et les combats du printemps sont évoqués de manière abstraite. Les enfants en ont surtout vécu les conséquences, familles séparées ou brisées, et un jeune garçon apprend la mort de son père : « cordonnier à Rennes, (il) avait été tué pendant les combats de Dunkerque. Il était quartier-maître sur un des navires coulés dans la Manche [3] ». Par un heureux hasard, les parents des autres

1. Initialement les jeunes de moins de 18 ans, limite ramenée à 15 ans en 1941.
2. Enquête d'Alfred Brauner effectuée en 1945 auprès d'enfants âgés de 12 ans et plus.
3. *En plein champ !*, publié chez Hachette dans la célèbre « Bibliothèque rose ».

petits réfugiés (un Normand, un Alsacien, un Parisien) pourront tous rentrer chez eux, ce qui est surprenant pour l'Alsacien... L'auteur n'évoque pas le délicat problème des prisonniers dans ce roman où tout finit bien, ou presque : Rémy rentre à Paris avec ses parents tandis que Sylvestre (adopté par la fermière) redevient paysan avec un plaisir évident. Le printemps 1940 est ainsi présenté comme une douloureuse parenthèse qu'il faut aussitôt refermer. Rien ne laisse supposer que la guerre continue; il s'agit plutôt d'une ère nouvelle qui commence.

Des combats meurtriers

En mai et juin, de véritables combats ont touché le monde des adultes. Certaines unités françaises ont subi l'offensive allemande de plein fouet; d'autres n'ont été qu'effleurées par le conflit. Que sont devenus les enfants et les hommes liés au monde de l'enfance dans cette tourmente ? Il n'est pas possible de suivre individuellement le destin de chacun. Nous nous attacherons cependant à quelques cas.

L'auteur scout Guy de Larigaudie a été immédiatement jeté dans la mêlée et il est tué dès le 11 mai, au deuxième jour de l'offensive allemande. Il trouve la mort aux confins ouest du Luxembourg, au cours de violents combats qui se sont déroulés à Musson près de Virton. « Vers midi, le maréchal des logis Larigaudie reçoit la mission d'occuper, avec quelques hommes, une hauteur boisée, aux abords de Musson, à la pointe de notre dispositif. Les chevaux dissimulés en contrebas, la petite troupe déjoue, dès qu'elle prend position, une première tentative d'infiltration, suivie d'un bombardement intense. A 18 heures, en combat rapproché, toutes les armes crépitent (...) A 21 heures, il tient encore avec quatre hommes. Nous n'en savons pas davantage, sinon que les Allemands, après avoir conquis la position, rendirent les honneurs à cinq cadavres [1]. » L'événement n'est connu des enfants qu'en novembre 1941, quand l'aumônier général des Scouts de France, le Révérend Père Forestier, écrit à ce sujet : « Il est mort dans l'assaut, pour quelques heures victorieux, d'une magnifique bataille de cavaliers. Je me trouvais à quelques kilomètres de lui et je n'en savais rien. Je suis certain que sur son visage Dieu a fait luire un reflet de la joie qu'il possède maintenant [2]. » Cette mort est présentée comme exemplaire, sacrificielle même, comme tendent parfois à le

1. In Jean Vaulon, *Larigaudie*, Presses de l'Ile-de-France.
2. In revue *Scout*, n° 168, novembre 1941.

faire les militants catholiques : « Au premier rang de ceux qu'il te faudra connaître et imiter, il y a désormais Guy de Larigaudie, Routier Scout de France, ayant vécu pour son Dieu, mort pour son pays. » Il est vrai que la personnalité de Guy de Larigaudie était complexe et hors du commun. Un recueil de lettres et de textes posthumes, *Etoile au grand large*, éclaire un peu le caractère de ce catholique convaincu et même « mystique » [1]. Dans une lettre inachevée, retrouvée sur l'auteur après le combat de Virton et qu'il destinait à une sœur carmélite, les dernières lignes laissent à penser qu'il pressentait sa fin prochaine : « Me voici maintenant au baroud et peut-être n'en reviendrai-je pas. J'avais rêvé de devenir un saint et d'être un modèle pour les Louveteaux, Scouts et Routiers. L'ambition était peut-être trop grande pour ma taille, mais c'était mon rêve (...) Je suis dans une formation à cheval et je suis heureux que ma dernière aventure soit à cheval... » Il avait 33 ans.

L'unité de cavalerie mécanisée à laquelle appartient Marijac est accrochée à plusieurs reprises en Belgique, mais lui n'est pas directement impliqué dans les combats dont il donnera un témoignage « distancié » qui contraste avec celui de Larigaudie : « Je ne m'étendrai pas sur cette période dont je ne garde que de mauvais souvenirs, ayant dû abandonner à l'ennemi, une magnifique machine à polycopier, une Gestetner que venait de m'offrir la marraine de la division, la comtesse de Saint-Quentin... », écrit-il avant d'ajouter : « Après des combats sporadiques en Belgique, puis sur la Loire, je me trouvai finalement parqué dans un camp de prisonniers à Surgères, près de Saintes en Charente [2]. » Quant à Jean Nohain, il se trouve pris dans la mêlée aux environs d'Abbeville à bord d'un char lourd de 30 tonnes. Le mastodonte baptisé *Le Provence* saute sur une mine et « Jaboune » termine la campagne à pied, dans le flot anonyme de la débâcle. Paluel-Marmont se trouve affecté à la défense de la capitale. Malgré l'exode, il « demeure sur place conformément aux ordres reçus avec vingt volontaires » pour tenter d'arrêter l'ennemi le long de la Seine dans la presqu'île de Gennevilliers. Un des ces multiples combats « de retardement » pour lequel Paluel-Marmont reçoit « les félicitations de son colonel pour avoir continué d'assurer la défense de son secteur [3] ». Enfin, Léo Lagrange, connu de tous les enfants de France, est tué au combat à Evergnicourt dans l'Aisne alors qu'il servait une pièce d'artillerie. Ainsi, à l'image de bien des Français, ces quelques hommes ont-ils vécu chacun leur « guerre éclair ». Pour les uns ce fut

1. Le R.P. Forestier dans *Etoile au grand large*, publié au Seuil en 1943.
2. *Souvenirs de Marijac* et *L'Histoire de Coq Hardi*, *op. cit.*
3. AN Z6 NL 3497.

simplement une vaste pagaille, pour d'autres le début d'une longue captivité, parfois la dernière aventure [1]...

A la même époque des milliers d'enfants de France perdent leur père ou un parent proche dans ce printemps tragique : « Mon père fut fait prisonnier, raconte Georges Perec, alors qu'il avait été blessé au ventre par un tir de mitrailleuse ou par un éclat d'obus. Un officier allemand accrocha sur son uniforme une étiquette portant la mention " A opérer d'urgence " et il fut transporté dans l'église de Nogent-sur-Seine (...) l'église avait été transformée en hôpital pour les prisonniers de guerre; mais elle était bondée et il n'y avait sur place qu'un seul infirmier. Mon père perdit tout son sang et mourut pour la France avant d'avoir été opéré [2]. » Comment raconter et/ou expliquer cette terrible campagne de France aux plus petits qui l'ont vécue et subie sans bien la comprendre ? Au début de l'occupation plusieurs adultes choisissent de le faire en utilisant une métaphore qui présente l'avantage d'éviter les explications politiques.

La métaphore de la tempête

En raison de la censure allemande et des consignes strictes données par Vichy il n'était pas facile d'aborder l'actualité brûlante du récent conflit et il est important de signaler ce paradoxe historique : de 1940 à 1944 la guerre ne fut pas un thème dominant dans le discours destiné à l'enfance, surtout en zone libre où tout fut fait pour minimiser l'ampleur de la défaite. Cependant quelques-uns se risquent sur ce terrain avec une certaine habileté pour raconter l'histoire aux enfants, « à chaud ».

Pour les plus jeunes le procédé consiste à ne pas décrire les effets de la guerre, en employant la métaphore de la tempête qui aurait ravagé la France comme dans *La Belle Histoire d'un chêne* où les enfants apprennent que les habitants de la forêt (dont les petits animaux) sont malheureux et affolés par un terrible orage. Anxieux, ils se tournent tous du même côté et regardent « un grand arbre solide, bien droit, qu'elle (la forêt) a pris pour son chef. C'est le chêne, mes enfants, le beau chêne que vous avez admiré (...) Quand la forêt tremble, il n'a peur de rien et ne s'incline pas sous le vent. Il protège tout ce qui

1. Parmi ceux dont nous avons pu suivre la trace signalons aussi Robert Velter (le créateur de *Spirou*) qui sera blessé lors d'une contre-attaque puis fait prisonnier à l'hôpital de Lille. Six autres sont faits prisonniers : Foncine, Desnos, Joubert, l'éditeur Rageot et l'auteur scout Roland Denis. Dalens, Samivel et Saint-Ogan sont démobilisés en zone libre. Paluel-Marmont demeure mobilisé dans les sapeurs-pompiers de Paris jusqu'en mars 1941.

2. Georges Perec, *W ou le souvenir d'enfance*, *op. cit.*

pousse autour de ses racines [1] ». Ce chêne protecteur bien entendu c'est Pétain... Paluel-Marmont, lui, imagine que trois petits garçons et trois petites filles qui se promènent dans leur pays y rencontrent régulièrement un inconnu, un beau vieillard aux cheveux blancs, qui leur donne des conseils et leur dit : « Chaque fois que cela vous semblera agréable ou utile, venez frapper à ma porte. Je vous ouvrirai et vous parlerai selon mon cœur. » Or « il advint qu'une catastrophe épouvantable bouleversa le pays. Un orage terrible s'abattit brusquement sur les champs, ravagea les cultures, incendia les maisons. Toute la terre trembla comme lorsqu'un volcan se réveille. Dans le ciel, les oiseaux affolés tournoyaient en poussant de longs cris d'effroi [2] ». Le thème de l'orage apparaît aussi sous la plume de Victor Dancette qui, pour décrire la guerre et l'invasion sans parler des Allemands, s'exprime ainsi : « Ce fut tragique... et les mots manquent pour décrire pareille catastrophe. Les flots devinrent furieux, la terre trembla, ses entrailles s'ouvrirent pour laisser passer la mort. Le ciel s'embrasa de lueurs sinistres et une pluie de feu et de sang vint jeter l'épouvante dans tout le pays [3]. »

La métaphore de la catastrophe est suivie d'un enchaînement sur le thème de l'exode provoqué par le cataclysme : « Il y eut ainsi, sur les chemins, dix millions de Français ruinés et sans abris... », dit Yvonne Estienne avant d'affirmer que cela va s'arranger car, avec l'aide des jeunes, Pétain reconstruira le pays. « Sur les routes et les chemins, les hommes, les femmes, les vieillards, les enfants fuyaient, en colonnes serrées qui se bousculaient aux carrefours. Partout ce n'étaient que lamentations... », écrit Paluel-Marmont [4] qui imagine que ses petits héros vont progressivement se regrouper. D'abord trois d'entre eux puis « Ensemble ils marchèrent longtemps, sans boire ni manger, et ne s'arrêtèrent que lorsqu'ils se sentirent à bout de forces. C'était juste en face d'une grange, par miracle épargnée. Ils y entrèrent dans l'espoir d'y découvrir un peu de paille. Le sol était couvert de pauvres gens épuisés qui dormaient. Et voici que parmi eux, ils reconnurent leur petite amie Anne [5] ». Mais le vieillard inconnu (Pétain) remettra bientôt de l'ordre dans cette pagaille : « Ayant fait abriter garçons et fillettes derrière lui, il s'avança, seul, au-devant de la tempête. Il leva son bâton, et tout aussitôt un grand apaisement se fit dans la campagne : le

1. Yvonne Estienne, *La Belle Histoire d'un chêne*, publié à Grenoble par les Editions des Alpes.
2. *Six petits enfants et treize étoiles*, publié en zone Nord par les Editions et Publications françaises, également éditeur de *Fanfan la Tulipe*.
3. *Il était une fois un pays heureux...* est publié à Paris en 1943 par les éditions G.P.
4. *Six petits enfants et treize étoiles*, *op. cit.*
5. *Ibid.*

ciel s'éclaircit, les nuées peu à peu se dissipèrent, et sur le faîte d'un mur branlant un oiseau vint se poser et chanta. » L'inconnu est donc présenté comme une sorte de magicien capable de commander à la tempête. L'allusion à Pétain arrêtant les combats en demandant l'armistice est transparente. On peut penser qu'elle fut bien saisie par les enfants car la plupart d'entre eux se sont trouvés pris dans les flots tragiques de l'exode. Certains de leurs parents ont été tués, blessés ou faits prisonniers et même s'ils n'ont que huit ou dix ans la guerre n'est pas pour eux un thème abstrait. Ils ne sont donc certainement pas longs à comprendre que c'est bien la « guerre éclair » et non un terrible orage qui vient de ravager le pays.

On emploie la même métaphore à l'usage des jeunes scouts [1]. Cette fois il s'agit de l'histoire d'un bateau, le *France* : « un fameux trois-mâts, solide, souple et rapide, répondant comme un pur-sang à la main de son capitaine » qui est pris dans un terrible ouragan. Le capitaine « avec sa grosse moustache blanche, ses yeux plissés et vifs » ressemble étrangement au maréchal Pétain en plus jeune et plus vigoureux... Au plus fort de la tempête *France* heurte un récif et une voie d'eau se forme. Une partie de l'équipage abandonne le navire mais « dans un effort surhumain » le capitaine parvient à colmater la brèche et à ramener le navire au port. Il est en piteux état mais flotte encore ! Alors il faut d'urgence pomper l'eau et le réparer au mieux. Tout le monde doit s'y mettre. Les scouts n'ont aucune peine à faire le lien avec la guerre et l'exode : « La France ne pouvait pas périr... Trois fois déjà elle avait été sur le point de sombrer... Trois fois, elle s'était sauvée... Elle se sauvera encore cette fois-ci... Vois-tu petit, il ne faut jamais l'abandonner ! » conclut le capitaine. L'invitation à aider, toutes affaires cessantes, le Maréchal à redresser le pays est nette. Surtout utilisé en zone libre, le thème de la tempête présente l'avantage de rendre une force abstraite et naturelle responsable du cataclysme. Dans ces conditions il n'y a donc pas lieu de chercher à se venger ou à libérer le pays mais uniquement à serrer les rangs autour du chef et à reconstruire. Habile procédé qui permet de ne pas désigner l'adversaire et de ne pas trop évoquer les responsables de cette débâcle encore très présente dans tous les esprits.

Pourtant au-delà des métaphores, il est quelques auteurs qui décident d'appeler un chat un chat et de parler vraiment de la guerre. Même dans ce cas, il n'est pas question de faire porter la moindre responsabilité aux Allemands, surtout en zone occupée. Pour Pierre Hérault par exemple, les Allemands ne sont pas même évoqués :

1. Article de Jacques Michel publié en octobre 1940 dans le premier numéro de *Scout* en zone libre.

« 1940 : La guerre ! La guerre que personne n'a désirée et dans laquelle nous ont entraînés une poignée de misérables [1] ! » Cette formule sibylline vise les dirigeants de la IIIe République et Pétain est présenté comme un « sauveur ». Sur une illustration les enfants peuvent voir une famille anxieuse, groupée autour d'un poste de radio et écoutant gravement l'allocution de Pétain : « Le 16 juin au soir, sa voix court sur les ondes de la radio. Elle dit aux gens de France leur malheur, mais les presse en même temps de croire à l'aube nouvelle. » Le thème du sauveur est lourdement appuyé par une comparaison avec Jeanne d'Arc, « Jeanne, la petite paysanne sauva son pays » et tout se termine par un appel à suivre Pétain sans hésiter : « Regardez bien le visage du Maréchal. Quel est celui d'entre vous qui n'a rêvé d'avoir un grand-père à son image ? » puis Pierre Hérault enfonce le clou : « Jeunes Français, le général Pétain de vos pères est devenu votre Maréchal. Soyez avec Pétain [2] ! » La propagande avance sans masque.

Comme « la campagne de France » est inscrite dans les mémoires, il faut bien parfois aborder le sujet de front. En dépit d'une étroite surveillance ce sera possible comme le prouve « Le Signe de piste » qui plonge ses héros dans l'actualité la plus brûlante avec *La Mort d'Eric* de Serge Dalens. Là, on accuse le choc de la guerre, choc suffisamment violent pour que l'auteur choisisse de faire mourir le personnage le plus populaire de l'univers du « Signe de piste ». En effet Eric disparaît sous l'uniforme français par une belle journée de juin 40, une journée presque comme les autres, celle de ses dix-huit ans. Dès qu'il achète le livre, l'enfant s'attend à ce dénouement tragique car le titre l'annonce sans ambiguïté tout comme la préface. Serge Dalens s'y exprime ainsi, comme pour mieux se délivrer de sa colère : « Le livre se termine mal. Le prince n'est pas vengé, le lecteur n'est pas consolé [3]. » Un dénouement tragique au « Signe de piste » ce n'est pas nouveau car plusieurs autres romans se terminent ainsi [4], les auteurs étant fascinés par l'idée de sacrifice suprême du héros. Ce qui est original, ce n'est pas la fin annoncée mais les circonstances dans lesquelles elle se déroule. Comme le jeune Eric est courageux, droit, et sans faiblesse on s'attendait à le voir succomber après une lutte héroïque en retardant l'adversaire au maximum. En somme plus ou moins comme Larigaudie. Eh bien non. Eric se bat courageusement, comme bien des soldats de 1940, mais il meurt par hasard ou presque, sur une route, tué par les balles perdues d'un avion qu'il n'a pas entendu venir, alors qu'il se souciait

1. Dans *La Vie d'honneur du Maréchal Pétain.*
2. *Ibid.*
3. Préface de Dalens qui figure dans l'édition de 1943.
4. Dont *Longue Piste*, de Roland Denis, *Le Mystère du lac de Laffrey*, de Fuval ou encore *La Tache de vin*, de Serge Dalens.

surtout de porter secours à un enfant. De plus il ne meurt pas sur le coup; les secours tardent, parce que des blessés il y en a trop, beaucoup trop, sur les routes de France. Serge Dalens fait donc de son héros un soldat parmi d'autres en dépit de son statut de prince, pris dans une mêlée sauvage qui le dépasse et l'engloutit : « Car il ne s'agit plus d'un roman, mais bien d'un récit. La fiction s'efface devant la réalité », précise Serge Dalens qui s'attend à des critiques, tant de la part des lecteurs que de leurs parents. En magistrat expérimenté qu'il est, il organise lui-même sa défense, préventivement, en affirmant : « Les grandes personnes seront probablement mécontentes car ces pages sont tristes, tristes comme la guerre qu'elles perdirent. Sans doute prétendront-elles que ce livre n'est pas pour les enfants. » Puis il se justifie : « Or je pense, moi, qu'un garçon de quinze, seize, dix-sept ans est un garçon. C'est-à-dire un homme. Je pense qu'il n'y a pas de raison de le traiter à la paix autrement qu'à la guerre. De le traiter dans sa maison autrement qu'en ces jours de 40 où il courait dans les champs. De lui cacher la vérité. »

Eternel problème de ce que l'on doit cacher ou dire aux enfants... Faire mourir un héros à la guerre n'est pas absurde, loin de là, et on peut même considérer que c'est de raconter éternellement les guerres via les survivants qui crée l'illusion. Mais au-delà de ce problème n'y a-t-il pas chez Dalens un malaise plus profond ? Ne décide-t-il pas de tuer son héros parce que, comme bien des Français, il était, face à l'Allemagne, engagé dans une apparente impasse ? C'est possible, cependant Dalens ne ferme pas totalement la porte à une suite car figure dans son roman Christian, qui lui est prisonnier. Prisonnier comme le père de centaines de milliers d'enfants...

2

L'occupation au quotidien

Sur une plage de Vendée, le 20 juin, Pascal Jardin voit ses premiers Allemands : « Cinq heures du soir. J'entends des cris. Je vois une femme courir, son bébé dans les bras. Trois motos débouchent sur la plage. Elles sont pilotées par des types bottés, casqués, sanglés dans des uniformes de drap vert. Ils ont des mitraillettes qui pendent autour du cou. Les motos foncent sur le sable. Elles s'arrêtent tout près de moi, à trois mètres de l'eau. Les gens se taisent. Je regarde les trois soldats de tous mes yeux. Ils sont jeunes et parlent une langue hurlante. » Un peu plus tard, en ville, le jeune Pascal observe des chars en mouvement « énormes, ventrus, gris sale » et de chaque tourelle un Allemand émerge, torse nu. Ils sont souvent blonds, tous sont jeunes [1]. » L'un d'eux lui jette une plaque de chocolat. En plein exode, alors qu'ils somnolaient dans un bois avec d'autres réfugiés, la famille de Claude Menuet entre en contact avec les Allemands : « Là-bas, sous le soleil, j'aperçois une moto arrêtée ; un soldat au casque carré, dressé sur son siège, fait pétarader son engin ; dans le side-car un autre demeure enfoncé, immobile. Le premier descend, vient lentement vers nous. » Le lendemain arrive le gros des troupes dont un médecin. « Aussitôt un major se présenta ; il fit venir mon père et ma tante ; il lava et désinfecta leurs plaies et conseilla d'extraire les éclats le plus vite possible. » Et comme les réfugiés étaient à court de vivres depuis longtemps, « on nous fit passer aux cuisines où de grandes marmites remplies de pommes de terre coupées en petits morceaux et de la viande en conserve avaient été préparées à notre intention. Nous nous étonnions en silence que nos ennemis puissent montrer à notre égard autant d'humanité, et

1. In Pascal Jardin, *La Guerre à neuf ans*, Grasset, 1971.

n'osions les remercier tant chacun d'entre nous se sentait gêné et troublé [1] ». Pour Jean-Louis Besson, à Vitré, réfugié dans le magasin de son oncle, sagement immobile derrière la vitre, le contact est plus froid : « Les Allemands sont là ! Personne n'aurait imaginé qu'ils arriveraient si vite. (...) En les voyant passer, bien en ordre sur leurs motos et dans leurs camions, l'oncle Albert a les larmes qui lui coulent le long des joues... »

En Alsace, Tomi Ungerer voit lui aussi débouler brusquement des motos pétaradantes puis le gros de la troupe : « Le régiment s'arrête, les fusils sont mis en faisceaux, une cuisinière roulante arrive, tirée par un cheval. Un soldat, avec un grand sourire, m'offre de goûter à sa soupe. (...) Ils repartirent d'un pas cadencé en chantant. Ce n'était pas les hordes de Huns que Hansi nous avait annoncées, et pour comble ils étaient sympathiques. Je trébuchai là sur mon premier point d'interrogation [2]. » C'est également des chants et plus encore du bruit des patrouilles marchant au pas cadencé que se souvient le petit Gilbert [3] réfugié à Cran, dans la Mayenne tandis que son frère, François-Xavier, précise : « Les Allemands, les premiers, étaient sympas. Ils prenaient les plus petits dans leurs bras en disant qu'ils avaient eux aussi des enfants. » Enfin dans un village de Normandie, une mère de famille recommande à ses filles de se tenir à l'écart lorsque arrivent les premiers occupants et c'est donc à la dérobée que les gamines observent les vainqueurs : « Nous voyons d'abord un tank. Un soldat, le buste sorti de sa tourelle, se coiffe tranquillement ; puis ensuite un camion débâché. Quelques jeunes hommes sont assis derrière et l'un d'eux... joue de l'accordéon ! » Et comme pour beaucoup d'autres c'est une surprise, voire une interrogation qui surgit : « Ce sont donc là, ces hordes barbares qu'il nous faut haïr ? Je suis sidérée, ces hommes superbes, sanglés dans leurs uniformes... » Mais la pudeur et la discrétion l'emportent : « Pas question d'exprimer ce que je pense [4] ! » De fait les soldats allemands avaient reçu des consignes strictes afin de se comporter convenablement envers les populations, notamment envers les enfants. Une armée victorieuse, organisée, sûre d'elle-même, s'installait en pays conquis pour plusieurs années.

1. In Claude Menuet, *Le Pensionnaire*, Le Seuil, 1993.
2. In Tomi Ungerer, *A la guerre comme à la guerre*, La Nuée bleue, 1991.
3. Témoignage du frère Gilbert, moine à l'abbaye du Bec Hellouin, à l'époque âgé de 10 ans.
4. In Jacqueline Houlé, *La Guerre quand on a quinze ans*, Bertout-Luneray, 1987.

Une obsession nouvelle : le ravitaillement

Dès les premières semaines de l'occupation, une fois dissipée l'excitation du premier contact avec l'armée allemande, les enfants sont souvent impliqués dans un souci quotidien qui ira grandissant : le ravitaillement. Ce problème touche progressivement, avec plus ou moins de rigueur, toutes les catégories sociales et toutes les régions : « C'est une petite fille de ce temps-ci, proche de l'adolescence, mince, âpre et l'œil à tout. Elle vit notre vie, et la sienne. Munie de son petit pliant, de son cabas, d'un ouvrage de tricot et d'un livre d'école, ses socquettes roulées sur les chevilles, elle va faire la queue en dehors des heures scolaires. Ses pensées, ses convoitises durant qu'elle marque ou pas la maille aux abords d'une grande épicerie, elle se garde de nous les livrer », observe Colette dans une de ces interminables files d'attente qui se forment à Paris [1]. Mais les enfants ne se contentent pas de « faire les courses » pour leurs parents ; ils participent à l'effort collectif en aidant à entretenir les jardins potagers, en nourrissant les animaux, parfois en trafiquant au marché noir (comme leurs aînés) ou en braconnant dans les bois. Surtout dans les familles rurales et populaires, ils apprennent durement que la nourriture est le fruit d'un long travail, parfois d'une quasi-lutte.

En raison de la pénurie de main-d'œuvre, les autorités ferment les yeux sur l'interdiction faite depuis le début du siècle d'employer des enfants de moins de quatorze ans à des tâches agricoles ou industrielles. On les mobilise pour faire les vendanges ou rentrer les récoltes comme en juillet 1941 dans l'Eure où des groupes d'écolières passent une partie de leurs vacances à récolter des petits pois [2]. Dans tout le pays des groupes de gamins et de gamines, plus ou moins enthousiastes, sont aussi envoyés à la chasse aux hannetons et aux doryphores, ces insectes qui attaquent les pommes de terre. Le journal *La Terre française* publie une affiche intitulée « Paysans ! le doryphore est votre ennemi... Combattez-le avec acharnement ! » et sur laquelle figure ce conseil : « Aidez-vous les uns les autres... Formez, dans chaque village, des équipes. Enrôlez les enfants des écoles [3]. » Le nom de ces parasites devient l'un des sobriquets dont sont qualifiés les occupants eux aussi gros mangeurs de pommes de terre : « (...) deux officiers allemands sont venus pour inspecter, épurer, la discothèque et la filmothèque (...). Ils ont confisqué des films d'enseignement agricole

1. In Colette, *De ma fenêtre*, Fayard.
2. *La Dépêche*, Evreux, 18/7/1941.
3. Affiche, supplément à *La Terre française*, 17/5/1941 (coll. part.).

sur le doryphore. Ils savent très bien qu'on les compare à ce parasite et que la propagande contre lesdits insectes donnerait l'occasion de gros rires... Tant pis pour les pommes de terre ! » constate André Thérive dans un établissement scolaire de Paris [1].

Dès les premiers mois de l'occupation, une obsession se fait jour dans tout le pays, celle de ne pas manquer de nourriture. Déjà mises à mal par le flot de l'exode et par la désorganisation des circuits de transport, les épiceries manquent de tout ou presque. Même dans les régions méridionales épargnées par les combats, comme le Languedoc, le ravitaillement constitue un problème quotidien. Les pénuries, bien réelles, de certains produits sont aggravées par plusieurs phénomènes : l'apparition de la ligne de démarcation qui gêne considérablement la circulation des produits d'une zone à l'autre, voire l'empêche totalement, le stockage individuel spontané car toutes les familles font des achats de précaution en vue du lendemain, enfin, plus rare, le stockage de grosses quantités de vivres en vue de spéculer sur les prix. « Déjà au mois de juillet 1940 il n'y avait pas de sucre, de café, d'huile, ni de savon, ni aucune conserve chez aucun épicier du village ou de la ville. Ils devaient en recevoir, mais il n'en eurent pas jusqu'à ce qu'il y ait la carte [2] », se souvient un écolier du Languedoc. Chaque enfant se voit en effet attribuer des cartes marquées de la lettre « J » comme « Jeunes ». Les plus petits (jusqu'à 6 ans inclus) sont des « J 1 » et les écoliers de 7 à 14 ans des « J 2 ». Ces cartes d'alimentation vont profondément marquer les mémoires car elles font partie de l'univers quotidien des enfants pendant toute la guerre et l'après-guerre.

Au printemps 1941, la situation s'améliore un peu et des rations de pain supplémentaires sont distribuées aux enfants : « A l'école, on nous donne tous les jours de classe depuis le 4 avril un supplément de 50 grammes de pain à chacun pour goûter. C'est notre maître qui nous le distribue avant chaque récréation du soir. Nous sommes bien contents d'avoir ce supplément et aussi il y a peu de camarades qui manquent l'école [3]. » Une aide internationale se maintient sous différentes formes. L'aide américaine parvient assez régulièrement en zone libre car le gouvernement de Vichy n'a pas rompu ses relations diplomatiques avec Washington et le 5 mai, 14 000 tonnes de céréales sont débarquées à Marseille par un cargo. D'autres produits sont acheminés au gré des collectes effectuées aux Etats-Unis : « En 1941 nous avons reçu du lait en poudre ainsi que des layettes pour les petits enfants qui venaient de naître. En 1942 ils nous ont envoyé 546 kilos de lait

1. In André Thérive, *L'Envers du décor, 1940/1944*, La Clef d'or, Paris, 1948.
2. In *Les Écoliers de Tournissan*, Privat.
3. *Ibid.*

condensé non sucré. Il y avait vingt-huit caisses contenant chacune quarante-huit boîtes. On a distribué des boîtes aux petits enfants qui n'allaient pas en classe et le reste a été préparé à l'école [1]. » Une autre aide, permanente celle-là, provient de la Croix-Rouge (même en juin 1944 elle collecte encore du lait dans le Marais poitevin pour le distribuer à des mères de famille parisiennes) et d'organisations humanitaires suisses. On trouve même trace d'une aide espagnole sous forme de distributions occasionnelles de fruits à des enfants défavorisés [2].

Seuls quelques privilégiés ne sont pas vraiment gênés par la faim, une poignée d'enfants protégés par leur milieu et/ou par des possibilités plus ou moins grandes de ravitaillement. A Lyon, Jean-Jacques Brochier le reconnaît sans détour : « Le problème le plus aigu, alors, n'était pas tant la nourriture, surtout à la campagne où l'on arrivait toujours à se débrouiller, que le combustible. Plus que celle du fer la route du charbon était coupée » et il raconte comment chacun bricolait pour cuire tout de même les plats dans une « marmite norvégienne » avec la seule énergie d'une ampoule électrique, ou bien, solution répandue dans l'ensemble du pays, comment, certains jours, les familles profitaient du four du boulanger : « Pour le reste, quand il y en avait, rôtis ou tartes, nous les portions chez le boulanger qui les mettait dans son four. Et le dimanche matin surtout, après la procession de la sortie de la messe, commençait, dans la grande rue de Chessy, la procession vers la boulangerie, où chacun amenait son plat recouvert d'un torchon bien propre [3]. » Pascal Jardin, lui non plus, n'a jamais manqué de nourriture car ses parents veillent : « Comme le héros de Sartre dans *Les Mains sales*, je n'ai pas faim. Comme lui, dans une France squelettique, on me surnourrit et j'ai là, dans ma poche, des tablettes de Nestrovite, chocolat beigeasse et vitaminé fabriqué par la Croix-Rouge [4]. »

En novembre 1942, le débarquement des Alliés en Afrique du Nord aggrave les pénuries de certaines denrées comme le vin, le blé, différentes semoules et surtout l'huile et les légumes secs qui ne parviennent plus en métropole. Les militants de la collaboration cherchent à exploiter ces difficultés en accusant les Alliés de se comporter en voleurs et la couverture de *Notre Combat pour la France socialiste* représente une femme et ses deux enfants affamés, face à une main

1. In *Les Écoliers de Tournissan*, Privat, Toulouse.
2. Une photo Roger-Viollet datée de février 1944 montre des écoliers parisiens lors d'une distribution de fruits espagnols.
3. In J.-J. Brochier, *Une enfance lyonnaise au temps du maréchal*, C. de Bartillat, 1995.
4. In *La Guerre à neuf ans*, *op. cit.*

crochue qui s'empare de toutes les récoltes d'Afrique du Nord [1]. « Qui coupe les ponts ? Qui fait dérailler les trains ? Qui bombarde les gares ? Qui mitraille sur les routes les camions de farine ? Qui incendie les récoltes et anéantit le bétail ? Qui donne l'ordre de vous affamer [2] ? » demandent avec insistance les collaborateurs en espérant bien obtenir toujours les mêmes réponses : les « terroristes », les Américains et les Anglais. Ce genre de propagande oublie de mentionner qu'à la même époque l'armée d'occupation allemande prélève sans ménagement sa part de nourriture et de matières premières en France.

Pour améliorer l'ordinaire, dans la plupart des familles on n'hésite pas à avoir recours à des méthodes illégales et l'achat au marché noir s'impose rapidement comme une solution fréquente, à condition d'en avoir les moyens : « Toutes les familles ont déployé des trésors de ruses et d'ingéniosité pour se procurer ce qui manquait sur le marché légal [3]. » Les enfants n'échappent pas à ces petits trafics, au contraire, on les utilise souvent pour porter de menus paquets, servir d'intermédiaire ou même utiliser chez les commerçants de fausses cartes d'alimentation en espérant une clémence plus grande en cas de découverte de la fraude. « Les enfants étaient mêlés à ces mensonges quotidiens. L'astuce était devenue une nécessité, la tromperie un mérite. (...) A toutes les échelles, des enfants assistaient aux manœuvres, les observaient, y prenaient goût, imitaient dans la mesure de leurs possibilités [4]. »

La pénurie gagne aussi les circuits de ravitaillement officiels et en particulier les cantines scolaires. C'est pourquoi le gouvernement encourage les jardins scolaires, dans lesquels on plante des légumes à proximité des écoles. L'entretien est assuré par le maître et les élèves et le produit de la récolte utilisé par la cantine pour améliorer l'ordinaire.

Une autre méthode, tout ce qu'il y a de légale mais qui prend des formes parfois folkloriques ou inattendues, se développe dans tout le pays de manière foudroyante, à la ville comme à la campagne, l'élevage de petits animaux de basse-cour. Là encore l'Etat, et donc l'école publique, donne l'exemple : « Le Secours National patronne une œuvre intitulée Le Lapin des écoles. Sous la direction de leurs instituteurs, les écoliers élèvent des lapins qui sont ensuite envoyés en ville, où ils sont

1. *Notre combat pour une France socialiste* est publié par André Chaumet et Henry Janières.
2. Document BDIC cité par A. Bendjebbar, *Libérations rêvées, Libérations vécues*, Hachette.
3. In Alfred Brauner, *Ces enfants ont vécu la guerre.*
4. *Ibid.*

distribués aux nécessiteux [1]. » Dans les demeures bourgeoises comme dans les pavillons de banlieue, les cages à lapins et à poules se multiplient sur les balcons et dans les cours. Certains avancent le chiffre de 400 000 lapins d'élevage pour la seule capitale. Tous les gosses de l'époque ont le souvenir d'animaux élevés dans le but d'améliorer l'ordinaire. Et même si on aime bien ses petits compagnons domestiques, la sensiblerie n'a pas longtemps cours car nécessité fait loi : manger ou être mangé est un précepte que cette génération de la guerre applique sans trop d'états d'âme. « Nous avions un jardin et de plus un poulailler et un clapier. Ah, mes poules ! Je vivais dans leur intimité. J'avais une table et un siège dans la cour de ce poulailler, j'y faisais mes devoirs. Les poules picotaient sur mon ardoise. Chacune avait son nom ; le coq entraîné à suivre mes ordres, se perchait sur mes épaules pour claironner un cocorico en français [2]. » Le moindre terrain de banlieue est mis à profit pour ouvrir de nouveaux potagers. A Clichy-sous-bois, un jardin scolaire est créé avec l'aide d'un ouvrier de l'usine à gaz de La Villette, passionné de jardinage, et qui enseigne les règles de la culture aux écoliers : « Sous sa direction, les enfants passent leurs loisirs à cultiver ; ils apprendront, et c'est bien là son désir profond, à aimer notre bonne Terre de France. » Il est probable que les préoccupations alimentaires tenaient au moins autant de place que le patriotisme dans les motivations car les gosses de Clichy énumèrent ensuite tous les légumes qu'ils souhaitent cultiver avant que la petite Yvonne n'annonce au nom de ses camarades qu'ils veulent bien faire pousser « de tout... sauf des rutabagas [3] ! »

Il est difficile d'estimer avec précision le volume de toutes ces productions artisanales tant en élevage qu'en jardinage. Les rendements sont inégaux, les résultats parfois décevants mais cela constitue un apport non négligeable et surtout des dizaines de milliers d'enfants sont quotidiennement associés à la production de ce qu'ils consomment : « En 1941, 201 000 nouveaux jardins couvrant plus de 4 000 hectares ont été créés. D'après le ministère de l'Agriculture, ces jardins individuels représentent 75 000 hectares en 1944 pour l'ensemble du pays et 3 800 000 cartes de jardinage ont été distribuées [4]. » Le jardin devient ainsi un prolongement de la salle de classe.

Dès octobre 1940 le gouvernement a incité les enfants à tirer parti des fruits sauvages en organisant une « Journée nationale du ramassage des faînes » (fruits comestibles du hêtre) sous la conduite de leurs instituteurs. Mais les gamins n'ont pas vraiment besoin de consignes

1. In *Vivre et survivre en France*, par Dominique Veillon, Payot.
2. In Tomi Ungerer, *A la guerre comme à la guerre*, *op. cit.*
3. Lettre de la directrice de l'usine de La Villette, in *La Terre française*, 29/3/1941.
4. D'après Dominique Veillon (fonds Chouard aux Archives nationales).

officielles pour améliorer l'ordinaire et ils mangent tout ce que l'on peut grappiller ou récupérer gratuitement parce que la nature vous l'offre. Des essaims d'enfants glanent dans les champs après les récoltes, ramassent les champignons dans les bois, récoltent noix, noisettes, châtaignes, nèfles, mûres, merises... A une époque où les lapins abondent, il n'est pas rare de voir des gamins poser des collets ou braconner quelques truites et écrevisses dans les rivières. La faim les rend inventifs et les autorités ferment les yeux sur ce grappillage généralisé dans lequel les petits campagnards ne sont pas en reste sur des adultes souvent complices car on mange les prises en famille. Janine Roux, 13 ans, témoigne : « Quelques-uns mangent des animaux. Ainsi chez Amparo Semper ils ont mangé un hérisson. Antoine Noguerra a mangé une grosse couleuvre. On a mangé un rat, un renard, des grenouilles. Manuel et Pascal Garcia ont mangé un blaireau, Soler un écureuil ; Redon et Mendoza des pies ; Manuel et Louis Jouve un chat ; Mathieu Redon un faucon [1]. » La liste n'est pas exhaustive, les chiens faisant parfois aussi les frais des difficultés de ravitaillement...

Les pénuries alimentaires sont accentuées surtout à partir de 1943 par les difficultés d'acheminement liées au mauvais état des routes, au manque d'essence, de véhicules et même de pneus. « Les internats se maintiennent difficilement tandis que les cantines scolaires cessent de fonctionner dans beaucoup de communes », souligne un rapport préfectoral de 1943 dans l'Eure, département pourtant rural. Dans le Calvados, la même année, la population connaît « des problèmes de ravitaillement de plus en plus difficiles. On continue à regretter l'absence de poisson. La raison en est imputée aux Allemands qui, sur la côte, raflent tout, salent le poisson et l'expédient. Les marchés sont peu approvisionnés en fruits (on ne trouve que des pommes de mauvaise qualité) et en légumes ; les poireaux et les carottes sont rares ; les distributions de vin irrégulières ; le sel est introuvable ». A la fin de l'année c'est encore pire : « De semaine en semaine, la situation s'aggrave. Tout manque à la fois : ce qui habille, ce qui chausse, sans compter les multiples objets nécessaires à la vie quotidienne. A ces difficultés s'ajoutent de multiples vols de bestiaux, de volailles, de mobilier, de matériel fréquemment commis par les soldats de l'armée d'occupation [2]. » Et les Normands ne sont pas au bout de leurs peines... Dans tout le pays, le gouvernement encourage alors, plus que jamais, la récolte des plantes sauvages (y compris médicinales) par les écoliers : « La campagne de ramassage s'intensifie en 1943, date à laquelle la

1. In *Les Écoliers de Tournissan*, *op. cit.*
2. In « L'opinion publique dans le Calvados », communication de Jeanne Grall, actes du 105e congrès des Sociétés savantes, Caen 1980. Les « pillards » sont souvent des auxiliaires de l'« armée Vlassov ».

pénurie alimentaire s'aggrave et la famine menace. C'est quinze heures par semaine que les élèves consacrent désormais à ce ramassage. Ils y sacrifient leurs jeudis et leurs heures d'éducation générale, bénéficiant en contrepartie d'une prime de ramassage destinée à la caisse des écoles [1]. »

Ces difficultés de ravitaillement ne demeurent pas sans conséquences sur le développement des enfants. Une enquête médico-scolaire effectuée en zone libre en 1942 à l'aide de 25 440 fiches médicales d'enfants des centres urbains et industriels de Clermont-Ferrand, Limoges, Montpellier, Marseille et Toulouse montre que chez les garçons comme chez les filles, le poids moyen est inférieur de 1 à 7 kilos selon l'âge, par rapport à 1938. Il s'agit là d'enfants de milieux populaires chez qui l'on constate aussi un déficit en taille de 1 à 5 centimètres chez les garçons et de 1,5 à 2 centimètres chez les filles [2]. Une autre enquête menée dans la région de Montpellier en 1943 indique que « les déficiences en taille et en poids sont les mêmes pour les élèves des écoles communales et pour ceux des lycées [3] » ce qui signifie que l'ensemble de la population scolaire est cette fois touché par les carences alimentaires.

Le retour à la terre

La terre nourricière présente l'avantage d'une démonstration propagandiste facilement compréhensible par les enfants. Dans une période de pénurie constante, l'Etat français s'en saisit rapidement. Les allusions au « retour à la terre » sont fréquentes dans des brochures rédigées pour la circonstance. Un des modèles du genre, *La Jachère emblavée* d'Herbé [4], réunit en un même récit les tentations que la grande ville (corruptrice) exerce sur un jeune paysan qui ne veut plus travailler la terre, la campagne de France au cours de laquelle le héros est blessé, tout comme sa patrie, et l'appel du maréchal Pétain en vue de la reconstruction nécessaire : « Vous serez bientôt rendus à vos foyers... Certains auront à le reconstruire. Beaucoup d'entre vous ne retrouveront ni leur métier, ni leur maison. Votre vie sera dure... La terre, elle, ne meurt pas. Elle demeure votre secours. Elle est la patrie elle-même... Un champ qui tombe en friche, c'est une portion de la France

1. In Pierre Giolitto, *Histoire de la jeunesse sous Vichy*, Perrin, 1991.
2. Enquête dirigée par le docteur J.B. Bourrier, pédiatre, chef de clinique.
3. Adeline Daumard, in *Histoire économique et sociale de la France*, PUF, 1980, t. IV.
4. *La Jachère emblavée*, publié sans date (vers 1941) chez Lahure à Paris dans la collection « Belles histoires de vaillance » (n° 3), Herbé est la traduction phonétique des initiales de René Bonnet.

qui meurt... Une jachère de nouveau emblavée, c'est une portion de France qui renaît. » A la fin de la nouvelle, le héros, convaincu et réconcilié avec son père, demande : « Et le champ du Moulin ? qu'est-il devenu ? Il est en friche... Je le défricherai à nouveau... Le Maréchal a raison... La France nous la referons, plus belle, plus énergique... »

Les enfants trouvent la même propagande, à peine déguisée, dans *Mystère sur la Chênaie* [1] où une famille de jeunes bourgeois parisiens en vacances près de Rambouillet pendant l'été 1941 reçoit de mystérieuses menaces. Hubert, l'un des étudiants, veut devenir ingénieur agronome, ce qui ne fait pas l'unanimité dans une famille pleine de préjugés envers le monde rural. Il argumente : « Je t'en prie, Yolande (...), le métier de cultivateur n'est pas un métier malpropre, et quand on a les mains couvertes de terre on n'a pas les mains sales, parce que la terre n'est pas sale. Sans elle et sans le paysan qui la cultive tu ne vivrais pas. On n'insulte pas sa mère nourrice. » Défense du paysan donc, suivie d'un appel direct à se joindre au « volontariat rural » : « Comment se peut-il qu'il y ait encore des étudiants capables de passer leurs vacances à peindre ou à jouer au tennis quand le volontariat rural les appelle ? »

Pour finir on exalte la Terre de France : « On veut représenter la France avec un hexagone sur un morceau de papier ou l'évoquer dans les livres avec des phrases ardentes. C'est la Terre seulement qui est la France vivante, concrète, palpable ! (...) Tout de suite, après sa grande blessure de la défaite, elle a besoin du soin et de la tendresse de tous ses enfants... Ne les lui ménageons pas... Au volontariat ! » Fréquente réthorique qui identifie la France à une personne vivante et à la terre plutôt qu'à ses habitants. Toutefois les autorités n'appellent pas tous les enfants au « retour à la terre ». Il s'agit plutôt d'une incitation à aider ponctuellement les ruraux trop peu nombreux. On exhorte donc lycéens et collégiens à se joindre aux vendanges, aux moissons ou aux travaux des bois au lieu de paresser pendant leurs vacances et les appels à s'installer définitivement à la campagne sont plus rares. *Le Relais de la Chance au Roy* de Jean-Louis Foncine [2] fournit un exemple de ce procédé. Des scouts y partent en expédition au cœur d'une forêt de Franche-Comté. Il s'ensuit une aventure dans laquelle passé et présent s'entremêlent, mais dont il ressort que l'on vit beaucoup plus sainement au village qu'à la ville. Pourtant les campagnes se dépeuplent : « Vous voyez toutes ces taches claires sur les collines ? Ce sont des tas de pierres, des murgers, des pierres entassées, arrachées,

1. Pierre Romain, *Mystère sur la Chênaie*, Éditions de Montsouris, collection « Printemps », juin 1942.
2. *Le Relais de la Chance au Roy* Alsatia, collection « Signe de piste », 1941, illustré par Pierre Joubert.

grattées du sol avec les ongles pour que le cep ait sa place (...) Depuis la ronce, l'épine, le prunellier, l'acacia ont repris l'offensive; on a perdu en vingt ans ce qu'on avait gagné en un demi-millénaire. » L'incitation à se fixer à la campagne vient en épilogue. « Le domaine revivra » et les scouts évoquent leur retour à la terre avec enthousiasme : « Nous ne serons pas en vacances, nous travaillerons, nous monterons à cheval, nous ferons revivre le domaine, nous l'agrandirons. Il y aura beaucoup de moutons, et nous replanterons la vigne comme autrefois. » L'un d'eux ajoute : « Et nous rebâtirons la chapelle du vieux monastère ! », la reconquête chrétienne y trouvant son compte.

Les dirigeants du mouvement invitent aussi les scouts à ramasser du bois mort pour en faire des fagots avec cette consigne : « Seul, en patrouille ou en troupe, cherche les coins en friche. Vois avec les propriétaires ce qu'il y a à bêcher, ce qu'il y a à semer. Prends les précautions nécessaires pour abriter du froid les jeunes plantations. Répands fumiers et engrais [1]. » Le scout doit se rendre utile plutôt que se transformer en agriculteur. On lui demande au fond de pallier l'absence des milliers de prisonniers. Mais il n'est pas sûr que le message ait été reçu si l'on en juge par le peu de place que lui consacrent les illustrés. A cette date, les enfants songent plutôt à se distraire ou à secourir leurs parents prisonniers.

Aider les prisonniers

Qui dit « prisonnier » suggère, pour les enfants, solidarité ! On les envoie collecter de l'argent, des vêtements ou de la nourriture que la Croix-Rouge se charge ensuite d'acheminer. Au besoin, on demande le renfort de grands écrivains. Ainsi Maurice Genevoix publie-t-il en 1941 *L'Echarpe de laine*, nouvelle destinée aux enfants qui a pour thème la Première Guerre mondiale que Genevoix a vécue [2]. Le héros s'appelle Maréchal. Ce paysan s'est retrouvé fantassin comme la plupart des paysans. Veuf, il a dû abandonner sa ferme sur le Causse et sa petite fille de six ans à peine a été confiée aux soins précaires de la « mamette », presque aveugle : « C'est une grand-mère. Toutes les vieilles femmes, chez nous, sont des mamettes. Mais celle-là est si vieille, si vieille... » Comme ses frères d'armes prisonniers, Maréchal souffre du froid, de la gadoue et de la pluie mais lui plus que les autres

1. In *Scout*, n° 155, novembre 1940.
2. Maurice Genevoix fut grièvement blessé aux Eparges. Son livre est publié chez Flammarion. Il connaît un succès certain et est réédité plusieurs fois entre 1941 et 1944. *L'Écharpe de laine* est aussi reproduite dans plusieurs revues pour enfants.

car sa fille est trop petite pour lui tricoter des lainages et trop vieille pour le faire. Un jour pourtant Maréchal reçoit cot : « Jacqueline avait appris à faire le point de chaînette, tout ce qu'elle savait faire. Alors, de tout son cœur, elle avait tricoté des points, et encore des points à la file, aussi long qu'une longue écharpe : rien qu'une chaînette de mailles, c'est vrai, mince comme la queue d'une souris, même pas de quoi réchauffer le cou d'un petit roitelet sans plumes. » Le prisonnier est très ému par cette tentative de sa fille pour l'aider dans sa misère : « Il contemplait cette chaînette de points, fil blanc et fil gris enlacés. Doucement, pieusement, il se la mit autour du cou comme une chaude écharpe de laine. Ses amis le regardaient faire, et voici qu'ils souriaient aussi. Mais leur sourire ne se moquait pas. C'était le même que celui de Maréchal. » *L'Echarpe de laine* se termine bien, et Maréchal aura lui aussi une chaude écharpe de laine pour Noël. Si l'action se déroule en 1915, les enfants de 1941 n'ont aucune peine à transposer la misère des soldats sur leur proches. Car ils sont nombreux les enfants qui veulent aider moralement et matériellement les prisonniers en Allemagne et Vichy saura habilement canaliser leur élan vers les campagnes du « Secours national ».

C'est à l'école mais aussi dans leur presse que le thème des prisonniers est le plus souvent proposé aux enfants. *Scout* le reprend dès le premier numéro de l'occupation dont l'éditorial consiste en une lettre d'un scout de treize ans à son chef, assortie de ce commentaire : « Merci pour le réconfort que vous nous avez donné du fond de votre cœur de scout, merci pour le réconfort que vous allez continuer de fournir à vos chefs prisonniers par vos lettres ainsi que par vos colis que vous leur enverrez [1]. » Les appels à la solidarité envers les aînés ou les parents qui sont prisonniers sont nombreux et réguliers. Le 26 mars 1943, est lancée une grande campagne sur le thème de « la journée des absents ». Appuyée par des distributions de tracts [2] elle vise à inciter tous les scouts à écrire, envoyer un colis, des livres, de l'argent... aux « absents », notion vague qui englobe tous les hommes retenus loin de leur foyer donc les prisonniers de guerre mais aussi les ouvriers STO, ce qui est plus rare. En effet les ouvriers STO sont clairement nommés dans les tracts et considérés à égalité avec les prisonniers, sans la moindre hiérarchie entre eux. *Benjamin*, *Jumbo* ou *Jean et Paul* lancent aussi à des intervalles plus ou moins réguliers des consignes d'aide aux prisonniers. Seul *Le Téméraire* demeure discret sur ce

1. Dans le n° 155, 20/10/1940.
2. Un exemplaire de ce tract représente trois hommes derrière des barbelés sur fond de mirador et de cheminée d'usine. L'un d'eux porte une casquette et symbolise l'ouvrier STO (coll. part.).

thème [1]. Dans le même esprit, profitant de la publication de *La Mort d'Eric*, Serge Dalens n'oublie pas les prisonniers. Il les évoque de deux manières. En dédiant l'édition de 1943 « A Pierre Lamoureux, KG 5329 », c'est-à-dire à Jean-Louis Foncine du « Signe de piste », prisonnier à cette date, et en inventant le personnage de Christian (ami d'Eric) qui est capturé par les Allemands, « Christian, le symbole des prisonniers ».

Jouer avec un Stuka?

Le propre de l'enfance est d'avoir ses rythmes, ses joies, ses peines suivant une échelle différente de celle des adultes. Même dans les pires circonstances de la guerre – villes dévastées, camps, groupes de réfugiés – on a pu voir des enfants jouer, c'est-à-dire prendre leurs distances par rapport à la réalité, si dure fût-elle. Il est ainsi une fête que les enfants, surtout les plus petits attendent avec impatience même en ces moments difficiles : Noël. Le 25 décembre 1940 marque le premier de l'occupation. A cette occasion, le Maréchal Pétain s'adresse à la population et il insiste sur l'attention qu'il porte aux familles et aux enfants : « Je pense à tous ceux qui souffrent, à ceux qui ne mettront dans leur cheminée ni bûches, ni charbon, à ceux qui ont entendu, jadis, parler du réveillon et qui ne savent pas ce qu'il mangeront demain, aux enfants qui ne trouveront pas de jouets dans leur souliers, aux réfugiés qui n'entendront plus, cette année, la cloche de leur village. » C'est effectivement un Noël plus terne que les autres et marqué par l'absence du père dans bien des familles. A Paris, les grands magasins décorent pourtant leurs vitrines et exposent les jouets qu'ils avaient en réserve. Les enfants découvrent peu de nouveautés mais des trains électriques rutilants tournent tout de même imperturbablement sur leurs anneaux de rails tandis que de petits automates saluent les spectateurs avec raideur. A Vichy, les rues connaissent une certaine animation et des jouets provenant de stocks anciens sont proposés aux enfants : « Si vous vous promeniez dans les rues, vous constatiez dans les vitrines la présence de livres d'images aux teintes vives, de jeux de construction, de bateaux de guerre, de chevaux de bois, d'ours en peluche, d'éléphants, de canards en toile cirée. (...) On y trouvait aussi

1. Dans sa thèse, Alain Fourment affirme que « *Jumbo* sera le seul, hormis *Cœurs Vaillants*, à parler des soldats emprisonnés dans les stalags ». Selon nos propres recherches, il apparaît au contraire que pratiquement toute la presse enfantine a abordé le thème des prisonniers qui touchait beaucoup de ses lecteurs.

des tanks, des soldats de plomb et moins de jouets mécaniques que de jouets en bois [1]. »

L'année suivante le gouvernement prend les choses en main de manière à faire oublier un peu la guerre. Des crédits sont débloqués afin de mieux garnir les souliers, en particulier ceux des réfugiés encore nombreux en zone libre : « Une somme de douze francs a été mise à la disposition des préfets pour l'arbre de Noël des réfugiés allocataires de moins de quatorze ans par la direction des réfugiés. Les préfets ont pu confier l'organisation des fêtes aux œuvres et associations de leur choix [2]. » Il s'agit de douze francs par enfant bien entendu ce qui permet de menus cadeaux. De plus quelques centaines de pères de famille nombreuse ont été libérés par les Allemands sur intervention du gouvernement et l'on organise des festivités spécifiques pour « le Noël des Séparés » à destination de tous ceux dont le père est absent : « De nombreux arbres de Noël furent mis sur pied pour gâter les enfants des prisonniers, de la Maison du Maréchal, de la Légion des combattants ou encore du secrétariat d'Etat à la guerre ou des troupes en service à Vichy. Chaque fois, il y avait un spectacle de variétés, un goûter et une distribution de jouets [3]. » A Paris, en décembre 1943, quelques centaines d'enfants de prisonniers du stalag 5C sont réunis au Grand Palais pour un goûter et une distribution de jouets en présence d'André Masson, commissaire général aux prisonniers.

Comme l'ensemble de l'industrie française la fabrication de jouets fut touchée par l'occupation et la partition de la France. A la suite de l'Allemagne où la production de jouets en métal est réduite au profit d'objets utilisant le bois, matière non stratégique, les restrictions gagnent la France : l'arrêté du 26 novembre 1940 pris par l'office des fers, fontes et aciers interdit en partie la fabrication des jouets métalliques. Puis en décembre 1942 le syndicat français des fabricants de jouets est officiellement dissous tandis qu'une série de matériaux sont réservés aux fabrications de guerre comme le caoutchouc, le tissu, et le celluloïd. Cela entraîne l'arrêt quasi total de la production de hochets, balles de ping-pong et surtout des baigneurs moulés dans cette matière et tant appréciés des petites filles. Les constructeurs doivent donc s'adapter à cette situation nouvelle. La firme Euréka, célèbre par ses constructions d'automobiles à pédales et d'articles de tir pour enfants (carabines et pistolets à flèches) organise volontiers des concours ou « jeux sportifs » avec des courses de patinettes ou de voitures à pédales dont une particulièrement prisée des petits Parisiens sur l'Esplanade

1. In Jean Débordes, *La Vie de tous les jours à Vichy.*
2. In *Cahiers d'Information*, n° 2, secrétariat général de la Jeunesse.
3. In Jean Desbordes, *La Vie de tous les jours à Vichy, op. cit.*

des Invalides où s'affrontent chaque année les meilleurs coureurs. Malgré le succès de l'opération, Euréka cherche à se reconvertir : « La quasi-impossibilité d'obtenir de la tôle pour fabriquer des jouets en métal impose une nouvelle orientation des articles produits vers des modèles en bois : charrettes pour enfants, petits bureaux, poussettes de poupées, patinettes en bois, remorques pour cycles et travaux de sous-traitance divers [1]. » La guerre provoque un retour en force des jouets en bois qui, dans les années trente, avaient beaucoup reculé au profit des métaux moulés ou formés, de la bakélite et du celluloïd. Dès 1940, en France comme en Belgique, des dizaines de fabricants, souvent artisanaux, produisent de nombreux modèles parmi lesquels les engins de guerre se taillent la part belle : d'une facture parfois maladroite, chars, bateaux, avions... abondent. La production traditionnelle ne s'arrête pas pour autant. L'usine de la firme Meccano France à Bobigny, qui fabriquait des jouets pour le compte du Britannique Hornby (dont les déjà célèbres Dinky Toys) est réquisitionnée par les Allemands et produit désormais des pièces détachées mais pour le compte de l'Allemand Marklin, un des meilleurs producteurs de trains miniatures du moment.

Si l'on en juge par le catalogue de la firme JEP, le plus gros industriel français de jouets (installé à Montreuil depuis le début du siècle), l'activité fut tout de même assez soutenue alors qu'elle avait été totalement interrompue de 1914 à 1918, de manière volontaire, afin de participer à l'effort de guerre en produisant des casques pour l'armée française en lieu et place des jouets en tôle. Cette fois, chez JEP, la production se contracte pendant l'automne 1940 puis reprend à un rythme élevé et se maintient pendant cinq ans. Malgré la guerre, la plupart des références du catalogue demeurent disponibles jusqu'à Noël 1941 inclus. On peut encore acheter des trains, de nombreuses petites voitures pour les garçons, des dînettes ou des cuisinières pour les filles. JEP fait face à la demande en partie par liquidation progressive de ses stocks, en partie par de nouvelles productions. Pourtant en 1942 tout est réorganisé. Le nombre d'articles proposés est plus réduit et le catalogue simplifié tandis que l'influence allemande apparaît discrètement sous l'aspect « innocent » d'un train mis en vente avec des décorations et des sigles qui sont ceux des wagons du IIIe Reich. Plus net encore, à la rubrique avions, deux modèles nouveaux de bonne qualité apparaissent : un Stuka et un Messerschmidt. Il s'agit là de reproductions d'avions de guerre bien connus des enfants qui ont souvent l'occasion de les voir évoluer dans le ciel de France. Faire jouer des enfants, qui

1. In M. Grandvoinnet, *Euréka, un siècle de jouets de rêve*, La Librairie du collectionneur, 1991.

pour beaucoup avaient vécu l'exode et ses douleurs, avec un Stuka relève du paradoxe et du souci de propagande. Pourtant ces deux modèles rencontreront un franc succès à tel point que la production de ce Stuka « made in France » se prolongera même à la Libération : on affuble les avions de cocardes tricolores, ce qui constitue de nos jours une curiosité pour collectionneur. Un Stuka français voilà qui ne peut appartenir qu'au monde de l'enfance...

Le cas de JEP n'est pas isolé. Les célèbres jouets Citroën maintiennent eux aussi leur production sans grande modification jusqu'en 1942, puis ils germanisent légèrement leur gamme en introduisant au catalogue une traction décorée aux couleurs de l'armée allemande.

Mais les jouets étant chers, et relativement rares, on n'hésite pas dans les familles à bricoler soi-même avec les moyens du bord. Chacun récupère, assemble et l'imagination fait le reste : « Le bassin du Palais-Royal est vide, depuis des mois. Max, qui a douze ans cette année, est forcé d'aller aux Tuileries – il me l'a dit ce matin avec contrariété – pour essayer son *bateau qui marche.* L'objet est curieux, entièrement fourni par deux boîtes de sardines, deux bobines en bois, un arbre de couche et un frein en fil de fer ; deux bracelets de caoutchouc, tordus sous la quille, en se détordant servent de propulseurs [1]. » Une inventivité que le petit Max partage avec bien d'autres gamins qui, par l'habileté et le rêve, tentent de lutter contre la grisaille de l'heure.

On joue d'autant à plusieurs que l'air du temps incite à ces moments partagés que sont les jeux de société. Parmi eux les batailles navales, des plus simples réalisées sur une feuille de cahier aux plus sophistiquées ont toujours eu la faveur des enfants. Dans les années trente Allemands, Anglais, Hollandais, Belges, Français et même Espagnols (pendant la guerre d'Espagne) en ont mis des dizaines de modèles sur le marché avec des plateaux de bois ou de carton illustrés et de petites maquettes de bateaux en bois ou en métal. Pendant la « drôle de guerre » on se souvient que Solido avait imaginé un jeu du blocus en mer du Nord dont l'objectif était d'isoler le IIIe Reich. Sous l'occupation la commercialisation de ce jeu se poursuit sans problème : il s'agit cette fois d'organiser le blocus de l'Angleterre par l'Allemagne. En 1944, les enfants de la France libre seront, eux aussi, incités à jouer avec des navires de guerre et dans *Petit Claude* (journal publié à Alger) un jeu de bataille navale est inséré avec un cuirassé, un croiseur, un cargo, un sous-marin, un torpilleur dans chaque camp, le tout à colorier et à découper [2].

Dans le même esprit, les planches de dessins cartonnées à découper

1. Colette, *De ma fenêtre*, 1942.
2. *Petit Claude,* n° 2, 23/3/1944. Publié à Alger.

lors des longues soirées de couvre-feu paraissent toujours. Les enfants trouvent chez les papetiers une série de navires de guerre et une série d'avions dessinées par Claude Bréguet ainsi qu'une amusante série de boutiques signée du décorateur Géa [1]. De son côté, le Secours national vend des planches représentant les installations des chantiers de jeunesse (baraquements et drapeaux français inclus) ou des planches de militaires français en grand uniforme. Le jeu de l'oie, lui, peut se pratiquer en famille tout en écoutant la radio ou de la musique. Comme ces jeux tiennent un grand rôle dans le développement de la mémoire par la répétition de l'utilisation des cases et par l'importance que certaines prennent dans le déroulement de la partie, la propagande vichyste ne se fait pas faute d'en concevoir des versions adaptées. Le jeu de la Francisque [2] permet aux enfants d'avancer plus rapidement vers la case gagnante (une famille réunie) chaque fois qu'ils « tombent » sur une francisque ornée de l'un des termes de la trilogie « Travail-Famille-Patrie » ou bien sûr une case « Secours national ». En 1942, « Visitons la France et l'Empire » découpe en 63 cases les provinces multicolores (au lieu des départements républicains) ; deux, l'Alsace et la Lorraine, sont opportunément masquées (leurs armoiries ont été omises dans les cases) par un drapeau tricolore de manière à faire oublier leur annexion. En Bretagne, le jeu de l'Hermine conforte le sentiment d'appartenance bretonne [3]. Il s'agit de parvenir jusqu'à une citadelle sur laquelle flotte le drapeau breton et pour cela chaque case « hermine » double les points ; Cadoudal fait gagner douze cases, l'Ankou renvoie au départ et l' « appel d'Ololê » fait bondir jusqu'à la case 40 où figure une croix celtique.

A Paris, les jeux Witho proposent une gamme complète de jeux éducatifs répandus à plus de 200 000 exemplaires [4] dont les Atouts de la vie, cartes grâce auxquelles on peut acquérir dix atouts (Propreté, Hygiène, Education, Instruction, Franchise, Discipline, Courage, Conscience, Honneur et Idéal) mais où il faut absolument se débarrasser des cartes Mensonge et Paresse. Chaque carte est illustrée, par exemple « Hygiène » par un enfant qui dort la fenêtre ouverte ou « Courage » par un homme qui reconstruit sa maison détruite [5]. Le programme des jeux Witho (contraction des deux noms de sa créatrice Mme Lucien Willemetz-Thomassin) est approuvé par le ministère de l'Information qui suit la production de près et se montre parfois cri-

1. Ces trois séries sont publiées par les éditions Plumon en mai 1941.
2. Jeu édité par GP c'est-à-dire la Générale Publicité qui publia aussi de nombreux livres pour enfants.
3. Jeu publié par les éditions Ololê.
4. AN F 41 269.
5. Ce jeu est à la bibliothèque de l'INRP à Mont-Saint-Aignan.

tique : « *Vers la jeunesse* n'aura pas à mon avis une grande efficacité – *L'ABC de l'Education*, véritable catéchisme laïque peut-être de quelque utilité pour les instituteurs » commente un fonctionnaire de la section jeunesse [1]. De tonalité nationaliste et résolument laïque, les jeux Witho proposent aussi Matho qui conte l'odyssée d'un soldat nomade, le jeu des Richesses de France, le jeu des Elites (loto avec des cases littérature, poésie, théâtre, armée, marine, colonisation, sciences, musique...) et le jeu de l'Histoire de France, loto « destiné à faire connaître notre Histoire, berceau de l'idéal de tout Français, en apprenant les noms de ceux qui ont contribué à la grandeur de notre patrimoine national et à l'éclat du nom français [2] ».

L'Empire colonial présente l'avantage d'être un des rares atouts de Vichy dans ses rapports avec l'Allemagne. Aussi jeux et jouets sont largement mis à contribution. Alain Saint-Ogan conçoit en 1941 un jeu de l'oie colonial, le Voyage impérial, commandé par le très officiel « Service des manifestations ». Présenté en coffret il porte en sous-titre : « C'est parce qu'elle l'a construit, que la France possède un empire. » Dans le même esprit, un imprimeur de Toulouse met en circulation des albums à colorier intitulés « L'Empire français » [3]. La couverture, ornée en vignette d'un portrait du Maréchal, représente un superbe spahi à cheval. En pages intérieures l'enfant peut colorier des dessins évoquant l'Algérie, le Maroc, la Martinique, la Tunisie, l'Afrique occidentale française et l'Indochine, autant de territoires encore fidèles à Vichy à la fin de 1941. Prudemment l'éditeur a évité les planches sur les îles du Pacifique ou l'AEF qui sont passées « à la dissidence ». En 1943, à l'occasion d'une campagne en direction de la jeunesse plusieurs autres jeux sont créés ou réimprimés dont la Course à l'Empire, le Jeu des Echanges, le jeu du lion et des dominos. En mars 1944 un jeu de loto colonial et une brochure, *La France des cinq parties du monde,* sont mis en circulation. Seulement à cette date l' « Empire » a totalement basculé vers la « dissidence gaulliste » et l'enthousiasme maréchaliste est retombé. C'est pourquoi en dépit de tirages importants ces jeux se répandent plus lentement que prévu. A la veille de la Libération, un fonctionnaire fait le point : « Jusqu'à présent j'ai diffusé les jeux et brochures auprès de 124 colonies de vacances de la région parisienne, auprès de journaux d'enfants de la zone libre qui font une propagande coloniale, auprès des mouvements de jeunesse de cette même zone » mais le rapport précise que l'entrepôt de la rue Bouloi à Paris

1. AN F 41 269, lettre du 15 mars 1944.
2. AN F 41 269.
3. « L'Empire français à colorier avec des crayons de couleur » est publié par L. Ménard, imprimeur-éditeur à Toulouse et Fontainebleau, ce qui permet sa diffusion dans les deux zones.

contient encore 518 500 exemplaires de ces jeux et brochures sur les 850 000 exemplaires initialement stockés [1]. Rétention plus ou moins volontaire de l'information ? Difficultés matérielles de distribution ? Probablement un peu des deux car une partie de ces jeux pouvait être distribuée dans des écoles ou des collectivités sans grand problème technique. Mais en 1944 bien des fonctionnaires commencent à miser sur les Alliés plutôt que sur Pétain...

Se réfugier dans une bibliothèque ?

Sous l'occupation, les bibliothèques connaissent des difficultés de fonctionnement, en particulier des problèmes de chauffage des locaux, de personnel ou de crédit. Néanmoins cela n'entraîne le plus souvent que des fermetures temporaires, car les bibliothèques connaissent une fréquentation en hausse, voire une affluence inhabituelle de lecteurs. La fermeture de la bibliothèque L'Heure joyeuse à Versailles, constitue une exception. C'était une fondation privée, dont le succès était dû à son animatrice, Mme Kont, et à quelques enseignants. Dès la « drôle de guerre » l'équipe s'est dispersée et Mme Kont s'est retirée dans la région de Bordeaux, confiant la bibliothèque à Mlle Reuss son associée. En juin 1940, après la défaite, Mme Kont, craignant pour sa famille en raison de ses origines juives a préféré demeurer en zone libre, dans la région de Nice. A l'automne 40 L'Heure joyeuse de Versailles est donc fermée mais le stock de livres n'est pas dispersé et les meubles pour enfants (petites tables et chaises) sont préservés sur intervention des services municipaux. Par la suite, Mme Kont demeure en relation (par lettres) avec la municipalité de Versailles. Par un courrier du 26 septembre 1942, Mme Kont apprend que l'ensemble de son matériel a été mis en lieu sûr dans un hangar de la caserne d'Artois [2].

A Paris, après une brève fermeture liée à l'exode, L'Heure joyeuse rouvre ses portes à l'automne 1940. Des classes entières se rendent à la bibliothèque, sous la direction de leurs maîtres : « Quelques classes d'écoles voisines vinrent même pendant l'occupation ; telle cette classe de petites filles qui arrivaient chacune avec son pliant sous le bras et qui au premier mugissement de la sirène quittaient la salle comme une volée de moineaux jusqu'à l'abri de leur école », se souvient Mathilde Leriche [3]. Les bibliothèques de L'Heure joyeuse ne sont pas trop mal

1. Lettre de J. Clos, AN F 41 269.
2. Renseignements aimablement communiqués à l'auteur par Mme Mantoue, fille de Mme Kont (à Versailles en avril 1992). Une des trois bibliothécaires, J. Dreyfus-Weil sera arrêtée, déportée et mourra à Auschwitz.
3. Mathilde Leriche, *50 ans de littérature de jeunesse,* Magnard, 1979.

vues des autorités en particulier de Gabriel Henriot (inspecteur en chef des bibliothèque de Paris et de la Seine) qui pense qu'elles sont un facteur d'éducation permanente et d'éveil. Il en fait même l'éloge et rappelle le rôle décisif des Etats-Unis dans la fondation des premières « sections jeunesse » en France : « Des Etats-Unis, cette œuvre magnifique a gagné presque tous les Etats civilisés et (...) c'est avec une réelle émotion qu'on visite une Heure joyeuse chez nos voisins de Belgique, ou dans les pays nordiques [1]. » Puis, à propos des années de guerre, il donne de précieuses indications sur les bibliothèques pour enfants : « La plus importante par le nombre de prêts (19 123 en 1937, plus de 50 000 en 1941) est celle de la rue Sorbier, en plein cœur de Ménilmontant. » Gabriel Henriot a visité les lieux : « Nous serons frappés, dès l'abord, par son aspect engageant : une salle claire, orientée vers le midi, inondée de soleil le jour et de lumière le soir ; les murs sont peints de couleurs gaies ou enrichis de fresques, rappelant les fables ou les contes chers aux petits. » Pour la rue du Sorbier Gabriel Henriot ne tarit pas d'éloges : « Les enfants arrivent rapidement, joyeusement. De suite nous nous rendons compte qu'ils se trouvent bien chez eux et qu'ils aiment leur bibliothèque. Ils le montrent d'ailleurs telle cette fillette qui apporte du papier pour couvrir les livres... » A une époque où la propagande officielle encense les héros nationaux, Henriot prend même un peu de recul en rapportant l'anecdote suivante : « Ils (les enfants) n'hésitent pas à recourir aux lumières de la bibliothécaire, la " dame qui renseigne " et qui supplée aux défaillances de la mémoire, comme celle de ce garçonnet qui demande " l'histoire du type qui s'est fait péter les veines en sonnant du cor... " Il veut évidemment *La Chanson de Roland* ! » Il est vrai que nous sommes en plein Paris populaire où Gavroche n'est pas si loin ! Mais Gabriel Henriot, en défenseur de la laïque, est plus méfiant envers L'Heure joyeuse du quartier Saint-Séverin : « Sans doute, dans une bibliothèque comme celle de la rue Boutebrie, qui sert de jardin d'essai et où les lecteurs ne sont pas très nombreux, l'action de la bibliothécaire se fait plus sentir ; de même l'activité des enfants y est sollicitée pour des occupations qui sentent déjà le patronage, comme les représentations théâtrales, minutieusement préparées, y compris la confection des décors et des costumes. »

En zone libre, la bibliothèque de Toulouse, inaugurée en mai 1940, se trouve en plein cœur d'une région surpeuplée de petits réfugiés français et belges. Malgré la guerre puis la partition de la France elle reçoit des crédits. La bibliothécaire, Suzanne Dobelmann, souhaite aider

1. In *Des livres pour tous,* publié en 1943. Les premières Heures joyeuses ont été créées après la Grande guerre dans les secteurs sinistrés de Picardie, avec l'aide américaine.

ainsi de son mieux les milliers d'enfants qui ont échoué à Toulouse pendant l'exode. L'aide municipale et un don américain d'une valeur de 300 dollars permettent le développement de la bibliothèque : du 13 mars au 10 juin 1941, soixante-dix titres en anglais sont enregistrés avec la mention « Don des bibliothécaires américains ». L'explication tient au séjour, vers la fin de l'année 1940, d'une « bibliothécaire américaine, conquise par L'Heure joyeuse ». Emue par le sort des petits réfugiés elle « s'était engagée à faire parvenir des livres aux enfants de Toulouse. A l'étonnement général, la promesse fut non seulement tenue, mais des livres parvinrent sans dommage à la bibliothèque, en pleine guerre [1] ! ». A cette date, les Etats-Unis ne sont pas encore directement impliqués dans la guerre, et le gouvernement de Vichy qui entretient des relations diplomatiques avec la Maison Blanche n'a aucune raison de s'opposer à un don de ce type. Néanmoins cette livraison d'ouvrages en langue anglaise présente un côté insolite. Au printemps 1940 le fonds jeunesse de Toulouse comptait 700 ouvrages différents mais tout au long des quatre ans de guerre ses animateurs le complètent avec ténacité : « La bibliothèque de jeunes lecteurs a pu s'enrichir de livres pour adolescents afin de satisfaire son public. Elle possède en tout fin 1944, 2 000 volumes, alors qu'elle n'en avait que 700 environ à l'ouverture. Saluons cette prouesse [2]. »

Rêver au cinéma

Les productions destinées aux enfants ont toujours eu une double fonction : éduquer et distraire. Sur la première fonction le consensus est large chez les adultes et en particulier chez les éducateurs. Même lorsque le thème d'un récit relève de la fantaisie certains parmi eux pensent que l'on doit demeurer sérieux et didactique. Dans *L'Art de raconter des histoires,* Jeanne Cappe écrit : « L'heure de l'histoire – il faut, sans cesse, le rappeler – n'est pas l'heure de la dissipation, du simple délassement. C'est l'heure sérieuse, l'heure où l'enfant se recueille, exige plus que l'évasion... » Bref, il faut être sérieux même quand on s'amuse...

Pour la distraction, les illustrés et le cinéma sont rois car ils échappent plus facilement aux conventions de l'écriture. François Truffaut, qui avait douze ans, résume la fascination du cinéma sur les enfants, comme une évasion prolongeant celle des livres et des illus-

1. Anne Marinet, *Toulouse à l'Heure joyeuse,* 1990.
2. Le gouvernement de Vichy, et la municipalité de Toulouse (mise sous tutelle de Vichy), ont favorisé ce développement. Léon Chancerel est même venu à la bibliothèque faire une conférence, puis une lecture publique pour les enfants.

trés : « C'était la suite des livres. Une évasion assez belle, enfin une évasion assez forte m'était procurée par les romans. Je lisais des romans pour enfants mais aussi des romans que ma mère lisait, donc en cachette d'elle, et puis après, il y eut les films, et les films constituaient probablement une évasion encore plus forte (...) [1]. » L'attrait que le cinéma exerce sur les enfants peut servir de prétexte à organiser de grandes réunions dans lesquelles illustrés et salles obscures font bon ménage et même unissent leur force de persuasion. Le 16 février 1941 *Gavroche* a prévu une séance patronnée par l'ACE : « L'Alliance cinématographique européenne a voulu clore la sympathique matinée par la remise d'un chèque de 10 000 francs destinés à l'Entraide d'hiver du maréchal Pétain. » Ce jour-là, les enfants voient trois films : deux documentaires (*Promenades au zoo* et *Dakar* dont la possession est hautement revendiquée par le gouvernement de Vichy) et un film d'aventures intitulé *Marajo.* La demande est forte car la rédaction de *Gavroche* signale qu'elle n'a disposé que de 2 000 places pour 8 700 demandes de la part des Amis de Gavroche et des fils de prisonniers. Pendant la séance « les élèves du cours de madame Patorni-Casadessus ont joué et chanté sur la scène les belles chansons écrites à leur intention et dédiées aux enfants de France ». *Gavroche* récidive en août 1941 en emmenant une délégation d'enfants à Joinville-le-Pont sur le terrain d'extérieur où se tourne un film de Louis Daquin, *Espoirs de demain*, plus connu sous le titre *Nous les gosses.* Réalisé par Pathé Cinéma d'après un scénario de Gaston Modot et Maurice Hilero et des dialogues de Marcel Aymé, ce film met en scène quatre-vingts gamins de Paris qui en sont acteurs. Il développe l'esprit de solidarité entre les enfants face à des adultes souvent hostiles. Raymond Bussières y campe un rôle de mauvais garçon pas bien méchant et Pierre Larquey apporte sa bonhomie à l'intrigue. Le film, dont la première a lieu à Paris le 2 décembre 1941 au Paramount, est un grand succès : « Une réussite pour Louis Daquin qui regarde le monde des enfants comme un univers d'optimisme en marge de celui des adultes, mais partie intégrante d'une réalité sociale [2]. »

A la veille de Noël 1941, la compagnie allemande Tobis organise au cinéma Normandie la première du film *Prisonniers* présenté au bénéfice des familles : « Un film entièrement réalisé dans les camps de prisonniers français : la vie quotidienne, les travaux, les distractions de nos chers absents [3]. » Bien des gosses se précipiteront dans la salle avec leurs aînés dans l'espoir d'entrevoir un visage connu sur l'écran. Espoir

1. In *Truffaut par Truffaut,* Le Chêne, 1985.
2. René Chateau, éditeur de films et de livres.
3. Argumentaire publicitaire du film, 16/12/1941.

le plus souvent déçu... Il est d'autres films qui peuvent toucher les enfants comme *Le Voile bleu* avec Gaby Morlay, Pierre Larquey, Elvire Popesco, Charpin... film à la gloire de la famille et surtout du dévouement d'une mère par adoption qui donne une famille à des enfants qui ne sont pas les siens. « Par chance Gaby Morlay est là, avec ses inépuisables réserves de sincérité, sa voix si émouvante et cette discrétion dans le pathétique qui donne aux rôles les plus trébuchants une assise, un équilibre miraculeux [1]. » Le thème de l'enfance délinquante est abordé dans *La Cage aux rossignols* tourné en 1944 au centre de Chantelou où sont regroupés les plus jeunes des délinquants arrêtés et condamnés. Ce film, qui n'est pas vraiment une fiction, est destiné à faire connaître les efforts de certains éducateurs pour communiquer avec leurs difficiles pensionnaires autrement que par la répression et, dans ce cas particulier, c'est par la musique et le chant que le contact s'établit. L'acteur Noël-Noël et les Petits Chanteurs à la croix de bois contribuent au succès auprès du public [2]. Le gouvernement encourage ce genre de film tout comme la promotion de dessins animés (dont ceux de Paul Grimault et de Dubout) et de « documentaires » éducatifs projetés en première partie, avant l'entracte et le « grand film ». En avril 1943 est même organisé à Paris un Congrès du film documentaire pendant lequel 25 000 écoliers assistent à la projection des meilleurs : « Georges Rouquier, René Luquot et Marcel Ichac reçoivent le grand prix ex aequo, en présence d'Abel Bonnard, du directeur du cinéma Galey, et d'Aimé Clariond [3]. »

Le succès du cinéma est soutenu par les illustrés. Le *Journal de Taty* comporte une rubrique cinéma étoffée et il invite régulièrement les lecteurs à faire la critique de films qu'ils ont aimés. Cet appel est probablement fictif car le ton des lettres et le choix des films laissent à penser qu'il s'agit de publicité à peine déguisée pour des productions allemandes [4] même si l'on y trouve des films français [5]. Des photos (gracieusement fournies par les agences allemandes Tobis et ACE) illustrent *L'Amour en l'air* avec la jeune Jeny Jugo, *Grand-Père*, avec Pierre Larquey et *Le Roman d'un génie* avec Gaby Morlay et Pierre Brasseur, donc un panachage entre France et Allemagne. L'actrice

1. Article de Roger Régent dans *Vedettes,* n° 106, cité par René Chateau dans son *Anthologie du cinéma français sous l'occupation.*
2. Film de Jean Dréville produit par la Gaumont.
3. In « Archives de guerre », INA.
4. La majorité des films commentés (favorablement) dans le *Journal de Taty* sont produits par Tobis et Continental (ACE), deux grandes firmes allemandes.
5. Sur 42 films mentionnés et étudiés : 14 films allemands, 2 films français de la Continentale, 2 films américains ; le reste, soit 24, français. Information communiquée par M. Gérard Bouan.

allemande Marika Rökk apparaît avec insistance [1] et la rédactrice en chef, la mystérieuse « Taty », précise : « Moi aussi j'admire Marika Rökk. Non seulement elle est jolie, intelligente et délicieuse, mais encore je la considère comme la meilleure danseuse d'Europe [2]. » Cette rubrique « cinéma » constitue un soutien à peine masqué aux films allemands dont *Le Président Kruger* qui met en scène les Blancs d'Afrique du Sud. *Une cause sensationnelle* bénéficie de la mention suivante, bien peu susceptible d'avoir été écrite par un jeune lecteur français : « Un des meilleurs films ACE joué avec les vedettes berlinoises connues, comme Heinrich George et Jutta Freybe. »

Pendant toute l'occupation la production est donc abondante, et souvent de qualité, mais c'est d'une production sous haute surveillance qu'il s'agit, d'autant que ces films sont destinés à un public d'enfants. Le clergé veille au grain et la Centrale catholique du cinéma et de la radio diffuse régulièrement des listes de films déconseillés (ou interdits) aux enfants et parfois à leurs parents. Sont spécifiquement visés les films amoraux, violents ou incitant à la paresse. Dans une brochure, illustrée par Robert Rigot, le Comité insiste sur la nocivité du cinéma envers les enfants avec force d'exemples du ton de celui-ci : « Un enfant bien élevé, intelligent, s'était classé jusqu'à 13 ans parmi les élèves les plus studieux. Il se mit à fréquenter le cinéma deux fois par semaine. En quelques mois, il devint un cancre névrosé. A l'ardeur enthousiaste succéda une apathie déconcertante [3]... » Quelle est la part de la puberté et la part du cinéma dans les tourments du jeune garçon ? Les auteurs de la brochure n'évoquent pas le problème. Cela n'empêche nullement les enfants de se débrouiller pour voir ces fameux films qui ne sont « pas de leur âge ». La guerre ne change rien aux phantasmes adolescents, le désordre du temps incite davantage à se glisser « en douce » dans les salles obscures. François Truffaut se souvient qu'avec des copains il faisait l'école buissonnière après avoir caché les cartables sous des portes cochères : « Il y avait alors deux cinémas qui se faisaient face sur les boulevards : le New York et le Cinéac Italiens, tous deux commençaient à dix heures le matin. Ils avaient une clientèle presque exclusivement composée d'écoliers et de lycéens. (...) Et tous les matins il y avait là tout un groupe de cinquante ou soixante enfants qui attendaient et le premier cinéma qui ouvrait ramassait toute la clientèle parce qu'on avait hâte de se cacher ; on se sentait terriblement en faute [4]. » Ces ruses sont connues des adultes et

1. *Baby*, n° 4, *Cora Terry*, n° 4, *Fille d'Eve*, n° 21...
2. In Le *Journal de Taty*, n° 4.
3. In *Document confidentiel n° 1,* brochure catholique de 1943, citée par René Chateau.
4. In *Truffaut par Truffaut, op. cit.*

un adjoint au maire de Tourcoing écrit au maréchal Pétain pour dénoncer le rôle néfaste du cinéma sur les enfants : « La poursuite exclusive des jouissances matérielles, les crimes, les scènes d'amour les plus osées, les déformations de la vie réelle s'y étalent avec complaisance et agissent puissamment sur l'imagination et l'esprit des jeunes. De plus l'obscurité presque totale des salles accroît encore cette excitation des pires instincts de notre pauvre humanité en favorisant des gestes et des actes qui, en public, choquent la décence. Des personnes dignes de foi m'ont dit avoir vu souvent des garçonnets et des fillettes d'une douzaine d'années s'embrasser fréquemment à la manière des amants [1]. » Il est vrai que bien des amours débutantes ont pris naissance dans une salle de cinéma.

Atteindre la planète « crocoïse » : la science-fiction

En 1940 la science-fiction n'est pas vraiment un genre nouveau mais elle demeure marginale et peu appréciée des éducateurs traditionnels. Bien sûr, en France, depuis plus d'un demi-siècle les enfants connaissent les exploits du capitaine Nemo et ils ont lu *Les Aventures fantastiques du Docteur Oméga* [2] parvenu sur la planète Mars grâce à une substance qui supprime les effets de la gravitation. Ils ont tous entendu parler de *L'Homme invisible* et de l'invasion de la Terre par les Martiens, idée lancée par H.G. Wells dans *La Guerre des mondes* et, à la veille de la guerre, *Les Conquérants de la planète Mars* [3], médiocre roman d'Edgar Rice Burroughs (l'auteur de Tarzan) les a entraînés dans une civilisation édifiée par d'étranges créatures pourvues de six membres... Pourtant la production était assez restreinte et les frontières entre la science-fiction et le roman d'aventures demeuraient floues.

Pendant l'occupation les choses se précisent et quelques récits qui se déroulent dans des civilisations imaginaires reposent sur la croyance en une possibilité quasi illimitée de la science à résoudre tous les problèmes. Pour renforcer leur crédibilité ils sont encombrés par de pseudo-explications techniques, qui tentent de donner vraisemblance à l'intrigue. Un ingrédient fréquent en est le voyage dans le Temps qui permet aux héros de s'affranchir du déroulement linéaire de l'Histoire auquel est assujetti le commun des mortels : comme Guy l'Eclair, il

1. Lettre du 26 juillet 1943 au maréchal Pétain, citée par René Chateau dans *Le Cinéma français sous l'occupation.*
2. Récits d'Arnould Galopin publiés dans les années 20.
3. Edgar Rice Burroughs, *Les Conquérants de la planète Mars,* traduit par Pierre Cobor, Hachette, 1938, illustrations de Fiona.

voyage en direction de planètes ou de « mondes inconnus ». Or le voyage est une chose dont les enfants de l'occupation sont particulièrement frustrés, eux qui n'ont pas même le droit de circuler librement dans leur pays. *Aéros empereur des nuages* [1] permet de suivre les aventures du professeur Gerville et de son assistant dévoué, Max Mercœur, tous deux spécialisés dans l'étude de la stratosphère. Un beau matin, « alors que des oriflammes aux trois couleurs claquaient joyeusement au vent », les deux hommes s'élèvent dans une boule stratosphérique, en compagnie d'un jeune passager clandestin, Riri, le neveu du savant. Echappant à tout contrôle la sphère est capturée par un mystérieux « rayon mauve » et les trois amis se retrouvent prisonniers à bord d'un énorme vaisseau spatial. Il s'ensuit de fortes émotions avant un retour mouvementé sur Terre. En 1942, Jules Verne (toujours très lu) trouve un émule en la personne de Jean de la Hire avec *Le Trésor dans l'abîme* [2] où l'ingénieur Korrides, enfermé à Sainte-Anne en raison de ses découvertes, relève le défi de renflouer une épave qui gît au fond du Pacifique. Pour ce faire il a mis au point un mystérieux gaz dont il a découvert la formule grâce à une météorite tombée dans les bois de Meudon... Il est hélas contrarié dans ses projets par un rival malhonnête, l'ingénieur argentin Domacco. Là encore, Jean de la Hire imagine que l'on met au point des sphères sophistiquées. La première permet d'explorer les abysses; la deuxième a des ambitions plus lointaines comme en témoigne la réplique finale en sabrant le champagne : « Betty remplit de nouveau les coupes (...) Alors ce ne fut qu'un cri qui sortit de toutes les bouches : Aux Martiens ! aux Martiens ! » Ainsi dans la grisaille de l'occupation des enfants rêvent de Martiens et de voyages interplanétaires...

Parfois on glisse insensiblement de la fantaisie débridée à la science-fiction. *Zonca, Flox et Kapok le Toucan* [3] débute quand Flox, un garçon de 12 ans, s'échappe du grenier où il est enfermé afin de rechercher une île dans laquelle est caché « un trésor ». Le gamin, passager clandestin sur un cargo, fait alors connaissance de Kapok, un toucan doué du pouvoir de changer de taille à volonté. Grâce au toucan, Flox aborde l'île qu'il recherchait et découvre « assise sur une liane, à l'ombre d'un champignon dont le dôme rappelait, par ses proportions, celui des Invalides (...) une charmante négresse ». On pourrait craindre de tomber dans le schéma colonialiste classique. Eh bien non, car il s'agit d'une « négresse peu ordinaire je vous assure. Ses cheveux

1. De Max André Dazergues, illustré par Roger Roux et Pierre Probst, publié en 1944 aux Editions du Puits-Pelu à Lyon.
2. *Le Trésor dans l'abîme* est un roman de Jean de la Hire publié en novembre 1942 par les éditions Dupuis dans *Spirou sélection*.
3. Album de Monnier et Ferjac publié chez Gallimard en 1943.

étaient blonds si son teint était sombre ». En 1943 faire d'une jeune métisse l'héroïne d'un récit est peu conformiste surtout quand on apprend que le « trésor »... c'est elle ! Car elle a le pouvoir de « se transporter à travers les âges et en tous lieux ». Là, le roman change de nature avec un voyage jusqu'à la planète Crocoïse, astre bizarre où vivent deux peuples « les durs et les mous ». Les durs sont des robots oppresseurs mais les « mous », grands dadais sympathiques, triompheront finalement de leurs adversaires.

A Paris, *Le Téméraire* consacre des rubriques aux bienfaits que la science va apporter à l'Homme. Le thème de l' « an 2000 » y est largement évoqué pour prédire que des « automates valets de chambre » aideront les hommes dans leurs travaux ou que « le livre parlant a remplacé les bouquins poussiéreux. Pressez le bouton, il ne vous reste plus qu'à écouter ! », anticipation du rôle de la cassette [1]. Le *Téméraire* comporte même un important dossier du polytechnicien Pierre Devaux [2] : « En fusée vers la lune », mais il s'agit plus de « prospective » que de roman futuriste. Il n'en est pas de même dans « Diane détective », une bande dessinée de *Hop là !* où depuis 1938/1939 les enfants suivent les exploits d'une jeune femme moderne et audacieuse : « Diane et ses compagnons explorent un météore géant dans lequel un savant a fondé une société nouvelle. » La série des « Diane », anglo-saxonne, est réalisée par Franck Gowin ce qui n'empêche pas Winkler d'en continuer la publication à Marseille. Les enfants de la zone libre peuvent donc renouer avec Diane et ceux de la zone occupée la retrouvent sous le nom de Liliane. En 1943, Roger Roux lance « Otomox, le maître des robots » [3] où, une fois encore des ennemis menacent la Terre mais un ingénieur refuse obstinément de livrer « le secret de son onde Arc-en-ciel, arme défensive contre les robots ». Rien de bien original mais il s'ensuit de nombreuses aventures appréciées des enfants.

Si l'on s'en tient à ces quelques exemples, on constate plutôt la continuation de thèmes lancés avant la guerre même si les voyages dans l'espace et dans le temps répondent plus que jamais à un besoin d'évasion d'un monde dur et contraignant. Mais la science-fiction naissante rencontre une franche hostilité chez les conservateurs de Vichy pour qui le monde colonial offre un champ d'aventures suffisamment vaste

1. En particulier dans le n° 19 (octobre 1943). On y trouve aussi une adresse du rédacteur aux futurs lecteurs du *Téméraire* qui ne peut laisser le chercheur indifférent : le rédacteur prévoit qu'un lecteur de l'an 2000 lira probablement un exemplaire oublié de ce journal jauni et poussiéreux dans une bibliothèque. Ce fut notre cas à la BN en 1994...

2. Dans le n° 30. Pierre Devaux est aussi le fondateur de la collection « Que sais-je ? », PUF.

3. Dans *Pic et Nic*.

pour ne pas avoir recours à l'artifice. La rédaction de *Siroco* affiche une hostilité ouverte : « Ceci, jeunes de France, n'est pas une de ces histoires effarantes, avec des flaques de sang sous les portes, des planètes de caoutchouc, des hommes singes... Non, pas du tout, c'est une simple et loyale aventure, où il y a surtout beaucoup de cœur, une rencontre les yeux dans les yeux entre quelques chics garçons et filles de chez nous, qui seront sans doute bientôt de vos amis » affirme-t-on à propos d'un nouveau feuilleton, quelque peu lénifiant, « Le manoir de la Rose des vents » [1]. Mêmes réticences dans *Fanfan la Tulipe* où l'on préfère les récits « édifiants » plutôt que les fantasques aventures d'hypothétiques héros du futur. *Ololê* fait une petite concession à la modernité avec « Le bolide stratosphérique » [2]. Attitude rétive aussi dans *Benjamin* où seuls quelques épisodes bien pâlichons de « Mitou et Toti à travers les âges » se situent dans un temps indéterminé [3]. La science-fiction parvient cependant à se faire une place dans certains « récits complets » de Ferraz : *L'Assassin du Monde* et *Le Monde englouti* [4]. Dans le premier un savant fou (aux allures sémites) menace d'anéantir le monde avec l'aide de robots et d'un rayon détruisant les métaux mais le héros, Serge Servin, fait échouer ce plan diabolique. Dans *Le Monde englouti* on retrouve cette fois Jean Cervin et non plus Serge Servin (dont les initiales donnaient S.S.), courageux ingénieur qui consacre toute sa fortune à la recherche de l'Atlantide et rencontre les survivants dans une ville ultra-moderne bâtie sous les mers [5].

La science-fiction sert aussi de couverture afin d'opérer une transposition des problèmes du moment. *Le Téméraire* développe cette tendance avec « Vers les mondes inconnus » de Liquois dont l'action se résume ainsi : « Le professeur Arnoux, accompagné de son neveu Norbert, champion des derniers jeux olympiques, se propose de faire dans une fusée de son invention le tour de la lune : il s'agit de reconnaître le côté de l'astre qui reste perpétuellement caché aux observateurs situés sur la Terre. » Il s'ensuit de nombreuses aventures au cours desquelles le beau Norbert sauve plusieurs fois la belle reine Aulia des griffes de l'usurpateur Vénine (dont le nom sonne comme Lénine) qui « a réussi à s'enfuir et s'est réfugié chez Gloul, roi des marais ». Ce mystérieux peuple de Gloul est composé de gens particulièrement laids ce qui inspire à Pascal Ory cette réflexion : « Avec leur nez crochu, leur poil frisé

1. Dans le n° 4 de *Siroco* publié en 1943.
2. A partir de 1942, bande dessinée d'Alan Darmor.
3. Le récit d'Alain Saint-Ogan sera repris en album chez Hachette en 1942.
4. En 1942 pour le compte des éditions Ponsot.
5. Signalons aussi « La guerre des planètes » de l'Italien Scolari, ou « La croisière fantastique » de Calvo, publiés chez Sépia à Paris en 1941 et 1942 dans *Les Cahiers d'Ulysse*.

et leurs yeux noirs exorbités, ces sujets du roi Gloul sont ainsi comme l'aboutissement de tout un délire, le cauchemar éveillé dévoilant dans sa naïveté même les phantasmes fondamentaux de l'antisémitisme ordinaire [1]. » De fait, Norbert est un beau blond et la reine Aulia une accorte rousse alors que leurs adversaires sont aussi foncés et laids que méchants. D'ailleurs la reine Aulia sera à nouveau prisonnière cette fois d'hommes « jaunes » pourvus d'ailes de chauves-souris. Pourtant, il s'agit là d'un procédé littéraire très ancien (dont l'idéologie nazie n'a pas le monopole) qui consiste à enlaidir le « Mal » et à embellir le « Bien ». On le retrouve avant la guerre dans les aventures de « Guy l'Eclair » (lui aussi un beau blond opposé à de méchants difformes) et en 1943-1944 en Belgique dans le « Rayon U » que réalise E.P. Jacobs pour remplacer le célèbre Flash Gordon : « Son histoire se déroule dans un monde imaginaire, divisé en deux pays rivaux, la Norlandie et l'Austradie. La Norlandie prépare une arme secrète (...) Du côté des bons, le blond Lord Calder, héros de la bande, prend la relève de Flash Gordon. Le professeur Zarkoff s'appelle désormais Marduk [2]. » Or les « méchants », ceux d'Austradie sont très bruns, plutôt asiatiques et laids. Parmi les adversaires du beau Calder, on trouve aussi un peuple de monstrueux « hommes singes » qui enlèvent Sylvia la belle héroïne. Dans le cas du feuilleton de Jacobs les connotations racistes semblent peu probables, mais on pourrait lui appliquer le même schéma qu'à celui du *Téméraire* tant la symétrie des personnages et des situations est saisissante. Toujours dans *Le Téméraire*, « L'île d'acier » décrit une sorte de forteresse du XXIe siècle, bardée de canons et attaquée par des centaines d'avions. Cette île d'acier ressemble étrangement à « la forteresse Europe » assiégée par les armadas alliées en 1944 et dans le dernier numéro figure la description d'un avion-robot du futur qui fait trop penser aux « armes secrètes » du IIIe Reich finissant pour qu'il s'agisse d'une coïncidence [3].

Ecouter Londres ou Vichy

En juin 1940, en plein exode, des millions d'enfants ont entendu à la radio, avec ou sans leurs parents, l'appel du maréchal Pétain qui, de sa voix un peu cassée, brouillée par les parasites, annonçait : « En ces heures douloureuses je pense aux malheureux réfugiés qui, dans un dénuement extrême, sillonnent nos routes. Je leur exprime ma compas-

1. Pascal Ory, *Le Petit Nazi illustré,* Albatros, 1979.
2. In Gérard Lenne, *L'Affaire Jacobs,* Megawave.
3. A cette date fusées et autres armes du « futur » sont devenues le dernier espoir des nazis pour sauver leur Reich éphémère.

sion et ma sollicitude. C'est le cœur serré que je vous dis aujourd'hui qu'il faut cesser le combat [1]. » Bien peu d'enfants entendront l'appel lancé le lendemain de Londres par un général encore inconnu ou presque, de Gaulle. En France depuis la guerre des ondes de la « drôle de guerre », nul n'ignore que la radio relève de la distraction et de la propagande autant que de l'information, pas même les enfants. Réfugiée dans le Massif central, l'écrivain Colette se souvient d'un gamin qui « à l'aide de ses deux mains en conque, changeait le son de sa voix, imitait de son mieux l'ample organe des speakers, qui si souvent semble prisonnier d'un arrosoir vide ». Et ce gamin, Tonin, tonitruait sur un registre sérieux : « Ici Radio Corrèze (...) nous portons à la connaissance de nos auditeurs que l'armistice ce n'est pas vrai, et que tout va bien au contraire. C'est pas vrai non plus que le fils Arnoux a été tué. » Puis dans un répertoire plus enfantin : « Voici maintenant les informations. La vente du chocolat, qu'elle était limitée, est tout ce qu'il y a de libre par décret en date du, sous forme de tablettes, croquettes et crottes à la crème, ainsi que le sucre que la ration en est portée de cent cinquante grammes à trois kilos [2]. » Préoccupations de gosse donc mais aussi vision critique des choses que Colette résume : « Solitaire, exalté, Tonin se donnait tout entier à la mission du poète : oublier la réalité, promettre au monde des prodiges, chanter les victoires et nier la mort. »

On comptait 5 220 000 postes de radio officiellement déclarés en 1939 et 32 émetteurs français dont vingt contrôlés par l'Etat et douze du domaine privé. Au début de l'occupation, on n'enregistre pas de baisse sensible et, en 1943, avant que les Allemands prennent des mesures de réquisitions et de restrictions des ventes ou de la fabrication, on compte 5 332 000 postes déclarés. En mars 1944 des consignes de réquisition concernent tous les départements riverains de la Manche et « 90 000 postes furent livrés en Seine Inférieure sur 130 000 recensés [3] » mais bien des Français cachent leurs postes, n'obtempèrent pas ou ne livrent majoritairement que des engins hors d'usage ou périmés tout en gardant discrètement le bon [4]. En juin on demeure toujours bien au-dessus de la barre des 4 000 000 de récepteurs sur l'ensemble de la France mais il est très probable qu'il faut y ajouter de nombreux postes clandestins. Ecouter la radio constitue donc une occupation familiale répandue, surtout le soir en raison du couvre-feu. Les émissions sont suivies par des familles entières et les jeunes auditeurs retrouvent certains animateurs qui leur sont familiers en particulier

1. Extrait du discours du 17 juin 1940.
2. In Colette, *Journal à rebours*, Fayard, 1941.
3. D'après A. Bendjebbar, *Libérations rêvées, libérations vécues*.
4. Au total, 1 650 postes furent cependant collectés dans la ville d'Evreux.

Jean Nohain qui déborde d'activité à Vichy et dans toute la zone libre. Comme il l'avait fait avant-guerre où il animait le « Club des petits amis du Poste Parisien » il ressurgit à l'automne 1940 sur les ondes en compagnie de son frère (Claude Dauphin), de l'actrice Marguerite Moreno et des acteurs de la Compagnie de France, car on mêle le théâtre et la radio : « Dans un petit autocar à gazogène, une troupe d'artistes amis sillonnaient inlassablement la zone Sud pour aller crier partout : Bonjour la France [1] ! » Jaboune et Rosine Déréan animent deux fois par jour des émissions régulières comportant des jeux et des sketchs sur les ondes de la TSF (radiodiffusion nationale) : le matin à 7 h 30 il dit « Bonjour la France ! » en compagnie de Christian Schwaebel et le soir à 20 h 30 « Bonsoir la France ! » en compagnie de Claude Dauphin.

Ecouter Londres est interdit, néanmoins la plupart des Français le font, ne serait-ce que par curiosité : « Bien sûr, c'est défendu, et nous réglons le poste très bas, comme tout le monde aussi, à cause des voisins qui pourraient nous dénoncer. » Pascal Jardin, lui, affirme une volonté de ne privilégier aucune des deux tendances et même de rejeter cette radio un peu trop politique : « J'écoutais la radio. Elle captait essentiellement deux postes. Le premier beuglait : *Londres comme Carthage sera détruite !* Le second, brouillé par des miaulements de chat enragé menaçait sans répit : *Collaborateurs, futurs fusillés !* Désorienté, je me rendis auprès de ma mère et lui posai un certain nombre de questions [2]. » Mais écouter la BBC n'occupe qu'une partie des loisirs d'un enfant et malgré le côté étonnant des « messages personnels », on s'en lasse vite. Ils écoutent donc surtout les émissions qui leur sont destinées, notamment « L'Alphabet des familles » lancée en 1943 par Louis Merlin et son équipe [3]. Cette émission de la radiodiffusion nationale occupe l'antenne avec succès plusieurs années chaque dimanche à 12 h 50. Présentée par Louis Merlin, elle est patronnée par le commissariat général à la Famille et de grands acteurs y tiennent chacun un rôle de « Français moyen » : Pierre Larquey, avec sa voix un peu cassée, incarne le grand-père, Françoise Morhange la maman, et le populaire Pierre Charpin l'oncle Honoré. Cette famille fictive compte trois enfants (Georges, Claude et Françoise) mais le père n'apparaît qu'au travers de ses lettres (son portrait trône sur un buffet) car il est prisonnier. La famille visite les Invalides (en particulier le tombeau de Napoléon) ou le musée de la Marine. L'ensemble est complété par

1. In *La Main chaude.*
2. In Pascal Jardin, *La Guerre à neuf ans, op. cit.*
3. *L'Alphabet des familles,* dont les textes sont de Louis Merlin et les illustrations de Maurice Tranchant, est aussi publié en livre aux Editions sociales françaises, en mars 1944.

deux chansons écrites par Louis Merlin : « Etre maman » chantée par Elyane Celys et « Y a du bonheur dans tous les nids », par André Dassary. L'émission, très populaire, bénéficie d'une bonne écoute dont témoigne un concours organisé à l'intention des jeunes auditeurs et qui permettra de rassembler plus de 7 000 dessins d'enfants. Egalement sur les ondes de la radiodiffusion nationale, Alain Saint-Ogan participe régulièrement à l'émission « 15 ans » patronnée par divers ministères : « L'élément comique était un personnage baptisé Agénor interprété par l'acteur Marcel Méral, flanqué d'un chien nommé Ouah-Ouah ! Cet Agénor faisait beaucoup penser à Babylas personnifié, dans les années trente, par Claude Dauphin dans les émissions enfantines de Jean Nohain [1]. » Si l'on ajoute « Cinq minutes d'histoire », par Adhémar de Montgon et Thérèse Lenôtre, les émissions pour enfants ne sont donc pas rares.

Au-delà des mers, la « France libre » s'adresse aussi aux enfants. A l'occasion de Noël 1941, un message du général de Gaulle leur est spécifiquement destiné : on y évoque la défaite de la France, puis la possibilité d'une revanche militaire. Il ne fait pas allusion à la Résistance intérieure (encore bien embryonnaire en 1941) mais évoque les Forces Françaises Libres dont le nombre et l'efficacité augmentent : « Mes chers enfants de France, vous avez faim parce que l'ennemi mange notre pain et notre viande. Vous avez froid parce que l'ennemi vous dit et vous fait dire que vous êtes des fils et des filles de vaincus. Eh bien, moi je vais vous faire une promesse de Noël. Chers enfants de France, vous recevrez bientôt une visite, la visite de la Victoire. Ah ! comme elle sera belle, vous verrez ! » Plus tard, à Alger l'émetteur local devient officiellement « Radio-France, la station de la France en guerre » le 3 février 1943. A partir du mois de mai, sur les consignes du gouvernement provisoire, on consacre alors chaque jeudi une heure de « récréation » aux enfants, animée par Marie-Thérèse Février, qui écrit aussi dans *Petit Claude* sous le pseudonyme de « Cousine Giboulée ». « Nous jouons les aventures de Babar le roi des éléphants et organisons des concours de chant » et elle incite les auditeurs à se regrouper : « Ecrivez-nous et chaque mois nous organiserons une réunion où les membres se retrouveront pour parler du journal » mais aussi pour participer à des concours de chant, une chorale ou encore écrire des textes. « Vous recevrez un insigne, et peut-être deviendrez-vous un jour de grands journalistes [2]. » Comme dans bien d'autres clubs on renforce le sentiment d'appartenance au groupe par un insigne et par un

1. Guy Lehideux, *CBD*, n° 81, automne 1996
2. *Petit Claude*, n° 5, avril 1944.

« hymne » commun à tous les membres, « La marche de Claude », souvent diffusé à la radio.

Les yeux tournés vers notre belle France
Tous groupés près de son drapeau
Ayant au cœur une fidèle espérance
Cell' de r'voir des jours plus beaux.
Et tous les enfants
Dans un même élan
Main dans la main march'ront en chantant
Enfants du Midi
Et du Nord aussi
Rediront ce chant si joli[1].

Remettre le sport à l'honneur

De 1936 à 1939 Jean Zay, ministre de l'Education nationale, s'était montré personnellement favorable à cette éducation du corps autant que de l'esprit réclamée depuis Rabelais et si souvent différée. Pourtant chez bien des parents subsistaient de sérieux blocages : « Malgré les indications très nettes et très précises des Instructions, bien qu'elle soit expressément prévue dans les horaires, l'éducation physique n'acquiert que peu à peu, dans la pratique, la place à laquelle elle a droit », déplore un inspecteur général de l'Instruction publique en 1937[2]. En raison de cette opposition sourde et multiforme, Jean Zay avait donc renouvelé les instructions officielles au printemps 1938 : « L'enseignement proprement dit doit se trouver allégé de six heures, dont trois consacrées à des exercices de sport et trois réservées à des modes d'éducation plus libres. » Pourquoi répéter ce qui avait déjà été énoncé bien des fois depuis 1929 ? Tout simplement parce qu'il y a souvent loin de la parole aux actes et que, en milieu scolaire, à la veille de la guerre, le sport on en parle beaucoup mais on le pratique peu. Bien des parents et des enseignants pensent qu'il peut être dangereux. Ceux qui le connaissent mal affirment que l'effort fait « prendre des chauds et froids », sans parler d'une angoisse des adultes envers la natation à une époque où une écrasante majorité de Français ne savent pas nager ce qui nourrit les craintes et les refus des enfants d'aller à la piscine. Tant chez les cléricaux que chez les laïques les préventions envers les exercices du corps sont solides.

1. Chanson de Jacques Redson et M.T. Février.
2. In *Le Visage de l'enfance*, Horizons de France, Paris.

En ce sens, Vichy prend le contrepied des pudeurs républicaines : le sport ou, du moins l'exercice, passe pour un ferment de la régénération nationale. En témoigne le 18 août 1940 cette recommandation insérée dans *Pierrot,* qui vient tout juste de retrouver ses lecteurs : ne pas marcher « le dos voûté en regardant ses pieds » mais plutôt « la poitrine bombée, la tête haute, le regard bien droit, tu découvriras mille choses passionnantes à commencer par le visage des autres... ». Ainsi est lancée une campagne active en faveur de la vie sportive et de plein air susceptible de fortifier une jeunesse affaiblie par la vie facile et indolente des villes. Sont publiés régulièrement des conseils du type : « Respectez toujours l'équilibre entre l'école et le stade, entre l'étude et le jeu [1] ! » Des dessins de Laborne appuient le propos dont un qui recommande : « Pratiquez tous les sports si vous le pouvez [2]. » Il ne s'agit pas d'une initiative isolée de *Pierrot* mais d'une action qui s'inscrit dans une stratégie plus vaste de reprise en main de la jeunesse, orchestrée depuis Vichy par le secrétariat général à l'Information et le commissariat général aux Sports. Jean Borotra lance cet appel : « Pour faire une jeunesse virile, je compte sur l'ardeur et l'enthousiasme des moins de seize ans. Plus de chétifs, plus de malingres, plus de grassouillets, plus de poules mouillées ! Les jeunes Français seront sains, vigoureux, bien portants et de belle humeur [3]... » En complément le gouvernement de Vichy fait réaliser un « Almanach des jeunes de France » massivement distribué en milieu scolaire au cours de l'année 1941. Sur la couverture, réalisée par Alain Saint-Ogan, deux jeunes garçons et une fille tiennent un drapeau tricolore. A la page 2 apparaît un portrait du Maréchal encadré d'un titre : « Le Maréchal te parle ! » et d'une citation : « Vous (les enfants) êtes l'espoir de la France Nouvelle. C'est sur vous que repose son avenir. » Ce truisme que n'importe quel régime pourrait reprendre à son compte est suivi de dizaines de pages qui développent le thème : « Sois un homme ! » L'exaltation de la vie sportive et de plein air y va bon train : « Comment mesurer ta valeur physique ? », « Comment faire un feu de bois ? », « Lutter contre le froid », « Apprendre le camping » ou encore « La marche à pied » et « L'observation des oiseaux ».

La nouveauté par rapport aux revues d'avant-guerre vient du contenu du message, qui est systématiquement assorti de citations du Maréchal : « Je hais le mensonge qui nous a fait tant de mal ! » ou encore : « Tous les peuples ont connu tour à tour des succès et des

1. In *Pierrot*, 24/11/1940.
2. Article et dessins publiés en décembre 1940.
3. Le 22 août 1940 à Clermont-Ferrand.

revers. C'est par la manière dont ils réagissent qu'ils se montrent faibles ou grands. »

Le souci de redressement national pointe, souvent associé à l'idée que chacun doit être fort et sain pour que l'ensemble soit meilleur : « Nous avons à restaurer la France. Montrez-la au monde qui l'observe, à l'adversaire qui l'occupe, dans tout son calme, tout son labeur et toute sa dignité. » Tous les cadres des mouvements de jeunes du nouveau régime doivent obligatoirement recevoir une solide instruction sportive : « A l'échelon national il a été mis en place à peu près partout des responsables nationaux ayant déjà une bonne expérience en matière d'éducation physique. Ils ont pour la plupart suivi un stage de mise au point et de perfectionnement à Boulouris [1]. » On donne aussi quelques subventions et des conseils techniques pour ouvrir de nombreux terrains de jeux et de sports dans l'ensemble du pays, parfois avec des moyens sommaires mais beaucoup de travail : « Quelques réalisations sont en cours, en particulier le plateau du cercle Saint-Louis à Clermont-Ferrand, construit sous l'impulsion des Routiers Scouts de France [2]. »

Pour l'année 1942, le thème du sport tient toujours une place prépondérante et, dans ses officiels *Cahiers d'information*, le secrétariat général de la Jeunesse incite tous les cadres à développer l'éducation physique, à endurcir les corps pour mieux former les esprits, n'hésitant pas au passage à citer Montaigne : « Endurcissez-le (l'enfant) à la sueur et au froid, au vent, au soleil, et aux hasards qu'il lui faut mépriser; ôtez-lui toute mollesse et délicatesse au vêtir et coucher, au manger et au boire; accoutumez-le à tout; que ce ne soit pas un beau garçon et dameret, mais un garçon vert et vigoureux [3]. » La même année, la couverture d'un nouvel almanach évoque des jeunes qui pratiquent le camping sous un (discret) drapeau tricolore. A la suite d'un portrait du Maréchal et d'une citation très martiale : « Jeune de France, sois fier, sois reconnaissant, et surtout sois digne des efforts de ton chef : Pétain ! », on invite toujours avec la même insistance les jeunes gens à pratiquer la marche à pied, la bicyclette, le secourisme, à apprendre à s'orienter, toutes activités proches du scoutisme ou de la préparation militaire.

Afin de pratiquer plus facilement le sport et les activités physiques des appels directs ou indirects sont fréquemment lancés à adhérer à un groupement. On incite les enfants à rejoindre d'urgence la Maison des jeunes de leur quartier : « La maison des jeunes qui est ta maison, où tu

1. In *Les Cahiers de l'information*, n° 3, 1942. Le stage féminin avait lieu à Costebelle.
2. *Ibid.*
3. Montaigne, cité dans *Les Cahiers de l'information*, n° 2, 1942.

es chez toi... » Les auteurs (anonymes) expliquent qu'il s'agit d'une « institution de préparation et de transition (...) l'ébauche, l'image de cette solide armature corporative qui fera la grandeur de la France de demain [1] ». Ce vocabulaire, qui paraît bien complexe pour des enfants, porte cependant un message clair. Il ne faut pas rester à l'écart des mouvements : « Fais-toi des amis ! Malheur à l'homme seul ! » Le gouvernement de Vichy utilise les ressources dont il dispose pour faire passer un stéréotype conforme aux nouvelles orientations : le héros loyal et sportif. La plupart des illustrés relaient cette idée sans trop rechigner et, à Paris, *Gavroche* fonde un club dont l'activité principale est la pratique de la natation et de la gymnastique : « Une jeunesse qui veut devenir forte doit, avant tout, pratiquer les sports. Les études vous condamnent à être enfermés toute la semaine et la meilleure détente consiste à s'ébattre au grand air en assouplissant ses muscles et en fortifiant ses poumons [2]. » C'est pourquoi *Gavroche* offre des réductions pour l'accès aux piscines et aux salles parisiennes, ainsi que des ballons de football ou de rugby aux adhérents de son club : le « GAG » (Groupement des Amis de Gavroche). L'insigne du club, un petit écureuil, « signifie de la part de celui qui adhère : volonté, ténacité, vivacité d'esprit ».

On utilise aussi le talent des auteurs à la mode pour mieux faire passer le message. Pellos, le « dessinateur des sportifs par excellence [3] », conforte les manifestations officielles comme « Le nouveau serment de l'athlète » dont il dessine l'affiche [4]. Ce nouveau serment était ainsi libellé : « Je promets sur l'honneur de pratiquer le sport avec désintéressement, discipline et loyauté pour devenir meilleur et mieux servir ma patrie. » Entre 1941 et 1942, Pellos réalise aussi une brochure officielle, « Vive le sport », pour le compte du commissariat général à l'Education et aux sports et plusieurs bandes dessinées dont « Kosto sportif » dans *Jumbo*, « Bizut sportif » dans *Mickey*. « Compagnon Michel », une bande dessinée de *Robinson,* dont l'intrigue simplifiée plaît aux enfants : « Michel, fils d'un riche industriel mène entre ses parents la vie délicate d'un oiseau souffreteux et capricieux... » Un jour il est sauvé d'un accident de ski par Claude, montagnard jeune et robuste. Au fil des semaines, sous couvert de mener une vie active et sportive, le héros est coiffé d'un béret puis incité à entrer au mouvement des Compagnons de France : « Fais comme moi ! Je vais entrer

1. Dans *L'Almanach officiel* de 1942.
2. Dans *Gavroche*, n° 12, janvier 1941.
3. Pellos publie aussi *Les Cahiers de la France sportive* en 1941, *Sport et vie au grand air* en 1943.
4. A ce sujet, voir le livre de Laurence Bertrand-Dorléac, *L'Art de la défaite 1940-1944*.

aux Compagnons de France. Avec eux, on apprend à devenir des hommes. Demain nous irons ensemble au centre des Compagnons de Chamonix. » Dès lors Michel adhère aux Compagnons et, vêtu d'un bel uniforme, il déjoue les plans de mauvais concurrents qui sabotent une fixation de ski de son ami. En septembre 1942, Michel est bloqué au fond d'une crevasse, perdu dans les glaces de Chamonix auprès de son pire ennemi. Mais, il surmonte ces difficultés passagères et triomphe de tous les obstacles en compagnie de Claude... « Le héros sportif de Pellos est jeune, loyal et robuste, sain de corps et d'esprit. Il est le meilleur dans les épreuves sportives malgré de sombres " combines " qui viennent entraver sa réussite, mais il est aussi, à sa façon, un justicier qui affronte les milieux louches, satellites des milieux sportifs [1]. » Certes, mais si l'on songe que ce même Pellos sera après la guerre un des illustrateurs des *Pieds Nickelés*, la réponse doit être plus compliquée. Voir celui qui prônait l'adhésion aux Compagnons de France ou la vertu par l'effort et le sport assumer la paternité des anarchisants, fainéants et anticonformistes « Pieds Nickelés », ne correspond pas nécessairement à un goût opportuniste de la symétrie. Mais à une vision pérenne du « héros », adapté aux régimes...

Bien d'autres héros donnés en modèle aux enfants, sans être toujours des sportifs au sens athlétique du terme, sont volontiers montagnards entraînés, pilotes d'avion, de moto et de voiture, plongeurs de bon niveau, boxeurs, tireurs émérites, escrimeurs... Il n'est qu'à voir évoluer Tarzan, Tintin ou Marc le Téméraire pour s'en convaincre : le véritable héros est un sportif accompli. De ce point de vue la bande dessinée, par effet d'imitation, incitait au sport plus que ne voulaient bien l'admettre les éducateurs. Le thème de la vie sportive et de plein air est bien sûr également repris chez les scouts, le scout étant en permanence invité à mener une telle vie et les cadres du mouvement insistent sur le côté sclérosant d'études purement livresques et sur la nécessité de se faire des amis ou de vivre en groupe.

En ce sens, la France de Vichy vit à l'heure de *La Pension Furax* [2]. Furax est le surnom donné au coléreux directeur d'une pension traditionnelle de garçons où Joseph Violette, jeune professeur timide, couvé par sa maman, ne sort jamais sans chapeau ni parapluie. Un soir il est agressé dans la rue par trois malfrats mais rendu téméraire par le champagne qu'il venait de boire, il découvre sa force et met ses adversaires KO ! De fil en aiguille le timide Violette devient un redoutable champion de boxe sous le nom de Jo Kao. Il impressionne Furax qui décide de reconstruire de fond en comble le vieux collège en le dotant

1. J.P. Tiberi, in *CBD*, n° 31.
2. Album réalisé par Roger Roux et Pierre Probst à Lyon en 1943.

d'une piscine et d'installations sportives ultra-modernes. La devise *Mens sana in corpore sano* est gravée sur le fronton du nouveau collège. A la fin, Furax (lui-même en short malgré sa bedaine) déclare à ses visiteurs : « Voilà ce qu'il faut à notre pays : une jeunesse saine en même temps que laborieuse, vivante, ardente, et même combative. Voilà ce dont nous avons besoin, voilà ce que je veux réaliser... Confiez-moi vos enfants, j'en ferai des hommes ! »

3

Les enfants du Maréchal

Dès la prise de pouvoir, on voit poindre à Vichy les prémices de ce qui va devenir un rituel bien huilé : la participation massive des enfants à toutes les manifestations officielles, religieuses ou laïques, de manière à les associer le plus possible au nouveau régime pour en donner une image « jeune ». Le coup d'envoi est donné à Vichy même le 15 août 1940 où, en tête d'un impressionnant cortège, défilent devant le Maréchal « des jeunes louveteaux, des jeunes des écoles chrétiennes, des patronages puis la statue de Notre-Dame des Malades (la vierge noire) portée par les enfants de Marie habillés de blanc [1] ».

Chanter et applaudir le Maréchal

A chaque déplacement du Maréchal les enfants sont présents, le plus souvent solidement encadrés, parfois en uniforme, et selon un rituel de plus en plus précis qui doit bien peu à la spontanéité comme en témoigne « Maréchal nous voilà ! », chanson que tous les enfants ont chantée avec plus ou moins de conviction. Ecrit en 1941 par André Montagard, un auteur de chansons populaires [2], en association avec Charles Courtioux, cet hymne au « sauveur de la France » a retenti partout, en particulier le refrain :

1. In Jean Débordes, *La Vie de tous les jours à Vichy sous Pétain*.
2. André Montagard est l'auteur, entre autres de *Un pastis bien frais* ou *Une partie de pétanque*.

Maréchal, nous voilà !
Devant toi le sauveur de la France,
Nous jurons, nous tes gars
De servir et de suivre tes pas.
Maréchal, nous voilà !
Tu nous a redonné l'espérance.
La Patrie renaîtra
Maréchal, Maréchal nous voilà !

Mais les couplets sont moins bien retenus, en particulier le dernier, aux accents pacifistes, qui privilégie le travail plutôt que la guerre :

La guerre est inhumaine,
Quel triste épouvantail !
N'écoutons plus la haine,
Exaltons le travail,
Et gardons confiance
Dans un nouveau destin
Car Pétain c'est la France,
La France c'est Pétain !

La version la plus connue fut enregistrée sur disque Pathé par André Dassary, accompagné de l'orchestre de Marcel Cariven [1]. « Maréchal nous voilà ! » est aussi le titre [2] d'un ouvrage spécifiquement destiné aux plus petits et largement diffusé qui commence ainsi : « Il était une fois sept petits enfants qui n'avaient jamais vu le Maréchal... Le Grand Maréchal, le sauveur de la Patrie, le héros de Verdun : notre Maréchal ! » Ces enfants apprennent qu'un maréchal va venir en visite officielle dans leur ville et pensent à lui faire un cadeau : « un bateau ? un drapeau ? une poupée habillée en Maréchal ? » se demandent-ils. Après bien des hésitations, ils décident de confectionner chacun une belle étoile dorée. Ils les fabriquent avec soin puis attendent fébrilement le « grand jour ». Ce jour-là, un foule immense est massée sur une place décorée de bouquets tricolores, de fleurs et de guirlandes et les sept gamins se glissent enfin aux premiers rangs : « Sept paires d'yeux luisent dans sept jeunes visages tendus. Sept petites voix pointues se mêlent aux cris mille fois répétés de Vive la France ! Vive Pétain ! » C'est la première fois que le nom est explicitement cité mais tout le monde a compris que ce maréchal tant attendu ne peut s'appeler que

1. René Chateau signale que Marcel Cariven accompagnait Mistinguett en 1936 dans le film *Rigolboche*.
2. Album illustré d'Aude Roche publié à Lyon au début de 1941 qui reprend le titre de la chanson.

Pétain. Ensuite le Maréchal aperçoit les sept gamins et tout se termine en apothéose : « Le Maréchal a fait un signe et les gens s'écartent tandis que lentement, religieusement, les sept petits enfants s'avancent. » Ils tendent chacun leur offrande à bout de bras et ils se sont disposés dans l'ordre nécessaire pour reconstituer les étoiles qui figurent sur la manche du Maréchal puis tous ensemble, ils chantent en chœur : « Maréchal ! ! ! Maréchal, nous voilà ! » Sous les apparences d'un simple conte pour enfants c'est un manuel pratique qui est proposé et qu'il aurait été plus simple d'intituler « Comment accueillir le Maréchal ? » ou « Comment applaudir le Maréchal ? »

A peine installés à Vichy, les fonctionnaires du nouveau pouvoir se sont préoccupés de faire connaître le portrait et la vie du chef de l'Etat à des enfants qui ignorent à peu près tout de lui. C'est pourquoi images, timbres, buvards, protège-cahiers, plumiers et toute une bimbeloterie à l'effigie ou à la gloire de Pétain sont mis en circulation. Cette production doit peu à l'initiative privée et, même si le Maréchal est très populaire dans certains milieux, il ne faut pas seulement voir dans l'abondance de la production le seul effet d'un culte « spontané » de la personnalité. Tout ce qui touche à la personne du chef de l'Etat est étroitement surveillé par la censure comme l'indiquent les « consignes générales destinées à la presse », consignes permanentes dont une précise de ne « rien laisser passer sur le Maréchal Pétain sans en référer au Service Central [1] ». Malgré des aspects naïfs et populaires, cette production fait partie d'une stratégie d'ensemble dont une consigne permanente est la preuve : « Toutes les œuvres d'art représentant les traits du chef de l'Etat, photographies, gravures, dessins, peintures, estampes, modèles, timbres, sculptures, effigies et toute reproduction ne pourront être diffusées, vendues ni exposées sans avoir été soumises préalablement à la Censure Centrale sous forme de photo ou de maquette [2]. » Ce règlement s'intègre dans un programme de propagande multiforme mais il s'applique bien sûr aux objets destinés aux enfants qui donnent lieu à une très large diffusion.

« L'Etat français n'a pas une politique artistique définie, si ce n'est la volonté d'éduquer et de contraindre la société à adopter son idéologie au travers des formes qui lui conviennent. L'imagerie populaire traditionnelle en est une » affirme Christian Faure [3]. Il est de fait qu'il n'y a pas vraiment « d'art maréchaliste » mais que l'on remarque « un air de famille » entre toutes les productions graphiques du moment. Si chaque artiste, dessinateur, peintre ou sculpteur garde son style, ce

1. Consignes du secrétariat général à l'Information, 5 janvier 1941. AN III W 240.
2. AN F III W 240, consigne n° 25.
3. In *Le Projet culturel de Vichy*, thèse de Christian Faure.

résultat relativement uniforme tient à la méthode de production : toute œuvre passe par le même bureau de censure ; elle est donc orientée, modifiée, par une esthétique officielle qui l'imprègne d'autant plus que dans bien des cas il s'agit de commandes spécifiquement rémunérées.

Pour la rentrée scolaire, le « Bureau de documentation du chef de l'Etat » s'adresse aux jeunes enfants en éditant un abécédaire qui comporte en vis-à-vis de chacune des lettres de l'alphabet une photo évoquant la vie ou la personne du chef de l'Etat. On se promène ainsi de « A : comme Amour du Maréchal pour le drapeau » à « Y : les Yeux du maréchal »... Les services de propagande de Vichy, qui ont compris l'importance de l'enjeu, diffusent aussi des livres d'images à colorier. L'un d'entre eux, « La vie du Maréchal – petit album à colorier par les enfants de France, est réalisé dans un style simple évoquant les images d'Epinal. En vis-à-vis de chaque image se trouve un texte résumant l'épisode illustré où l'on donne des conseils destinés à canaliser l'imagination du gamin pour le cas où il aurait la facétieuse idée d'affubler le Maréchal d'un costume de clown... Par exemple en face de l'image intitulée « Le don à la patrie – juin 40 » on peut lire ce commentaire directif : « Pour cette image faites un bel uniforme bleu ciel avec des boutons et la médaille dorés. » L'album [1] est conçu sous la direction du graveur Ambroselli. Celui-ci dirige aussi « L'imagerie du Maréchal », un atelier d'artistes et d'artisans agréés par le gouvernement qui crée des séries d'images sur le thème des Fables de La Fontaine ou encore des calendriers et jeux illustrés. Ambroselli travaille en liaison étroite avec l'entourage de Pétain, en particulier avec le docteur Ménétrel, médecin du Maréchal, qui, sans mandat officiel, suit de près tout ce qui touche à l'enfance. En témoignent deux lettres. L'une dans laquelle Ambroselli fait le point sur l'activité de l'Imagerie et écrit : « Si je me retourne sur le chemin parcouru l'année passée, je vous (Dr Ménétrel) trouve à chaque carrefour : c'est d'abord vous qui aviez permis que je m'y engage, c'est vous qui m'avez orienté [2]... » L'autre, où Ambroselli demandera à Ménétrel de l'aider à diffuser sa « dernière publication parue sous la marque de l'Imagerie du Maréchal : la collection des plaquettes des Saints patrons [3] ».

Afin d'appuyer les campagnes de promotion de l'image du Maréchal plusieurs concours sont organisés par le secrétariat général à l'Information. L'un d'entre eux qui obtient des centaines de milliers de réponses consiste à répondre à une question en apparence toute simple et qui ne souffre pas la discussion : « Pourquoi aimez-vous le Maréchal

1. Ce document est conservé à l'INRP à Mont-Saint-Aignan sous la cote 3.6.13/22 625.
2. Lettre de la fin 1941. Correspondance de Ménétrel aux AN F 2 AG 75.
3. Lettre d'Ambroselli à Ménétrel du 5 août 1943 ; AN F 2 AG 75.

Pétain ? » Les 99 meilleures réponses, accompagnées de la photo du lauréat, sont ensuite sélectionnées et regroupées dans un album publié par les soins du gouvernement puis largement diffusé dans les écoles avec ce message : « Ce sera un agréable devoir pour l'écolier qui recevra le présent album contenant 99 réponses d'enfants d'écrire lui-même... la 100e ! » On incite ainsi le lecteur à amplifier la campagne de lettres en la prolongeant par une centième encore meilleure. Les fonctionnaires de Vichy appellent cela des « surprises » pour « faire plaisir au Maréchal » à l'occasion de son anniversaire (le 24 avril) et surtout pour Noël. Ainsi 1 million de dessins sont-ils collectés de cette manière en décembre 1940 et 2 millions de lettres en décembre 1941 [1]. Pourquoi Noël ? Les propagandistes s'en expliquent très bien et sans fard : « car c'est la période la plus favorable pour un effort de ce genre, je propose d'utiliser une fois encore les enfants en organisant une troisième surprise au Maréchal : le cadeau des moins de quinze ans au Maréchal [2]. »

« Utiliser » les enfants, le mot est clairement employé, il s'agit de profiter de leur candeur, de leur générosité naturelle, pour faire mieux passer un message politique auprès de leur famille. Or toutes ces initiatives sont relayées par des journaux comme *Benjamin* ou *Cœurs Vaillants*, parfois par des grands magasins comme les Galeries Lafayette ou par des éditeurs comme les Editions de la vraie France à Nice. Dans ce dernier cas, un concours de dessin est « réservé aux enfants de France » de 6 à 14 ans. Le règlement en est simple : il suffit d'encadrer et de colorier un portrait de Pétain : « Mes jeunes amis, à vos crayons, à vos pinceaux... Après avoir exécuté l'encadrement vous inscrirez, de votre plus belle plume, sous l'image du Maréchal, une courte phrase dans laquelle vous exprimerez vos sentiments à son égard. Vous le ferez de tout votre cœur. Cette phrase servira pour le classement des dessins de même mérite. » Les prix qui récompensent les gagnants consistent en livrets de Caisse d'épargne richement dotés (3 000 francs au premier, 1 500 au deuxième, 1 000 francs au troisième...). Les sommes mises en jeu ne peuvent qu'inciter les parents à pousser leurs enfants à participer. En effet en 1942 le salaire mensuel moyen est de 1 150 francs dans les villes de province et de 950 francs dans les campagnes. A Paris il est de 1 250 francs. Donc l'éditeur niçois offre trois mois de salaire comme premier prix et le « Grand concours du Maréchal », lancé pour les vacances de Pâques 1942 par les Galeries Lafayette pour « les 7-14 ans », est pourvu d'un grand premier prix de 1 000 francs, de cinq premiers prix de 500 francs, dix seconds prix de 250 francs et 25 troisièmes

1. AN F 41 269.
2. AN F 41 269. Document de l'automne 1942.

prix de 100 francs [1]. Voilà qui est bien tentant en cette période de pénurie. De plus on joue sur la fierté légitime des lauréats car il est précisé que « les dessins récompensés seront portés spécialement à Vichy et remis en hommage au Maréchal Pétain ». La même remarque figure sur le règlement du concours de Nice : « l'œuvre primée sera remise au Maréchal ». Le document que les enfants doivent colorier est inséré dans l'ouvrage de Roger Descouens *La Vie du Maréchal Pétain racontée aux enfants de France* imprimé par *L'Eclaireur de Nice*. Ce journal, décidément bien actif, lance aussi un concours de rédaction ainsi libellé : « De Jeanne d'Arc à Pétain, la France continue. Dites pourquoi et indiquez les raisons de votre confiance dans le renouveau et dans les destinées de la Patrie. » La participation est souvent massive. « Présidé par le duc de la Force, le jury doit départager quelques 15 000 concurrents. Une jeune fille du lycée de Nice et un garçon de Grasse remportent le premier prix et empochent 1 000 francs [2]. »

La vie exemplaire du maréchal

Le Maréchal est le héros par excellence de ces années noires. Ainsi tous les illustrés sacrifient au culte de la personnalité, incitant les lecteurs à écrire au Maréchal, à lui envoyer des dessins, à écouter ses discours et à suivre ses préceptes. La presse récréative a encouragé la vente puis la distribution d'au moins six millions de portraits du Maréchal en zone libre et dix millions en zone occupée. Même une publication brouillonne et peu engagée politiquement comme *Tarzan* a offert pendant plusieurs mois « une pochette de portraits du Maréchal à tout nouvel abonné ».

Tout cela ressemble fort à un message du gouvernement de Vichy et donc de Paul Marion homme clef de la période. Ce diplômé en philosophie, ex-membre de la section centrale « Agitation et Propagande » du Parti communiste a rallié Jacques Doriot et le PPF en 1936. Capturé par les troupes allemandes en juin 1940 alors qu'il servait dans l'armée française il est libéré le 8 janvier 1941 « après intervention de l'ambassade d'Allemagne à Paris [3] ». Quelques semaines plus tard il est « secrétaire général adjoint à la vice-présidence du conseil pour l'information », poste transformé le 11 août en un « secrétariat général de l'Information et de la propagande » qui ne cache pas son nom. Paul Marion restera titulaire de cette fonction jusqu'au 6 janvier 1944, date

1. Document conservé à l'INRP Mont-Saint-Aignan sous la cote 3.6.13/18614.
2. Pierre Giolitto, *Histoire de la jeunesse sous Vichy*, op. cit..
3. In Stéphane Marchetti, *Images d'une certaine France*, Edita, Lausanne, 1982.

à laquelle il sera remplacé par Philippe Henriot mais, même pendant les derniers mois d'occupation, c'est Paul Marion qui conservera la haute main sur la presse. C'est donc un homme formé aux méthodes les plus sophistiquées de « l'agit'prop » marxiste qui va surveiller au nom du Maréchal et de la « Révolution nationale » les nouvelles publications destinées à la jeunesse.

Organiser des concours, faire circuler et colorier des portraits ou populariser des symboles comme la francisque ne suffit pas. Il faut aussi faire connaître la vie « exemplaire » du Maréchal. Pour cela le secrétariat à la Jeunesse encourage la publication de biographies qui relèvent de l'hagiographie plutôt que de l'Histoire. Les enfants peuvent lire une douzaine de biographies de Pétain ou livres à la gloire du Maréchal [1] dont 7 publiés en 1941, 5 en 1942, 1 en 1943, aucun en 1944. Le reflux observé à partir de 1943 n'est pas dû à une prise de conscience nationale. Il tient d'abord à un facteur technique : les premières biographies du Maréchal demeurent pour la plupart disponibles en 1943 et 1944 et peuvent être facilement réimprimées ; elles s'ajoutent les unes aux autres avec des tirages importants et ont donc tendance à « saturer » la demande. Cependant un facteur politique joue aussi : en 1943 et 44, la zone libre n'existe plus, les Allemands sont partout présents en France, la situation militaire se dégrade pour les forces de l'Axe et l'étoile du Maréchal commence à décliner. Les éditeurs deviennent donc beaucoup plus circonspects... On remarque aussi que Paluel-Marmont, un des auteurs les plus prolifiques de la période, a écrit trois biographies à lui seul. Paluel-Marmont ne peut être taxé d'opportunisme car c'est un partisan de longue date du Maréchal : il avait déjà publié une biographie de Pétain chez Denoël dès 1935. Paluel-Marmont avait même amorcé une campagne « pétainiste » avant la guerre et l'on trouve dans *Benjamin* en mars 1939 un de ses articles encadrant un portrait de Pétain : « Comment un maréchal de France est devenu ambassadeur. » Il y rappelle le rôle joué à Verdun par Pétain mais l'article n'est pas seulement informatif ; il est accompagné d'un texte intitulé « Message à la jeunesse » où les enfants apprennent qu'ils doivent acquérir « le mépris de la facilité, le sens de l'effort et du travail » ou encore « C'est l'éducation patriotique qui donnera à la jeunesse, en qui je place toute mon espérance, le goût de travailler et de servir, le goût de la famille, du foyer, des enfants... » « Travail, Famille, Patrie » donc. En précurseur, Paluel-Marmont avait déjà développé cette trilogie et le culte de Pétain en direction des enfants avant l'occupation. Alors de quand date l'engouement de Paluel-Marmont pour le Maréchal ? De la bataille de Verdun au cours

1. Voir le tableau des titres en annexe.

de laquelle il avait été blessé. Un rapport déposé en 1945 aux Archives nationales éclaire cet engagement de l'auteur par des réactions autant affectives que politiques. On y lit que Paluel-Marmont a conçu son livre sur Pétain comme un « poème épique sur le soldat et sur l'homme pour lequel il nourrissait une sorte d'admiration filiale et aveugle. Ancien combattant de Verdun, il avait connu là Pétain qui lui avait une fois serré la main et parlé (...) Il avait en lui une confiance aveugle [1]. » Il est exact que Pétain a beaucoup joué sur cette confiance que lui accordaient bien des anciens de la Grande Guerre et Paluel-Marmont, s'il est un cas extrême, n'est en rien une exception.

Que peut-on lire dans l'ensemble des « biographies » publiées de 1940 à 1943 ?

Des banalités surtout, dont quelques anecdotes qui rappellent d'autres livres à un lecteur attentif. Par exemple que le Maréchal, dès son enfance, montrait des dispositions au commandement et qu'il organisait magistralement des batailles de boules de neige dans la cour de l'école. On y trouve aussi un rappel permanent du rôle de Pétain dans la Grande Guerre, en particulier celui, présenté comme décisif, de « vainqueur de Verdun ». Rien là de bien original, néanmoins, au fil des pages, les allusions à une vie politique plus récente abondent. Elles commencent souvent avec la guerre d'Espagne : « Plus qu'une autre nation, l'Espagne fut déchirée. A peine eut-elle reconquis son noble et fier visage, que la France longtemps défigurée s'empressa de se faire reconnaître à elle, sous ses traits les plus purs. Le Maréchal était le seul qui fût digne de l'immortel génie d'une Nation que des idéologies étrangères avaient fait méconnaître. Lorsqu'il présenta ses lettres de créance au général Franco, son frère d'armes au Rif, les nuages se dissipèrent. De nouveau, il n'y eut plus de Pyrénées », indique une légende de « La vie du Maréchal ». Sans être clairement cité, le gouvernement de Front populaire est attaqué au passage et Franco présenté comme un ami de la nouvelle France et comme un « frère d'armes » du Maréchal. Paluel-Marmont évoque aussi le rôle de Pétain comme ambassadeur : « La place où le général Franco l'attendait rutilait d'uniformes. » Une pleine page représente des cavaliers et des militaires en uniformes chamarrés rendant honneur à Pétain et à propos de la guerre civile : « L'Espagne relevait à peine d'une longue et sanglante guerre civile. Ses grandes villes manquaient de vivres, de vêtements. Pétain organisa des convois, des distributions de pain, de lait, de produits de première nécessité ; il réconfortait, soulageait, guérissait les corps en même temps qu'il conquérait les cœurs. » L'auteur transforme

1. AN Z6 NL 3497.

ainsi, subrepticement, l'aide humanitaire que la France accorda effectivement à l'Espagne meurtrie en une action personnelle du Maréchal.

Paluel-Marmont reçoit une lettre de Pétain pour le remercier de ses publications et de ses conférences en région parisienne. Voici sa réponse : « Monsieur le Maréchal (...) Inlassablement, je continue d'aller dire aux jeunes écoliers de Paris et de la banlieue, aux adolescents des centres de jeunesse, aux jeunes hommes de tous les milieux, l'exemple de devoir que vous n'avez jamais cessé d'être, le témoignage éperdu de la Patrie que vous ne cessez de donner, et ce que vous attendez d'eux et de nous pour que la France revive et vive. » Puis, dans la conclusion, Paluel-Marmont identifie la personne de Pétain à la France : « C'est dans cet esprit de dévouement total à la cause sacrée de la France, et à vous-même qui l'incarnez, que je vous prie d'agréer, Monsieur le Maréchal, l'hommage de mon attachement filial le plus déférent [1]. » Paluel-Marmont ne semble pourtant pas connaître personnellement l'homme à qui il attribue tant de vertu et il sera bien mal récompensé de cet attachement total car il n'obtiendra pas la moindre entrevue, ni du Maréchal, ni même du docteur Ménétrel. Son courrier en témoigne car au détour d'une lettre du 22 octobre 1941, il remercie Ménétrel pour « cette marque d'estime que vous avez bien voulu me donner à distance ». Un peu plus loin il revient à la charge en concluant, amer : « Je forme le vœu qu'une occasion heureuse me soit donnée un jour de vous être présenté autrement que... verbalement ! » N'entre pas qui veut dans la petite coterie qui gravite autour de Ménétrel dont chacun sait à Vichy qu'il filtre toutes les entrevues sous le prétexte de ne pas trop fatiguer « le » Maréchal.

Revenons aux biographies dans lesquelles la politique ne perd jamais ses droits. Dans celle de Descouens [2], les événements du 6 février 1934 sont valorisés : « les journées de février 1934 qui virent l'honnêteté du peuple de Paris s'insurger contre la corruption parlementaire et les scandales financiers... », puis le Front populaire et le régime républicain sont assimilés à une maladie infectieuse : « Aveuglé par d'extravagantes illusions, moins corrompu que trompé, le peuple français était surtout contaminé par les vices du régime et des institutions. » Roger Descouens rappelle aussi (pour montrer qu'on se relève d'une défaite) que Pétain n'est plus vraiment un jeune homme : « Il entrait dans sa quinzième année quand Napoléon III, Empereur des Français, déclara la guerre au roi de Prusse. » Voilà qui donne une idée de l'âge de celui que l'on présente ensuite avec insistance comme « le père de tous les enfants de France ». La conclusion est tout aussi arran-

1. AN F 2 AG 75.
2. Album publié à Nice.

gée : « Maintenant, il (Pétain) commande à 42 millions de Français accablés, aux 110 millions d'hommes de la métropole et des colonies. » En 1941 l'autorité de Pétain sur les Français de la zone occupée (plus encore sur ceux d'Alsace et de Lorraine) relève de l'acte de foi. Quant à l'autorité du gouvernement de Vichy sur l'ensemble de l'Empire colonial elle fait bon marché de la dissidence gaulliste qui n'est pas même évoquée... Descouens enchaîne sur l'idée du sauveur « Une deuxième fois, au bord de l'abîme, il (Pétain) a sauvé la France meurtrie, mais toujours vivante. Il est le signe de l'espoir, la promesse des lendemains nouveaux. La terre reverdit au printemps... Chef et père, avec dévouement et intelligence, amour et foi, il a apporté le seul baume qui puisse rendre la France à son grand destin : l'affectueux remède de la Vérité. » Tout se termine par une gravure sur laquelle des enfants, des scouts et des jeunes en uniforme convergent vers le Maréchal. Dessous figure la légende suivante : « Puisse le printemps de votre jeunesse s'épanouir dans le printemps de la France ressuscitée. »

Le Maréchal Pétain raconté à la jeunesse est écrit par le polygraphe Armand Praviel [1] qui ignore tout du livre pour enfants et la brochure s'en ressent : illustrée d'une vingtaine de photos officielles (le Maréchal passant des troupes en revue, serrant des mains, inaugurant des écoles...) elle a un côté guindé plus proche d'un austère manuel scolaire que de l'épopée. Aucun dessin n'y figure sauf en couverture. Quant au contenu, rien d'original, au contraire. L'auteur lui-même reconnaît que « la plupart des faits, des anecdotes, des dialogues reproduits ici sont tirés des précédents ouvrages consacrés au Maréchal Pétain par le général Laure, et MM. Henry Bordeaux, René Benjamin, José Germain, Paluel-Marmont, etc. », ce qui présente l'avantage de montrer à quel point la propagande maréchaliste forme un tout cohérent et comment la plupart des auteurs travaillent à la commande, en rangs serrés [2]... Tout aussi indigeste, *Le Petit Livre tricolore du Maréchal Pétain*, destiné « Aux enfants de France [3] » comporte en couverture un portrait du Maréchal, sans mention du nom, le visage de Pétain étant supposé déjà connu de tous. La biographie se termine par : « Tel est l'homme qui est appelé aujourd'hui, lors de la plus grande épreuve que notre pays ait subie, à le relever de ses ruines et à refaire une France Nouvelle. » Puis l'auteur (anonyme) conclut :

1. Praviel, auteur prolifique, a déjà publié plus de vingt titres dont celui-ci aux Editions du Clocher (Toulouse), maison qui ne cache pas sa volonté d'éduquer les enfants. Son slogan, « Charmer pour former » est assorti d'une publicité : « Des lectures saines, bienfaisantes, aussi irréprochables que passionnantes. »

2. En dépit de sa médiocrité, l'ouvrage d'Armand Praviel n'a pas une diffusion confidentielle. L'exemplaire en notre possession porte la mention « 35e mille ».

3. Brochure imprimée par *Le Nouvelliste de Lyon* en 1941 qui fut largement diffusée en zone libre.

« Malgré ses 80 ans sonnés, il (Pétain) est plein de jeunesse. » Suivent des photos, un peu guindées, de Pétain en tournée dans le pays et de nombreuses citations sur le thème : « Je fais à la France le don de ma personne pour atténuer son malheur » ou « L'esprit de jouissance a détruit ce que l'esprit de sacrifice a édifié. » A la fin les jeunes lecteurs sont appelés à se faire à leur tour propagandistes : « Enfants de France, vous avez lu ces belles pages, emportez-les chez vous et que toute votre famille les relise souvent. Ainsi de votre côté, vous faciliterez la tâche du Maréchal. »

Enfin en 1941, Serge Dalens en annonçant la suite, très attendue par les lecteurs du « Signe de Piste », du *Prince Eric* précise ses intentions : « Je voulais vous raconter comment Eric mourut un soir de juin, entre Vittel et Nancy. Un soir de juin 40, baigné de soleil et de sang. Ce sera pour plus tard. Car je vous parlerai d'abord du chef. Le Maréchal insulté, calomnié, bafoué. Le Maréchal que l'on dit vendu parce qu'il s'est donné. Le Maréchal qui remet le sort du Pays entre les mains des garçons de France, taillés à la mesure de leur destin. » Il faut s'appeler Serge Dalens pour oser écrire un tel texte car une lecture au deuxième degré nous apprend sans ambiguïté que le nouveau chef de l'Etat français peut être « insulté, calomnié, bafoué » ce qui n'est pas très conforme aux discours officiels du moment. Serge Dalens ne cache cependant pas ses opinions – au contraire – car il annonce par la même occasion qu'il prépare *Les Trois Destins du Maréchal*, livre sur Pétain qu'il estime plus urgent que la suite de son roman [1].

Le conte pour enfants au service de la propagande

Si la propagande maréchaliste ne brille pas toujours par son originalité, il n'en est pas de même de certains contes merveilleux, aux confins du réel et de l'imaginaire dans lesquels le « Maréchal » se désincarne et devient un héros littéraire. Les auteurs n'ont alors plus (ou peu) le souci de faire connaître sa vie. Il s'agit plutôt de renforcer le culte d'un homme présenté à la fois comme un grand-père « bon mais ferme », un sauveur aux dons hors du commun et même un semi-magicien. L'apparence de ces ouvrages est la même que celle des contes habituels avec une large part réservée à l'illustration. Pétain n'y n'est pas toujours nommé mais tout est fait pour que l'enfant comprenne rapidement qu'il s'agit bien de lui.

1. En fin de compte cette biographie ne sera pas publiée par Serge Dalens qui changera d'avis sur ses priorités éditoriales et publiera bien la suite attendue des aventures d'Eric.

Dans *La Belle Histoire d'un chêne* une terrible tempête balaye la France : « Mais il existait aussi, dans la forêt de France – car les hommes ressemblent aux arbres – un grand beau chêne, déjà vieux mais si vaillant qu'il se dressa pour protéger tout le monde. Et le grand beau chêne s'appelait le maréchal Pétain. » La forêt de Tronçais où se dresse le « grand beau chêne » a été plantée par Colbert. Trois siècles c'est trop court pour remonter jusqu'à saint Louis mais le rapprochement est habile avec le chêne sous lequel le roi rendait la justice. On ancre ainsi le propos dans une longue tradition historique dans laquelle les laudateurs du nouveau régime veulent à tout prix faire entrer « Le Maréchal ». Le passé de Pétain tient en une étoile encadrée de quatre dates et de quatre petits dessins : 1916 Verdun, 1917 les tranchées, 1928 le Maroc et 1940 la guerre. Le tout est accolé à Pétain debout au milieu des ruines. Les enfants apprennent aussi que parmi les chênes de cette belle forêt de Tronçais « se dresse le plus beau de tous, un géant de 42 mètres de haut, qui a 270 ans... » Sous-entendu : on peut être vieux ET solide. La cérémonie de baptême de cet arbre dédié à Pétain (qui a réellement eu lieu) est racontée en détail : « Alors, s'avance un monsieur qui s'appelle, comme tous les hommes vaillants du Moyen Age : Chevalier. » L'auteur identifie ainsi un éphémère ministre de Vichy à un preux. Sur le dessin figure un autre dignitaire du nouveau régime, Darlan : « L'amour de la France est aussi représenté par l'Amiral Darlan qui a toujours pratiqué l'oubli de soi et le sacrifice. » Décidément les services de propagande fonctionnent à plein et ce « conte » s'inscrit dans un vaste programme dont l'un des maillons les plus tardifs s'intitulera *Il était une fois un pays heureux...* [1]. Il est rédigé par Victor Dancette qui ne peut ignorer qu'il conçoit un ouvrage de propagande « pour le Bureau de documentation du Chef de l'Etat [2] ». Un tirage de luxe limité à 50 exemplaires sur « vélin de Rives » est même réservé « à Monsieur le Maréchal Pétain, Chef de l'Etat Français ».

Et que lisent les enfants sous la plume de Victor Dancette ? Tout commence par le thème « du bon vieux temps » : « Il était une fois un pays heureux dont le monde entier enviait le bonheur. Ses habitants vivaient aisément, dans un climat agréable, se nourrissant des produits variés d'un sol riche qu'ils se plaisaient à cultiver. » Cela relève bien du conte mais est présenté comme vrai. Tout le monde était beau et avait les yeux bleus : « Les hommes y étaient sains et vigoureux, la pureté de leur âme se lisait dans l'azur de leurs yeux, leurs femmes étaient belles

1. Dans le même esprit qu'*Il était une fois un pays heureux...* publié le 20 mars 1943, il faut signaler deux autres ouvrages de propagande qui surprennent par la personnalité de leurs auteurs : *Les Trois Leçons de Lududu* par « Oncle Sébastien » (en fait Léon Chancerel) et *Bonjour la France* par Jean Nohain.

2. La mention figure sur le livre ; édité chez Générale de Publicité (GP).

et leurs enfants adorables. » Il y avait abondance dans les campagnes et les villes édifiées par « ce peuple qui aimait le travail et les plaisirs sains d'une bonne table ». Quasiment le paradis terrestre que ce pays « d'autrefois », la France bien sûr, jamais nommée mais que tout le monde reconnaît. Hélas, selon Dancette, « une fée mauvaise vint y semer la folie... ». Comment sema-t-elle la folie ? Tout commença dans les villes qui allaient corrompre les hommes par le jazz, les jeux, les courses de chevaux... Du jazz à la paresse il n'y a qu'un pas : « Les plaisirs faciles rendent paresseux et les bras qui avaient déserté les campagnes n'entendaient pas travailler à la ville. » Puis les habitants de cet ex-pays heureux ne voulurent plus d'enfants et le pire arriva : « Dès l'instant où la Famille n'est plus le fondement de la Société, c'est la Société qui s'écroule. » Alors « Une terrible tempête ravagea ce pays heureux. » Cette tempête les enfants comprennent vite qu'il s'agit de la guerre qui vient de dévaster la France. Dancette, après quelques allusions xénophobes envers les mauvais élus politiques qui « venaient de partout, parlaient toutes les langues », touche enfin au but de sa démonstration : « La voix d'un patriarche s'éleva dans la tourmente. » Ce patriarche c'est bien entendu Pétain dont le message politique est étonnamment résumé à l'usage des enfants : « Revenez en arrière, disait-il, vous avez été trompés, on vous a menti. » Donc un message réactionnaire au sens plein du terme, un retour vers un hypothétique « âge d'or ». Puis la morale suit : « Le bonheur ne vient pas du plaisir mais de l'effort. » et « Un peuple sans enfant est un peuple qui meurt. » Le soleil se lève sur le pays. Tous les habitants entreprennent la reconstruction, les labours et les semailles. Tout se termine par l'exaltation de la trilogie « Travail, Famille, Patrie » et les dernières gravures représentent un groupe de jeunes en uniforme sous un drapeau et une francisque tricolores. Près d'eux on moissonne à nouveau.

Jeanne d'Arc et les grands hommes

Destinées à l'éducation des jeunes générations, des biographies de « grands hommes » fleurissent en nombre. Elles prétendent avoir valeur d'exemple, ce qui n'est pas vraiment nouveau car le genre connaissait déjà ses champions sous la IIIe République mais de 1940 à 44 on assiste à un renouveau certain. Comme beaucoup de membres de la nouvelle équipe au pouvoir, Gabriel Henriot, inspecteur général des bibliothèques de Paris, encourage l'acquisition de ce type de littérature. Lucide, il en perçoit cependant les limites : « Les vies de Jeanne d'Arc, Saint Louis, Bayard, Turenne, Pasteur, Guynemer et de tant d'autres héros ou saints nationaux, les feront réfléchir, si on ne fait pas étroitement œuvre d'apologiste et si la morale se dégage toute seule du récit [1]. » En tête des personnalités à l'honneur arrive le maréchal Pétain. Outre les monographies qui lui sont consacrées il bénéficie de nombreux passages dans des ouvrages qui l'associent volontairement à d'autres héros. Un des plus représentatifs de cette tendance est *De Vercingétorix à Pétain* [2] où par un amalgame habile, on regroupe Vercingétorix, Philippe Auguste, Saint Louis, les Bourgeois de Calais, Jeanne d'Arc, Bayard, Monseigneur Affre, Le « Poilu inconnu » de 14-18 (...) jusqu'à Pétain. Dans l'esprit de l'enfant, Pétain, encore vivant, se trouve mis en continuité avec des personnages qui ont en commun de s'être « sacrifiés pour la France » (on notera l'assimilation de la mort de Mgr Affre devant les balks révolutionnaires à une mort pour la « vraie » France). Ce qui accrédite l'idée que Pétain a quasiment fait la même chose. Même démarche dans *Maréchaux de France* [3] où l'on rappelle que « du VIIIe siècle à nos jours, il y eut 339 maréchaux » dont le bâton fut successivement « orné de fleurs de lys, d'abeilles, d'aigles et d'étoiles ». Là encore, il s'agit d'insérer Pétain dans une continuité historique regroupant tous les régimes politiques que la France a connus et dont l'Etat français est en quelque sorte l'héritier. Le procédé est habile car Pétain apparaît comme le dépositaire d'une longue tradition. On ne cherche pas à raconter en détail la vie des 339 maréchaux mais à évoquer rapidement les premiers pour mieux se consacrer aux huit de la Grande Guerre : Maunoury, Lyautey, Galliéni, Fayolle, Foch, Joffre et Franchet d'Esperey [4]. Pour Pétain, seul survivant de cette prestigieuse cohorte, on rappelle qu'il a participé à la guerre du Rif puis, qu'en 1931, il « entrait à l'Académie française où il occupa le siège du maréchal Foch ». On signale ensuite : « Le Maréchal est un homme prévoyant ; il s'inquiète de l'éducation des petits Français : il s'élève contre l'école publique dont l'enseignement patriotique est absent. » Le Front populaire, les Allemands, l'armistice et la défaite ne sont pas évoqués. Tout est supposé connu de l'enfant. Suit une « erreur » chronologique qui percute l'Etat français et la république : « Le 16 juin 1940, le Maréchal est appelé à former le nouveau gouvernement de l'Etat français. » Or c'est le 10 juillet 40 que L'« Etat français » sera mis en place mais cette « erreur » accrédite l'idée que la succession fut rapide et sans hésitation. Enfin l'entrevue de Montoire et tous les événements importants de 1940 à 1943 passent « à la trappe » grâce à une pirouette littéraire : « Depuis lors, ai-je

1. In *Des livres pour tous* par Gabriel Henriot, publié chez Durassié en 1943.
2. *De Vercingétorix à Pétain* est disponible à l'INRP de Mont-Saint-Aignan. C'est un livre de Jacques Reynaud et de Jean Chieze, illustrateur catholique.
3. Dominique Fagniez, *Maréchaux de France*, Alsatia.
4. Celui-ci est mort en 1942, quelques mois avant la publication.

besoin de vous raconter, petits enfants de France, les faits et gestes du Maréchal ? Il vous a parlé lui-même au début de la rentrée des classes, il vous parlera encore quand il aura quelque chose de particulier à vous dire. » Conformément aux consignes en vigueur, ce livre évite donc de parler de l'occupation de la France.

En bien des circonstances on associe aussi Pétain à la figure emblématique de Jeanne d'Arc. Chaque année au mois de mai des cérémonies commémoratives sont organisées dans bien des villes. « La Sainte-Jeanne-d'Arc fut célébrée de façon particulièrement enthousiaste, en prenant parfois l'aspect d'une manifestation anglophobe [1]. » A Vichy, le 11 mai 1941 l'affaire prend une ampleur inhabituelle : « Il y eut une messe en l'église Saint-Louis suivie d'une manifestation place de l'Hôtel de ville à laquelle ont participé des milliers d'enfants des écoles et de scouts. D'aucuns firent remarquer que ces écoliers et écolières de l'enseignement public étaient dirigés et encadrés par des personnalités qui, il y a peu d'années, déployaient le drapeau rouge et chantaient *L'Internationale* [2]. » Jeanne d'Arc, Saint Louis, Pétain on trouve là une trilogie qui deviendra vite familière aux enfants car le gouvernement de Vichy encourage ouvertement l'étude de la vie de Jeanne d'Arc, modèle de patriotisme et de piété. De leur côté les Allemands soutiennent discrètement cette tendance pour d'autres raisons. Rita Thalmann signale que dès le mois d'août 1940 le docteur Grimm établit un rapport suggérant « que l'on demande au Führer de venir déposer une gerbe sur les tombes du soldat inconnu et de Napoléon, et de ranimer le culte de l'Empereur et de Jeanne d'Arc pour attiser la haine de l'Angleterre [3] ». Ces suggestions ne demeurent pas sans effet car Hitler fera revenir les cendres de l'Aiglon à Paris au cours d'une pompeuse manifestation officielle.

Du côté français, en 1942, le ministre de l'Education nationale, Abel Bonnard, s'exprime en ces termes : « Dans les circonstances terribles où la France est placée, la fête de Jeanne d'Arc doit avoir pour vous encore plus de sens que dans les jours ordinaires », et il invite les enfants à s'identifier à l'héroïne : « D'abord il faut vous figurer Jeanne d'Arc elle-même comme si elle entrait soudain dans la classe, avec ses cheveux bruns, ses yeux clairs, son air gai, hardi, décidé. Elle était à peine plus âgée que vous, elle aurait pu jouer comme vous, et au lieu de jouer, elle a sauvé la France [4]. » La conclusion mérite d'être citée intégralement car le parallèle entre la France du XVe siècle et celle de 1942 est lourdement appuyé : « Jeanne est allée tout droit jusqu'au

1. In Wilfred Halls, *Les Jeunes et la Politique de Vichy.*
2. In Jean Débordes, *La Vie de tous les jours à Vichy sous Pétain*, *op. cit.*
3. Rita Thalman, *La Mise au pas*, Fayard, 1993, p. 41.
4. Abel Bonnard, dans un « Message aux enfants de France », diffusé en 1942.

Dauphin, jeune homme faible et troublé, qui ne se croyait pas né pour le Trône. Elle lui a rendu confiance en lui. Dans le malheur de notre Pays, vous êtes cependant plus heureux qu'elle. La France d'aujourd'hui a un chef éminent que vous devez aimer aussi fortement qu'il vous aime. C'est le Maréchal. Il faut que les petits Français et les petites Françaises soient tous derrière le plus grand des Français. » A partir de 1941, la puissante organisation des *Ames Vaillantes* émet un « Titre de chrétienté », dont le premier volet est illustré d'une Jeanne d'Arc en armure et d'une petite Ame Vaillante regardant la France, une France éclairée d'une croix rayonnante mais dont la bannière que tient Jeanne masque l'Alsace Lorraine, ce qui évite de rappeler les provinces annexées [1]. Pourtant Jeanne d'Arc n'appartiendra pas facilement à Vichy ou à la collaboration parisienne car « la France non occupée ayant quelque analogie – ne serait-ce que cartographique – avec le royaume de Bourges, Jeanne d'Arc offrait le modèle de la résistance à l'occupant [2] ». Il est vrai que les gaullistes eux-mêmes, dans la presse de la France libre, n'hésitent pas à revendiquer Jeanne d'Arc comme symbole de leur lutte.

Le mythe des colonies

L'Empire colonial français constitue un des thèmes majeurs de la propagande vichyste. En effet le ralliement de certains territoires à ce que Vichy appelle « la dissidence anglo-gaulliste » constitue une menace permanente pour le nouveau pouvoir. Des efforts considérables sont donc faits pour convaincre l'opinion de la légitimité et de la nécessité de l'entreprise coloniale. Si les « anglo-gaullistes » ont rallié assez facilement l'Afrique équatoriale française à leur cause en août 1940, ils ont clairement échoué devant Dakar en septembre. Dès lors, pendant plus de deux ans, le gros de l'Empire reste fidèle à Pétain mais, conscient de la menace, le gouvernement de Vichy donne des consignes très strictes à la presse et à l'édition. Ainsi dans les « consignes générales destinées à la presse » le ministère de l'Information a-t-il créé une rubrique spéciale intitulée « Empire ». On peut y lire qu'il faut :

– « insister sur la limitation d'une dissidence que l'appui de l'étranger n'a pu faire triompher, sur la fidélité des populations et sur l'amour qu'elles portent à la France »,

1. « Titre de chrétienté » dessiné d'après Henri Neveu, imprimé par Giraud-Rivoire à Lyon.
2. Philippe Contamine, *Histoire des droites en France.*

– « insister sur le rôle civilisateur de la France, rôle qui a toujours été le sien dans l'Histoire et qui l'est aujourd'hui plus que jamais [1]. » Vichy lance aussi de nombreuses campagnes de sensibilisation tant auprès des enfants que des adultes. Un train-exposition parcourt inlassablement la France et du 15 au 22 juillet 1941 est organisée une « Semaine de la France d'Outre-Mer » avec expositions, publications d'affiches et de brochures [2]. Cet intérêt du gouvernement pour le monde colonial est renforcé par les convictions personnelles de Georges Lamirand, sécrétaire général à la Jeunesse, disciple de Lyautey (mort en 1934). Lamirand encourage les récits à la gloire de celui qu'il considère comme un exemple et un maître à penser. Dans une *Enfance de Lyautey* [3] chaque chapitre est ponctué de maximes du genre : « Sois fier de ton pays, de ta cité, de ton nom de famille », « Sois spontané, généreux. N'hésite pas à te priver, à faire des sacrifices » ou encore « Fais équipe avec les autres. Choisis une cause à défendre. Sache te juger ». La conclusion porte sur Lyautey mais elle est transposable à l'enfant : « Il (Lyautey) porte au cœur l'amour de son pays qu'il veut revoir grand et fort et l'amour de la petite patrie, la Lorraine. Il aime en voir les drapeaux réunis. »

Le chantre de l'épopée coloniale française reste Paluel-Marmont, que nous avons déjà croisé. Ex-officier de tirailleurs algériens, deux fois blessé, Paluel-Marmont a en effet longtemps vécu en Afrique du Nord et au Sahara, comme militaire puis comme civil. Devenu journaliste, il a assuré les reportages sur la guerre du Rif pour le compte de *L'Echo de Paris* et bon nombre de ses romans sont nourris de l'expérience africaine. Nous avons vu qu'il tint rubrique pendant près de dix ans à *Benjamin* où la plupart de ses articles avaient déjà pour thème le monde colonial. A la veille de la guerre il avait rédigé *L'Epopée coloniale racontée aux enfants* [4] préfacée par le général Gouraud, et en 1939 il avait été fait officier de la Légion d'honneur au titre du ministère des Colonies. *Benjamin* [5] s'était alors félicité de « la magnifique propagande que notre collaborateur poursuit depuis plus de dix ans à travers les plus grands journaux de la presse française, en faveur de cette

1. Consignes permanentes donnée à la presse par le « ministère de l'Information » le 5 janvier 1941. AN III W 240.
2. Les équipes de la BDIC, de l'ACHAC et la revue *L'Image fixe* ont organisé en 1993 aux Invalides une exposition ayant pour thème : « Images et colonies. 1880-1962 ». En parcourant le catalogue qui l'accompagnait (publié sous la responsabilité de Nicolas Bancel, Pascal Blanchard et Laurent Gervereau) on peut mesurer à quel point le thème colonial a mobilisé les esprits en France pendant tout le début du siècle avec une poussée particulière de 1940 à 44 en raison des enjeux du moment.
3. Chez Alsatia en 1943, texte de Patrick Heidsieck, illustrations de Monique Loriot.
4. Publié chez Gründ.
5. *Benjamin*, numéro du 27 juillet 1939.

armée et de cet Empire colonial qu'il connaît admirablement l'une et l'autre ». Fort logiquement, Paluel-Marmont continue dans la même veine sous l'occupation. Il écrit des *Récits sahariens* [1] ainsi présentés : « Et voici deux histoires sahariennes : l'une qui a pour héroïne une courageuse petite Française qui réussit à mener à bien une expédition téméraire ; l'autre qui a pour héros un jeune officier méhariste qui trouva une mort glorieuse dans les circonstances les plus tragiques et les plus émouvantes. » Paluel-Marmont rédige aussi *Le Filleul du Transsaharien* [2] où un garçon de seize ans risque sa vie dans le désert en secondant un ingénieur chargé de bâtir la future ligne de chemin de fer qui devait relier nos possessions d'Afrique du Nord à celles d'Afrique noire. Ce petit roman s'ajoute à un autre publié six mois plus tôt *Les Pionniers du Transsaharien* [3]. Il ne s'agit pas d'un « doublon » éditorial mais bien d'une répétition volontaire, d'une campagne de sensibilisation en direction de l'enfance. L'illustrateur Vica lui-même est appelé en renfort et son *Vica contre le service secret anglais* se termine par une photo du Transsaharien sur le chantier duquel sont mobilisés les deux héros Vica et Tatave [4]. Cette conclusion n'a qu'un lointain rapport avec le reste du récit même si Vica explique sans grande conviction que la mise en route du Transsaharien « a été longtemps différée par suite des entraves mises par l'Angleterre ».

En fait derrière ces publications d'apparence anodine se cache un enjeu politique immédiat : le devenir de l'Empire français et les récits sur le Transsaharien doivent peu à la fiction car ils correspondent à un projet déjà ancien réactualisé par Vichy. Une loi du 23 mars 1941 prévoit effectivement le lancement d'un tel chantier et précise le tracé de la future voie ferrée : Oran, Colomb-Béchard, In-Tassit puis deux branches vers Niamey et vers Tombouctou. Des études sont entreprises et par la suite quelques tronçons seront inaugurés [5]. C'est ce tracé « prévisionnel » que le jeune héros de Paluel-Marmont sauvegarde précieusement dans sa sacoche. Quelques autres bonnes plumes

1. Roman illustré par Pierre Rousseau, publié par les Editions littéraires et artistiques en 1942 dans la collection « A la française ».

2. *Le Filleul du Transsaharien* est le deuxième volume de la collection « Pierrot » lancée en 1942 par les éditions de Montsouris à une époque où l'hebdomadaire *Pierrot* ne paraît plus.

3. De Georges Baudouin, *Les Pionniers du Transsaharien* a été publié dans la collection « Printemps ».

4. Un des rares exemplaires de *Vica contre le service secret anglais* qui est disponible en archives publiques, celui de la BDIC à Nanterre, provient des archives du secrétariat à l'Information de Paul Marion, ce qui montre bien que les services de Vichy suivaient de près ce genre de publications très probablement subventionnées.

5. Des photos représentant un autorail moderne qui roule sur les premiers tronçons réalisés sont abondamment diffusées. L'une d'elles (imprimée dans un calendrier de 1943) porte la légende : « Le Transsaharien, rêve d'hier, réalité d'aujourd'hui » (coll. part.).

ont évoqué l'aventure saharienne tant il est vrai que le sable chaud, les grands espaces, l'exotisme séduisent bien des enfants qui rêvent de sortir de leur grisaille quotidienne. Hergé lui-même sacrifie à cette tendance dans *Le crabe au pinces d'or* dont une bonne partie de l'action se déroule au Sahara où interviennent de valeureux méharistes contre des dissidents redoutables [1].

On fait aussi appel à Marthe de Brazza, la fille « du conquérant pacifique [2] » pour relater la vie de son père. Marthe de Brazza a été élevée à Alger avec ses trois frères où « Chaque soir, maman réunissait autour d'elle ses petits et leur racontait un épisode d'une merveilleuse histoire, dont la suite, le lendemain, était plus belle encore. Et sous le ciel d'Afrique revivait la pacifique épopée où le Grand Chef Blanc, par sa bonté, charmait les peuples noirs. » Les enfants apprennent que Brazza était un pacifique ami des Noirs, désintéressé et attaché à un idéal tandis que ses concurrents n'étaient pas toujours très honnêtes : « Le Congo avait été créé pour la France et était devenu accessible et connu de tous. Cette colonie était maintenant le point de mire de ceux qui ne pensaient qu'à en profiter et, en l'exploitant, à s'enrichir. » Marthe de Brazza rappelle que son père finit malade et dans une relative disgrâce : « Brazza ne pouvait approuver ces méthodes ; elles furent adoptées en dehors de lui, sans qu'il en eût connaissance autrement que par la rumeur publique, et comme il devenait gênant pour la Colonie, un décret inique mit fin à sa carrière de Commissaire général, lui laissant à peine de quoi vivre lui et les siens. » Une aventure coloniale qui dans ce cas précis a un goût amer qui rappelle qu'à tout moment de « mauvais Français » peuvent mettre la main sur l'Empire et détruire l'œuvre des grands ancêtres...

Ces récits édifiants ne suffisent pas au gouvernement de Vichy qui encourage aussi les rubriques « coloniales » dans les illustrés qui touchent un nombre élevé d'enfants : « L'Empire reste l'ultime symbole de l'orgueil national bafoué en métropole par l'occupation. Figures laïques et religieuses de la geste coloniale sont vouées à l'admiration des chères têtes blondes. Héros présentant de plus l'avantage d'avoir eu souvent à souffrir des intrigues de la perfide Albion. Dupleix, Montcalm, Marchand appartiennent à ce panthéon. Tout comme de Bournazel, Brazza, Mermoz et Lyautey [3]. » C'est pourquoi nous retrouvons Paluel-Marmont associé à Job de Roincé dans la col-

1. Très à la mode à cette époque le roman de Joseph Peyré *L'Escadron blanc* fut plusieurs fois réédité.

2. André Hofer qui illustre ce livre a déjà réalisé des « bons points » et des couvertures de cahiers maréchalistes pour le 3e salon de l'Imagerie en mai 1942.

3. Michel Pierre, dans le catalogue « Images et colonies » (p. 242), publié par la BDIC en 1993.

lection « A la Française », bandes dessinées qui font revivre *Lyautey, Marchand à Fachoda, Pierre Radisson, Le Roi des coureurs des bois* ou *La Vie agitée d'un petit chasseur de fourrures*, récits qui font la part belle aux mésaventures des Français face aux Anglais. *Robinson* [1] accorde à partir de novembre 1941 une page hebdomadaire à l'aventure coloniale. Le « Captain » (qui signe les éditoriaux) abandonne soudain ses leçons de choses et de sciences coutumières pour parler de la conquête du Sénégal et du Soudan sur un ton lyrique : « Notre victoire militaire devint une victoire de la civilisation et de la science : chemins de fer, barrages, services de navigation fluviale, instituts d'hygiène ont fait de cette contrée sauvage un pays riche dont l'essor ne cessera de gagner en ampleur [2]. » On décrit le Niger et la Côte-d'Ivoire, l'aventure de « Marchand dans les marais de Bah-el-Ghazal » et on laisse même percer une allusion aux guerres qui déchirent certains territoires à l'époque : « La ville de Djibouti est en train d'inscrire au fronton de ses portes une glorieuse page d'histoire. » Effectivement en 1941, les Anglais assiègent le port français dont la garnison reste fidèle à Pétain et résiste avec une opiniâtreté inattendue : « C'est aux jours cruels que nous vivons qu'il appartenait d'ajouter une page héroïque à l'histoire de cette colonie », rappelle *Robinson* qui conclut sur Rimbaud « poète et marchand qui mourut avec, dans ses yeux, le ciel de ce pays ». Même *Scout* cède à cette fascination. Pierre Joubert y dessine une carte de l'épopée coloniale et des articles vantent les exploits de « Marchand pionnier de l'Empire » ou de « René Caillé à Tombouctou [3] ». En janvier 1943, alors que le gouvernement Pétain a perdu la maîtrise de son empire, les campagnes de sensibilisation continuent sur leur lancée. Sur les huit pages que compte un numéro des *Belles Aventures* [4] deux sont consacrées à l'Empire : « Trois enfants à Madagascar – Grand récit colonial » par Jean de la Hire et « Le pavillon français dans les mers australes » par Claude Guilaine où l'on insiste sur l'appartenance française de ces terres, encore inhabitées, reconnues par Kerguelen et Dumont d'Urville [5].

De tous, c'est probablement *Siroco* qui fait la plus grande part à l'Empire. Son titre même évoque « à la fois le nom d'un navire qui a combattu à Dunkerque et un vent d'Afrique », donc l'aventure maritime et l'aventure coloniale étroitement liées. *Siroco* consacre

1. Édité par Winkler à Marseille, une ville très tournée vers l'Empire.
2. Dans le n° 271. Les articles nommés ensuite sont dans les numéros 277, 278 et 279
3. In *Scout*, n° 177 et 178.
4. N° 3. *Les Belles Aventures* est publié à Nice par les Editions mondiales, c'est-à-dire le groupe Del Duca, de décembre 1942 à août 1944.
5. A cette époque quelques sous-marins allemands rôdent aux îles Kerguelen qu'ils utilisent clandestinement comme base. Mais cela le rédacteur l'ignore...

régulièrement des pages à l'Empire sous forme de cartes annotées et illustrées des principaux territoires. Le lecteur accompagne la première colonne française qui entra dans Tombouctou le 10 janvier 1894. Il est question de l'Indochine en ces termes : « Cette terre-là, c'est notre orgueil que, si loin de la France, si diverse de nous, elle soit si nôtre... car c'est bien le cas de le dire, nous sommes partis de zéro [1]. » On ignore totalement la menace japonaise et fait semblant de croire qu'avant la présence française il n'y avait rien de solide dans cette région où nous avons apporté ce qui est présenté une fois encore comme le symbole même du progrès à l'époque : le chemin de fer. « Percer 155 tunnels, lancer 3 400 ponts, mener du niveau de la mer jusqu'à une altitude de 2 000 mètres une voie ferrée qui mesure 700 km de long et tout cela au milieu d'un climat très pénible ; voilà ce que fut la réalisation par des Français du chemin de fer du Yunnan... » *Siroco* publie aussi des récits ayant pour cadre l'outre-mer colonial dont « Tanezrouf pays de la soif – grand récit saharien [2] » et « Doubat, simple sergent de zouaves ».

Il est difficile de faire la part du « spontané » et du « commandé » dans toute cette production mais le contenu de la plupart des illustrés est tellement conforme aux consignes données par le ministère de l'Information (insister sur la fidélité des populations et sur le rôle civilisateur de la France) que l'on peut voir dans cette floraison simultanée d'articles (tous sur le même thème et le même ton) l'effet d'une consigne. Hormis quelques réticences, un consensus fort existe en France à propos du colonialisme. De la droite à la gauche de l'échiquier politique, bien peu d'hommes contestent la nécessité d'avoir un Empire et beaucoup souhaitent même l'étendre. Bien que la décolonisation ait été évoquée à Brazzaville par de Gaulle et que Ho Chi Minh soit déjà à l'œuvre, encore rares sont les Français (ou les Indigènes) qui songent vraiment à l'indépendance. Pourtant dès 1940, excédé par le sourire publicitaire du tirailleur sénégalais de Banania [3] connu de tous les enfants, Léopold Sédar Senghor écrivait dans *Hosties noires* : « Je déchirerai les rires Banania sur tous les murs de France ».

« Un pays sans enfants est un pays qui meurt »

Pendant quatre années consécutives, et sans jamais faiblir sur ce point, le gouvernement de Vichy multiplie les encouragements directs

1. Dans le n° 11 du 6 mars 1942.
2. Dans les n° 25 de juillet 1943 et n° 10 de février 1943.
3. Il se trouve que Vica a illustré les aventures de « Yabon », le tirailleur de Banania, dans le cadre d'un travail publicitaire.

ou indirects à la natalité par une aide matérielle soutenue à ceux qui veulent élever des enfants et surtout par des campagnes répétées de valorisation morale et sociale de la famille. C'est un des axes principaux de sa politique et probablement le moins contesté tant il est vrai que depuis 1936-37 la situation démographique de la France était catastrophique. Afin de mieux faire passer ce message, le maréchal Pétain prononce de nombreux discours sur le thème de la natalité et de la nécessité de protéger l'institution familiale. Dès son appel du 20 juin 1940, alors que l'armistice n'est pas encore signé, Pétain donne en filigrane la dénatalité comme une des causes de la défaite : « Moins forts qu'il y a vingt-deux ans, nous avions aussi moins d'amis. Trop peu d'enfants, trop peu d'armes, trop peu d'alliés, voilà les causes de notre défaite [1]. »

Même le jour de l'entrée en vigueur de l'armistice (le 25 juin), dans son long et solennel discours d'explication politique et sociale de la défaite, le thème de l'enfant n'est pas absent : « N'espérez pas trop de l'Etat. Il ne peut donner que ce qu'il reçoit. Comptez pour le présent sur vous-même et, pour l'avenir, sur les enfants que vous aurez élevés dans le sentiment du devoir. » Puis, dans l'important discours prononcé à Vichy le 11 juillet 1940 pour officialiser la naissance de l'Etat français et la disparition de la République, l'enfant tient une place importante dans le plan de redressement prévu par les nouveaux dirigeants : « La France rajeunie veut que l'enfant remplisse vos cœurs de l'espoir qui vivifie et non plus de la crainte qui dessèche. (...) Les familles françaises restent les dépositaires d'un long passé d'honneur. Elles ont le devoir de maintenir, à travers les générations, les antiques vertus qui font les peuples forts. Les disciplines familiales seront sauvegardées. » Le discours du 13 août présente « l'encouragement à la famille, cellule essentielle de la société et de la patrie » comme un des points d'ancrage de la réforme de la France.

La propagande en faveur de la famille et de la natalité ne relève pas de la seule volonté du Maréchal. Son entourage s'investit fortement dans les campagnes et les cérémonies officielles. Le docteur Ménétrel (père de quatre enfants) dirige personnellement les Œuvres sociales du Maréchal et ne manque pas de rappeler chaque fois que possible la valeur exemplaire des familles nombreuses; ses proches sont eux aussi mobilisés : « Sa femme distribue des secours aux familles après enquête auprès de la gendarmerie ou de la mairie, avec l'aide de sa sœur, Madame R. Lallemant, qui, elle, aide la Maréchale dans son œuvre des Layettes [2]. » Chaque année le prix Cognacq destiné à

1. « Appel du 20 juin 1940 », in *La France nouvelle*, Fasquelle, décembre 1941.
2. Dominique Rossignol, *La Propagande en France de 1940 à 1944.*

récompenser des familles nombreuses et méritantes est solennellement remis. Afin de compléter cette action, on juge bon d'y ajouter le « prix Sully » qui récompense les familles nombreuses dans le monde paysan. Ces deux prix consistent en une somme d'argent parfois élevée (jusqu'à 20 000 francs) qui est remise aux lauréats afin de les aider à élever leurs enfants mais aussi en divers honneurs qui ne laissent pas toujours indifférents ceux à qui ils sont destinés : remise solennelle de médailles par des personnalités gouvernementales, articles placés en bonne page et accompagnés de photos dans la presse, cérémonies officielles avec buffet et remise de cadeaux... Le gouvernement de Vichy entreprend aussi des démarches répétées auprès des autorités allemandes afin d'obtenir la libération de prisonniers en raison de leur qualité de pères de famille très nombreuse. Quelques centaines reviendront effectivement à ce titre et dans les grandes villes ouvrières on accorde prioritairement des « jardins-ouvriers » au pères de familles de trois enfants et plus.

La propagande s'adresse aussi aux enfants, dès l'école primaire, en leur apprenant à l'avance leur rôle de futurs parents. En 1941, un nouveau livre de morale mis en circulation [1] comporte une leçon complète intitulée « Devoir de fonder une famille ». Elle commence par un extrait du roman de *Jacquou le croquant* d'Eugène Leroy ainsi rédigé : « J'ai eu treize enfants garçons ou filles. On dit que ce nombre de treize porte malheur; moi je ne m'en suis jamais aperçu. Il ne nous en est pas mort un seul, ce qui est une chose rare et quasi extraordinaire. Mais, nés robustes et nourris au milieu des bois dans un pays santeux, ils étaient à l'abri de ces maladies qui courent les villes et les bourgs où l'on est trop tassé... » Une pierre, deux coups, avec ce texte car on s'y montre favorable non seulement à la famille mais aussi au monde rural jugé plus sain que celui des villes. Suite à ce texte on donne aux enfants trois raisons de suivre l'exemple de Jacquou le croquant en fondant une famille : 1/ c'est un devoir envers nous-même (la personnalité de l'enfant ne peut se développer intégralement que dans ce cadre); 2/ c'est un devoir envers les autres (il faut donner des preuves de reconnaissance à tous ceux qui ont précédé et poursuivre leur œuvre); 3/ c'est un devoir envers la Patrie (pour être digne du nom de Français il faut continuer la chaîne des générations qui ont fait la France). Ces leçons de morale ne sont pas seulement lues distraitement en classe, elles sont souvent recopiées et même soigneusement calligraphiées à l'encre violette dans les cahiers avec cette conclusion sur la famille : « Notre âme française enfin, dont nous sommes si fiers, ce patrimoine

1. *Morale. Enseignement primaire supérieur*, par Gauthier et Rouable, Vuibert, 1941.

d'honneur, de traditions, de coutumes, cet héritage de culture et d'humanisme, n'ayant plus personne pour le garder et le défendre serait comme un donjon abandonné que la pluie et le vent démantèlent, dont les ruines mêmes disparaissent et s'effacent. Nous tomberions au profond abîme des civilisations mortes [1]. » Il est difficile de dire quel fut l'impact de ces leçons de morale mais leur influence s'ajoute à beaucoup d'autres incitations convergentes qui imprègnent toute l'époque de manière parfois plus subtile. Ainsi dans un autre recueil officiel, des chants destinés aux scolaires, figure une exaltation de la maternité via une simple chansonnette intitulée : « Rien n'est plus beau qu'un beau bébé [2] ! » On ne peut être plus direct dans le message, même si ceux à qui il s'adresse sont encore bien jeunes pour le concrétiser...

Les petites filles constituent une cible privilégiée de la propagande nataliste via des jeux, qui n'enthousiasment pas toujours leurs copains, et des jouets. En 1940 est mis en vente un petit landau de bois (avec un baigneur mobile à l'intérieur) et dans les « arbres de Noël » officiels figurent systématiquement des poupées et des « dînettes » afin de les préparer à leur rôle. Cela n'est évidemment pas nouveau et se pratiquait déjà bien avant l'arrivée de Pétain au pouvoir mais la tendance s'accentue et s'officialise. En 1941 une brochure « Introduction à la puériculture » est mise à disposition des fillettes des écoles primaires d'une manière cependant étrangement asexuée. Aucune éducation sexuelle n'y figure mais une préparation à la maternité qui commence avec la naissance en occultant la phase de la grossesse. Pour les plus jeunes (et les plus naïfs) les bébés naissent encore « dans les choux » (les garçons), « dans les roses » (les filles) ou sont « apportés par de gentilles cigognes ».

Communiqués, articles, publicités et même caricatures natalistes pullulent. L'almanach Hachette de 1943, brochure populaire fortement diffusée [3], comporte une pleine page de propagande intitulée « Il faut produire des Français », curieux libellé qui donne l'impression que la conception des enfants relève de l'activité économique, voire industrielle... Pourtant la période ne semble pas favorable car tout ce qui est indispensable à la vie d'une famille nombreuse est alors rare et cher. C'est pourquoi un prologue anonyme rappelle que « les conditions de vie de plus en plus difficiles ne sont pas de nature à favoriser le peuplement de nos foyers et le gouvernement ne saurait trop se hâter de

1. Cahier de morale de Jeanine Houard, cours complémentaire de jeunes filles à Pont-Audemer dans l'Eure. Cahier aimablement prêté par Mme Lerondelle, née Houard.
2. In Pierre Pivo, *La Gerbe tricolore*, Gallet, 1941.
3. *Petite Encyclopédie populaire de la vie pratique*, 1943. Almanach réalisé fin 1942.

résoudre ce problème ». Sous le titre « géométrie et natalité », une série de croquis expliquent le renouvellement des générations. On y affirme qu'avec un enfant par ménage « la race s'éteint », avec deux enfants « la race est menacée », avec trois enfants « la race se multiplie ». La démonstration s'achève par un encadré qui signale que les familles nombreuses sont « des pépinières de grands hommes » : Chateaubriand, né dans une famille de dix enfants, Wagner de huit, Mozart de six, Schumann de cinq, Boileau de onze « et le maréchal Pétain vint au monde en sixième rang ». Cette propagande assortie de démonstrations mathématiques se retrouve dans bien des journaux régionaux. *La Dépêche normande* publie un graphique et des courbes qui montrent que la France, « bien que bénéficiant d'un afflux d'étrangers et d'une longévité accrue c'est-à-dire de la prolongation de la vie des vieillards », première en Europe pour sa population en 1870 est maintenant 4e derrière l'Allemagne, l'Italie et l'Angleterre. La conclusion est sans faille : « Pour que la France vive, il faut 3 enfants par ménage. Il en faut 4 pour qu'elle prospère [1]. » Dans le même journal, un communiqué précise cependant : « Il faut que beaucoup d'enfants NAISSENT. Il faut ensuite que ces enfants VIVENT dans un logement sain, avec des habitudes saines, à l'exemple de parents sobres et robustes. » Donc des enfants oui, mais bien formés et sains, à l'image de ceux de ce dessin d'humour de Frick où un petit gamin, d'une famille de cinq enfants qui jouent au ballon, demande à sa mère : « Dis Petite Mère, quand est-ce que tu nous achèteras un autre petit frère pour qu'on soit trois dans chaque camp [2] ? »

Des firmes privées participent aussi à ces campagnes. Certaines comme Nestlé (produits laitiers) ou Valisère (lingerie) ont un intérêt économique évident à ce que la natalité reprenne. Une publicité couleur représentant un couple souriant et ses quatre enfants est accompagnée de cette légende : « Chaque âge, chaque membre de la famille trouve chez Valisère de ravissants articles créés pour son agrément, sa commodité et son élégance [3]. » Dans ce cas il n'y a pas d'allusion politique mais la firme Nestlé s'engage plus clairement et soutient ouvertement Pétain comme en témoigne une publicité insérée le 31 janvier 1942 dans *L'Illustration*. On peut y voir un petit gamin blond sur fond de drapeau tricolore avec la légende suivante : « Présent ! Monsieur le Maréchal ! Présent pour vous aider à refaire la France ! », avec le label Nestlé bien en évidence.

Dans un esprit à la fois moralisateur et nataliste, le gouvernement

1. in *La Dépêche normande : un journal dans la guerre*, CDDP de l'Eure, Evreux 1992.
2. *Ibid*.
3. In *Images de France*, avril 1944.

tente aussi de lutter contre l'avortement dont la pratique s'était amplifiée à la fin des années 1930 et entraînait chaque année de nombreux décès. De virulentes campagnes d'opinion sont lancées à l'initiative du Cartel d'action morale afin de réclamer des sanctions exemplaires envers les femmes qui acceptent l'avortement, les avorteurs, les avorteuses et leurs complices. Dans toutes les régions de France des condamnations pleuvent. A Evreux « 18 mois de prison et 6 000 francs d'amende contre Marie J... de Paris pour avoir procuré l'avortement à une femme de prisonnier, elle-même condamnée à un an de prison et 6 000 francs d'amende. » Quelques mois plus tôt « la femme G., laveuse à Evreux, a été condamnée à 15 mois de prison et 6 000 francs d'amende pour avoir fait avorter la jeune Odette L... âgée de 17 ans [1]. » Dans l'ensemble du pays, les tribunaux se montrent durs dans ce domaine et une affaire aboutit même à l'exécution d'une femme, Marie-Louise Giraud, une ancienne blanchisseuse de la région de Cherbourg, connue, et dénoncée, dans sa ville comme une « faiseuse d'anges ». A Paris, le tribunal, composé de magistrats professionnels, la reconnaît coupable de 27 avortements qu'elle a pratiqués en faisant payer les jeunes femmes [2]. Le tribunal se montre déterminé à faire un exemple et il prononce la peine capitale. Le maréchal Pétain refuse sa grâce et Marie-Louise Giraud est exécutée le 30 juillet 1943. Pour accompagner cette répression sévère de l'avortement, une loi de décembre 1942 prévoit l'ouverture de « maisons maternelles » spécialement destinées à l'aide et l'accueil des « filles mères » et de leurs enfants.

La fête des mères et le Secours national

Une des innovations les plus importantes consiste en l'établissement d'une « Fête des mères », annuelle, toujours un dimanche de mai, qui sera célébrée régulièrement tous les ans à compter de 1941. Les églises catholique et protestante apportent leur soutien à l'initiative gouvernementale en célébrant des offices spéciaux ce jour-là : « A 10 h, service au Temple protestant ; à 11 h 30, messe à la Cathédrale pour laquelle les places du chœur seront réservées aux mères de famille et à leurs enfants [3]. » On assiste alors à une valorisation systématique du rôle de la mère dont un important « message aux mères françaises » diffusé le 25 mai 1941 donne une idée : « La famille, cellule initiale de la société,

1. Archives départementales de l'Eure.
2. Elle a ainsi gagné 14 000 francs en deux ans.
3. In *La Dépêche normande*, 30 avril 1943.

nous offre la meilleure garantie de relèvement. Un pays stérile est un pays mortellement atteint dans son existence. Pour que la France vive, il lui faut d'abord des foyers. » Pétain insiste donc sur l'importance du rôle de la mère : « Maîtresse du foyer, la mère, par son affection, par son tact, par sa patience, confère à la vie de chaque jour sa quiétude et sa douceur » et il ajoute « Vous êtes, avant l'Etat, les dispensatrices de l'éducation.(...) Vous êtes les inspiratrices de notre civilisation chrétienne. »

Néanmoins si cette fête rencontre l'approbation des églises elle est avant tout conçue et perçue comme une grande fête laïque. Pour la faire mieux connaître du grand public, on mobilise de nombreux artistes, en particulier l'équipe dite « Alain-Fournier » qui édite des affiches à Lyon afin d'annoncer la fête. Ce jour-là on enrôle aussi tous les enfants des écoles publiques ou privées afin qu'ils aident leur maman et qu'ils leur manifestent par des lettres, cadeaux ou dessins toute leur affection. Un jury de peintres, d'acteurs de théâtre et d'écrivains est même réuni pour juger les meilleures œuvres enfantines composées à l'intention de leur mère. Colette participait à ce jury : « Par centaines, sur une feuille de cahier, sur un bout de whatman, sur un papier d'emballage, les enfants de six à treize ans ont peint, dessiné, employé les crayons, l'encre, l'aquarelle. » Puis le jury sélectionne deux cents de ces œuvres naïves pour les afficher : « Quelque deux cents dessins coloriés habillent gaiement le mur. D'un côté les garçons, de l'autre les filles, comme au catéchisme. Le soin que l'on prit de séparer les sexes rend sensible – nous ne nous y attendions pas – que les garçons sont plus émus que les fillettes [1]. » Cette fête rencontrera un succès réel auprès de vastes couches de la population. Alain Saint-Ogan apporte sa talentueuse contribution, répondant ainsi à une commande officielle. En mai 1941, il réalise une affiche particulièrement remarquée qui sera imprimée à 80 000 exemplaires « après recensement des besoins [2] » puis placardée dans toutes les salles de classe à l'occasion de la première Fête des mères. Elle est barrée du slogan : « Ta maman a tout fait pour toi... Le Maréchal te demande de l'en remercier gentiment. » Une francisque tricolore (entourée du slogan « Travail, Famille, Patrie ») annonce clairement la dimension politique de l'opération que Saint-Ogan ne peut ignorer. D'ailleurs l'année suivante, alors qu'il en est officiellement devenu le rédacteur en chef, la revue *Benjamin* annonce qu'elle décide « de réduire de 50 % le montant de son abonnement lorsqu'il sera souscrit par une famille de cinq enfants au moins ». On apprend aussi que « à partir de huit enfants l'abonne-

1. Colette, *De ma fenêtre*, 1942.
2. Denis Peschanski.

ment sera complètement gratuit ». Un encadré précise que 5 % du montant des abonnements payants « seront versés au Secours national de la part des Benjamins ».

Organisé dès juillet 1940 le Secours national devient vite une des plus importantes organisations maréchalistes de France. Implanté dans les deux zones, il dispose d'effectifs impressionnants : 40 000 membres actifs et plus encore de sympathisants, membres occasionnels ou supplétifs dont de nombreux enfants. « Sous l'œil du Maréchal, il (le Secours national) a développé ses ressources, étendu sa protection, rassemblé la totalité des forces françaises de solidarité. Il domine et contrôle plus de 7 000 œuvres d'entraide, dispose d'un budget de près d'un milliard et demi avec 8 % de frais généraux seulement » affirme un communiqué officiel de 1942. Même si les chiffres fournis par le gouvernement sont optimistes l'action du Secours national n'en est pas moins réelle et appréciée de bien des Français surtout parmi les plus modestes. En 1941, pour la seule zone occupée, les familles nombreuses et les enfants bénéficient largement de son aide en particulier sous forme de distribution de lait, biscuits, nourriture aux cuisines et cantines (510 000 000 de francs), de couvertures, vêtements et chaussures (40 000 000 de francs), par le financement d'œuvres sociales et la fourniture de médicaments (326 000 000 de francs), par des aides aux familles en organisant des garderies et des colonies (149 000 000 de francs) et par l'accueil ou le logement des sinistrés victimes des bombardements (60 000 000 de francs). L'Etat finance directement (à hauteur du quart de la somme), indirectement (en reversant plus de 600 000 000 de francs en provenance de la Loterie nationale soit près de la moitié des recettes) mais tout le reste provient de dons divers des particuliers et de la vente de « bons de solidarité [1] ». Chaque corporation organise cette solidarité et c'est ainsi que « Le Comité national du cinéma » collecte 10 000 000 de francs [2] en faveur des enfants des travailleurs du cinéma ce qui permet d'animer une colonie de vacances à La Ferté-Alais au château de la Michodière. Bien des ventes et des collectes sont assurées par les enfants des écoles. « A la sortie des classes, on nous demande d'aller vendre dans la rue des cartes postales avec son portrait (du Maréchal) sur lesquelles il est écrit : « J'ai fait don de ma personne à la France. Nous recueillons l'argent dans des boîtes de fer marquées Secours national, pour aider les pauvres et les personnes âgées [3]. » L'action du gouvernement prend volontiers un caractère de masse. En 1941 « L'entraide d'hiver » invite tous les enfants à faire

1. Communiqué officiel du Secours national inséré dans diverses publications, 1941.
2. Un chèque de ce montant, produit d'une longue collecte, est remis en juillet 1943 par M. Debrié.
3. In Jean-Louis Besson, *Paris Rutabagas*, éditions Bayard, 1995.

preuve de solidarité en trouvant des vêtements chauds pour ceux qui en ont besoin [1]. Pour rendre plus efficace cette propagande en faveur du Secours national et des associations caritatives, on a recours à des artistes confirmés, dont Germaine Bourret et Poulbot, qui réalisent tous deux de nombreux dessins et cartes postales dont l'enfance populaire est le thème central. Germaine Bourret conçoit, entre autres, un puzzle en bois représentant deux gosses et Pétain, « Noël du Maréchal », vendu au profit de L'Entraide d'hiver. Bien que malade, Poulbot reçoit, le jeudi, des gamins de Montmartre dans son atelier après que des restaurateurs de « la commune libre » leur ont offert des goûters gratuits [2].

Il ne suffit pas d'avoir une jeunesse nombreuse encore faut-il qu'elle soit saine. La lutte contre la syphilis et l'alcoolisme est à l'ordre du jour, ce qui n'est guère original, mais colle assez bien au discours moralisateur. De même que les grandes campagnes d'hygiène publique, avec exposition de berceaux et de chambres d'enfants modèles dans lesquelles on insiste sur la nécessité du soleil, du « bon air », de la propreté. Cela prend parfois un côté dérisoire à une époque où les destructions de la guerre et l'insuffisance de constructions dans les années trente ont généré une sévère crise du logement et de nombreuses habitations « provisoires ». Mais l'orientation est donnée et le Comité national de l'enfance multiplie les campagnes d'information auprès des familles par tracts, affiches, conférences et publications diverses [3]. On insiste aussi sur la bonne qualité de l'allaitement maternel au sein tant pour des raisons physiologiques que psychologiques. On pourrait y ajouter des raisons économiques car le lait stérilisé en poudre est cher et rare dans le pays. Dès le 13 décembre 1940, le secrétariat à la Famille et à la santé créé une Carte nationale de priorité pour toutes les jeunes mères de famille qui allaitent leur enfant au sein pendant un an. Cette carte leur évite les longues files d'attente chez les commerçants et dans les transports en commun. L'Etat procède aussi à un renforcement des moyens de l'Ecole centrale de puériculture qui avait été fondée en 1917 dans des circonstances similaires de forte dénatalité : « Nous traversions en 1917 une période difficile de notre histoire et tous les efforts de la nation convergeaient vers un même but. Les femmes travaillaient dans les usines, les hommes étaient dans les tranchées, il y avait moins d'enfants ; il fallait protéger ceux qui naissaient ;

1. Un concours est organisé dans *Gavroche*, n° 12, en janvier 1941, à partir d'un texte de Vica qui incite les enfants à participer à « L'entraide d'hiver »
2. Actualités cinématographiques du 18 juin 1943.
3. Le CNE publie en 1942 un livre de puériculture de facture moderne, illustré par André Marty, en liaison avec l'Ecole centrale de puériculture et les établissements d'aliments pour enfants « Jacquemaire ».

et nous nous retrouvons à vingt-cinq ans de distance aussi angoissés devant des difficultés morales et matérielles, des restrictions alimentaires que nous avons rarement connues aussi grandes [1]. » Pour ce qui est d'améliorer le travail des femmes en usine on ouvre quelques crèches modèles pour aider les mères de famille salariées mais, par idéologie, le gouvernement décourage plutôt ce type d'activité car il préfère les inciter à demeurer au foyer et à ne pas travailler à l'extérieur. Dans la fonction publique une loi est même votée pour restreindre leur embauche comme fonctionnaires. Le modèle social dominant clairement annoncé est celui de « la mère au foyer » quitte à verser des subventions pour y parvenir comme l'allocation de salaire unique.

Mais tous ces enfants que l'on protège il faut aussi qu'il soient en bonne santé. Et le mieux reste encore de les envoyer à la campagne : « l'air y est meilleur qu'en ville » dit-on officiellement; surtout, les dangers liés aux bombardements sont jugés plus faibles dans les villages que dans les faubourgs. Le Secours national ouvre donc en milieu rural plusieurs « jardins d'enfants » afin d'accueillir les enfants des villes les plus exposées. Des bons de solidarité de 100 francs sont émis « permettant de donner aux enfants malheureux des zones bombardées 10 jours de repos ». Mince répit très apprécié cependant. Dans l'Eure en août 1941, plus de 500 enfants sont hébergés dans des villages et des centres de vacances avec l'aide des autorités préfectorales. En 1942, 700 gosses de Saint-Nazaire sont hébergés par le COSI dans des châteaux réquisitionnés pour l'été et dans l'ensemble du pays, ce sont plus de 500 000 enfants d'âge scolaire qui sont dirigés vers des colonies de vacances dans le cadre d'une grande action de solidarité intitulée « La Croisade de l'air pur ». Des gamins de Montmartre sont envoyés en banlieue, à Maisons-Alfort, où ils profitent d'une piscine et d'espaces verts.

La reprise de la natalité autour du second semestre 1942 laisse à penser que les consignes maréchalistes ont porté leurs fruits. Dès cette date, il devient difficile de se procurer des bons de laine pour la layette ce qui provoque les protestations de jeunes mamans. Aussi en 1943 des tickets de layette sont accordés aux futures mamans afin qu'elles puissent se procurer brassières, couches, pointes et langes divers avant l'accouchement et non après. Certains préfets donnent même des instructions afin que des chaussures puissent être mises à disposition de « bébés précoces » qui commencent à marcher avant 12 mois [2]. Cela n'explique cependant pas l'ampleur de ce que l'on appellera le *baby*

1. Préface du docteur Lesage, fondateur du CNE et de l'Ecole centrale de puériculture.
2. In *La Dépêche normande*, 5/11/1943.

boom : par quel mystère, au cœur de l'occupation, les naissances l'emportent-elles fortement sur les décès pour la première fois depuis une décennie ? Pourquoi ce phénomène s'enracine-t-il ? Peut-être parce que la procréation et l'attachement aux enfants sont des points fixes dans l'adversité.

« Travail, famille, patrie »

Les campagnes en faveur de la famille ne sont pas isolées, mais liées à deux autres thèmes, le travail et la patrie. Cette trilogie « Travail-Famille-Patrie », dite « Trafapa » par les opposants, est même devenue la devise officielle de l'Etat français et elle se substitue à la devise républicaine « Liberté, Egalité, Fraternité » tant sur le fronton des mairies que sur les pièces de monnaie. En direction de l'enfance on martèle sans cesse ce nouveau credo du régime. Quelques propagandistes ne font pas dans la demi-teinte mais proposent aux enfants des récits d'apparence bien anodine : *Les Trois Leçons de Lududu, maître d'école, Bonjour la France !* ou *Il était une fois un pays heureux...*

Lududu « au chapeau pointu », sorte de Pierrot malicieux tout de blanc vêtu, semble bien éloigné de la « Révolution nationale ». Au premier abord l'enfant croit avoir affaire à un conte classique. Pourtant un indice tire l'œil : l'expression « Les trois leçons » est imprimée en tricolore sur la couverture. En y regardant de plus près le lecteur découvre que Lududu est bel et bien un propagandiste déterminé du Maréchal car, dès la première page, il bat sur son tambour le rappel de tous les animaux qui vivent dans son jardin. Il les fait asseoir en silence puis leur déclare abruptement : « J'ai très bien compris ce que nous a dit le maître de la part de Monsieur le Maréchal Pétain ; ça paraît compliqué... » Puis, sous le prétexte d'expliquer (via Lududu) à de charmants petits animaux ce que le maître d'école est censé avoir dit, on résume avec des mots simples et des dessins amusants un programme qui tient en trois leçons : 1re leçon : la Patrie ; 2e leçon : la vie de famille ; 3e leçon : travailler. Afin qu'il ne subsiste aucune ambiguïté la dernière illustration représente un tableau noir orné d'une francisque au manche constitué d'un bâton de maréchal ; sur ce tableau noir on peut lire en grosses lettres capitales : TRAVAIL, FAMILLE, PATRIE. L'intérieur de la couverture est imprimé en bleu, blanc et rouge et porte deux slogans, « Vive la France ! Vive le Maréchal ! », tracés en continu dans une fausse écriture d'enfant. Figure aussi un grand dessin, représentant Pétain à sa table de lecture, légendé ainsi : « Et pendant ce temps-là, malgré son grand âge, dans le recueillement, le Maréchal travaille jour et nuit avec ses collaborateurs... POUR REFAIRE LE

BONHEUR DE LA FRANCE ET DE NOTRE PATRIE [1]. » Lududu est représenté dans les bras de son grand homme, assimilé directement au grand-père de tous les petits Français : « Or le Maréchal avait entendu la leçon de Lududu (...). Il le prit dans ses bras et l'embrassa. Et il lui dit : Tu as bien parlé, mon petit bonhomme. Porte à tous les petits enfants de France le tendre baiser de leur grand-papa qui les aime très fort et qui compte sur eux. Vive la France !

– Vive le Maréchal ! » dit Lududu.

Directement destinée à expliquer ce qu'est une famille aux plus jeunes enfants, la deuxième leçon commence ainsi : « Il n'y aurait pas eu moi, Lududu, s'il n'y avait pas eu papa et maman Lududu et il n'y aurait pas eu papa et maman Lududu s'il n'y avait pas eu grand-papa et grand-maman Lududu [2]. » La chaîne des générations est mise en avant et l'on incite à honorer les ancêtres disparus. Deux dessins se font face, une croix et un berceau avec cette légende bien apparente : « Honorons ceux qui sont morts... ils revivent en leurs enfants... C'est ça qu'on appelle LA FAMILLE, car la famille, ce n'est pas seulement ceux qui sont en vie, mais ceux qui sont morts et ceux qui ne sont pas encore nés. » L'enfant est donc présenté comme porteur d'un destin, d'une lignée biologique qu'il se doit de continuer. Dans la même logique, la France est présentée comme « la réunion harmonieuse de toutes les familles françaises ». Donc le seul sens possible d'une vie est de fonder à son tour une famille et de s'agréger ainsi à la France et à une longue lignée de Français [3]. Pour ce qui est de l'auteur, sous le pseudonyme de « l'Oncle Sébastien » on découvre un ex-militant du Front populaire, Léon Chancerel [4]. Compagnon de Louis Jouvet et de Charles Dullin, ce spécialiste du théâtre pour la jeunesse et familier du monde du scoutisme a créé, entre autres, « La Compagnie des Comédiens Routiers » et le « Théâtre de l'Oncle Sébastien », remarqué lors de l'Exposition de 1937.

A la même époque, Jean Nohain rencontre un succès au moins comparable dans le même registre. Sous son pseudonyme habituel de Jaboune, il publie *Bonjour la France* [5] *!* qui commence par un portrait du maréchal Pétain accompagné d'une citation du même invitant les enfants à servir la Révolution nationale : « Il faut que vous sachiez que je compte absolument sur vous pour m'aider à reconstruire la France, à

1. La fin est en lettres capitales dans l'ouvrage.
2. Oncle Sébastien (Léon Chancerel), *Les Trois Leçons de Lududu*, chez Arthaud.
3. Le livre, publié à Grenoble chez Arthaud, est largement diffusé tant dans les écoles que dans les bibliothèques publiques.
4. En 1941, Léon Chancerel publie aussi chez Bourrelier un petit livre intitulé *Le Théâtre et la Jeunesse*, préfacé par Charles Vildrac.
5. *Bonjour la France !*, publié en 1941, est illustré par Emmanuel Cocard.

faire des Français un grand peuple loyal et honnête. Et je ne veux pas attendre que vous soyez devenus de grandes personnes pour vous demander de le faire [1]. » Le livre, orné d'une francisque et de bouquets bleu-blanc-rouge, se veut un conte fantastique dans lequel une carte de France se métamorphose un jour en une fée avec laquelle dialoguent deux petits écoliers de Coucy-les-Bois : Tiburce et Monique. La France guide ensuite ses deux petits amis à travers l'Histoire et leur fait rencontrer les grands héros (Vercingétorix, Jeanne d'Arc, Jeanne Hachette, Bayard, Henri IV, Turenne, Barat, les « Grognards » de l'Empire, les vétérans de 1870...). A la fin du récit, les deux enfants se réveillent et affirment à leur mère : « Maman ! On a été embrassés par la France ! » puis Jean Nohain conclut : « Comme Monique et comme Tiburce (...) vous deviendrez, n'est-ce pas ? de chics types de bonne volonté : simples, studieux, complaisants, loyaux, de bonne humeur, pleins d'ardeur et de courage tranquille : vous serez dignes de tous les trésors que vous possédez. » Jean Nohain explique alors que chaque petit Français est dépositaire de 1/40 000 000e des richesses de la France [2] mais ne fait aucune allusion aux Allemands ou à l'occupation. Jean Nohain signe aussi *Trois petits enfants au paradis* [3] où il imagine que le vieux saint Nicolas hésite un moment avant d'envoyer trois petits enfants vivre sur Terre. Finalement il se décide pour un mystérieux pays :

Au pays du ciel pur et des claires fontaines
Et des fables de La Fontaine
Au pays du bon sens et des grands capitaines
Et de Jeanne d'Arc la Lorraine
Au pays du bon vin, des oiseaux, des étangs,
Allez vivre pendant cent ans :
Je crois que vous serez contents.

Dans *La Vie d'honneur du Maréchal Pétain* on appelle aussi les enfants à soutenir vigoureusement « La Révolution nationale » mais on prévoit que cette vaste entreprise « va se heurter à la mauvaise volonté des arrivés et des arrivistes » ce qui semble un vocabulaire bien mal adapté aux plus jeunes. Pierre Hérault continue par cette admonestation : « Pétain, chef d'un pays vaincu, parle peu, mais il agit. La tâche qui lui reste à accomplir est immense. Ne dites jamais comme les bavards incapables : Moi si j'étais Pétain..., mais contentez-vous d'être

1. Extrait de l'allocution du 13 octobre 1941 prononcée à l'occasion de la rentrée scolaire.
2. A l'époque, il y a environ 40 000 000 de Français.
3. In *Benjamin*, 28/5/1942, numéro spécial sur la famille, en première page.

AVEC Pétain [1] ! » Toujours dans ce registre, Victor Dancette reprend dans *Il était une fois un pays heureux...* le thème du « pays le plus beau et le plus heureux du monde... » et la fin de ce conte est consacrée au redressement annoncé de ce mystérieux pays qui ressemble si fort à la France : « Certes les voix mauvaises tentèrent encore de se faire entendre, mais le peuple ne les écoutait plus. » La natalité reprend : « Les berceaux se remplirent et ramenèrent la joie dans les foyers. » Dancette insiste sur le retour à un enseignement traditionnel : « Les écoles redevinrent des ruches où l'on enseignait la beauté du travail et la grandeur du sacrifice » et enfin dessinée sur un tableau d'écolier, il annonce la trilogie qui va sauver le pays : « Travail, Famille, Patrie. » Dancette termine par l'annonce d'un futur radieux et une incitation à rallier la Révolution nationale : « L'émulation rendit les jeunes meilleurs. Pétrie de loyauté et de franchise, une jeunesse splendide se prépara à reprendre le flambeau des mains de Celui (Pétain) qui avait sauvé la Nation par la seule vertu de sa grandeur et le seul prestige de sa sagesse. »

Pages de gloire [2] entraîne l'enfant dans un registre militariste et nationaliste. L'action se situe un jeudi, jour de repos des écoliers, au début du siècle, dans un square gardé par un invalide de guerre en grand uniforme. Trois enfants veulent jouer « aux métiers », le garde les interpelle et leur affirme : « Vous voulez savoir, mes petits gars, quel est le plus beau métier ? Eh bien c'est d'être soldat ! » Puis il raconte ses campagnes, principalement dans l'armée d'Afrique et évoque la caserne comme une des plus belles périodes de sa vie : « Quelle belle cérémonie que cette présentation du drapeau ! J'en ai maintenant encore les larmes aux yeux, chaque fois que j'y repense ! » Suit un long développement sur le drapeau français et tout le respect qu'on lui doit : « Le drapeau c'est plus que la mère, que tout ce que l'on aime, c'est bien plus que la vie. Partout où est le drapeau, c'est la France qui est là. C'est presque comme le Bon Dieu. » Après cette association insistante entre le drapeau et la religion est développée l'idée du rôle civilisateur de l'armée coloniale, puis la guerre de 1870 est évoquée sans mentionner les Allemands comme adversaires : « Tout à coup j'ai compris que si ma ferme, mes champs et mon clocher restaient libres, ce serait grâce à moi et à tous les gars comme moi qui allaient monter à l'assaut. » Enfin, clou du récit, l'invalide explique aux enfants comment il a perdu sa jambe : « Déjà nous apercevions l'ennemi derrière ses retranchements, lorsqu'un obus a éclaté juste à

1. In Pierre Hérault, *La Vie d'honneur du maréchal Pétain*, chez Parré-Freulon à Cholet.
2. Mireille Pradier, *Pages de gloire*, éditions GP, 1943, illustrations de Guy Sabran.

mes pieds. Je suis tombé. On est venu me relever. J'avais les os de la jambe fracassés. Ah pour sûr ! ça fait mal, mais j'étais fier d'avoir fait mon devoir et d'avoir versé mon sang pour la France ! » Dans ce texte, pas question de pacifisme, même si la vraisemblance en souffre : « Ma jambe, je m'en moquais bien, puisque j'avais la croix, et j'aurais donné la seconde de bon cœur s'il avait fallu... » Alors les trois petits enfants décident avec un bel ensemble de ce qu'ils vont faire pour meubler leur jeudi : « Et maintenant, nous allons jouer aux soldats. » La guerre n'a jamais empêché des garçons de « jouer au soldat » ; surtout si le régime les y invite...

« D'excellents Français »...

Depuis 1936, les problèmes sociaux tenaient une grande place dans la vie des Français. Sous l'occupation, la préoccupation sociale demeure forte mais l'optique change : Vichy ne souhaite plus raisonner en termes de rapports de force syndicaux ou politiques mais bâtir une société dans laquelle les appartenances de classe seront gommées au profit de nouvelles structures corporatives. La nation, présentée comme un bloc ethnique et culturel homogène, est théorisée dans les manuels de morale du nouveau régime. Pour Vichy « les notions de patrie, de nation et d'Etat sont présentées comme trois expressions du lien social, trois réalités qui veulent exprimer la même idée : celle d'un peuple français qui entend vivre son destin de manière communautaire. La patrie signale le lien affectif et charnel des citoyens avec le sol et les ancêtres. Elle exprime la continuité qui lie les Français de 1940 aux générations précédentes [1]. » Avec *Six petits enfants et treize étoiles*, Paluel-Marmont donne bien le ton de cette nouvelle tendance. Il choisit ses personnages parmi toutes les classes de la société rurale, du châtelain au pauvre paysan, puis il fait de ses héros six amis inséparables : « Hélas ! Si nos six petits amis s'entendaient à merveille, il n'en était pas de même de leurs familles, qui se dédaignaient mutuellement, évitant de se donner un salut et détournant la tête lorsqu'elles se rencontraient ; cela parce que les unes étaient riches et les autres pauvres, les unes de noble descendance et les autres de condition modeste. » Par la suite, le monde des adultes est balayé par un terrible cataclysme (en réalité la guerre) mais le monde des enfants se réorganise et tous ensemble ils font revivre un village harmonieux après avoir rencontré un mystérieux vieillard bienfaisant, à l'évidence le Maréchal, même si

1. In Yves Deloyes, *Ecole et Citoyenneté*, Fondation nationale des Sciences politiques, Paris 1994.

son nom n'est pas cité : « Un matin qu'on ne l'attendait pas, il (le vieillard) revint, ainsi qu'il l'avait annoncé. Il trouva nos six petits amis en plein travail. François retournait la terre d'un champ où Noël, à mesure, répandait la semence ; Rose s'affairait à traire les vaches, à distribuer le grain aux poules, à remplacer la paille des litières ; la ferme prospérait ; et Anne y venait chaque matin chercher du beurre et des œufs pour sa cuisine (...) Estelle tirait l'aiguille sans relâche (...) et Clément ne quittait pas de la journée l'enclume ou l'établi. » On aura, bien sûr, noté les initiales des six petits héros : F.R.A.N.C. E. Pour Paluel-Marmont, dans la concorde sociale, on rebâtit un monde meilleur sur les ruines de l'ancien.

En règle générale, les auteurs abordent rarement les problèmes sociaux quand ils s'adressent aux enfants. La plupart des héros qu'on leur propose évoluent dans un monde bourgeois ou aristocratique comme dans *Coco de France* dont le cadre est bien éloigné de la vie des petits écoliers de « la communale ». L'auteur, Trilby, a choisi pour héros un jeune garçon de 11 ans, fils du cuisinier d'une grande famille qui régnait sur le duché de Brandellhys jusqu'à ce qu'une révolution éclate. C'est alors que Coco va partager l'exil difficile d'une famille aristocratique traquée par de dangereux révolutionnaires. Il protège en particulier le dernier héritier du titre, un petit garçon fragile : « La guerre faut pas en parler à ce pauvre gosse qu'on est obligé d'emmener parce que, dans son pays, des méchants font la plus atroce des guerres : la guerre civile. Quand les hommes se battent entre eux, dit papa, c'est que le bon Dieu les a tout à fait abandonnés. »

Très imprégnée de sentiments aristocratiques et catholiques, Trilby lance aussi quelques piques contre les élections : « Elections, s'écrie Coco, je connais le truc, c'est pas toujours juste, paraît-il... » A la fin, Coco entre au petit séminaire, heureux d'avoir aidé le duc héritier à déjouer les pièges des révolutionnaires. Trilby décrit là le monde qui est le sien, celui des femmes catholiques de Louveciennes et de Neuilly [1]. Elle n'est pas la seule à se soucier de l'éducation traditionnelle des enfants car Marie-Antoinette de Miollis dans *Tête de mule* [2] décrit le jeune Marcel, paresseux et désobéissant bien que de très bonne famille. Tout change lorsque Madame de Varannes, la grand-mère, lui parle de son parrain « tombé pour la France au début de 1914, faisant généreusement le sacrifice de sa vie pour défendre son pays ». La vieille dame fait alors lire à Marcel (dit « Tête de mule »)

1. *Coco de France* publié chez Flammarion est illustré par Manon Iessel. Trilby, de son vrai nom Marie-Thérèse de Marnyhac, qui fut une courageuse infirmière pendant la guerre de 14-18, ce qui lui valut la Légion d'honneur.
2. Marie-Antoinette de Miollis lance chez Magnard en 1943 une nouvelle collection intitulée « Bibliothèque de Tante Marinette ». *Tête de Mule* en est le troisième titre.

des lettres que son parrain envoyait de Suisse quand il y était pensionnaire afin d'apprendre l'allemand : « Il faut que lorsque je quitterai ce collège, j'y laisse (à force de travail et d'effort) une si bonne réputation que l'on puisse dire en parlant de moi : Tout de même ces Français sont de rudes garçons et l'on a fort à faire pour lutter avec eux ! » Pris d'une admiration sans bornes pour son parrain, le gamin devient travailleur et discipliné, tout en se demandant s'il était possible « à un simple enfant de représenter dignement la France et de faire estimer ses compatriotes à force de travail et de courage ». Trilby ou Marie-Antoinette de Miollis développent sans fard les valeurs traditionnelles de la droite chrétienne : le travail, la famille, la patrie et la foi catholique.

Il est aussi des enfants qui n'ont pas la chance de connaître leurs parents ou qui n'en ont plus. Les éducateurs le savent et le thème de l'orphelin ou l'enfant abandonné, traditionnellement abordé en littérature, retrouve une tragique actualité sous l'occupation. La revue *Fillette* (qui en 1941 est devenue *Le Journal des petites et des grandes filles de France*) affirme à ses lectrices qu'en achetant la revue elles participent à une bonne action car elles deviennent ainsi « les marraines d'une petite orpheline adoptée » sur laquelle la revue veillera tout spécialement. Avec son roman *La Petite Fille de nulle part* [1] Marianne Monestier suit une petite orpheline placée en Franche-Comté dans une famille de paysans qui accueillent chez eux des enfants de « l'Assistance publique » pour s'assurer un revenu complémentaire. Ce cas correspond à une réalité sociale répandue à cette époque mais le roman ne va pas vraiment dans le sens de l'idéalisation des campagnes ou du ruralisme développée par Vichy. Au contraire, il reprend en les martelant, les habituelles préventions d'une certaine bourgeoisie des villes contre les ruraux qui sont décrits comme des grippe-sous, sales et sans cœur... Les commerçants des villes, qui s'enrichissent abusivement, ne trouvent pas non plus grâce aux yeux de l'auteur et les seuls défenseurs de la petite orpheline (qui s'appelle Nativité) sont le médecin, le curé et l'instituteur. Autrement dit, pour Marianne Monestier, seuls les gens instruits auraient du cœur, les autres n'étant que brutes mal dégrossies. La typologie sociale est, pour le moins, sommaire, mais tout finit bien : Nativité épouse l'instituteur et devient médecin pour enfants dans un sanatorium créé par son ancien médecin. Il suffisait d'y penser... Colette Vivier elle aussi reprend le thème de l'orpheline et du rejet des enfants par la société des adultes. On retrouve dans *Entrez dans la*

1. *La Petite Fille de nulle part* est publié en 1941 chez Bourrelier, collection « Primevère ».

danse [1] le schéma classique de petites filles issues de milieux sociaux différents mais dont la plus pauvre est bien méritante et parviendra à sortir de son isolement. L'ensemble est plus sentimental que social, avec l'inconsciente condescendance des bourgeois qui veulent à la fois faire la charité et l'éducation morale de leurs proches.

Avec ce même souci d'allusion discrète, la politique est évoquée au « Signe de piste » surtout dans *Pacifique Nord* [2] où le capitaine d'un navire marchand dit à propos de son premier-lieutenant : « Il s'appelle Andreosi. Corse, tout jeune, il a quitté il y a deux ans la marine de guerre. C'est un garçon de valeur. Malheureusement, il a été élevé par un vieil oncle à idées plus ou moins communistes qui ont, je le crains, déteint sur lui. » Son interlocuteur, Monsieur d'Arsac, un ingénieur des beaux quartiers, lui répond : « J'espère que tu te débarrasseras de lui à la première occasion ! » Mais, par souci de réconciliation nationale, on prête au personnage ces propos apaisants : « Jamais de la vie, répartit le commandant. Andréosi est sincère. Il reviendra tôt ou tard de ses erreurs. Et c'est un bon officier. » Alors que le bateau fait escale dans une ville de l'Amérique centrale, un des enfants demande à un missionnaire si les gens du pays sont catholiques. Il obtient une réponse pour le moins musclée : « De nom, oui, dit le père, mais comme pour beaucoup dans notre France, ils ne pratiquent pas, par ignorance de leur religion, par négligence, par suite aussi des exemples qui leur viennent des mauvais bergers, des colons qui apportent avec eux les plaisirs factices des pays civilisés. Le communisme a commencé jusque par ici sa pernicieuse propagande. Ces pauvres gens qui sortent à peine de l'esclavage ne se rendent pas compte qu'on voudrait les y faire retourner. » L.-C. Bouts termine en force car, de retour au Havre, l'un des enfants a trouvé sa vocation : « Il pourrait entrer à Navale, puis après, serait officier et connaîtrait d'autres pays, les lointaines colonies françaises. Peut-être aussi, aurait-il à combattre plus tard pour son pays, la France ; et il en ressentait une immense fierté. »

Ce récit ne relève pas du simple roman « scout », il suffit d'en lire la fin : « Il se souvenait d'avoir entendu souvent son père et M. Verdier parler politique, “ de la sale politique ”, comme ils disaient. » Là, ressurgit le souci du bloc culturellement et socialement cohérent mais divisé artificiellement par des brebis galeuses, les « politiciens », ceux qui ont, d'après Vichy, conduit la France à la division et à la ruine : « mais il se rappelait aussi son père disant “ Toute cette racaille n'est pas la France ; la politique mourra, mais la France ne mourra pas, car

1. Publié chez Hachette en 1943.
2. *Pacifique Nord* de Louis-Charles Bouts est publié au « Signe de piste » (n° 10) chez Alsatia.

elle a son passé d'honneur et de gloire, ses colons, ses savants, ses missionnaires, qui ont toujours lutté pour le bien. » Dans la série des *Prince Eric*, Dalens ne se prive pas, lui aussi, de quelques remarques acerbes sous lesquelles on sent percer ses préférences pour la monarchie et ses antipathies pour le « Front populaire ». Mais cela ne constitue pas la trame du récit et, en particulier dans *La Mort d'Eric*, Serge Dalens ne masque pas les enjeux idéologiques du moment. Dans un « avertissement destiné aux lecteurs français », il écrit : « La fiction s'efface devant la réalité. L'histoire n'est qu'un fil doré, rehaussant l'indifférente tapisserie des faits. Le livre se termine mal. Le prince n'est pas vengé, le lecteur n'est pas consolé. » Et quelles valeurs met-il en avant ? A peu de chose près celles de la Révolution nationale :

« Crois au travail, à l'intelligence, à la force.
Sors de l'humilité. Son manteau couvre plus de poltrons que de saints. »

Puis à propos du devoir des enfants dans la situation particulière de la France entièrement occupée, Serge Dalens répond par un encouragement ferme et clair au travail et au patriotisme : « Ton devoir c'est de mieux t'instruire ce matin pour mieux servir ce soir [1]. » Marie-Antoinette de Miollis ou Serge Dalens n'ont pas attendu l'occupation d'une bonne moitié de la France pour soutenir ces valeurs. Le régime de Vichy « dope » certains auteurs plus qu'il ne suscite leur œuvre.

Et ceux qu'on cache

Le 14 mai 1941 se déroule la première rafle de Juifs à Paris (principalement des étrangers réfugiés en France) qui sont ensuite internés en France et l'année suivante, le 27 mars 1942, s'ébranle le premier convoi de déportés vers le Reich. Le 29 mai, le port de l'étoile jaune devient obligatoire pour tous les Juifs de la zone occupée y compris pour les enfants de plus de six ans. Peu à peu, tous les enfants juifs sont ou se sentent menacés : « Ils vivaient dans une atmosphère d'angoisse permanente entretenue par les conciliabules excités entre coreligionnaires qui rapportaient les bruits les plus alarmants et les détails des arrestations récentes [2]. » A cette tension quotidienne s'ajoute une incompréhension évidente de la situation, surtout chez les plus jeunes : « L'enfant du résistant avait souvent la conscience de souffrir pour une bonne cause. Son père était un lutteur dont il pouvait être fier, et il écoutait la radio anglaise qui encourageait ceux de la Résistance. L'enfant juif, lui, ne savait pas pourquoi il souffrait. Le tout était de

1. Préface de l'édition de 1943.
2. In Alfred Brauner, *Ces enfants ont vécu la guerre.*

survivre et, quand il y parvint, le jour de la libération le retrouva amoindri physiquement et psychiquement [1]. »

Des ordonnances de juillet 1942 aggravent encore la vie quotidienne des jeunes Juifs en leur interdisant l'accès de la plupart des lieux publics dont les cinémas, les musées et les bibliothèques... « Désormais les Parisiens peuvent voir dans la capitale, la plupart des Juifs se déplacer, l'étoile jaune cousue au revers de leur tailleur ou de leur manteau. Ce n'est pas sans conséquence (...) pour les enfants. Ils doivent affronter leurs camarades non juifs à l'école et, sans en comprendre la raison, sont ainsi désignés en permanence au regard public [2]. » Un regard qui est plutôt d'incompréhension ou de compassion que de mépris car les autres enfants sont les témoins impuissants de cette discrimination. D'autres gosses apprennent, choqués, les rafles qui se déroulent dans leur quartier : « Ma mère semble bouleversée, elle est toute blanche. A cinq heures, elle a été réveillée par des cris, des coups frappés fort, Police, Ouvrez !, et encore des pleurs, des lamentations. (...) Cela venait de la cour où habitent des familles pas très riches. Un peu plus tard, en se penchant à la fenêtre, elle a vu des agents de police faire monter des gens dans des autobus. Nous avons appris que tous les Juifs habitant le quartier (Belleville) ont été arrêtés et rassemblés au Vélodrome d'Hiver, avant d'être emmenés on ne sait pas où [3]. »

Cet « on ne sait pas où » se trouve en fait d'abord en France. Ainsi les familles « raflées » les 16 et 17 juillet 1942 sont rassemblées dans l'enceinte du « Vél d'Hiv » que les petits Parisiens connaissaient surtout pour les courses cyclistes, avant d'être dirigées vers des camps de la région parisienne (en particulier Drancy, Compiègne et Pithiviers) puis envoyées au cœur du IIIe Reich vers les camps d'Auschwitz ou de Buchenwald. « La rafle du Vél d'Hiv » fut la plus grande chasse à l'homme mais aussi à l'enfant organisée à Paris depuis la Saint-Barthélémy [4]. Parmi les familles arrêtées, par des fonctionnaires parisiens, lors de cette grande rafle se trouvaient 4 051 enfants.

En fait des camps d'internement fonctionnent en province dont celui de Rivesaltes créé au début de 1941 sur un ancien camp militaire et « destiné aux familles accompagnées d'enfants », celui de Gurs (au Pays basque), celui d'Agde (où l'on dénombre plus de 400 enfants) ou encore celui de La Noë (en Haute-Garonne) où sont

1. *Ibid.*
2. In Sabine Zeitoun, *L'OSE sous l'Occupation en France, op. cit.*
3. In Jean-Louis Besson, *Paris Rutabagas, op. cit.*
4. In Serge Klarsfeld, préface du livre de Sabine Zeitoun, *L'OSE sous l'Occupation en France*, L'Harmattan, 1990.

regroupées des milliers de personnes principalement des étrangers dont beaucoup d'Espagnols et de Juifs originaires des pays de l'Est et d'Europe centrale. On comptait en 1941 plus de 1 500 internés à Rivesaltes : « Il s'agit de familles avec des enfants, juives, espagnoles, tziganes – elles aussi passibles de l'internement dans des camps français en tant que " nomades ". Les femmes sont regroupées avec leurs enfants de sexe féminin et leurs fils de moins de quatorze ans ; à partir de cet âge, les jeunes gens vivent avec les hommes [1]. » Après un certain nombre de libérations, de départs à l'étranger (vers l'Amérique du Nord en particulier), de placements dans des familles ou des maisons d'enfants et de transferts vers d'autres camps, Rivesaltes est définitivement fermé en novembre 1942. Les autres camps se vident peu à peu de la majorité de leurs détenus entre décembre 1941 et le printemps 1942 mais au début de 1943 on trouve encore à La Noë une quarantaine d'enfants de trois à quatorze ans : une vingtaine d'Espagnols dont les parents ex-combattants républicains sont encore détenus, dix enfants juifs arrêtés en 1942 et des enfants de nomades. A La Noë l'internement est sévère et les enfants regroupés dans une baraque près de l'entrée du camp dès l'âge de trois ans : « A partir de cette époque, la mère ne pouvait voir son enfant que le matin, à midi et le soir », écrit à ce sujet Madeleine Jolkh assistante sociale du groupe [2]. Plusieurs adultes constatent que les enfants des camps ne forment pas un groupe homogène mais demeurent associés par origines en constituant des clans ou des bandes dont les comportements, face à la misère, sont assez différents : « Les enfants espagnols étaient sensibles, sûrs d'eux-mêmes, chauvins, têtus et extrêmes dans leurs attitudes. (...) Entre eux, ils étaient solidaires et prenaient la défense de leurs camarades par tous les moyens », observe Alfred Brauner qui précise que « les enfants juifs étaient également très sensibles, ils étaient même hypersensibles. Ils avaient la même défiance contre tout ce qui était nouveau, inconnu. Leurs manifestations de gratitude étaient plus calmes, moins visibles. Ils se retranchaient derrière l'ironie, la passivité, étaient farouches (...) » et à propos des petits gitans : « Les nomades et les tziganes étaient peu sensibles à la bonté ou à la rigueur. Ils ne suivaient que leur besoin de liberté et d'indépendance. Aucune sanction ne les effrayait. Ils changeaient de tactique et arrivaient au but qu'ils recherchaient en

1. In Anne Grynberg, *Les Camps de la honte*, La Découverte, 1991. Figure dans ce livre une cartographie complète des camps français.
2. Cité par A. Brauner. La Noë fut un camp d'internement regroupant principalement des Espagnols.

dépit de tout règlement [1]. » Psychologues et médecins relèvent le même type de comportement, en groupes d'enfants cloisonnés par nationalité, dans les autres camps où des bandes n'hésitent pas à manifester leur indépendance et leur audace : « Nous vivions en bandes et courions entre les baraques malgré le vent. Telle une volée de moineaux affamés, nous sortions des limites du camp : aussitôt les gardes se mettaient à siffler en essayant de nous rattraper – ce qui derechef permettait à d'autres groupes de se glisser hors du camp avec beaucoup de facilité », se souvient Shimon Gerstenkorn [2]. Ces escapades, qui peuvent être risquées, ne sont pas qu'un jeu mais ont souvent lieu, avec l'accord des parents, afin de trouver à l'extérieur du camp de quoi améliorer l'ordinaire en troquant des objets avec les habitants.

Une partie de l'opinion publique, française ou internationale, ne demeure pas insensible aux menaces qui pèsent sur les enfants. On relève différents types d'initiatives, collectives ou individuelles, afin de protéger ceux qui sont les plus menacés ou d'améliorer le sort des internés. C'est ainsi que des quakers interviennent dans les camps de la zone libre, aux côtés du Secours suisse qui assure de salvatrices distributions de lait et de goûters aux enfants internés. « Les quakers jouissent d'une large audience et de protections efficaces sur le plan international. Ils parviennent ainsi à convaincre le gouvernement britannique de laisser entrer en France, malgré le blocus maritime, des denrées importées des Etats-Unis, d'Amérique du Sud ou d'Afrique du Nord. Au cours de l'hiver 1941, les quakers servent 1 500 repas quotidiens à Gurs, 1 550 à La Noë et 1 000 à Récébédou [3]. » En zone occupée, le Service social d'aide aux enfants en danger moral (rue du Pot de fer à Paris), la Caisse interdépartementale des assurances sociales de la rue de Dunkerque (à Paris) le Service d'aide aux émigrants, l'Eglise évangélique (rue du Maine), plusieurs organisations catholiques et protestantes (dont la Cimade) interviennent toutes à des degrés divers d'une part pour adoucir le sort des enfants internés, d'autre part pour obtenir leur libération ou leur placement dans des familles d'accueil.

Mais ce sont les organisations juives qui se montrent les plus actives pendant quatre ans. Elles déploient des trésors d'imagination et de dévouement pour aider ou sauver les enfants, en particulier l'OSE (Organisation de secours aux enfants) dont c'est la vocation première. L'OSE s'est installée à Paris dès avant la guerre,

1. Ces observations recueillies par Alfred Brauner, résultent de plusieurs années de pratique de l'assistance aux enfants en difficulté (*op. cit.*).
2. Témoignage cité par Anne Grynberg in *Les Camps de la honte*, *op. cit.*
3. *Ibid.*

« implantée surtout en zone libre, l'OSE sera intégrée en 1942 à l'Union générale des Israélites de France créée par Vichy sous la pression de la Gestapo pour regrouper en une seule organisation les œuvres d'entraide et d'assistance juives [1] ». Dans un premier temps l'OSE tente de rassembler les enfants menacés, ou ceux dont les parents ont été déportés, ou encore des orphelins dans des maisons d'accueil qu'elle gère directement ou indirectement. Plus d'un millier d'enfants sont ainsi recueillis dans les maisons de l'OSE. Serge Klarsfeld lui-même, dont les parents ont été déportés, est recueilli à l'âge de cinq ans, pour six mois, au Maselier dans la Creuse en 1941. C'est surtout en milieu rural (en Ile-de-France et dans l'Ouest pour la zone occupée) que sont placés des enfants dont l'identité est dissimulée. En zone libre où s'étaient réfugiées de nombreuses familles juives, des centres de vacances, des maisons de santé, des écoles privées servent de refuges. C'est le cas au Chambon-sur-Lignon, bastion protestant près de Saint-Etienne, où des enfants sont soustraits aux Allemands et à Villard-de-Lans où se réfugie Georges Perec en 1942 : « Ma mère m'accompagna à la gare de Lyon. J'avais six ans. Elle me confia à un convoi de la Croix-Rouge qui partait pour Grenoble. » Là-bas « je retrouve tous les membres de ma famille adoptive qui n'avaient pas choisi d'émigrer aux Etats-Unis – c'est-à-dire les deux tiers d'entre eux [2] ». Toutefois en 1943, par précaution Georges Perec sera confié à une institution religieuse catholique, le collège Turenne, dans laquelle il sera baptisé afin d'être plus en sécurité. A Saint-Pierre-de-Fursac, dans la Creuse, une cinquantaine d'enfants sont accueillis dans une « maison de santé » où ils ne sont pas inquiétés avant février 1943. A cette date quand les Allemands se présentent pour une arrestation massive les enfants ont été préventivement dispersés et pour la plupart acheminés à l'abri vers l'étranger à l'initiative du personnel du centre [3]. Même au sein de la haute administration de Vichy, qui a largement aidé les Allemands dans leur sinistre besogne, quelques réticences individuelles, et parfois des résistances, se font jour quand il faut livrer des enfants aux Allemands. C'est ainsi qu'en 1943 M. Cotentin, magistrat et directeur de l'administration pénitentiaire, fut révoqué pour avoir refusé de livrer de jeunes Juifs qui étaient détenus dans ses centres [4].

Quelle fut l'efficacité de tous ces sauvetages additionnés ? Serge

1. In Sabine Zeitoun, *L'OSE sous l'Occupation en France*, préface de Serge Klarsfeld, thèse de doctorat Paris VII-Jussieu, L'Harmattan, 1990.
2. George Perec, *W ou le souvenir d'enfance*, Gallimard.
3. Au printemps 1996 un voyage-pèlerinage a réuni une partie des anciens pensionnaires du centre à Saint-Pierre-de-Fursac.
4. In *Protéger l'enfant*, Presses universitaires de Bretagne, 1996.

Klarsfeld en a dressé le bilan : « J'ai pu établir le nombre et la proportion des enfants dans la déportation des Juifs de France. En 1940, sur 320 000 Juifs, il y avait environ 70 000 enfants jusqu'à 15 ans accomplis, soit autour de 23 %. Par contre, à l'examen des listes de déportation, j'ai pu constater qu'environ 9 000 de ces mêmes enfants ont été déportés, ce qui représente une proportion de " seulement " 11,5 %. J'ai comparé ces chiffres avec ceux des enfants déportés de Belgique (5 119 sur 25 124 déportés) ; la proportion des enfants déportés atteint 20 %. Ce qui montre l'importance du sauvetage des enfants juifs en France [1]. » Sauvetage dont l'initiative revient souvent à l'OSE. Cependant, la statégie du regroupement des enfants dans un centre d'aide peut se révéler dangereuse car elle favorise les rafles en cas de changement d'attitude des autorités et c'est pourquoi « sous le couvert de la légalité conférée par ses dispensaires et ses patronages, le Comité OSE met sur pied un réseau clandestin pour disperser les enfants. » Eugène Minkowski, président de l'OSE, se montre favorable à cette solution qui pose de nombreux problèmes dont celui d'habiller correctement les enfants : « Un ami non juif du docteur Minkowski, le docteur Michel Cénac, parvient parfois à récupérer quelques habits collectés par la Croix-Rouge » qu'il transmet aux comités OSE. Mais il faut surtout habituer les enfants à leur nouvelle identité, ce qui n'est pas toujours facile : « L'apprentissage de la dissimulation s'exerce particulièrement par l'intermédiaire du jeu avant de devenir une réalité quotidienne. Toutes les occasions sont exploitées au cours des fêtes, anniversaires, représentations théâtrales, mimes, jeux... » afin d'habituer les enfants à fournir automatiquement leur nouvelle identité.

Mais parfois, les Allemands prennent de vitesse les militants et l'affaire tourne au drame comme à Izieu (dans l'Ain) où Sabine Zlatin et son mari avaient recueilli en 1943 un groupe de 44 jeunes orphelins juifs (de 4 à 17 ans) dans une maison isolée. Finalement tous sont déportés vers Auschwitz (via Drancy) le 6 avril 1944 et un seul parviendra à survivre [2]. En effet, les rafles se poursuivent jusqu'au 22 juillet 1944 où, alors que les Alliés avaient déjà débarqué, 34 enfants regroupés à Louveciennes dans un foyer géré par l'Union générale des israélistes de France sont raflés puis déportés en Allemagne : « Ils nous font monter sans ménagement dans un autobus. Les petits ne comprennent pas ce qui leur arrive et nous

1. Préface de Serge Klarsfeld au livre de Sabine Zeitoun, *L'OSE sous l'Occupation en France, op. cit.*

2. La rafle d'Izieu avait été organisée par le chef de la Gestapo de Lyon, Klaus Barbie, condamné en 1987 à la réclusion criminelle à perpétuité pour crime contre l'humanité. La maison d'Izieu a été transformée en mémorial.

leur disons que nous partons à la campagne. Nous les faisons chanter. Moi j'ai vite compris que nous allons à Drancy », se souvient Denise Holstein [1]. Le même jour plusieurs autres foyers sont perquisitionnés par les nazis qui raflent plus de deux cent quarante enfants. Au total 11 000 mineurs dont 9 000 enfants de moins de quinze ans furent déportés en trois ans vers divers camps d'Allemagne et d'Europe. Bien peu en revinrent, et les survivants furent marqués à jamais par l'expérience [2].

1. In *Je ne vous oublierai jamais, mes enfants d'Auschwitz*, Edition n° 1, 1995.
2. A ce sujet voir l'ouvrage très complet de Serge Klarsfeld, *Mémorial des enfants juifs déportés de France*, qui comporte 11 000 noms de mineurs de moins de 21 ans. Une liste impressionnante avec les noms, les adresses, les convois et les destinations, publiée à Paris, 32, rue La Boétie par les fils et filles de déportés juifs de France. Au mémorial d'Izieu sont exposés des lettres, dessins et photos des enfants déportés. A propos des déportations d'enfants, on peut aussi consulter le Centre de documentation juive à Paris.

4

Des lectures sous haute surveillance

Par bien des aspects, la rentrée des classes de l'automne 1940 ne ressembla à aucune autre. Bien sûr les plumes Sergent Major gorgées d'encre violette crissèrent sur les cahiers de gamins en blouse grise (ou noire) qui attendaient toujours « la récré » avec autant d'impatience mais : « A l'école il y a eu du changement et nous sommes rentrés un mois en avance, le 1er septembre au lieu du 1er octobre. Le certificat d'Etudes a changé aussi. Tous les enfants du cours supérieur se présentent obligatoirement. Sûrement on va nous changer les livres [1] », écrit une petite écolière du Languedoc. De fait, l'école redevient un enjeu politique important et les moindres détails de la vie quotidienne des écoliers sont repensés dans cette optique. Ainsi à l'occasion du troisième salon de l'Imagerie tenu en mai 1942 à Paris, André Hofer expose de nouveaux « bons points » et des couvertures de cahiers à la gloire du Maréchal. La même année Alain Saint-Ogan réalise, sur commande, trente affichettes scolaires à la gloire de « héros du passé ». Ces affichettes, « La France que nous aimons », parmi lesquelles figure le maréchal Pétain « deux fois sauveur de la patrie », sont destinées à orner les murs des classes en inspirant un important concours de dessins. Au-delà de cette subtile imprégnation pétainiste, une campagne s'amorce en faveur d'une histoire de France qui propose aux écoliers une nouvelle vision du passé.

1. In *Les Écoliers de Tournissan*, Privat, 1978.

Manuels scolaires et livres d'histoire

Le gouvernement suit l'affaire de près et rappelle aux enseignants du primaire leurs devoirs du moment : « Il ne s'agit certes pas de transformer l'Histoire de France en apologie perpétuelle (...) A l'école primaire comme dans les ouvrages de la Science, le souci de la vérité reste le grand devoir du maître. Mais ce n'est pas manquer à ce devoir que d'aborder l'Histoire de France dans un esprit de sympathie, que d'y rechercher ce qui est de nature à réunir les Français plutôt qu'à les diviser (...) [1]. » D'une manière générale, une vingtaine de manuels d'enseignement primaire sont interdits par le gouvernement de Vichy ou par les Allemands. Parmi ces ouvrages suspects, on en trouve deux d'arithmétique, douze de lecture, six d'histoire, deux de géographie et deux de morale. La logique qui a présidé au choix de ces « interdits » n'apparaît pas toujours nettement. Dans plusieurs cas l'auteur semble plus directement visé que le contenu de son livre. Ainsi dans *Bridinette* Charles Vildrac raconte l'histoire d'une gamine « pâlotte et lasse, qui va de la grande ville au ciel gris et sans éclat, vers la campagne claire, et qui découvre, avec l'horizon indéfini, le monde du village, les herbes, les animaux, la vie rurale, rude et saine... » Un récit que ne désavoueraient pas les adeptes du « Retour à la terre » et qui ne pouvait gêner en rien les ruralistes de Vichy car on découvre au dénouement que les parents de Bridinette quittent à leur tour la grande ville insalubre pour ouvrir un petit atelier à la campagne. C'est donc la personne de Charles Vildrac qui est visée.

On peut s'interroger sur l'interdiction du manuel de lecture *Dans la ronde des métiers et des jours* [2], sachant que l'auteur insiste sur la « valeur souveraine qu'il faut attribuer au travail ». Les thèmes traités sont le travail (traditionnel et artisanal), la famille, les fêtes (Noël, le carnaval) et la vie à la campagne. Certes l'esprit général du livre est humaniste mais il n'y a que le dernier chapitre « La tendre cueillette et les belles rondes » qui y fasse allusion : « Comme nos amis revenaient dans le pré, ils croisent un groupe de petits garçons et de fillettes qui parlent une langue étrangère. Les petits Français se méfient : « Allons, dit l'oncle Pierre, n'ayez pas peur de ces petits étrangers qui sont venus, comme vous, admirer les montagnes. Ils veulent certainement vous demander de danser une ronde avec eux... » Tout se termine pour le mieux : « Si tous les enfants de la Terre voulaient bien se donner la main, quelle belle ronde de frères et de sœurs cela ferait autour du

1. Instructions du 5 mars 1942.
2. De Dubus, publié chez Sudel en 1934.

monde ! (...) Et si tous les hommes et les femmes de toutes les nations, ajoute l'oncle Pierre, en faisaient autant, il y aurait plus de bonheur pour nous... » Chez Sudel toujours, un livre de lecture de Ballereau et Brangier est autorisé en 1943. On y trouve 35 textes « vivants, variés, pittoresques... » correspondant chacun au travail d'une semaine. On y relève la présence de Vildrac (avec un extrait de *L'Ile rose*) qui n'est pas interdit cette fois, de Georges Duhamel, Emile Henriot (l'inspecteur des bibliothèques publiques), Jean Guéhenno, Sacha Guitry (sur le spectacle), et un texte étonnant d'André Chamson, « Matin de rentrée ». Il décrit un petit village des Cévennes dans lequel des familles d'étrangers sont venues travailler dans les mines. Et le jour de la rentrée il y a... un petit Allemand dans la classe ! André Chamson fait alors dire à l'instituteur : « Il faudra que vous soyez amis avec les nouveaux. Il ne faudra pas se moquer d'eux s'ils parlent mal le français. Ils sont ici pour l'apprendre », ce qui ne manque pas de sel dans un manuel de 1943.

La logique qui prévaut à l'interdiction de manuels d'histoire est plus évidente. Certains présentent des passages désagréables pour les nouveaux maîtres du pays, en particulier au sujet de la guerre de 1870 comme l'ouvrage de Léon Brossolette (le père du résistant) qui évoque les massacres accomplis à Bazeilles contre les civils par des Bavarois et les mauvais traitements envers les prisonniers français de Sedan [1]. Ce manuel de 1937 a d'ailleurs la caractéristique d'être doublement interdit : le 30 août 1940 par les Allemands en compagnie de trois autres manuels « en raison des propos offensants et injustifiés qu'ils contiennent contre le peuple allemand et son armée » et le 21 novembre 1940 par le gouvernement de Vichy qui n'était pas obligé de suivre l'occupant dans cette voie. *L'Histoire au CEP* de Clémendot [2] comporte un passage sur l'Alsace et la Lorraine non conforme aux visées allemandes d'annexion. Le livre de Bonne [3] ne comporte aucune allusion revancharde mais le ton en est résolument pacifiste. Dans la préface de l'édition de 1938 on peut lire : « L'élève étudiant l'Histoire, dans la nouvelle édition comme dans l'ancienne, (apprendra) que toute guerre se poursuit au milieu des ruines et des larmes. De même, constatation plus réconfortante, il prendra conscience de la solidarité étroite qui, dans le temps et dans l'espace, unit tous les êtres humains. » Et Bonne conclut : « Depuis deux siècles le progrès moral a été considérable. La guerre pourtant subsiste. Tous les hommes doivent s'entendre pour supprimer la guerre. »

1. Brossolette, *Histoire de France*, CM et CEP, Delagrave.
2. Clémendot, *L'Histoire au CEP*, Bibliothèque d'éducation.
3. Bonne, *France et civilisation*, CM et CEP, Bibliothèque d'éducation.

De leur côté, les Allemands ne se contentent pas de régenter la production de livres ou d'illustrés. Ils tentent d'intervenir aussi sur le patrimoine existant, ce que les éditeurs appellent « le fonds ». C'est dans cet esprit que sont établies des listes de livres dont la publication et la vente sont dorénavant proscrites qui portent le nom de « liste Otto ». Le préambule de la première précise que les éditeurs français « désireux de contribuer à la création d'une atmosphère plus saine et dans le souci d'établir les conditions nécessaires à une appréciation plus juste et objective des problèmes européens, (...) ont décidé de retirer des librairies et de la vente, les œuvres qui figurent sur la liste suivante [1]... » En fait, à peine camouflé sous des mots choisis, il s'agit bel et bien d'un acte de destruction de livres non conformes. Il faudra donc mettre au pilon des ouvrages dont le contenu peut déranger les nouveaux maîtres du pays. Dans chacune de ces listes (il y en aura trois), on trouve surtout des auteurs réputés juifs et/ou francs-maçons mais aussi des patriotes dont les écrits prennent parfois des tonalités antiallemandes déplaisantes pour l'ambassade d'Allemagne. On relève les noms de Francis Carco, Julien Benda, Georges Duhamel, Roland Dorgelès, Charles de Gaulle (dès la première liste), Pierre Loti, Henri Béraud, Joseph Kessel, André Malraux, André Maurois, Charles Maurras... Donc hommes de droite et de gauche réunis pour la circonstance, romanciers ou essayistes et des auteurs de langue allemande : Heine, Thomas Mann, Freud, Marx et Hitler lui-même [2]. Au détour des pages on trouve quelques titres pour les enfants qui au premier abord surprennent dont *Les 500 millions de la Bégum* et *Alerte aux avions* de Marcel Jeanjean. Que diable viennent-ils faire là ?

« Ces journaux anglais sont vraiment bien faits ! » Ainsi commence *Les 500 millions de la Bégum* roman écrit par Jules Verne en 1879 [3] mais réédité. Cette phrase, qui semblerait anodine en d'autres temps, suffit à attirer l'attention des censeurs allemands même si elle ne justifie pas l'interdiction. En fait c'est tout l'ouvrage qui déplaît aux occupants car dans cette fiction Jules Verne met aux prises un héros « négatif », Schultzer, et un héros « positif », Marcel Bruckmann. Or, circonstance aggravante, Schultzer est allemand et Marcel Bruckmann alsacien. De plus l'Allemand a utilisé des sommes considérables afin d'édifier dans le Nouveau Monde une mystérieuse cité, appelée Stalhstadt, nom imprononçable sinon de manière gutturale pour un petit Français non initié à la langue de Gœthe : « Cette masse est Stalhstadt,

1. Le texte complet est disponible à l'IMEC.
2. Certains passages de *Mein Kampf* sont très hostiles à la France ; la propagande ne juge donc pas utile de le faire circuler.
3. *Les 500 millions de la Bégum* sont disponibles en différentes éditions dont la prestigieuse Hetzel.

la Cité de l'acier, la ville allemande, la propriété personnelle de Herr Schultze, l'ex-professeur de chimie d'Iéna, devenu de par les millions de la Bégum, le plus grand travailleur du fer et, spécialement, le plus grand fondeur de canons des deux mondes. » Cependant Jules Verne ne se contente pas de vagues sentiments antiallemands tels qu'on en trouvait souvent au début de la IIIe République. Il pose le problème classique de l'utilisation pacifique de la Science, ce qui sous l'occupation prend une résonance particulière. A la fin l'auteur, humaniste convaincu, prêche en faveur de la reconversion totale des industries de guerre. L'action se termine par la défaite de Schultze qui voulait conquérir le monde au moyen d'un super-canon (sorte de Grosse Bertha) muni d'obus chimiques : « Obus-fusée de verre, revêtu de bois de chêne, chargé, à soixante-douze atmosphères de pression intérieure, d'acide carbonique liquide. » Heureusement, le héros fait échouer ce plan démoniaque. France Ville (la cité pacifique) est sauvée et la Cité de l'acier sera reconvertie. Voilà qui n'est pas très original mais présentait aux yeux des nazis le défaut d'aller dans un sens opposé à leurs campagnes de militarisation des esprits. De plus il y a dans les propos du savant fou d'étranges prémonitions du discours nazi. A Marcel Bruckmann qui proteste contre les perspectives de destruction de peuples pacifiques, Herr Schultze répond : « Il y a dans votre cerveau, bien organisé sous d'autres rapports, un fonds d'idées celtiques qui vous nuieraient beaucoup si vous deviez vivre longtemps ! Le droit, le bien, le mal sont choses purement relatives et toutes de convention. Il n'y a d'absolu que les grandes lois naturelles. La loi de concurrence vitale l'est au même titre que celle de la gravitation... » L'enfant des années 40 risquait donc d'établir un parallèle entre le discours du mauvais Schultze et celui d'Hitler sur « l'espace vital », entre Stahlstadt qui fabriquait des obus géants et les armes de destruction massive du IIIe Reich. C'est certainement ce qui motiva l'interdiction de ce livre à première vue anodin. Les censeurs allemands savaient lire, même les livres destinés aux enfants...

A côté de Jules Verne figure *Alerte aux avions*, l'album édité du temps de la Défense Passive. En 1942, date de son interdiction, les techniques de protection qu'il contient sont redevenues d'actualité mais cette fois il s'agit de se protéger des bombardements de l'aviation alliée sur la France. Il pouvait donc encore servir mais les autorités d'occupation ne supportaient pas les belles illustrations de Marcel Jeanjean. En effet, les avions que l'auteur désignait comme porteurs de mort étaient tous clairement marqués des insignes du IIIe Reich ! Le manuel fut donc interdit mais en pratique beaucoup d'enfants (ou de familles) le gardèrent et suivirent scrupuleusement les conseils qu'il contenait.

Que peut-on conclure au sujet des interdictions d'ouvrages destinés aux enfants ?

Qu'elles ont été assez peu nombreuses et souvent mal appliquées, parfois même rapportées un peu plus tard. De toute façon, dans le cas des livres scolaires, les anciens manuels, interdits ou non, circulent encore beaucoup dans les écoles où les instituteurs mettent généralement une mauvaise volonté évidente à les faire disparaître. Comme le gouvernement de Vichy n'est pas en mesure de les remplacer rapidement il en est réduit à des rappels à l'ordre répétés. On fera la même remarque pour le Jules Verne ou pour l'album de Jeanjean dont la carrière se poursuit discrètement pendant quatre ans. Dans ce domaine particulier, seule la longue durée aurait pu rendre les mesures de censure réellement efficaces.

Réglementations parisiennes

Malgré la censure, les restrictions en papier et de multiples problèmes matériels, l'offre en livres et en illustrés pour enfants se maintient à un haut niveau. Si certains éditeurs disparaissent, la plupart lancent des titres nouveaux et développent leurs collections. On voit même naître quelques entreprises.

Cependant, la présence d'une armée étrangère sur le sol français ne pouvait rester sans effet sur le monde de l'édition enfantine. Sans perdre de temps, les Allemands mettent en place (dans la zone occupée) de nouvelles structures afin de contrôler étroitement la vie intellectuelle du pays. Les éditeurs français pensent tout d'abord que les Allemands vont exercer directement leur tutelle. En fait il n'en est rien car sous l'influence d'Otto Abetz, de Karl Epting ou de Bernard Payr [1] c'est vers une édition en « liberté surveillée » que les occupants s'orientent. Deux organisations interviennent désormais dans la vie éditoriale française : la Propaganda Abteilung qui dépend de la Wermacht et l'Institut allemand qui dépend de l'ambassade. Contrairement à ce que pourraient laisser entendre les noms, la Propaganda s'occupe autant de répression que de propagande culturelle et l'Institut s'occupe beaucoup plus de propagande que de culture...

La mise en place des nouvelles structures nécessite à peine trois mois et dès le 28 septembre 1940 la « convention de censure », passée entre les Allemands et le syndicat des éditeurs, comporte un « avertisse-

1. Bernard Payr, un des hauts responsables de la censure dans le Reich, effectuera plusieurs séjours à Paris pendant l'occupation. Il interviendra directement dans l'édition française. Voir la thèse de Bernard Loiseaux.

ment » : « (...) En signant cette convention, les autorités allemandes ont voulu marquer leur confiance à l'Edition. Les éditeurs, eux, ont eu à cœur de donner à la pensée française le pouvoir de continuer sa mission, tout en respectant les droits du vainqueur. Ils espèrent y avoir réussi [1]. » Ce texte est clair : les Allemands choisissent le contrôle indirect car les Français devront faire eux-mêmes le tri entre ce qui est « publiable » et ce qui ne l'est pas. Mais les Allemands se réservent le droit d'intervenir au moment d'attribuer le papier et d'accorder une « autorisation de paraître » assortie d'un numéro de censure pour chaque titre. Une « commission de censure » est donc mise en place à l'automne 40 sous l'autorité de René Philippon, président du syndicat des éditeurs et du Cercle de la librairie.

En pratique, le premier souci des industriels de la presse enfantine reste de retrouver une place sur les étalages. Le 11 août 1940, c'est chose faite pour *Pierrot* et le directeur commercial des imprimeries de Montsouris n'en est pas peu fier : « Nous pouvons rappeler (...) que nous avons été la première maison à rouvrir à la fin juin 1940, après l'armistice et que nos journaux ont été les premiers périodiques à se remettre au travail en zone occupée [2]. » Il est vrai que l'imprimerie emploie plus de 700 personnes et qu'il s'agit d'un gros enjeu économique, mais les Allemands tiennent la firme en tutelle et freinent son dynamisme : « les autorisations de paraître nous ont été refusées pour cinq de nos journaux sur neuf » rappelle le directeur dans une lettre de protestation auprès des autorités allemandes [3]. Les quatre revues autorisées, *Le Petit Echo de la Mode* et *Rustica* pour les adultes, *Pierrot* et *Lisette* pour les enfants, ont pu être vendues très tôt à Paris car les Editions de Montsouris figuraient parmi les rares firmes à ne pas dépendre des messageries Hachette et à disposer de leur propre réseau de diffusion.

En apparence peu de changement dans *Pierrot* où « Chicorée Mécano » affronte des bandits chez « les Poldèves ». Pourtant le lieutenant Kéradec que les enfants avaient suivi en mai 1940 a disparu. Le Rallic l'a remplacé par des sportifs qui explorent un mystérieux château en montagne [4]. Pour ce premier numéro de l'occupation *Pierrot* (coiffé d'un béret) rencontre un vieil horloger qui lui explique : « La France, voyez-vous mon jeune ami, la France est une montre ! Mais oui, je dis bien une montre, qu'on aurait seulement oublié d'entretenir, de vérifier de temps en temps, de réviser, et qui ne marchait plus très bien. Une bonne révision et elle va devenir à nouveau un instrument

1. Le texte complet de la Convention est disponible à l'IMEC.
2. AN F 41 1247.
3. AN F 41 1247, lettre de 1942.
4. Sur un scénario d'Henri Suquet.

de précision. Encore faut-il que chaque Français se persuade que dans cette montre, le moindre ressort, la moindre goupille, la moindre dent de roue est indispensable au bon fonctionnement de l'ensemble... L'erreur c'est que tout le monde veut être l'une des deux ou trois aiguilles de la montre mais ne veut pas être une petite pièce silencieuse, invisible et modeste.(...) » Le ton de ce texte est celui du discours qui prend forme à Vichy, pourtant le nom de Pétain n'est pas prononcé et, en règle générale, les publications de Paris sont moins maréchalistes que celles de la zone libre. La petite sœur de *Pierrot*, *Lisette*, reparaît elle aussi mais, « pour les filles » on constate peu de changements par rapport à l'avant-guerre sinon l'accentuation du rôle des futures mamans dans les récits. Le texte l'emporte nettement sur les illustrations et la bande dessinée y est rare contrairement à *Pierrot* où elle prend une grande place.

Au total, pour Noël 1940, les enfants de Paris disposent de six illustrés. Outre les deux déjà cités, il s'agit de *Hurrah* et *L'Aventureux* [1]. Les enfants retrouvent Brick Bradford ou « Le roi de la police montée » d'Allan Dean, deux productions américaines qui ne sont pas encore interdites. A Paris les Offenstadt relancent *Junior* et *Fillette* [2] et en septembre 1940 ils engagent un gamin de quatorze ans, grand amateur de bandes dessinées, comme simple « grouillot à tout faire ». Ce gamin, issu d'une famille d'immigrés italiens, s'appelle Albert Uderzo... Il est chargé de livrer des planches de dessins dont celles du prestigieux Calvo : « Lorque le maître est en retard dans la livraison de ses planches, les membres de la société d'édition demandent au moussaillon d'aller récupérer les documents directement chez lui puisqu'ils sont voisins. En réalité si Albert demeure rue de Montreuil, Calvo, lui, habite porte de Montreuil [3]. » Dans *Junior* les enfants trouvent des récits de Liquois (« Le signe du jaguar »), de Mat (« Les aventures d'Arsène ») ou de René Giffey. L'ensemble de la production parisienne est tout de même bien maigre par rapport à la trentaine de titres de 1939 [4].

Pour tenter de combler les vides quelques nouveautés apparaissent dont *Les Grandes Aventures* [5] qui regroupe Calvo (pour « Tom Mix »), Brantonne (« L'homme d'acier » ou « Buffalo Bill ») et Josse, ex-employé de la grande imprimerie Lang [6], qui dessine également pour

1. *L'Aventureux* est publié par Del Duca, à Paris et en zone libre.
2. Le groupe ne sera aryanisé qu'au printemps 1942.
3. D'après Bernard de Choisy, *Uderzostorix, chez Lattès 1991.*
4. En zone Nord les éditions Fleurus tentent à plusieurs reprises de publier des brochures en remplacement de *Cœurs Vaillants* mais sans grand succès et la production est essentiellement assurée en zone libre.
5. Ce journal est publié par les Editions Théophraste Renaudot.
6. AN Z6 NL 9199.

Gavroche. Dans *Gavroche* les enfants retrouvent Erik (« Le professeur Globule contre le docteur Virus ») et Vica. D'origine russe ce dernier était installé à Paris depuis 1929. Il recherchait du travail. *Gavroche* lui en offrit non loin de chez lui [1] et il put faire revivre chaque semaine ses célèbres marins Vica et Tatave [2]. Les petits Parisiens doivent attendre le 22 mai 1941 pour qu'un troisième nouveau titre apparaisse : *Fanfan la Tulipe.* Cet hebdomadaire (au titre tricolore) attire l'œil des lecteurs qui peuvent lire un sous-titre étonnant en écriture cursive : « Ton journal petit français, dessiné et écrit par des français. » Français est écrit avec un f. minuscule ce qui peut surprendre dans une revue qui se veut patriotique et éducative. En fait *Fanfan la Tulipe* succède à un illustré d'avant guerre, *Fip Fop Magazine.* Une lettre du rédacteur en chef de *Fip Fop* explique que « la terrible aventure du mois de mai » a obligé la revue à suspendre la publication et précise que les rédacteurs ont recherché tous les moyens pour reparaître : « que d'obstacles ! Une grande partie de nos abonnés étaient réfugiés dans le Sud de la France, nous n'avions pas leurs adresses, et les envois d'une zone à l'autre n'étaient pas possibles... » Alors, une solution se serait présentée sous forme d'une fusion avec une nouvelle publication. Et c'est ainsi que les anciens abonnés de *Fip Fop* reçoivent gratuitement les premiers numéros de *Fanfan la Tulipe* qui retrouve par la même occasion le soutien financier des annonceurs publicitaires de la revue précédente, les grandes firmes suisses Kohler et Nestlé. *Fanfan la Tulipe* ne dépend pas que de ses annonceurs car il figure sur une liste de journaux subventionnés par les services de l'Information de Vichy qui tentent ainsi de reprendre pied en zone occupée [3]. D'ailleurs les Editions et Publications Françaises [4] assurent aussi la diffusion de *Il était une fois un maréchal* et *Six petits enfants et treize étoiles*, ouvrages à la gloire de Pétain. On procède même à un tirage spécial pour Noël 1941 vendu au profit du « Secours national – entraide d'hiver du maréchal [5] ». L'équipe, qui se qualifie elle-même de « Bonne équipe » [6], est constituée de Paluel-

1. L'administration de *Gavroche* est au 58 rue Pierre Charron dans le VIIIe, la rédaction au 6e rue Gager-Gabillot dans le XVe. Pour noël 1940 *Gavroche* publie un album entièrement dessiné par Vica, « Le rêve merveilleux de madame cinq tonnes », récit délirant, bien dans la manière de Vica quand il ne fait pas de politique.
2. AN Z6 19 324.
3. AN F 41 120.
4. Le siège et la rédaction de *Fanfan la Tulipe* sont au 76, rue de Vaugirard, Paris VIe. Les éditeurs sont F. Sant'Andrea et Gustave Lafuma (originaire de Voiron dans l'Isère).
5. L'édition en notre possession porte une vignette autocollante appliquée sur la couverture : « Noël du Maréchal organisé par le secours national ; entraide d'hiver du maréchal 1942 » qui laisse à penser que l'ouvrage était vendu au profit du Secours national. Des couvertures sont signées Germaine Bouret.
6. « La bonne équipe » publie aussi des récits complets en bandes dessinées dont la collection « Fanfan la Tulipe ».

Marmont, Pierre Rousseau et Henri Jadoux qui dessine les aventures de Fanfan [1]. Travaillent avec eux Lucien Boucher, André Foy, Joseph Hémard, Chas Laborde, André Michel et Pinchon.

Du culte de la race à l'antisémitisme

Avant la guerre, l'emploi du mot « race » dans les publications destinées à l'enfance était assez fréquent. Pendant la « drôle de guerre », un livre ultra-patriotique comme *Sœurs d'armes* s'ouvre sur ces lignes : « Lorsque l'incertitude des temps et la médiocrité quotidienne donnent aux Français la tentation de douter d'eux-mêmes, il leur suffit de tourner les pages de leur Histoire pour y trouver dans la grandeur d'âme des héros une raison de croire à la valeur de la race [2]. » Quelques mois plus tard, sous l'occupation, en raison de la présence allemande et de l'absence de garanties démocratiques le concept est devenu dangereux à manipuler. Pourtant on trouve la nation de race où on ne l'attend pas : « Et voilà, mon petit Jean, notre beau voyage est terminé ! J'espère qu'il t'a intéressé ? Maintenant baissons le rideau sur *Normandie*, tout rutilant, reposant sur la mer diaprée, au pied des buildings, étincelant de mille feux, sur *Normandie* qui symbolise si bien le génie immortel de notre race. » Ainsi se termine *Maman les petits bateaux* [3], album à la gloire des plus beaux navires français. On trouve le même genre d'allusion dans une biographie de Guynemer [4] qui se termine par la citation décernée après sa mort au combat en 1917 : « Héros légendaire, tombé en plein ciel de gloire, après trois ans de lutte ardente. Restera le plus pur symbole des qualités de la race : ténacité indomptable, énergie farouche, courage sublime. » Pourtant dans tous les cas cités ci-dessus, il ne s'agit pas d'un racisme théorisé, fondé sur la biologie, même si pendant l'occupation certains officiels tentent d'accréditer l'idée d'une race française. Car l'exemple vient de haut comme en témoigne une brochure officielle [5] : « Le Maréchal, cet homme providentiel porte en lui, avec les qualités les plus solides de notre race, le signe indiscutable de sa grandiose mission » et un peu plus loin un paragraphe porte pour titre : « La famille et la race. » Abel Bonnard,

1. Henri Jadoux vient de *Fip-Fop* où il écrivait des feuilletons.
2. *Sœurs d'armes*, récit de Léon Poirier publié chez Mame en 1939, raconte les exploits de Louise de Bettignies pendant la guerre de 14-18.
3. Écrit par Matéja, illustré par Riou, *Maman les petits bateaux* est publié en 1943 chez Artima à Tourcoing.
4. Gilbert Poincelet, *La Vie du capitaine Guynemer*, illustrations de Raffin, 1943, sans nom d'éditeur.
5. In *L'Œuvre du Maréchal (juillet 1940-juillet 1941)* Édition du Secrétariat général à l'Information, imprimerie Curial Archereau, décembre 1941.

dans une autre brochure, *Des jeunes gens ou une jeunesse* [1] ? affirme à propos des enfants : « Ce printemps qui jaillit en eux n'est pas un printemps quelconque ; ils sont la fleur d'une race, ils viennent perpétuer une tradition et renouveler une histoire. Ce qui donne à la jeunesse d'un grand pays une poésie étrange, c'est qu'elle est sans le savoir un retour des morts. » Il persiste en 1942 dans un « message aux enfants de France » où il affirme à propos de Jeanne d'Arc : « Jeanne d'Arc est la fille de notre race et de notre terre. Au cours du procès où elle fut jugée, on raconta que lorsqu'elle passait à cheval dans les campagnes avec ses hommes d'armes, les petits papillons se détachaient des prairies pour suivre son étendard. » Les enfants retrouvent Jeanne d'Arc associée à la « race française » par Pierre Hérault [2] : « En 1940, notre patrie était au même point qu'à l'époque de Jeanne. Tout s'effondrait... L'espoir, qui est bien une vertu de notre race, nous avait abandonnés. » Dans un cas c'est Jeanne qui va rendre espoir aux Français, dans l'autre Pétain.

En Bretagne, Georges-G. Toudouze emploie aussi dans *Anne et le mystère breton* le terme de race. A propos de la beauté de la région de Saint-Malo, il écrit : « Vous ne pouviez trouver un accès touchant plus directement à toutes les fibres de notre race : terre et mer, guerre et découverte, poésie et religion, légende et réalité. » Un peu plus loin il cite un refrain breton : « Ni zo breped Bretonned, Bretonned tud kaled... » qu'il traduit par « Nous sommes toujours Bretons, Bretons la race forte... » Ce roman se conclut par un mariage entre l'héroïne (Anne) et un jeune Parisien qui devient « breton par adoption ». Pour Georges-G. Toudouze, devenir breton passe donc par le mariage et la culture. Il confond néanmoins peuple breton et « race » bretonne. Est-ce un simple glissement de sens ? Probablement, mais G.-G. Toudouze est un actif militant breton, ami personnel de l'abbé Perrot [3]. Il collabore régulièrement à *Ololê* où deux ou trois évocations de la race bretonne laissent perplexe : « Vous êtes Bretons ! et sur vos fronts se lit la fierté que vous avez de porter ce nom ! Restons Bretons. Dieu ne nous a pas faits tous de la même race, ni naître dans le même pays ! Chacun doit rester fidèle à sa race et à son pays : Dieu le veut et celui qui manque à ce devoir commet un péché ! » peut-on lire dans un feuilleton de Gilles Le Denays et Herri Caouissin [4]. Ces propos enflammés sont prêtés par les auteurs à un militant breton, l'abbé Kerbriek. Pure

1. In *Des jeunes gens ou une jeunesse ?*, brochure d'Abel Bonnard, L'Artisan du Livre, 20/1/1941, imprimerie Durand à Chartres.

2. *La Vie d'honneur du Maréchal Pétain*, Farré Freulon à Cholet.

3. L'abbé Perrot est un des principaux animateurs du courant indépendantiste breton. Il entretient des liens étroits avec la revue *Ololê* bien qu'il n'en soit pas rédacteur.

4. Publié en 1944, le feuilleton s'intitule « La croisade des loups ».

fiction donc ? Pas tout à fait, car l'abbé Perrot est assassiné au moment de la publication du texte et la rédaction précise alors dans une note : « L'abbé Kerbrieck, comme plusieurs l'auront deviné, n'est autre que notre regretté abbé Perrot. Nous pouvons, hélas, le dire aujourd'hui. Ce chapitre était composé avant sa mort et les paroles que nous lui attribuons ont été prononcées par lui, soit publiées, soit dans des discours et conversations intimes [1]. » Puis G.-G. Toudouze rend un vibrant hommage à Perrot et il invite les enfants à poursuivre son œuvre. En vis-à-vis de cet éloge funèbre figurent quelques citations de l'abbé Perrot dont celle-ci : « Non, nos ennemis auront beau faire, ils ne parviendront pas à inscrire sur notre tombe : Ci-gît la race la plus difficile à anéantir que l'on ait jamais vue [2] ! » On tourne donc autour du concept de race mais ces lignes sont les seules publiées sur ce registre dans la revue et on ne trouve pas trace d'antisémitisme dans *Ololê* où aucun bouc émissaire n'est désigné à la vindicte des jeunes Bretons.

Dans tout le pays, les enfants sont aussi sollicités par un racisme dirigé vers le monde colonial. Dans les publications qui leur sont destinées, les Noirs sont fréquemment qualifiés de « nègres », de « sauvages », de « cannibales » et autres « boules de neige »... C'est ce que nous appellerons le « racisme colonial » dont on doit signaler qu'il était déjà très répandu avant la guerre. Un recensement est quasi impossible à effectuer tant « le trait » est diffus. Dans ce domaine, la quasi-totalité des illustrés ont comporté au moins un récit mettant en scène de dangereux cannibales opposés à des héros blancs. A titre d'exemple mentionnons le héros Alain la Foudre (d'origine italienne) qui apparaît dans *Jumbo* en 1938. Claude Guillot le définit comme « ce machiste moderne, apte à casser du malfaisant et plus particulièrement les " faces de citron " et autres " mal blanchis " qui pullulaient en ses planches [3]. » Sur une des bandes dessinées on peut justement lire la légende suivante à propos d'un combat de nuit entre des Africains et Alain la Foudre : « Ce n'est pas commode d'attraper des nègres en pleine nuit ! » L'occupation ne change pas grand-chose à cet état d'esprit. Le vocabulaire prend facilement un ton péjoratif et le mot « nègre » y est d'usage tellement courant à l'époque qu'il est employé même par Blaise Cendrars dans ses *Contes nègres pour les enfants des blancs* ou par la très humaniste collection du « Père Castor » dont *L'Histoire du nègre Zo'hio et de l'oiseau moqueur* commence ainsi : « Il y avait une fois, dans le pays des nègres, un petit nègre qui se promenait. Tout

1. Dans *Ololê* n° 118, publié en décembre 1943.
2. *Ololê* n° 119.
3. Claude Guillot in *CBD* n° 66, printemps 1991.

nu, comme c'est la mode par là-bas, et tenant à deux mains son petit ventre rond, parce qu'il avait grand mal, ayant mangé beaucoup trop de cacahuètes. » Voilà un texte que Marie Colmont ne pensait certainement pas comme « raciste » mais qui passerait difficilement de nos jours tant les mentalités ont évolué. D'ailleurs les versions récentes de « Zo'hio » ont été expurgées de cette phrase et du mot « nègre ».

Dans bien des récits, on ironise volontiers sur le physique des Africains et sur le parler « petit nègre ». Les attaques sont fréquentes et on associe volontiers « les nègres » au cannibalisme. Dans *Pierrot* deux marins, Bibor et Tribar, débarquent en Afrique et sont aux prises avec des indigènes dont le souci principal est de les dévorer. Dans *Siroco* [1] le caricaturiste Aldebert « croque » férocement des Africains mangeurs d'hommes. On pourrait multiplier les exemples et on trouve le même schéma dans bien des romans ou le Noir, associé à l'image du primitif, est assimilé au danger. S'y ajoutent parfois des Asiatiques ou des peuples mal définis mais de couleur.

Ce schéma colonialiste autant que raciste ne doit pas grand-chose à l'occupation car il était déjà répandu avant et persistera longtemps après. Vichy aurait même eu plutôt tendance à ménager les indigènes des colonies dans le cadre des campagnes impériales lancées de 1941 à 1943. Dans ce cas, face aux peuples des colonies les choses sont parfois plus subtiles et des hommes comme Paluel-Marmont insistent sur la fidélité et la loyauté de certains indigènes envers les colons et/ou envers la France. Chez lui, comme chez bien des coloniaux, on dénote une évidente fascination pour les peuples africains et en particulier pour ceux du Sahara [2]. Alors l'image du serviteur indigène, dévoué corps et âme à son maître européen, est mise en avant. Cliché que l'on retrouve dans *Pacifique Nord* [3], où un cuisinier noir protège et soigne comme son propre fils un petit passager clandestin. Dans ce cas de figure, on reste dans un rapport paternaliste entre colons et colonisés, entre le « bon » Blanc qui protège ou est protégé par le « bon » indigène.

A l'automne 1940, le discours et la pratique changent avec le début des campagnes antisémites. Par exemple, le port obligatoire de l'étoile jaune distingue les Juifs du reste de la population de manière discriminatoire, ce que les gamins ne manquent pas de remarquer : « A Paris, nous avons vu les Juifs, marqués de leur étoile jaune, monter dans le

1. *Pierrot* de mars 1942 et *Siroco* n° 6.
2. Le thème du Sahara (que l'on retrouve dans *Le Crabe aux pinces d'or*) fut dominant au cours de ces quatre années. Une belle réédition de *L'Escadron blanc* (en *Vie exaltante*) est datée de 1943.
3. *Pacifique Nord* est un roman « Signe de piste » de Louis-Charles Bouts illustré par Schefer.

dernier wagon du métro », se souvient François-Xavier de passage dans la capitale [1].

En juillet 1941 un décret ordonne l'aryanisation des entreprises juives. La stratégie de contrôle indirect orienté se précise. Toute firme appartenant à des Juifs doit se doter de nouvelles structures ou d'une direction contrôlée par des « non-Juifs ». Cette mesure peut entraîner la saisie de l'entreprise mais dans la plupart des cas les Allemands choisiront une voie médiane, la mise en tutelle. Plusieurs éditeurs pour enfants sont alors dénoncés comme « Juifs » par les milieux favorables à la collaboration. Offenstadt est violemment pris à partie par le journaliste Henri Coston, qui ne manque pas d'utiliser la réussite du groupe pour le condamner : « La plus ancienne en date, la Société Parisienne d'Edition, fut créée voici 45 ans par un petit Juif du nom d'Offenstadt, qui révolutionna l'imagerie et la littérature enfantines [2]. » Et Henri Coston ressort le décret de naturalisation des Offenstadt dont le fondateur des éditions, Moïse, s'était installé en France en 1890. C'est un homme d'affaires allemand, Gerhard Hibbelen, qui saisit l'opportunité qu'offre « l'aryanisation » pour administrer désormais la Société Parisienne d'Edition. Il l'intègre dans un vaste ensemble qui regroupe une vingtaine de sociétés et une cinquantaine de journaux de langue française. La famille Offenstadt est donc réduite au silence pour trois ans. Henri Coston attaque aussi les illustrés du groupe Opera Mundi : « C'est au juif Winkler, représentant d'Opera Mundi pour l'Europe continentale, que l'on doit ce premier journal *(Mickey)* de conception nettement yankee ». Néanmoins l'attaque manquera en partie sa cible car, refugié dans le Midi de la France puis aux Etats-Unis, Winkler continue de faire paraître *Mickey* à Marseille jusqu'en 1944 [3]. Enfin Coston soupçonne aussi Henri Lajeunesse, le premier éditeur de *Benjamin*, d'être juif. Il affirme : « Avec l'appui d'un groupe catholique intéressé à *L'Echo de Paris*, ce franc-maçon israélite, lança en 1924 (...) un vrai journal (...) *Benjamin* », titre dans lequel Coston veut voir « un nom bien juif qui prêtait heureusement à confusion ». En fait malgré de violentes campagnes antimaçonniques, l'Eglise catholique (en particulier le cardinal Verdier) accorde par moments son soutien à cette revue qui le lui rend bien. De plus le patron de *Benjamin* change plusieurs fois. Depuis 1938 c'est Jean Nohain qui en a

1. Témoignage de François-Xavier, janvier 1997.
2. *Les Corrupteurs de la jeunesse* par Henri Coston. « Bulletin d'Information antimaçonnique » n° spécial, CAD, Paris, sans date.
3. *Mickey* est encore hebdomadaire de septembre 1940 à novembre 1943, puis il paraît deux à trois fois par mois jusqu'à l'été 1944 (source BDM 1993).

pris le contrôle avec l'aide d'un parent [1] et en 1941 Alain Saint-Ogan lui succède. D'autres éditeurs sont attaqués, quelquefois par des concurrents envieux. En pratique, pour les enfants, les mesures d'aryanisation concernent Offenstadt, Fernand Nathan, Calmann-Lévy, Ferenczi et Albin Michel. A plusieurs reprises ce sont des hommes qui connaissent déjà la maison visée par le décret qui reprennent l'entreprise en main. Chez Calmann-Lévy, l'ancien directeur littéraire Louis Thomas, fait prisonnier en juin 40, est spécialement libéré de son Oflag en 1941. Calmann-Lévy devient alors « Les Editions Balzac ». Même cas de figure chez Ferenczi où Jean de la Hire [2] gère et rebaptise Ferenczi en « Editions du livre moderne ». Chez Nathan, les Allemands tolèrent l'ancienne raison sociale pendant quelques mois puis acceptent de nouveaux gérants qui sont en fait favorables à l'ancienne direction. Fernand-Nathan devient alors éditions « F.-N. » sigle transparent pour un client attentif. Signalons enfin le cas d'Albin Michel dénoncé comme juif par un inconnu mais qui se défend de l'être. Il fait intervenir René Philippon : « Philippon jure qu'Albin Michel n'est pas juif, mais serments et récriminations ne servent à rien. » L'affaire traîne en longueur. Albin Michel cherche à réunir les papiers nécessaires. En 1941, « après l'intervention de Pierre Benoit, celle aussi d'un conseiller de la Cour des comptes, la procédure est finalement abandonnée [3] ». On ne s'étonnera donc pas que les publications destinées à l'enfance traduisent cette imprégnation antisémite, faite d'attaques parfois violentes même si elles ne constituent pas la trame du récit. Par exemple, dans *Les Robinsons de la Garonne*, l'un des personnages, un truand, parlant d'un receleur s'exprime ainsi : « Le vieux crocodile l'a déjà fait, va, insinua le marin; mais il garde le secret pour lui la rosse; ces Youpins, c'est cachotier en diable [4]. » Au sujet de la collection « Signe de piste », Christian Guérin a noté que « ceux qui sont férocement croqués, (...) sont les crapules, les inférieurs, socialement parlant, et les métèques », et il ajoute « Signe de piste ne fait pas profession d'une xénophobie et d'un antisémitisme très marqués. Pourtant le trait est là, peu fréquent mais présent [5]. » On ne peut que partager cette

1. Voir à ce sujet la maîtrise de Sandrine Durbecq sur *Benjamin*, Université de Paris X.

2. Avant la guerre, Jean de la Hire était un des auteurs les plus prolifiques de Ferenczi chez qui il publiait de nombreux feuilletons dont « Le corsaire sous-marin », les « Trois boy-scouts » et « Le tour du monde de deux enfants ».

3. Albin michel meurt à Paris en mars 1943. C'est désormais son gendre, Robert Esménard qui assure le fonctionnement de l'entreprise. In Emmanuel Hayman, *Albin Michel, le roman d'un éditeur*, 1993.

4. In *Les Robinsons de la Garonne*, Albin Michel, 1940. Roman probablement écrit pendant la « drôle de guerre » mais diffusé pendant l'occupation.

5. D'après la thèse de Christian Guérin, *op. cit.*

analyse même si on ne relève pas d'attaque antisémite dans les « Signe de piste » publiés sous l'occupation. Christian Guérin fait certainement allusion à des textes publiés avant cette période. En revanche, *Le Trésor des monts Chaffah* [1], de Roland Denis est explicite. Un capitaine de navire s'y exprime ainsi : « Je connais à Gazza un vieux Juif, fripon s'il en fut, marchand d'épices paraît-il, mais surtout trafiquant d'esclaves, qui, en raison de nos bonnes relations (en dix ans il n'a pas réussi à me voler plus de deux cents ducats) se fera un plaisir de nous procurer les bêtes, armes et vivres indispensables. » *Le Trésor des monts Chaffah* sera réédité en l'état en 1945 sans que les censeurs du moment n'y voient d'obstacle.

Dans *Flèche d'Orient* [2] Paul Morand met en scène des voyageurs, des aviateurs et un monde cosmopolite de gens riches, au métier mal défini (ils sont « dans les affaires »), qui passent beaucoup de temps à boire, fumer, jouer aux cartes ou faire des paris plus ou moins stupides. Voilà un thème à cent lieues des vertus terriennes et de l'idéologie développée à Vichy. Le héros, Dimitri, un Russe blanc, fait un soir le pari d'aller acheter du caviar à Bucarest puis de revenir le manger à Paris avec ses amis de jeu... en moins de 48 heures ! Dans son récit, l'auteur procède par petites phrases, non pas contre un Juif précis mais contre des Juifs anonymes et les attaques sont plaquées sur l'intrigue. Par exemple, dans une remarque acerbe que Paul Morand attribue à un Roumain : « Mais où étais-tu ? hurla Zafieresco. On a envoyé Ionica te chercher dans le village... Assieds-toi. Il n'y a que les Juifs qui mangent debout ! » *Flèche d'Orient* est une œuvre de commande antérieure à la guerre. Elle a été demandée à l'auteur en 1932 par une compagnie aérienne qui ouvrait une ligne entre Paris et Salonique (Grèce) via Bucarest (Roumanie). Diplomate et grand voyageur, Paul Morand apparaissait comme un propagandiste idéal en faveur d'un moyen de transport encore peu usité dans les années 30 : « Le 14 juin 1932, à l'arrivée de l'avion *Flèche d'Orient* (...) Morand qui vient de faire le voyage aller-retour, sera photographié en compagnie du commandant d'Aliki Diplakaros. (...) On ne sait plus si l'œuvre a donné son nom à l'appareil, ou si c'est l'inverse : l'écrivain apparaît comme le parrain de la ligne et, pour amener à celle-ci des clients, on compte sur sa notoriété [3]. »

Till l'Espiègle de Roger [4] adapte pour enfants une légende germa-

1. *Le Trésor des Monts Chaffha* est publié en 1943 par Alsatia dans la collection « Toison d'or ». Roland Denis est également auteur de la collection « Signe de piste ».
2. Publié en 1940 en version pour enfants à la « Bibliothèque verte ».
3. In Ginette Guitard-Auviste, *Paul Morand*, Hachette, 1981.
4. Cette version de *Till l'Espiègle* (de Roger) est publiée chez Plumon à Biarritz, en mars 1943.

nique de manière banale dans les premiers chapitres mais à l'avant-dernier, tout dérape ; il s'intitule : « Où Till Ulenspiegel, à Francfort-sur-Main, vend des pilules prophétiques à deux Juifs. » Là, Till « qui ne voulait point se fatiguer » décide d'être marchand et pour cela il ramasse des crottes d'oiseaux et « les mit dans de petits sachets de soie » afin de les vendre comme « pilules prophétiques »... « Lors vinrent par l'endroit deux Juifs au regard fureteur » à qui Till vend ses fausses pilules. La fin est alors ouvertement raciste : « L'histoire raconte que le Juif ne put annoncer le Seigneur et bredouilla des mots de mécréant. Cette aventure était action de justice vu que les JUIFS (le mot est en capitales dans le texte) sont race mauvaise et méchante. » Cet épisode, plaqué sur la légende, participe d'une volonté antisémite qui ne semble pas troubler l'éditeur, Plumon, qui publie aussi un manuel pour apprendre « l'allemand sans peine »...

Un documentaire intitulé *Notre race et ses aïeux* a été écrit par le docteur René Martial [1]. En page de garde figure un portrait du maréchal Pétain car l'ouvrage est commandité par le secrétariat général à la Jeunesse. L'auteur annonce dès les premières lignes : « La qualité de Français exige une longue hérédité et une constance de sang qui déterminent une communauté d'âme et de pensée. Mais une race qui résulte d'une vie en commun de cinq mille ans peut être détruite en cinq cents par des croisements anarchiques. » Les enfants sont donc prévenus dès l'abord : pas de mariage hors des frontières ou avec des éléments étrangers vivant en France. Et comme le docteur Martial s'attend à des contradicteurs il prend les devants : « N'est pas Français qui veut et toutes les criailleries des immigrés, que le Français bon enfant a laissé entrer sans contrôle chez lui, n'y feront rien. Ce sont réclames de bâteleurs et de charlatans. Elles ne sauraient contre balancer notre droit héréditaire mais elles peuvent nuire à l'unité de notre formation, à la cohésion de notre race, donc à sa solidité. » Là, nous avons affaire à un discours taillé à la hache malgré un jargon pseudo-scientifique, sans recherche d'arguments subtils ou de nuances. Un ouvrage de propagande et non le livre d'histoire qu'il prétend être. Le docteur Martial [2] est (avec Georges Montandon) un des théoriciens français du racisme.

Dans l'univers fantastique (et fantasmatique) de la bande dessinée un illustrateur peut ajouter la force de la caricature au texte. Les illustrés publiés avec le soutien de Vichy se risquent parfois à

1. Ouvrage publié chez Perceval le 25 mai 1943. Maison d'édition confidentielle, Perceval semble bien être une officine allemande.

2. En 1942 il a publié chez Flammarion un livre intitulé *Les Métis* dans lequel il dénonce toute forme de métissage et prône le repeuplement de la France en rapatriant des Canadiens d'origine française et des Berbères.

l'antisémitisme et *Cœurs Vaillants* comporte un récit, « La cité perdue [1] », dans lequel le chef des « méchants » s'appelle Bronbronstein. Quant à *Jean et Paul* ou *Benjamin* ils évitent toute dérive antisémite. On ne trouve qu'une allusion aux Juifs (en quatre ans) dans *Benjamin*. Il s'agit d'un article, d'un dénommé « de Keyser », intitulé « Le Juif errant », qu'il résume ainsi : « Ne racontait-on pas que Jésus portant sa croix était passé devant l'échoppe d'un cordonnier qui s'appelait Ashavérus et lui avait demandé de le secourir ? Mais ce savetier avait le cœur dur et il aurait répondu au sauveur : Non ! Non ! Marche plus vite ! Alors le Christ aurait lancé sa malédiction : Toi-même tu marcheras jusqu'à la fin des siècles ! » Ce récit est publié en mars 1942 date à laquelle partent les premiers convois de déportés pour l'Allemagne. Déplorable coïncidence ? Ou amorce d'une campagne antisémite ? Difficile de répondre mais on peut constater que cette attaque reste sans lendemain dans *Benjamin* et que Saint-Ogan n'autorise aucun autre article antisémite dans son journal.

De violentes attaques apparaissent dans *Youpino* et les *Aventures de Doulce France et Grosjuif*. Diffusés à Paris à l'occasion d'une exposition, ces deux dépliants, distribués gratuitement, utilisent le procédé de la bande dessinée [2] pour propager le racisme. Les enfants y apprennent que « tout petit Youpino volait les jouets de ses jeunes camarades », quand il était « le plus fort », précise l'auteur anonyme de cette charge. Le portrait du garçon résume tous les « péchés » dont la propagande accable les Juifs : à l'école il cafardait, il trichait au jeu, était fourbe, lâche et cruel. Il ne fit pas de sport, fut réformé, spécula sur le blé, acheta ses décorations et favorisa la guerre : « Beaucoup de petits soldats se firent tuer, beaucoup de gens pleurèrent. Youpino resta à l'arrière (...). » Tout est fait pour que les enfants exècrent un tel personnage et d'ailleurs l'image finale les invite à passer aux actes car on y voit des gosses qui chassent Youpino hors de France. Les aventures de Doulce France et Grojuif consistent en une parodie du *Petit Chaperon rouge* dans laquelle Grosjuif devient un « Grand Méchant loup » qui tente de croquer « Doulce France ». L'affaire se termine quand « un des fils de la Nouvelle France courut à son aide et arriva juste à temps pour délivrer Doulce France [3](...). » Le vocabulaire employé (« Beaucoup de petits soldats se firent tuer ») et le nombre d'épisodes sur

1. Feuilleton en bandes dessinées conçu par Robert Rigot, « La cité perdue » est publiée par épisodes à partir de juin 1941.
2. L'éditeur de *Youpino* figure sous l'appellation « NEF ». Il pourrait s'agir d'une filiale de Denoël qui s'appelait les « Nouvelles Editions Françaises » créée pendant l'occupation et qui diffusait une collection antisémite intitulée « Les Juifs en France ». Le fait n'est cependant pas établi avec certitude.
3. L'auteur signe simplement « N » et l'illustrateur « JB ».

l'école montrent le souci de s'adresser au public enfantin, même si les jeunes lecteurs n'étaient pas les destinataires exclusifs de cette prose nauséabonde. Enfin et surtout à la dernière image ce sont des enfants, et non pas des adultes ou des travailleurs (comme dans d'autres brochures) qui chassent leur adversaire supposé hors du pays.

L'antisémitisme se glisse dans des récits de fiction dont *Le Secret du professeur O'Brien* qui est accompagné d'une illustration signée Liquois, sur laquelle une brute est en train de brûler la plante des pieds d'un Irlandais pour lui faire avouer son secret [1]. Dessin qui serait banal dans un récit d'aventures si ne figurait à gauche du dessin un certain Lévy qui commandite l'action. Le résumé des chapitres précédents éclaire la scène d'un jour étonnant : « Le professeur O'Brien a découvert un procédé permettant de fabriquer de l'or. Un de ses collègues de la faculté de Belfast, Sir Lévy, lui a demandé au nom de l'Intelligence Service, de céder son secret à l'Angleterre. Sur le refus de O'Brien, Sir Lévy l'a fait enlever et séquestrer dans sa propriété... » On devine la suite : les mauvais sont des Juifs et des Anglais, ils sont attirés par l'or et n'hésitent pas à torturer leurs adversaires pour les faire plier. Erik, autre illustrateur du *Téméraire*, bien connu des enfants, attaque les Juifs de manière plus indirecte. Chaque semaine il met en scène « Le docteur Fulminate et le professeur Vorax ». Or il se trouve que Fulminate, « le gentil », est pourvu d'une longue barbe blonde tandis que son adversaire, le « méchant » Vorax est crépu, lippu et affublé d'un nez crochu au point qu'il ressemble à s'y méprendre aux caricatures que l'on trouvait à l'époque dans toutes les brochures antisémites... Pascal Ory pense, à juste titre, que Vorax est « tout le portrait, revu et corrigé en manière comique de la haine et de la rapacité sémitiques, telles qu'au même moment les exposent ici et là les dessins d'un Ralph Soupault ou les textes à prétention savante d'un professeur Montandon [2] ». Ajoutons que Vorax est parfois aidé par « des nègres » qui habitent le « Boufboufland », alliés peu efficaces d'ailleurs car « ... un vent violent se met à souffler, emportant Vorax et ses nègres [3] ».

Si elles ne ménagent pas les Africains, souvent caricaturés et qualifiés de cannibales, aucune des aventures de Vica que les enfants lisent dans *Le Téméraire* n'est antisémite. On y trouve des animaux doués de la parole, des sultans de pacotille (« Vica chez le sultan de Matoucha »), des Africains naïfs (« Kam.Fa.Ra s'ennuie »), une tour Eiffel étrange et des récits plutôt farfelus. Pourtant Vica se montre beaucoup plus virulent dans trois albums en bandes dessinées : *Vica au paradis de*

1. In *Le Téméraire*, n° 4.
2. In Pascal Ory, *Le Petit Nazi illustré*, *op. cit.*
3. Erik dans une vignette du n° 33 du *Téméraire*.

l'URSS, Vica contre le service secret anglais et *Vica défie l'Oncle Sam* [1]. Cette fois il change de registre et illustre des récits anticommunistes, antianglais, antiaméricains... avec un dénominateur commun aux nations ennemies du IIIe Reich : elles auraient été « infiltrées » par les Juifs... Dans *Vica au paradis de l'URSS*, sous un dessin représentant l'ours russe, tout pelé, portant un drapeau on peut lire : « une faucille et un marteau, imprimés sur un chiffon rouge déchiré en était l'ornement et comme autre signe de sa servitude, l'étoile juive avait remplacé sur son bonnet, l'aigle des tzars. » Emporté par son élan l'auteur du texte (qui n'est pas Vica) confond (volontairement ?) l'étoile rouge pourvue de cinq branches et l'étoile de David qui en a six. Dans *Vica contre le service secret anglais*, Madame Angleterre (une horrible mégère) « cultive les bacilles des Juifs et des bolcheviks afin de les inoculer à toute l'Europe ». Dans *Vica défie l'Oncle Sam* un certain Lévy vient demander au président Roosevelt de commencer la guerre en Europe en associant antisémitisme et critique du capitalisme apatride : « Par Jéhovah ! Cette injustice doit cesser ! Il n'y a que 75 % de Juifs en Amérique qui sont millionnaires, camarade, il faut obtenir réparation. C'est le moment de commencer la guerre en Europe. » Et le président Roosevelt répond : « Lévy, l'heure d'Israël vient de sonner ! » (7e planche). Ce mystérieux Lévy obtient satisfaction et prend le commandement de la flotte américaine qui débarque en Afrique du Nord. En fait, il s'agit là d'ouvrages de commande dont les textes étaient fournis à Vica par « des Allemands de l'Hôtel Majestic » et réalisés « en collaboration avec un dessinateur allemand qui lui avait été adjoint [2] ».

L'Etoile mystérieuse, un album d'Hergé publié à la fin 1942 donne le ton de cet antisémitisme « ordinaire ». Dans les premières éditions de cette nouvelle aventure de Tintin, Hergé avait glissé un personnage appelé Blumenstein qui cherche à faire échouer Tintin et ses amis par tous les moyens. Ce financier international, installé aux Etats-Unis (on s'en serait douté), reprend les traits de la caricature antisémite. Ce personnage, qui ne peut être qu'antipathique aux enfants apparaît dans treize vignettes différentes réparties sur six planches. C'est un homme qui agit dans l'ombre, à distance, sans jamais affronter Tintin et emploie contre lui des moyens particulièrement déloyaux (dont un attentat à la bombe, une tentative d'éperon-

1. Les deux premiers aux Editions Dompol, le troisième aux Editions coloniales et métropolitaines.

2. Déposition conservée aux Archives nationales, dossier Z6 19 324. Vica fut aussi l'illustrateur de brochures et cartes postales anticommunistes à l'occasion de l'exposition « Le bolchevisme contre l'Europe », salle Wagram à Paris. Il en a aussi dessiné l'affiche officielle et illustré les catalogues qui étaient numérotés et donnaient droit chaque jour à un billet de loterie nationale par tirage au sort.

nage la nuit et un faux SOS...) Son principal souci est l'argent : « Voyez-vous, mon ami, sous le couvert d'une expédition scientifique, mon but est de prendre possession de cet aérolithe et de ce métal inconnu (...) Il y a là-bas une fortune colossale qui nous attend. Une fortune colossale qui ne m'échappera pas ! » déclare-t-il sans détour à son associé. A la fin, Tintin et ses amis, qui ne travaillent que pour la science, triomphent comme il se doit. Mais Blumenstein apparaît encore deux fois. Il est seul près de son poste de radio et, transpirant à grosses gouttes, il apprend qu'il est démasqué : « La lumière sera bientôt faite sur ces agissements criminels et les coupables, dont le principal ne serait autre qu'un puissant financier agissant des Etats-Unis, démasqués et punis. » Ces illustrations seront violemment reprochées à Hergé après la guerre. Les plus résolus de ses opposants feront aussi remarquer que l'organisation européenne qui soutient Tintin et ses amis (la FERS) ne compte dans ses rangs que des pays amis de l'Allemagne ou neutres. On imagine la conclusion que pouvaient en tirer ses jeunes lecteurs : ni les Anglo-Saxons, ni les Russes ne sont dignes d'être des héros.

A Vichy : contrôles et subventions

Après l'armistice, des équipes rédactionnelles se sont partiellement reconstituées en zone libre avec les moyens du bord. A l'automne 1940 des éditeurs entreprennent des démarches auprès des autorités de Vichy pour obtenir le droit de faire circuler leur presse dans l'ensemble du pays. On connaît l'intérêt apporté par Vichy aux publications pour la jeunesse : une étude est lancée quant aux avantages d'organiser une presse commune aux deux zones. On en trouve trace dans une note du secrétariat à la Jeunesse signée Blanchon [1] qui commence par un bilan des revues de Paris : *Lisette* et *Pierrot* sont qualifiés d'un « excellent esprit ». Pour *Les Grandes aventures* Blanchon signale que la revue est « entre les mains d'un Italien » (Del Duca) et que son contenu est « très mauvais ». Enfin pour *Fillette*, le titre « semble repris par un groupe en liaison avec *Paris-Soir* » et n'est « pas mal fait ». En zone libre, Vichy se méfie de *Robinson* et de *Mickey* et Blanchon ajoute que « Fayard veut monter deux journaux d'enfants mais ne trouve pas d'imprimeur qualifié [2] ». Le fonctionnaire note que plusieurs éditeurs souhaitent obtenir le droit d'être imprimés à Paris et il se montre

1. Rapport daté du 23 octobre 1940, conservé aux Archives nationales, série F 44/2.
2. Les tentatives de Fayard déboucheront deux ans plus tard avec la création d'un nouvel illustré intitulé *Siroco* publié à Clermont-Ferrand.

favorable à la démarche car il estime que cette autorisation « servira de levier pour exiger la transformation totale des journaux existants ». Blanchon conclut en affirmant : « Nous sommes désireux de soustraire l'enfance à l'influence américaine colportée par les anciens journaux. »

Vaste programme donc, mais qui reste sans lendemain, ou presque, car les Allemands, peu soucieux de se compliquer la vie avec la superposition de deux censures, refusent toute circulation de journaux entre les deux zones. Cet épisode montre cependant les ambitions de Vichy dans le domaine de la jeunesse. Le secrétariat général à l'Information multiplie les consignes aux préfets. Des « notes d'orientation » et des « consignes générales destinées à la presse [1] » émises par les services centraux sont valables en toutes circonstances. Très détaillées, elles ne comportent pas moins d'une cinquantaine de rubriques, dont la rubrique « polémiques » qui précise comment mener le débat à propos du mouvement gaulliste et de « l'émigration [2] » ou la rubrique « Empire » qui explique comment parler des colonies françaises. Une des consignes affirme qu'il faut « ne rien laisser passer sur le Maréchal Pétain sans en référer au Service central » ; une autre précise que « la formule *le gouvernement de Vichy* ne saurait être tolérée dans les articles, filets ou informations. Il n'y a qu'un gouvernement français : celui du Maréchal Pétain [3] ». C'est donc sous une surveillance tatillonne que les illustrés de la zone libre opèrent une reprise. En décembre 1940 une dizaine de titres reparaissent régulièrement.

L'exode a provoqué un important reflux de population vers le sud de la France. Bien des Parisiens regagnent leur ville à l'automne mais les auteurs qui ont essaimé vers New York ou la zone libre n'envisagent pas tous de rentrer au bercail. Ou pas de sitôt. Le rôle de la capitale est donc remis en cause, de manière saugrenue, par une ville d'eau ordinairement peuplée de curistes. Bien sûr il est de bon ton de snober « Vichy-Etat ! » comme plaisantent quelques malins, elle n'en est pas moins bondée d'ambassadeurs, d'ex-députés, d'hommes d'affaires, de journalistes ou d'écrivains en quête d'un contrat. Cet afflux d'hommes et de femmes à la recherche d'un emploi suscite une activité un peu brouillonne. Des regroupements s'opèrent dans le triangle Vichy-Clermont-Royat. Au sein du petit monde de l'édition pour enfants des équipes se reforment et des liens se tissent entre la presse locale et les « repliés » de Paris. Les rédacteurs de *Cœurs Vaillants* sont parmi les premiers à s'installer : « Après les arrivées de Gaston Courtois et Paul Joie (l'abbé Grosse), c'est celle de Marcel Job. Démobilisé du côté de

1. Consignes consultées aux Archives nationales, série III W 240.
2. Vichy désigne par « émigration » l'ensemble des Français qui se sont expatriés. Le terme se veut péjoratif.
3. Consignes consultées aux Archives nationales, III W 240.

Perpignan et lisant le premier numéro de *Cœurs Vaillants* sorti des presses clermontoises, il avait décidé de rejoindre le Centre national en exil puisqu'il ne pouvait retourner dans son pays d'origine, la Moselle [1]. » Les possibilités techniques de Vichy et de Clermont-Ferrand étant vite saturées, les imprimeurs ont du mal à faire face à la demande. Lyon, métropole régionale, offre d'importantes potentialités pour les industries graphiques. Aussi, après avoir imprimé quelques numéros artisanaux de *Cœurs Vaillants* à Clermont-Ferrand, Gaston Courtois et J. Pihan partent-ils le 4 août 1940 pour Lyon : « d'où ils reviennent radieux six jours plus tard. Ils ont trouvé dans un quartier populaire, le quartier de la Guillotière, un imprimeur catholique à 100 %, M. Rivoire. Mieux encore : celui-ci possède 16 rue Nicolaï, un matériel très performant. Le journal pourra être tiré en quatre couleurs [2]. »

L'état-major des Scouts de France s'est lui aussi installé à Vichy et des scouts isolés cherchent à le rejoindre. *Scout* parvient à refaire surface le 20 octobre 1940 [3] et sur la couverture du premier numéro figure un jeune garçon, l'air déterminé, qui retrousse ses manches en se tournant vers le soleil. Le « quartier général » sert de point de ralliement aux membres du mouvement dont Pierre Joubert [4]. En juillet 1940 les enfants retrouvent aussi une « édition provisoire » de *Benjamin* sur laquelle figure un portrait du maréchal Pétain. J.F. Nicole signe un éditorial « Benjamin continue ! » où il précise : « Grâce à l'obligeante courtoisie de notre confrère *Le Moniteur de Clermont-Ferrand* nous avons réussi, malgré les mille difficultés que vous devinez (...) à publier à titre provisoire et sans engagement pour l'avenir le présent et modeste numéro » et il ajoute : « Nous avons maintenant, mes chers benjamins et mes chères benjamines, à reconstruire la France tous ensemble et à lui rendre en Europe et dans le monde la place qu'elle méritera de reprendre [5]. » Les enfants apprennent par un entrefilet « Enfin des nouvelles de Jaboune ! » que Jean Nohain est sauf. De fait ils retrouvent son nom le 22 août 1940 avec un article signé Jaboune « Adieux à mon uniforme de sergent-chef ». Tout repart donc tant bien que mal... Cependant le comité de rédaction est sensiblement modifié :

1. V. Feroldi, *La Force des enfants.*
2. *Ibid.*
3. En zone libre la revue *Scout* reparaît chaque mois sans discontinuer jusqu'en juillet 1944.
4. C'est la revue *Scout* qui emploie Pierre Joubert comme illustrateur, mais il retravaille aussi pour les Editions Alsatia. En janvier 1943, la revue changera de nom pour devenir *L'Escoute*. Pierre Joubert nous a signalé que ce nouveau titre (« issu du vieux français ») avait été adopté « en remplacement de l'ancien qui faisait vraiment trop anglais ». (Témoignage recueilli en mai 1994.)
5. Numéro de juillet 1940.

Paluel-Marmont n'y participe plus et demeure à Paris où il déborde d'activité. A l'inverse Alain Saint-Ogan devient rédacteur en chef et fréquente beaucoup de monde à Vichy dont des Parisiens qu'il croise dans les salons de Madame Dumont, la directrice de *L'Avenir du Puy-de-Dôme* : « J'ai le plaisir de me retrouver en pays de connaissance avec Magdeleine du Genestoux, de la librairie Hachette, qui n'est guère plus grande que la maîtresse de maison [1]... » Magdeleine du Genestoux et Adhémar de Montgon fourniront quelques nouvelles à *Benjamin* en mal de copie. On a longtemps pensé qu'Alain Saint-Ogan avait assuré les fonctions de rédacteur en chef pendant quatre ans. L'intéressé écrit à ce sujet que les Editions sociales françaises ont repris la revue en main : « Son directeur général, Paul Leclercq, qui vient d'acheter *Benjamin* aux Editions Lajeunesse, veut le faire reparaître. Après quelques pourparlers, Jaboune, qui a mieux à faire, refuse la rédaction en chef de l'hebdomadaire, dont finalement j'hériterai [2]. » Saint-Ogan ne donne aucune date précise mais jusqu'en février 1941 c'est toujours Jean Nohain qui dirige *Benjamin*. Comme plusieurs autres, la revue est subventionnée (à hauteur de 7 000 à 7 500 francs par an [3]) mais il faut y ajouter un soutien indirect sous forme d'abonnements souscrits par des ministères dont celui des Colonies : « Le département des Colonies a bien voulu nous encourager pécuniairement en nous souscrivant 140 abonnements d'un an » écrit Saint-Ogan en décembre 1943 [3] pour solliciter des abonnements supplémentaires. Quelques mois plus tard le ministère de l'Education donne une suite favorable à cette demande pour 1 000 abonnements à 75 francs qui seront « servis à 1 000 instituteurs des écoles rurales pour remettre en récompense à un ou plusieurs élèves de leur classe [4] ». Il est précisé que la répartition se fera à 2/3 pour les écoles publiques et 1/3 pour les écoles libres. Ces aides permettent de faire paraître régulièrement *Benjamin*, d'améliorer sa présentation et même de l'imprimer en couleurs comme son concurrent *Cœurs Vaillants*. Saint-Ogan, à titre personnel, reçoit d'autres commandes officielles [5] : « Le dessinateur le plus sollicité fut sans conteste Alain Saint-Ogan. Il reçut au moins cinq commandes entre mai 1941 et novembre 1943 [6]. » Une collaboration

1. In Alain Saint-Ogan, *Je me souviens de Zig et Puce...*, M. du Genestoux écrit *La Ferme des 27* en décembre 1940.
2. In *Je me souviens de Zig et Puce..., op. cit.*
3. AN F 41 269.
4. AN F 41 269.
5. A ce sujet voir aussi plus loin dans le chapitre 4.
6. In *Les Crayons de la propagande* par Christian Delporte qui donne le détail : 2 500 francs en mai 1941 pour une affiche, 3 000 francs en novembre 1943 pour un almanach.

lucrative et régulière s'est donc instaurée entre le père de « Zig et Puce » et le régime de Vichy.

Benjamin n'est pas le seul illustré replié en zone libre. Le 15 décembre 1940, *Jean et Paul* d'obédience catholique paraît à Limoges. D'aspect austère et modeste, ce titre est apparemment nouveau, mais cette livraison, soutenue par le groupe de La Bonne Presse, porte le numéro 233, ce qui est beaucoup pour un « petit nouveau ». Dans un billet, « Amis faisons connaissance... », on peut lire : « Voici *Jean et Paul* : votre journal. Il vient de naître malgré tant de difficultés et commence sa carrière modestement sans doute, mais avec l'espoir de gagner votre confiance... » Aucune allusion à la défaite, à la guerre ou au maréchal Pétain. Nous sommes loin du ton militant de *Cœurs Vaillants*. De sa qualité technique aussi... En fait *Jean et Paul* continue sous un autre nom le *Bayard* d'avant-guerre. Un mois plus tard, La Bonne Presse renouvelle l'opération en faisant reparaître *Bernadette* sous le nom de *Marie-France*.

A Marseille, *Mickey* et *Robinson* du groupe Winkler, sont installés rue Sainte, faute de pouvoir réintégrer Paris : « Les événements qui nous ont contraints à quitter Paris nous mettent dans l'impossibilité de continuer le service de *Robinson* à nos abonnés [1]. » Et la rédaction s'excuse d'avoir perdu ses fichiers dans l'affaire... Une solide équipe, Pellos, Sogny, Simons et Pierre Billon, fournit l'essentiel des récits. Les illustrés du groupe Winkler (*Mickey* et *Robinson*), ceux du groupe Del Duca (*Hurrah !*, *Tarzan* et *L'Audacieux*), ou encore *Jumbo*, entretiennent peu de liens avec le pouvoir. Certes ils passent quelques communiqués flatteurs pour le Maréchal sans lesquels une interdiction ne saurait tarder mais leur contenu, graphiquement correct mais intellectuellement brouillon, demeure proche des revues américaines ou italiennes dont ils sont issus. Ils doivent pourtant donner des gages afin de reparaître. Ainsi les premiers numéros de *Tarzan* et *Grandes Explorations* portent-ils sous leur titre un bandeau imprimé à l'encre rouge et mentionnant : « A chaque nouvel abonné, il sera envoyé un portrait du Maréchal. » Il ne semble pas que ces revues aient bénéficié de subventions ou d'abonnements de complaisance. Pendant un an, *Robinson* se montre plutôt distant envers l'idéologie officielle mais à partir de l'été 1941 l'esprit patriotique y est encouragé par le concours « Soldats de France » qui demande aux enfants d'identifier des uniformes et des drapeaux français. Quand elle publie les résultats la rédaction fait état de « centaines de réponses » et l'uniforme le plus récent est celui d'un

1. In *Robinson* n° 217.

aviateur français de 1941 ce qui permet de rappeler que la France de Vichy dispose encore d'une aviation [1].

De nouveaux héros

Les filles lisent et relisent la « Bibliothèque rose » où Magdeleine du Genestoux écrit ses ultimes romans [2], *Pâquerette* et *Mademoiselle Baguette*. Pour les garçons, une note de fantaisie vient d'un nouvel Edgar Rice Burroughs, *Tarzan le terrible*, où une fois de plus le héros cherche à retrouver sa femme : « Depuis deux mois, Tarzan menait dans la jungle la vie errante qui avait été celle de son enfance. Son épouse, Jane Clayton, lady Greystoke, avait été enlevée par un bandit et la demeure, qui avait été si longtemps l'asile de leur bonheur, avait été incendiée par des forbans ! » Voilà qui peut faire rêver car Tarzan parcourt une jungle délirante dans laquelle il croise des monstres préhistoriques et des hommes singes savamment baptisés « pithécanthropes ». Bien que très américaines, la série des « Silly symphonies », publiée conjointement avec Walt Disney s'enrichit de quelques nouveautés dont *Donald joue au hockey* et *Pierre qui bafouille* de l'Allemand Hans Fallada. A partir de 1942 la sortie de nouveaux titres américains est suspendue mais la plupart des « Silly symphonies » demeurent disponibles et les enfants peuvent encore acheter *Les Trois petits cochons* ou *Blanche Neige* selon Disney.

Les livres et jeux éducatifs du « Père Castor » continuent de paraître à un rythme soutenu et l'équipe de Paul Faucher insère des publicités [3] qui résument bien l'esprit du moment : « Les albums du Père Castor ne sont pas seulement de beaux livres d'images mais vous offrent un merveilleux choix d'albums à lire, aux textes passionnants ; des jeux aux combinaisons inépuisables, pour tous les âges, et pour jouer seul ou à plusieurs. Chacun de nos albums-jeux contient toute une boîte de jeux. » Suit une longue liste de titres disponibles dont *TTS cochon aérodynamique* ou *Ce que fait le vieux est bien fait*. Paul Faucher choisit donc d'ignorer la guerre dans la mesure du possible. L'occupation n'entrave pas le développement du « Père Castor » qui publie 31 nouveautés en quatre ans soit un rythme annuel comparable à celui de l'avant-guerre. On fête le 100ᵉ titre en 1941 : *Drôles de bêtes* rédigé par Paul François (c'est-à-dire Paul Faucher lui-même) et illustré par Rojan. Chez Gallimard, Marcel Aymé, qui tient rubrique dans *Je suis*

1. Aviation très réduite certes mais qui combattra néanmoins en Syrie... contre les Anglais !
2. M. du Genestoux disparaît au printemps 1942.
3. Dans *Le Journal de Taty* qui dépend de Flammarion.

partout, continue tranquillement de dérouler les aventures de Delphine et Marinette. Ses *Contes du chat perché* s'enrichissent de *La Patte du chat* et *Les Boîtes de peinture*, livres poétiques joliment illustrés par Nathalie Parain. Colette Vivier assure toujours la direction des « Almanachs du gai savoir ». Elle explique que ce projet est en partie dû à Jacques Schiffrin, le créateur de « la Pléiade » : « Il m'avait d'abord fait faire des petits albums, une grammaire amusante, un calcul amusant, des choses fantaisistes comme ça. Quand il a vu que je le faisais d'une manière qui lui convenait, il m'a dit son idée de faire un almanach pour les écoliers. Et l'on a commencé littéralement ensemble. Mais il était juif russe ; à cause des Allemands il est parti en 40 en Amérique, où il est mort plus tard [1]. » Les enfants retrouvent donc les aventures de Rémi [2], quelques jeux éducatifs et des nouvelles, le tout dans une tonalité à dominante pédagogique.

On voit fleurir des projets plus marqués par leur époque dont celui de René Barjavel qui lance « Fleur de France » chez Denoël. L'argumentaire commercial est éloquent : « Voici pour la jeunesse une collection de récits inédits d'une conception nouvelle. Ce sont des vies exemplaires composées avec beaucoup de soins, disons même avec amour, par des écrivains désireux de proposer aux enfants de nobles sujets d'exaltation. Action, couleur, sentiment du beau et du grand, telles sont les caractéristiques de ces récits dignes de faire battre de jeunes cœurs [3]. » Cette collection exalte inventeurs, artistes, grands navigateurs, explorateurs et grands capitaines. Ainsi les enfants trouvent-ils à lire *Ambroise Paré, chirurgien des rois*, *Les frères Montgolfier, triomphateurs des cieux*, *René Madec, le mousse devenu Nabab* ou *Bournazel, l'homme rouge* de Paluel-Marmont. S'y ajoute un *Jeanne d'Arc délivre Orléans* qui entretient le ressentiment anti-anglais. Dans le même esprit, les enfants peuvent lire les « Albums de France » (chez Gründ) où Napoléon et Jeanne d'Arc se vendent particulièrement bien [4]...

Pour les scouts (et leur famille), l'équipe d'Alsatia innove. Avant la guerre elle ne comptait que trois employés à Paris or elle emploie « jusqu'à 22 personnes sous la direction de Raymond Postal à partir de février 1941 [5] ». Les plus jeunes lisent la série « Bébé [6] » mais ce qui

1. Article de Philippe Lejeune dans *La Revue des livres pour enfants*, n° 141, p. 70.
2. Du nom d'un petit-fils de Colette Vivier.
3. Sources : documents de l'IMEC.
4. Gründ publie des nouveautés jusqu'à l'été 1944 dont *Provinces de France*, *Histoire des ballons* de Paluel-Marmont et *Histoire des chemins de fer* sous la direction de René Poirier.
5. Pascal Fouché, *L'Edition française sous l'Occupation*.
6. Textes de Jacques Michel dont *Le Bœuf et la Crèche* ou *Saint François d'Assise*, 14 titres disponibles en 1943.

reste gravé dans la mémoire collective c'est le « Signe de piste », série lue bien au-delà des cercles catholiques et qui publie huit titres en quatre ans. « Des titres que vous énoncez je me souviens seulement du *Prince Eric* (facile !) et de *La Bande des Ayacks*. Pourtant je sais encore très bien que ces livres me passionnaient et que j'ai dû lire tout ce qui était paru à l'époque dans cette collection Signe de Piste. Mais c'était autour des années 1940-45... », écrit à ce propos Eric Tabarly [1]. François Nourrissier, lui, n'a lu que peu de livres « pour enfants » mais, comme beaucoup d'autres, il associe le « Signe de Piste » et la guerre : « Reste une courte période, autour de mes treize ans, inséparable de l'affreux et magnifique été de 1940, de la plage et des pins de La Baule, des ballades à bicyclette avec une petite noiraude de mon âge, et de lectures que je fis alors, boulimiques et irréelles. J'avais découvert la collection Signe de Piste dans la villa meublée que ma mère avait louée en catastrophe au début de l'exode. Nous étions alors, et le sentions, dans une parenthèse de l'Histoire, au bord d'un gouffre, incertains, éperdus [2]. »

Populaires pendant toute l'occupation, l'ensemble des collections d'Alsatia font progresser le chiffre d'affaires de 1 300 000 francs en 1941 à 13 000 000 de francs en 1943 [3] en zone occupée et de 3 300 000 francs en 1942 à 4 600 000 en 1943 en zone libre. Alsatia augmente son effort en direction de l'enfance. En 1939 elle publiait 30 % d'ouvrages pour enfants alors qu'en 1943 la proportion est de 55 % [4]. Alsatia se pose donc comme un des éditeurs majeurs de l'époque.

En 1941, de retour de captivité, Georges Rageot crée avec sa femme Tatiana les Editions de l'Amitié : « En 1934 nous créâmes les Heures Joyeuses chez Aubier. En 1941, nous reprenons la collection à notre compte. Notre but : publier des livres de valeur pour les jeunes et satisfaire le désir qu'a l'enfant de mieux connaître le monde On y trouve *Fanch Lagadec, tambour de la République* dans lequel un jeune républicain de la ville de Brest « se trouve mêlé à l'épopée révolutionnaire, tandis que son ami Hervé de Kersulan émigre en Angleterre », une situation historique qui peut présenter des similitudes avec les années 43-44. Là, comme dans l'ensemble de leur production, Georges et Tatiana Rageot prônent la tolérance.

Pendant quatre ans règne donc une forte activité à Paris où n'opèrent pas moins de 33 éditeurs pour enfants, soit 6 de plus qu'en

1. Lettre d'Eric Tabarly à Alain Gout, in *Le Chemin de l'aventure*, « Signe de piste », 1987.
2. Lettre de François Nourrissier à Alain Gout, *ibid*.
3. Ces chiffres s'entendent compte non tenu de la production de l'établissement de Colmar qui fonctionne sous contrôle allemand. Sources : AN F 12 9640.
4. AN F 12 9640.

1939. Malgré les difficultés de la période la plupart ont été approvisionnés jusqu'au bout en papier et on peut même remarquer de beaux livres chez Marcus ou Le Chêne. Nouveaux ou pas, les éditeurs travaillent sous étroite surveillance mais à un rythme soutenu. L'édition parisienne pour enfants s'accommode de l'occupation. Qu'en est-il en province, et plus particulièrement en zone libre où la tutelle du gouvernement de Pétain s'exerce directement ?

En province on improvise avec talent, en particulier à Lyon. Samivel, familier de la région, choisit d'y travailler chez IAC, une maison régionale où il dessine *Le Joueur de flûte de Hamelin, La Grande Nuit de Merlin* ou *François de France* qui retrace la vie exemplaire d'un écolier au temps du Maréchal. Chez IAC paraît aussi *ZA et Dupont* de Max-André Dazergues que l'on retrouve aux Editions du Puits-Pelu, entreprise qui innove avec les moyens du bord. Elle emploie aussi le talent de Pierre Probst qui crée sa propre société, « Graphiques Lyonnais [1] ». Avec Roger Roux, un ex-dessinateur de mode, Probst illustre *Aeros empereur des nuages* de Max-André Dazergues ou *Les Aventures de Lardon et Croquesel* [2] Samivel, Roger Roux, Pierre Probst et Max-André Dazergues constituent le noyau d'une équipe fort active à Lyon où opèrent une douzaine d'éditeurs pour enfants [3]. S'y développe aussi la SAGE qui publie des ouvrages de propagande (dont *Maréchal nous voilà !* d'Aude Roche), des albums de fantaisie *(Bouffic et Plumet chez Blanche-Neige)* et des bandes dessinées. La capitale des Gaules connaît donc une activité intense. Grenoble augmente elle aussi sa capacité de production. Un éditeur local, Dardelet, crée des collections dont « Nos grands Français » qui inclut un *Charlemagne*. Pierre Joubert se souvient encore des circonstances dans lesquelles il a réalisé cette commande : « A l'époque je vivais à Lyon où j'ai eu affaire avec monsieur Blanc qui était agent d'édition. Il m'a demandé de réaliser des calendriers pour Berliet puis, de fil en aiguille, m'a dit que son ami Dardelet voulait illustrer un livre. Ce livre ce fut le Charlemagne d'Edmond Delucinge. Je n'ai jamais rencontré ni l'auteur, ni l'éditeur, dont je ne sais rien de plus [4]. » Le directeur des éditions Dardelet, Jacques Morlins, qui est un peu l'homme orchestre de la maison, est aussi le secrétaire général du journal local *Les Allobroges* et l'auteur de *Bayard*, *Les Frères Montgolfier* et *Vercingétorix*. Malgré la publication d'un album de propagande vichyste (*Le Petit Village* de Raymond Boudin) Jacques Morlins évite d'engager Dardelet dans le domaine

1. AN F 41 269.
2. De son côté, Roger Roux illustre *Krakra et Boubou* pour IAC.
3. Dont J. Barbe qui publie les aventures de *Gaybadin le Ménestrel* de Noë Perny et G. Noël.
4. Entretien avec Pierre Joubert en décembre 1993.

politique. Il anime une petite équipe d'auteurs dans laquelle on trouve Roger Dal, Jean Senard, Edmond Delucinge ou le célèbre alpiniste Roger Frison-Roche à qui est commandé un *Jacques Balmat vainqueur des cimes* [1]. Outre Dardelet, d'autres éditeurs sont installés à Grenoble comme Arthaud déjà célèbre pour ses livres sur la montagne qui demande à Léon Chancerel de se faire le chantre du maréchal Pétain auprès des enfants dans *Oui, Monsieur le Maréchal!* Les Editions « Les Alpes », liées à l'Eglise catholique, poussent dans le même sens avec *La belle histoire d'un chêne* d'Yvonne Estienne. Grenoble est ainsi à la fois un actif foyer d'édition et un centre de propagande vichyste en direction de l'enfance. A Marseille, Jean Vigneau, éditeur de Paul Valéry, publie aussi des livres destinés à l'enfance dont *Devenir grande* de Marianne Monestier et une nouvelle version de *Petits contes nègres pour les enfants de blancs* de Blaise Cendrars. D'autres foyers d'édition existent à Nice, Monte Carlo et Saint-Etienne : « Au départ, il y eut l'imprimerie Dumas, de Saint-Etienne, qui pendant l'occupation, fit sortir de ses presses la revue des Scouts de France. Ayant, j'imagine, des facilités pour obtenir du papier, ce qui n'était pas chose aisée à l'époque, M. Jean Dumas s'aventura dans l'édition [2]. » En 1944, l'imprimeur publie, pour le compte de Louis Simon directeur de *Scout*, *Un garçon dans la tourmente*. Et Dachs précise que « du même coup, M. Jean Dumas lança une collection de récits d'aventures pour enfants et adolescents et la baptisa *Jeunes de France* [3]. » Il faut aussi mentionner le cas de Xavier Mappus et de Plumon. Ancien directeur général d'Alsatia, Xavier Mappus a fait le choix de ne pas rentrer en Alsace (où Alsatia-Colmar ne publie que des ouvrages en langue allemande) et de créer sa propre maison de livres d'enfants au Puy-en-Velay. En représailles, le 8 août 1940, les autorités allemandes le relèvent de ses fonctions à Colmar comme « non rentré en Alsace [4] ». Il produit surtout des contes pour les petits comme *Pierrot dans la lune* d'O. Dulac ou des récits imprégnés de ruralité et de religiosité comme *Le petit village* de Jacqueline Verly. De son côté Plumon, grâce à des bureaux ouverts à Pau et à Biarritz, diffuse sa production dans les deux zones. Il crée une collection pour enfants dans laquelle des animaux vivent diverses aventures : *Moussinet lapin indépendant*, *Boudou l'incorrigible singe* ou encore *La Famille Mininouche*, histoire de petits chats qui mènent la vie dure à des souris grises [5]. Plumon aime aussi les

1. Jacques Morlins lance aussi « Je veux connaître », une collection pédagogique.
2. Article de Dachs in *Janus Bifrons*, numéro spécial « Le roman scout », 4e trim. 1992, Nancy.
3. *Janus Bifrons*. Trois titres avant la Libération.
4. AN F 12 9640.
5. Albums rédigés par Claude Delmas et imagés par Joël.

« Grandes légendes européennes », dont *Roland le Preux*, *Siegfried le Héros*, *Les Quatre fils Aymon* et *Thierry le Vaillant* qui s'inscrivent bien dans la *Nouvelle Europe*. Cette petite maison multiplie les publicités et fait montre d'un sens aigu de l'opportunisme en inscrivant à son catalogue quatre manuels d'enseignement dont *L'Allemand pratique et simple*... La province occupée ne manifeste une certaine activité que là où préexistaient de grosses entreprises comme à Tours où Mame éprouvée par les combats de juin 40 reprend peu à peu ses activités. On ne trouve donc pas (hormis à Paris et en Bretagne) le fourmillement inventif de la zone libre. Signalons cependant la création en 1942 d'Artima à Tourcoing, entreprise modeste au départ, fondée par « un groupe de professionnels de la presse enfantine dont Fernand Hanselin, René Deflandre, Emile Kiersbilk et sa femme [1]... » Ce petit éditeur se spécialise rapidement dans l'imagerie et la bande dessinée dont il devient un des plus gros producteurs au lendemain de la guerre.

La crise de 1942 : Le Téméraire et Siroco

Au cours des premières années de l'occupation, les enfants ont disposé d'une relative liberté de choix pour leurs lectures car une dizaine de titres sont demeurés disponibles au Nord et autant au Sud mais des difficultés croissantes tant économiques que réglementaires, vont contrarier le développement des titres de la zone occupée. Alors que jusque-là les Allemands avaient fait preuve d'une certaine indifférence envers des publications d'un genre mineur à leurs yeux, ils multiplient brusquement remontrances, tracasseries et retards d'autorisation de paraître. Une série d'escarmouches opposent alors les éditeurs aux occupants dont l'affaire des Editions de Montsouris témoigne bien. Le 9 février 1942, Pierre des Cognets, directeur commercial des Editions de Montsouris, demande audience au Dr Klecker pour discuter de nouvelles restrictions de papier qui lui sont brutalement imposées. Il est reçu à deux reprises par le capitaine Kotte et le lieutenant Stigler mais il comprend bientôt que l'affaire est grave car les Allemands « ont conclu au maintien provisoire de notre activité, demandant l'engagement de ne pas accroître la consommation et annonçant la suppression

1. D'après Jean Fourié dans la revue *Phénix* (n° 47 avril 77). L'influence des éditions Artima « sur la production nationale fut rapidement déterminante et les multiples fascicules qu'elles lancèrent sur le marché marquèrent fortement plusieurs générations de lecteurs ».

probable prochaine de nos journaux d'enfants [1] ». A cette époque les Editions de Montsouris publient encore *Le Petit Echo de la mode*, *Rustica*, *Lisette* et *Pierrot*. Alors Pierre des Cognets se défend et argumente de son mieux. Il rappelle que l'entreprise fait travailler plus de 700 personnes (principalement à l'imprimerie) et qu'elle prend en charge une aide régulière aux familles des 80 prisonniers de la maison. Il insiste sur la qualité des journaux produits : « *Lisette* pour les filles, *Pierrot* pour les garçons sont des journaux honnêtes qui n'ont jamais exalté le crime ou la violence. Ils incitent les enfants à l'orthographe, à la couture, à l'activité saine et aux sports. Des juges sévères disaient depuis de longues années qu'ils étaient les seuls à pouvoir être donnés aux enfants en confiance [2]. » Rien n'y fait car ce que Pierre des Cognets ignore c'est que les Allemands ont radicalement changé de stratégie. En raison du durcissement du conflit sur le front de l'Est, le papier de presse, devenu plus rare, est rationné sévèrement et va être réservé à des journaux plus politiques. Les Editions de Montsouris ne sont donc pas seules visées et *Gavroche* traverse les mêmes difficultés puis doit cesser de paraître en février 1942. Pour finir une ordonnance allemande datée du 27 avril réglemente rigoureusement l'utilisation du papier. En conséquence « l'impression des journaux, revues, livres, brochures et affiches est soumise à l'autorisation préalable du représentant du Militarebefehlshaber chargé des questions touchant le papier d'imprimerie », et il est précisé que « un numéro de contrôle sera donné avec l'autorisation. Tout imprimé entrant dans les catégories ci-dessus énumérées devra porter ce numéro [3] ». Cette décision est lourde de conséquence pour la presse enfantine. Dorénavant le papier est distribué avec parcimonie. En avril 1942 « la presse a reçu sensiblement le tiers de ce qu'elle recevait en 1938 [4] ». En zone nord, *Fanfan la Tulipe*, *Hurrah !*, *L'Aventureux*, *Junior*, *Fillette* et *Les Grandes aventures* sont progressivement « asphyxiés ». C'est le vide dans les kiosques. Seul *Ololê* se maintient en Bretagne. Pendant huit mois, les enfants doivent donc se contenter d'anciens illustrés qu'ils échangent ou relisent sans cesse. Cette réglementation permet aux autorités allemandes d'intervenir directement dans un domaine dont elles se préoccupaient peu jusque-là. En faisant place nette, les Allemands favorisent l'apparition d'un titre d'une importance certaine : *Le*

1. Les informations sur la crise ouverte entre la direction des Editions de Montsouris et les Allemands ont été rassemblées aux Archives nationales à partir de divers dossiers des séries F 41 et F6.
2. AN F 41 1247.
3. In Pascal Fouché, *L'Edition française sous l'Occupation*, tome II.
4. *Ibid.*

Téméraire[1]. Ce nouvel illustré fortement politisé, contrairement à ses prédécesseurs, va se trouver en situation de monopole pendant plus d'un an situation jamais vue dans ce domaine où la concurrence féroce était de règle depuis plusieurs décennies. Les Allemands sont-ils à l'origine de ce nouvel illustré ? Rien n'est moins sûr en dépit de « l'adresse du journal, 116 rue de Réaumur, qui l'intègre dans l'ensemble complexe dit de la Centrale Réaumur, bien connu des journalistes contemporains, rien de moins que le cœur même de la presse franco-allemande : *Paris-Soir* de zone Nord et, plus clairement encore *Pariser Zeitung*[2] ». De fait cette adresse pourrait indiquer une intervention directe des Allemands mais elle ne constitue qu'un simple relais car le maître d'œuvre du projet s'appelle Jacques Bousquet « un jeune professeur du lycée Voltaire » (...) « ancien initiateur des Jeunes du Maréchal[3] ». Or, par Jacques Bousquet, un des personnages clés de cette affaire, on pénètre dans le monde des mouvements de jeunesse car il est à l'origine de cette organisation née dans son lycée en novembre 1940 à partir de quelques dizaines d'élèves. A la fin de l'année scolaire, le mouvement ne compte encore que 300 membres, tous parisiens. Il ne sera officiellement autorisé et reconnu par le commandement militaire allemand qu'un an plus tard[4]. Au début, il est placé sous le signe de la fidélité au Maréchal comme en témoigne son nom et l'insigne choisi, une francisque rouge au centre d'un écu blanc, qui fait ainsi référence à la Révolution nationale et à la chevalerie. Mais à l'automne 1942, moment de l'élaboration du *Téméraire,* le mouvement est à la fois en pleine croissance et en pleine crise. A cette date Jacques Bousquet est devenu directeur de cabinet (avec rang d'inspecteur général) d'Abel Bonnard, lui-même ministre de l'Education nationale[5]. Or il se trouve qu'Abel Bonnard a une conception beaucoup plus « dure » de la collaboration que son prédécesseur Carcopino. C'est donc un des membres de l'équipe Bonnard qui contribue au *Téméraire* mais, jusque-là rien à voir, sinon indirectement, avec les Allemands. *Le Téméraire* regroupe aussi des illustrateurs dont Liquois[6], Erik et Vica qui en dessine le bandeau-titre. Le secrétaire de rédaction, André Ramon, précisera qu'il a rencontré Vica grâce « à

1. De bonne qualité graphique et technique, *Le Téméraire* paraît à Paris de janvier 1943 à août 1944.
2. In Pascal Ory, *Le Petit Nazi illustré.*
3. D'après Lambert *Partis et mouvements de collaboration*, chez Grancher, 1993. Jacques Bousquet n'a pas de lien de parenté avec René Bousquet le secrétaire général de la police.
4. Déclaration à la préfecture de police n° 3424 – *JO*, 24/10/1941.
5. AN F 17 13 366.
6. Liquois fournit aussi au *Mérinos* les planches d'un récit intitulé « Zoubinette » très hostile aux maquisards.

l'épouse du directeur des Editions coloniales et métropolitaines, la maison d'édition qui venait de créer *Le Téméraire* [1] et il ajoutera « c'est d'ailleurs moi qui ai conçu la formule, m'inspirant fortement de *Robinson* que j'admirais ». On peut aussi établir une parenté entre *Le Téméraire* et *Gavroche* dont proviennent Vica, Josse et Erik [2]. D'ailleurs la série de ce dernier, intitulée « Le professeur Globule contre le docteur Virus » dans *Gavroche*, est transposée dans *Le Téméraire* sous l'appellation « Le docteur Fulminate et le professeur Vorax ». Ainsi les enfants n'ont-ils aucun mal à s'y retrouver, la similitude entre les deux séries étant frappante. D'autres illustrateurs ont rejoint *Le Téméraire* dont Raymond Poïvet et Jean Ache. L'absence de concurrents en zone Nord facilite le recrutement d'une équipe. Jean Ache témoigne : « Pendant l'occupation, il y avait peu d'illustrés. *Le Téméraire* paraissait régulièrement et je m'y suis présenté tout en sachant bien que c'était plus ou moins un journal de propagande. (...) J'ai présenté Biceps au rédacteur en chef. Cela lui a plu et il en a fait paraître trois ou quatre bandes, juste avant la Libération [3]. » On trouve aussi Gire, Le Rallic et Mat.

Pour ce qui concerne sa structure éditoriale, *Le Téméraire* est donc animé par Jacques Bousquet [4] et publié par les Editions coloniales et métropolitaines [5] mais il ne comporte pas de capitaux allemands. Il est « la propriété des éditions du Continent, SARL à 1 000 000 de francs ». La société qui le publie a été fondée par un officier de réserve, ancien de l'école de cavalerie de Saumur et citoyen français [6] : *Le Téméraire* a été fondé le 15 janvier 1943 sans aucun capital étranger (...) Il est aisé de prouver que *Le Téméraire* n'a jamais reçu un mark, un seul mark allemand. Dès son lancement, il a trouvé dans la jeunesse, dans toute la jeunesse un accueil enthousiaste » lit-on dans un rapport de la PJ [7]. Donc pas de capitaux allemands. Pas de collaborateurs allemands non plus car dans une liste détaillée établie par les magistrats en 1945 de tous ceux qui ont travaillé, même de manière éphémère, avec *Le Téméraire* on ne voit apparaître aucun Allemand [8]. On recense 42 col-

1. In *Le Collectionneur de bandes dessinées*, n° 70, 1992. André Ramon fut aussi le fondateur du *Mérinos*.
2. On trouve un Mat à *Gavroche* : Marti Bas d'origine espagnole, et un autre au *Téméraire* : Marcel Turlin. Information communiquée par M. Gérard Bouan.
3. Témoignage de Jean Ache dans la revue *Hop*, n° 21, 1979.
4. Jacques Bousquet ne sera directeur de la rédaction qu'en 1943. Avant lui, Alain Jeff qui écrivit aussi sous le nom de Jacques Robin, assura cette fonction.
5. Vica publiera en 1943 dans cette même maison son *Vica défie l'oncle Sam*, album fortement politisé.
6. Plus tard, le capital fut modifié et l'appelation de la société (la SECM devient la SEC) afin d'y faire entrer Jacques Bousquet. AN Z 6 NL 9199.
7. Rapport de 1945. AN Z 6 NL 9199.
8. AN Z 6 NL 9199.

laborateurs différents : 24 rédacteurs et 18 illustrateurs. Mais « le journal eut surtout des collaborateurs extérieurs, tels Pierre Devaux, bien connu pour ses articles scientifiques [1]. » La plupart des rédacteurs sont peu connus, souvent jeunes et beaucoup sont des parents ou des amis de Bousquet. Reste l'épineuse question de l'autorisation de paraître et du papier : comment, en zone Nord, faire paraître une revue sans l'autorisation d'utiliser régulièrement du papier de presse ?

Selon Jacques Bousquet le journal a obtenu l'autorisation d'un Allemand d'origine autrichienne : « Je sais que ce journal avait été fondé grâce au papier fourni par un Allemand nommé Baer (...) Cet Autrichien n'avait donné son concours que parce qu'il en tirait profit [2]. » Une déposition de Vica [3] confirme les faits : « sans situation, à la suite de la disparition du journal *Gavroche*, il (Vica) s'adressa aux services de propagande de l'Hotel Majestic qui lui proposèrent de collaborer à un nouveau journal pour enfants et d'illustrer des albums de propagande. » Il est précisé que Vica : « reconnaît avoir été en rapport avec le nommé Baer, Sonderführer, service de la propagande, Hôtel Majestic. » Le Sonderführer en question porte bien le même nom que le censeur du service de presse [4]. *Le Téméraire* pour ses capitaux, sa structure juridique et sa rédaction est un projet français approuvé (ou toléré) par les Allemands mais ne semble pas être un projet initié par les Allemands. Tout cela forme un ensemble cohérent qui suppose cependant que le contenu du journal ne gênait en rien les occupants. En effet le lieutenant Heller, dans une correspondance de 1942 rappelle que : « Pour la zone occupée, la réglementation de répartition du papier ne peut être discutée que par les maisons qui soutiennent à 100 % les intérêts allemands ; cela veut dire que chaque décision concernant ce sujet doit être vue par nous [5]. » *Le Téméraire* n'a pu échapper à cette règle. Or ce journal n'a rien d'une feuille confidentielle. Bien présenté, en huit pages sur un grand format, il a une allure résolument moderne. Sa « une », souvent illustrée d'un grand dessin et d'une bonne qualité graphique, ne pouvait passer inaperçue dans les kiosques. Le journal ne manque jamais de papier même dans les mois difficiles de l'été 1944, ce qui est une performance technique et politique. Il bénéficie de tirages

1. Polytechnicien, Pierre Devaux en né en 1881 à Bordeaux. Il anime des travaux et des collections scientifiques pour les Presses Universitaires de France où il est un des fondateurs de la collection « Que sais-je ? ». Dans *Le Téméraire* on lui attribue la paternité de « La quatrième dimension » (n° 11), « L'an 2000 » (n° 19), « En fusée vers la lune » (n° 30) et « L'avion robot » (n° 38).
2. AN Z 6 NL 9199.
3. Le dossier Vica est distinct de celui du *Téméraire*. AN Z6 19 324.
4. Dans certains dossiers ou rapports, Baer est appelé Bauer mais il semble bien qu'il s'agisse du même, les employés de la PJ notant phonétiquement le nom.
5. Lettre d'Heller citée par Pascal Fouché et Rita Thalmann.

importants (entre 100 et 150 000 exemplaires par numéro) et d'une forte diffusion bien qu'il ne soit pas vendu par abonnement [1]. Un journal qui a marqué les esprits. Un demi-siècle plus tard bien des lecteurs s'en souviennent encore.

En zone libre, malgré les difficultés matérielles, la situation demeure différente car Vichy crée en avril 1942 sa propre commission de contrôle et de répartition du papier où siègent cinq personnalités dont Paul Morand et Paul Chack. Cette commission doit réduire le volume du papier utilisé mais elle ne fait pas les mêmes choix et la presse enfantine est préservée. La plupart des titres poursuivent leur carrière mais *Scout* annonce que « la pénurie de papier l'oblige à supprimer sa vente au numéro, afin de réserver son tirage à ses abonnés dont le nombre croît sans cesse [2] ». Les illustrés parviennent donc à survivre grâce aux subventions du gouvernement de Vichy et on enregistre même quelques créations dont *Siroco*, publication d'une certaine qualité littéraire. Cet hebdomadaire, sous-titré « Le vrai journal des jeunes de France », est publié à Clermont-Ferrand [3] par Arthème Fayard. Dans le premier numéro les éditeurs justifient le choix de leur titre : *Siroco* (que la rédaction écrit avec un seul c) évoque tout d'abord un vent et l'aventure coloniale. « Un vent parmi bien d'autres. Une chose qui vit, la plus libre sous le ciel, l'essence même du plein air et l'une des forces essentielles de la Nature. Qui peut aux mauvaises heures être glacial ou brûlant... » Mais ce titre veut aussi évoquer le nom d'un navire : « Un navire... Un fier navire de France. Qui courut les océans, vainquit les tourmentes et le brouillard. Dans la guerre fit jour et nuit sa patrouille durant neuf mois ; et livra sa juste bataille. Trois fois fut vainqueur. Mourut en pleine gloire devant Dunkerque. » En effet, *Siroco* est le nom d'un navire coulé en 1940 devant Dunkerque et dans le n° 1, le capitaine de frégate de Toulouse-Lautrec raconte ce dernier combat. Nationaliste et catholique, *Siroco* ne sera que discrètement pétainiste. On y exalte la marine, l'Empire colonial et surtout les vertus de l'entraide entre jeunes Français. Dans cette revue les textes occupent une grande part sous la signature d'écrivains de renom comme Maurice Genevoix (« L'ours au téléphone »), Henri Lavedan (« Au temps de la grande chouannerie »), Louis Bourliaguet (« Le droit chemin »), Henri Kubnick, Roger Vercel (« Roi de Brocéliande »), Yves Dermèze (« La nuit des deux frères d'armes ») ou Paul Chack (« La sentinelle a menti »). Au fil des pages, on voit régulièrement paraître un récit de « Sim » (« Le sous-marin dans la forêt » illus-

1. En juillet 1944, le tirage est encore de 140 000 exemplaires. Archives de la Préfecture de police, BA 1713.
2. N° 171 de février 1942.
3. 57, rue Blatin, à partir du 12 décembre 1942.

tré par Marijac). Derrière ce pseudonyme se cache Georges Simenon. *Siroco* emploie aussi les talents de Cyril, Claude Verrier, Carliez et parfois du caricaturiste Bernard Aldebert [1].

Le cas particulier de la Bretagne

En dépit d'une appartenance déjà ancienne à la France un fort sentiment d'identité s'est toujours manifesté en Bretagne. L'occupation redistribue les cartes car les Allemands montrent un intérêt déclaré pour certains mouvements séparatistes européens pourvu qu'ils se développent dans les limites d'Etats concurrents du Reich. Pourtant leur politique est hésitante et souvent floue : ils vont libérer un certain nombre d'indépendantistes jusque-là prisonniers (afin d'encourager la création de mouvements séparatistes) mais ils ne semblent pas envisager sérieusement la création d'un Etat breton. En effet, face à l'Angleterre le contrôle direct des ports de Brest ou de Lorient leur paraît indispensable. L'occupation militaire de la région est même particulièrement dense et stricte. Cependant, un soutien aux mouvements celtisants (mouvements liés aux Irlandais, aux Gallois et aux Ecossais) peut apparaître opportun aux Allemands. D'où une attitude ambivalente : bienveillance envers les mouvements culturels mais méfiance envers les mouvements trop ouvertement indépendantistes. C'est dans ce contexte que deux frères, Herri et Ronan Caouissin, lancent à Landerneau, à l'automne 1940, *Ololê* – « journal illustré des petits Bretons ». Le choix du nom de cette revue est ainsi expliqué :

Ololê, le cri d'appel des pâtres bretons,
si empreint de fraîcheur et de poésie
est devenu le titre de la publication préférée des jeunes de Bretagne.
Ololê, l'hebdomadaire de la famille.
Ololê, l'illustré attrayant, sain et édifiant...
Ololê, un cri de joie, d'espérance.

Fortement inspiré de *Cœurs Vaillants* où Henri Caouissin a travaillé avant la guerre, *Ololê* n'est pas vraiment bilingue mais quelques articles sont parfois rédigés en breton. Cependant comme peu de jeunes maîtrisent cette langue, pour ne pas se couper de son public, la majeure partie de la revue est rédigée en français. Le succès de cet

1. Dans le n° 6 Aldebert ironise sur les Africains « mangeurs d'hommes ». *Siroco* paraît sans interruption jusqu'au mois de juillet 1944.

illustré du dimanche [1] est indiscutable et rapide. Du 15 novembre 1940 au 15 mai 1944, les ventes oscillent entre 3 000 et 20 000 exemplaires, ce qui est bien pour un hebdomadaire dont la diffusion est limitée à cinq départements. Le soutien actif de catholiques militants et de cercles celtisants explique en partie ce succès. L'abbé Perrot, en particulier, ne ménage ni son amitié ni ses efforts pour aider *Ololê*. Les frères Caouissin et l'abbé Perrot se connaissaient de longue date. Ils avaient en particulier animé de 1933 à 1939 une petite revue pour enfants intitulée *Feiz ha Breiz ar vulgale*, qui comportait quelques bandes dessinées et récits adaptés de la revue galloise *Cymru'r Plant* : « Richement illustrée, ne dédaignant pas l'emploi de la couleur, la revue, au tirage exceptionnel pour l'époque de 2 000 exemplaires, s'entoure, grâce à l'intelligence et au réseau de relations des Caouissin, de collaborateurs de renom, tant au niveau des textes que des illustrations [2]. » *Ololê*, qui ne doit rien aux Allemands sinon l'autorisation de paraître, ne sort donc pas du néant. On y retrouve Le Rallic, dessinateur d'origine bretonne. Celui-ci joue un rôle essentiel de 1940 à 1944, dessinant parfois les deux tiers de la revue à lui seul, réalisant avec talent aussi bien les illustrations des rubriques historiques que celles des feuilletons. On trouve aussi régulièrement des dessins de Thomen (« Les aventures de Matilin an Dall »), et à partir du printemps 1942 les jeunes lecteurs découvrent deux héros nouveaux : Tintin et Milou. Hergé ne participe pas directement à la revue. Il s'agit d'un ancien récit, *Tintin au pays des Soviets*, publié par épisodes au rythme d'une ou deux bandes dans chaque numéro [3].

Les rapports entre *Ololê* et le gouvernement de Vichy sont assez ambigus. La logique nationaliste voudrait que soient distendus les liens avec cet Etat français affaibli. Néanmoins, *Ololê* et Vichy partagent un certain nombre de valeurs. Tout d'abord la foi catholique qui est encouragée par l'Etat français. Or, *Ololê* affirme vouloir restaurer la famille, l'esprit sportif et d'effort, la morale chrétienne... et le portrait du Maréchal apparaît parfois dans la revue. Absent au début, on le trouve au printemps 1941 à l'occasion de la Saint-Philippe, avec un article intitulé « Bonne fête Monsieur le Maréchal ! » La direction adresse des vœux ainsi formulés : « 1er mai : Fête du muguet, Fête du Travail et Fête du vénéré Maréchal Pétain, ce grand soldat qui, en demandant l'armistice en juin dernier, a sauvé la France du désastre où les forces du Mal l'avaient entraînée. Enfants, n'oubliez pas que si votre papa ou vos aînés ne sont pas tombés dans cette guerre, c'est à

1. Bimensuel jusqu'au n° 4 puis hebdomadaire.
2. Article de Dominique Roger dans la revue *Ar Men*, n° 53.
3. Notons aussi la participation de Job de Roincé pour un feuilleton et celle de Georges G. Toudouze.

lui que vous le devez car il n'a pas permis que se prolonge l'inutile sacrifice. Aussi, le 1er mai, tous d'un même cœur vous adresserez vos vœux de bonne fête au Maréchal, en priant pour lui, pour la France et la Bretagne ! » Le portrait du chef de l'Etat figure en vis-à-vis d'un portrait du pape Pie XII. La Bretagne est évoquée en troisième position, après la France. Prudence de la rédaction donc qui ne veut effaroucher personne. Néanmoins, derrière ce formalisme apparent, le calcul politique n'est pas absent, car dès le numéro suivant *Ololê* récidive. Un autre appel est lancé, en breton et en français. Il commence par la formule : « Chef vénéré et bien-aimé de la France... » et on apprend que les enfants « lui font confiance dans la renaissance de leur chère province de Bretagne, espérant bientôt pouvoir apprendre avec joie à l'école, l'histoire et la langue de leurs aïeux ». L'appel est conclu par un : « Que Dieu vous garde monsieur le Maréchal ! Que vivent la France et la Bretagne ! »

Cette fois il ne s'agit plus seulement de distraire les petits Bretons mais de faire progresser la cause bretonne car, parallèlement à cet appel public, une action diplomatique est engagée. Monsieur Taldir Jaffrennou, président du collège des bardes, est chargé de remettre à M. de Kergarlou, sénateur des Côtes-du-Nord, les vœux des lecteurs afin que lui-même les remette en main propre au Maréchal. Et cette chaîne apparemment compliquée fonctionne. Au cours d'une des nombreuses audiences que le chef de l'Etat accordait aux notables de province, la lettre lui est remise, ce qui est assez banal, mais, fait plus rare, le Maréchal répond. Sa lettre (très probablement rédigée par les services de la jeunesse) est publiée en première page en août 1941. Il faut dire que l'événement est de taille car on apprend que l'initiative d'*Ololê* n'est qu'une partie d'un tout, Edgard de Kergarlou ayant aussi remis le 15 décembre 1940 « le placet des grandes associations bretonnes » qui contenait le même genre de revendications. Cette fois des résultats concrets sont obtenus : « l'enseignement de l'Histoire de la Bretagne deviendra obligatoire dans toutes les écoles le 1er octobre 1941 ; elle sera sanctionnée par des examens. Une chaire d'Histoire de la Bretagne est créée à l'université de Rennes et confiée à M. Barthélémy Poquet du Haut Jusse, collaborateur du regretté Arthur le Moyne de la Borderie notre grand historien breton [1]. » *Ololê* se veut donc une composante active du mouvement breton et non un simple illustré. En mars 1942 le portrait de Pétain réapparaît à « la une » au-dessus d'une légende en gros caractères : « Le Maréchal promet de reconstituer la province de Bretagne dans ses limites historiques ». La rédaction invite

1. Lettre de Taldir Jaffrenou.

les lecteurs à se dévouer pour leur province : « Ainsi petits Bretons... Aimez-la comme vous aimez votre maman ! »

Au fil des mois la revue se politise et songe même à se doter d'une organisation. L'activité de l'équipe d'*Ololê* ne se limite pas aux illustrés de jeunesse. Elle s'étend à l'action régionaliste : « les lecteurs sont invités à former des groupes de loups et d'hermines regroupés dans *Urz Goanag Breiz* (l'Espérance de Bretagne) destiné à former une élite de jeunes catholiques bretons en utilisant les méthodes du scoutisme [1]. »

En marge de la revue se développe une importante activité éditoriale. En 1942 un ouvrage de Thomen, *Les Aventures de Matilin an Dall* paraît en français et en breton. Thomen est un professionnel confirmé qui a travaillé pour le groupe Offenstadt depuis 1904, pour Taillandier et pour Gordinne. Il est devenu célèbre en illustrant les aventures de Charlot pendant plus de dix ans. En 1943, les éditions Ololê publient aussi *Le Merveilleux Voyage de Matilin an Dall à travers les siècles bretons*, et un étonnant Benjamin Rabier bilingue *Au temps où les bêtes parlaient breton* [2] puis *Les Contes du Ti Plouz* (la petite chaumière), de Félix Jobbé-Duval. Toujours en 1943, *Ur Goanag Breiz* demande à Jacques Robin et à Youenn Fouric de créer *Tud va Breiz,* ensemble de dessins à découper représentant douze héros bretons. Puis « La Maison du Léon » à Landerneau lance *Cœurs de héros*, un recueil illustré où l'on trouve vingt récits condensés, vantant les mérites de héros celtes : « Les pages de cette brochure sont dédiées aux jeunes de Bretagne ! Qu'elles soient pour eux des exemples du devoir et leur rappellent les nobles traditions celtes et bretonnes d'héroïsme [3]. » Les Editions de Bretagne (Skridou Breizh) à Brest publient aussi *Lomming* conte pour enfants de Xavier Haas qui fait vivre un lutin né d'une goutte de rosée à la pleine lune [4]. Dans *Anne et le mystère breton* de Georges-G. Toudouze [5], une jeune Bretonne sympathise avec des étudiants qui visitent la Bretagne puis épouse un des étudiants, un artiste séduit par elle et... par la Bretagne ! Il s'agit d'un résumé de l'histoire de la Bretagne et d'une visite guidée de ses principaux sites que les enfants découvrent ainsi. Un poème de Frédéric le Guyader leur rappelle la victoire des langues celtes sur le latin des envahisseurs :

1. D'après Yvon Tranvouez dans le *Dictionnaire du monde religieux dans la France contemporaine...* A ce sujet voir plus loin au chapitre IV.
2. Benjamin Rabier est mort en 1939. Il s'agit donc d'un ouvrage posthume.
3. Publicité insérée en février 1943 dans *Bibliographie de la France.*
4. Haas est un Alsacien installé en Bretagne pour des raisons de santé et rallié à la cause bretonne.
5. *Anne et le mystère breton* est publié en 1942 dans la « Bibliothèque verte ».

Affiche d'Alain Saint-Ogan pour la première fête des mères de 1941.

Affiche de Maurice Henri pour le Noël 1943 des enfants dont les parents sont partis travailler en Allemagne dans le cadre du STO.

Affiche de Germaine Bouret, 1942.

Affiche pour le Secours national, 1943.

Affiche de l'équipe Alain-Fournier, 1944.

2ème Année - N° 20 Le N° : 80 centimes 27 Avril 1941

O LO LÊ

RÉDACTION-ADMINISTRATION
7, rue Lafayette
Landerneau Finistère
Compte chèques postaux : Mlle Leclerc 28556-Rennes

JOURNAL ILLUSTRE DES PETITS BRETONS

PARAISSANT TOUS LES DIMANCHES
Directrice : Mme Vefa de BELLAING

ABONNEMENT:
1 an: 35 francs
6 mois : 18 francs
3 mois : 10 francs

L'HISTOIRE VRAIE D'UN MARIN BRETON

CORSAIRE DES ILES

RÉSUMÉ. - En 1797, François Ripaud de Montaudevert prend à l'abordage un bâtiment de 4 canons et se lance contre une corvette de 14 canons. Le feu se déclare à bord du corsaire. La corvette en profite pour fuir et Ripaud est forcé de gagner Mangalore pour réparer ses avaries. Le Sultan Tippoo est averti de l'arrivée d'un Breton de haut rang.

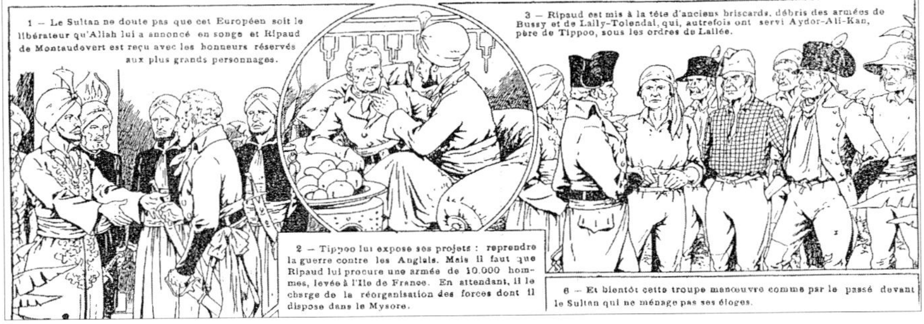

1 – Le Sultan ne doute pas que cet Européen soit le libérateur qu'Allah lui a annoncé en songe et Ripaud de Montaudevert est reçu avec les honneurs réservés aux plus grands personnages.

2 – Tippoo lui expose ses projets : reprendre la guerre contre les Anglais. Mais il faut que Ripaud lui procure une armée de 10.000 hommes, levée à l'Ile de France. En attendant, il le charge de la réorganisation des forces dont il dispose dans le Mysore.

3 – Ripaud est mis à la tête d'anciens briscards, débris des armées de Bussy et de Lally-Tolendal, qui, autrefois ont servi Aydor-Ali-Kan, père de Tippoo, sous les ordres de Lallée.

6 – Et bientôt cette troupe manœuvre comme par le passé devant le Sultan qui ne ménage pas ses éloges.

NUMÉRO 20 LE NUMÉRO 0 fr. 75

1er Février 1942

CŒURS VAILLANTS — SUPPLEMENT BIMENSUEL — Ames Vaillantes

POUR LES PETITS GARS ET LES PETITES FILLES DE FRANCE

Directeur : Jacques CŒUR

16, rue Nicolaï à Lyon Abonnement : un an, 18 fr. Chèques Postaux Lyon 891-20

TINTIN et MILOU dans la brousse

Tintin s'est embarqué avec son inséparable Milou pour aller chasser les fauves. Arrivé dans la brousse, l'ingéniosité de Tintin en fait un grand ami des Ba Baoro'm. Mais le sorcier de la tribu est jaloux... à la nuit tombante Tintin et Milou partent pour aller chasser le léopard...

Illustration d'Aude Roche.

Guerre 1939-1945 ; l'exode de 1940. *(Lapi-Viollet.)*

1944. Un soldat américain donne des friandises à des enfants.
(Keystone.)

1944. Sergent de la RAF aidant au bain d'un petit Français.
(Keystone.)

1947. Les enfants du « Baby-Boom ».
(Cliché G. Ragache.)

Villerville, 1949. Camping et « congés payés » d'après guerre. Les tentes et une partie du matériel sont militaires, récupérés sur l'armée allemande.
(Cliché G. Ragache.)

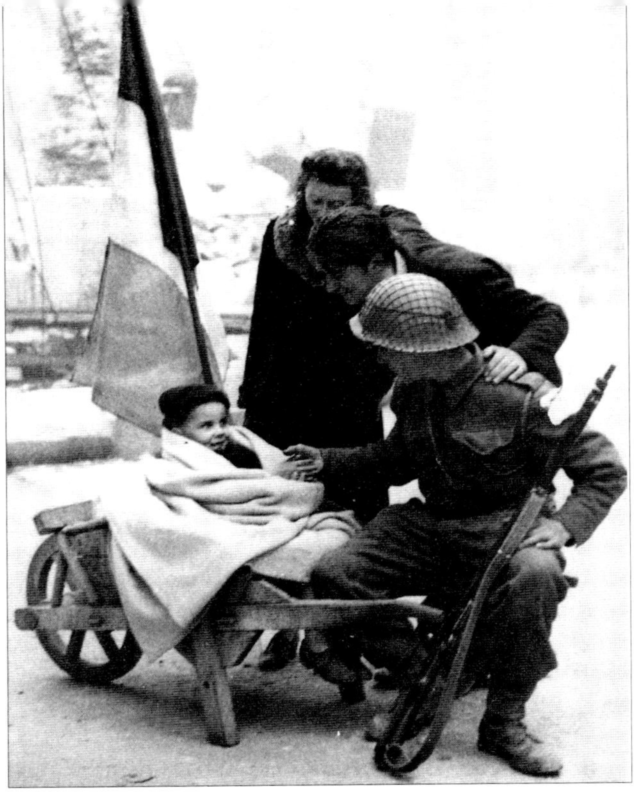

1944. Soldat britannique fraternisant avec un couple de Français et leur enfant dans les ruines de Caen. *(Keystone.)*

Normandie, 1944. Femme et enfants saluant les soldats canadiens. *(Archives nationales du Canada / Mémorial de Caen.)*

Paris, juillet 1947. Départ en colonie des vacances des enfants des employés des PTT. *(AFP.)*

Paris, octobre 1945. Rentrée des classes. *(AFP.)*

Paris, octobre 1948. Centre de « rééducation physique » du boulevard Jourdan.

Les Césars ne sont plus, et le latin est mort.
Mais le breton se parle aux rives de l'Armor.

Toudouze plaide pour le renouveau de la Bretagne : « L'essentiel, vois-tu, mon ancien, c'est que, de cette jeunesse-là, il sorte une Bretagne nouvelle dans une France rajeunie. Et c'est pourquoi ces petits-là, je leur fais confiance ! »

5

Organiser l'enfance

Les groupements politiques et religieux ont toujours eu pour souci d'encadrer les enfants et, ce, le plus jeune possible. Pendant l'occupation la plupart des organisations d'avant-guerre sont interdites ou dissoutes. Ce qui ne les empêche pas de se reconstituer, surtout en zone libre. Quant aux partis liés à la collaboration, ils cherchent à se doter de mouvements de jeunesse dont les plus jeunes membres relèvent encore de l'univers de l'enfance. C'est ainsi que les Pionniers de Jacques Doriot regroupent des gamins de 6 à 15 ans qui portent un uniforme : culotte (ou jupe) et chemise bleues, un foulard et des chaussettes blanches. Doriot a même prévu un mouvement de Lionceaux âgés de moins de six ans... Au RNP, animé par Marcel Déat on trouve aussi des cadets de 10 à 16 ans (à partir d'avril 1943) qui doivent « être de race aryenne, accomplir un stage d'un mois dans une phalange et s'engager à respecter la discipline des cadets ». Or cette discipline implique « la foi dans les destinées du pays, la confiance en soi, le respect du chef, le développement de l'esprit d'initiative, un goût de la responsabilité et de l'action en commun, la pratique des bonnes habitudes »... Parmi ces « bonnes habitudes » figurent la pratique des jeux et des sports, la connaissance des règles de l'hygiène et la participation régulière à des camps et à des sorties.

De leur côté les Francistes de Marcel Bucard regroupent des jeunes de 7 à 14 ans dans les cadets du mouvement. Au total, tous partis confondus, cela concerne quelques milliers d'enfants qui distribuent des tracts et des insignes, vendent des journaux (les cadets de Doriot vendent *Jeune peuple* tous les mois) et participent à diverses manifestations.

Il est cependant un moyen beaucoup plus massif et plus ancien pour encadrer les enfants que les partis politiques : le scoutisme, les clubs de lecteurs et les patronages. Là nous changeons d'échelle car cela concerne des centaines de milliers d'enfants.

Les clubs de lecteurs

L'idée de créer de vastes clubs pour enfants n'est pas spécifique à l'occupation. Déjà bien avant la guerre Jean Nohain avait fait figure de pionnier en regroupant ses benjamins par ville ou par quartier et en les dotant d'un insigne : une main blanche ouverte sur laquelle s'inscrivait un cœur rouge. Comme le fond était bleu, l'ensemble était aux couleurs de la France. De plus Jean Nohain avait écrit une chansonnette qui servait de manifeste et de signe de ralliement :

Les benjamins, les benjamins
Suivent toujours le droit chemin
Les benjamins, les benjamins,
Sont gais, joyeux, contents, plein d'entrain
Les benjamins, les benjamins,
Rendent service à leur prochain
Les benjamins, les benjamins,
Ont tous le cœur sur la main.

En zone Sud, dès que *Benjamin* reparaît, la rédaction tente de réorganiser ses lecteurs et, peu à peu, le journal devient un relais puissant entre le pouvoir en place et les jeunes d'âge scolaire qui constituent un lectorat nombreux et malléable, car il ouvre régulièrement ses colonnes à des articles qui incitent les enfants à aider le Maréchal. Mais au service de quelle organisation précise les enfants doivent-ils se mettre ? La rédaction hésite car à Vichy il n'y a pas d'unité de pensée à ce sujet et Pétain est personnellement hostile à l'idée d'une organisation unique de la jeunesse, jugée totalitaire. Hésitants eux aussi, les rédacteurs s'en sortent par une pirouette : « Benjamins et benjamines, l'heure n'est plus à l'égoïsme. Personne n'a le droit de rester des journées entières à traînasser dans son petit coin. Le moment est venu pour vous, si vous en avez l'âge, d'adhérer au mouvement de jeunesse de votre choix et qui a l'approbation de vos parents. Soyez, comme vous le préférez, scouts ou éclaireurs ou compagnons ou membres d'un patro, d'une équipe ou d'un club », lance J.F. Nicole, le rédacteur en chef du moment [1]. On assiste au fil des numéros à un saupoudrage

1. Cet appel en première page du numéro du 22 août 1940 est signé J.F. Nicole, car Jean Nohain n'est pas encore revenu des armées.

d'articles en faveur de divers goupements mais pendant deux ans la rédaction insiste particulièrement sur les Compagnons de France qui sont donnés comme des modèles. Dans « Salut compagnon ! », un article non signé [1], on déplore que les mouvements de jeunesse ne regroupent que 15 % des enfants puis on incite clairement les lecteurs à rallier les Compagnons : « Dans ce mouvement se côtoient des jeunes de toutes religions et de toutes croyances, unis dans un même esprit de compréhension et de respect réciproque. » *Benjamin* (surtout par les articles de J.F. Nicole) explique alors que le but principal des Compagnons est de « rendre des services précis aux réfugiés, aux collectivités, aux paysans... » ce qui constitue plutôt un appel à la générosité, présenté comme apolitique, en apparence du moins : « Les Compagnons de France invitent les jeunes à donner de la France une image jeune, propre, fraternelle, courageuse » et « Les vies qu'ils veulent vivre s'appellent : vie saine, vie active, vie d'équipe, vie de l'esprit ». Voilà qui peut séduire quand on est collégien...

De loin en loin la rédaction revient sur le sujet et insiste sur le dévouement des Compagnons de France qui ont porté secours à tous les isolés pendant les tempêtes de neige de l'hiver : « Vous connaissez ces adolescents vêtus de bleu, portant comme insigne le coq, marque de la fierté nationale par une ancienne tradition, et qui forment à l'heure actuelle l'une des phalanges de la patrie renouvelée [2]. » A la même époque (1942) les enfants peuvent lire dans *Robinson* un feuilleton de Pellos, « Compagnon Michel [3] ». Pourtant, les rapports entre le gouvernement de Vichy et ses propres organisations de jeunesse ne sont pas simples, en particulier avec les Compagnons de France créés en juillet 1940 par un inspecteur des finances, Henri Dhavernas, avec l'accord du général Weygand et du secrétaire d'Etat à la Jeunesse, Ybarnegaray : leur but est de prendre en charge les garçons de 15 à 20 ans, dont on redoute le désœuvrement, et de les organiser en compagnies rurales, urbaines, itinérantes, théâtrales... Un tel programme aurait dû rencontrer l'approbation générale à Vichy, pourtant le pouvoir se méfie des Compagnons de France et « Par deux fois, en 1941 et en 1943, l'organisation fut soumise à enquête pour dilapidation de fonds publics [4] ». Mais il semble que l'argent n'est qu'un prétexte au renvoi du premier chef compagnon, Henri Dhavernas, puis du second, le commandant de Tournemire nommé au printemps 1941, tous deux politiquement indociles. En effet, le mouvement « refusa de participer

1. *Benjamin*, 29/8/1940.
2. Dans le numéro du 12 mars 1942.
3. Pellos est aussi un des illustrateurs de la revue *Compagnon*.
4. In Jean-Pierre Azéma et François Bédarida, *La France des années noires*, Le Seuil, 1993, t. I.

à la propagande antisémite et antimaçonnique de l'Etat » et fut finalement dissous le 21 janvier 1944.

Prudent, Alain Saint-Ogan soutient la personne du Maréchal plutôt qu'un mouvement précis et si son journal parle volontiers de la Révolution nationale c'est sans jamais bien la définir : « *Benjamin* est un journal intégralement français. *Benjamin* soutient à fond l'œuvre de redressement national [1] ! » Un sommet dans le maréchalisme est cependant atteint quand en janvier 1942 [2] est organisée à Vichy une rencontre officielle entre un millier d'écoliers venus de la France entière et le Maréchal Pétain. Cette rencontre permet de valoriser le rôle des mouvements de jeunesse, les aînés encadrant les plus jeunes. Dans *Benjamin* on relate avec des accents lyriques comment tous ces écoliers sont arrivés à Vichy par le train le 28 décembre 1941 : « Dans la gare illuminée de soleil, Monsieur Lamirand attendait les voyageurs. » Ils apportaient au Maréchal « les vœux de tous les enfants de France ». Afin de les accueillir on a mobilisé des centaines de scouts, d'éclaireurs et de Compagnons de France, tous en grand uniforme. Après que tout ce petit monde a été envoyé à la messe pour les catholiques ou au temple pour les protestants, un immense repas est organisé par les Chantiers de jeunesse dont les membres servent « en gants blancs ». La table d'honneur est présidée par MM. Carcopino, Marion, Lamirand et La Porte du Theil face à 1 300 convives qui attendent la suite. La suite consiste à réunir tout le monde au Casino de Vichy (précisément là où la République avait été abolie) pour un spectacle dont le clou va être la venue du Maréchal lui-même. Il apparaît dans un tonnerre d'applaudissements bien orchestrés. Une « célébration de Noël par personnages, composée spécialement par Léon Chancerel et jouée par la Troupe des Comédiens routiers et les représentants des mouvements de jeunesse, tous en uniforme » est ensuite présentée. A l'entracte, des jeunes et des scouts envahissent la scène et y déversent 300 000 lettres destinées au Maréchal. Plusieurs revues pour enfants avaient en effet lancé des appels répétés à leurs lecteurs. Ils semblent qu'ils aient été suivis d'effet car ces 300 000 lettres ne constituent qu'une partie des « millions » parvenues à la poste de Vichy : « On a pris les premières arrivées et le Maréchal les a touchées de ses mains. » Même si les services de propagande en exagèrent le nombre, il est certain que c'est par dizaines que les sacs postaux se sont accumulés à Vichy. *Benjamin* établit aussi le contact avec les enfants par des diffuseurs bénévoles disposant de « carnets d'abonnements » ou par la constitution d'un « jury

1. Dans *Benjamin*, n° 81, mars 1942.
2. *Benjamin* consacre à l'événement une page entière illustrée par Cyril qui travaille aussi pour « Le Signe de piste ».

littéraire » pour un concours de nouvelles (primées) ouvert à tous. Mais, en dépit d'une influence certaine sur les enfants *Benjamin* ne parvient pas à regrouper vraiment ses lecteurs en un club structuré et hiérarchisé comme *Cœurs Vaillants.*

La dynamique scoute

Méfiant envers le scoutisme, les Allemands en ont rapidement interdit le fonctionnement en zone occupée. C'est donc en zone libre que se regroupent les forces autour d'un « quartier général provisoire » installé à Vichy même. Par souci de rationalisation et d'encadrement le gouvernement souhaite réunir les cinq mouvements existants [1] en une fédération nationale, Scoutisme français, qui voit le jour officiellement le 1er octobre 1940. Elle est présidée par le général Lafont et M. Basdevant, secrétaire général. De nombreux enfants participent au scoutisme via sa branche Louveteaux (8 à 12 ans) puis sa branche Eclaireurs (12 à 16 ans). Parfois Vichy subventionne directement certains de ces mouvements ou leurs revues : « Le Service des manifestations dépendant du secrétariat général à l'Information, dans une note sur la subvention prévue pour les journaux d'enfants à l'occasion de la campagne de propagande de 1941, considérant que le coût d'impression d'affiches a été remplacé par un effort demandé à la presse enfantine, octroie des subventions à *Scout, Sois prêt, L'Eclaireur de France, Le Louveteau, L'Alouette, Guide de France* (5 000 francs chacun) *et Benjamin* (7 000 francs) [2]. » Cette aide de 1941 n'est pas une exception et les subventions seront maintenues les années suivantes comme en témoigne la liste de financement arrêtée le 12 janvier 1943 : *Scout, Sois prêt, L'Eclaireur de France, L'Alouette* et *Guide de France* ont toujours 5 000 francs, *Le Louveteau* 2 500 francs et *Benjamin* 7 500 francs [3]. Le fonctionnaire du ministère de l'Information qui signe ces crédits importants se protège par avance de toute critique en précisant : « Ces publications, autant par la composition de leur sommaire que par leur réalisation matérielle, justifient ces subventions (...). » Vichy subventionne surtout des organisations scoutes en maintenant un équilibre entre protestants (*Sois prêt*) et catholiques (*Scout*) qui disposent de la même somme malgré des effectifs beaucoup plus importants pour les catholiques que pour les protestants. Il est vrai que Vichy, et en parti-

1. Scouts de France, Eclaireurs de France, Eclaireurs unionistes, Guides de France et Fédération française des éclaireuses.
2. « La propagande sous Vichy », publication de la BDIC sous la direction de Laurent Gervereau et Denis Peschanski, Paris, 1990.
3. AN F 41 269.

culier Carcopino, poussent à la fusion ou à la collaboration étroite entre ces groupes jusque-là farouchement concurrents. Au Conseil national Carcopino s'exprime en ce sens en mars 1942 : « Après avoir évoqué la journée émouvante de dimanche dernier au cours de laquelle, à Toulouse, ont fusionné des groupements scouts jusqu'alors rebelles, Monsieur le Secrétaire d'Etat conclut en déclarant : Tout pour la jeunesse unie et par la jeunesse unie [1] ! » Les sommes distribuées aux organisations sélectionnées ne le sont pas sans contrôle. C'est même d'un véritable marchandage qu'il s'agit car en contrepartie de ces subventions, les journaux multiplient les articles favorables au Maréchal. Dès le premier numéro de sa nouvelle série en zone libre [2], un portrait (non officiel) du nouveau chef de l'Etat est publié en page 2 de *Scout*, accompagné d'un texte invitant les lecteurs à appuyer Pétain : « Au moment où après une vie de dur labeur, tout entière consacrée à la patrie, le maréchal Pétain pouvait songer au repos, il a accepté l'écrasant travail de relever la France » et la rédaction conclut : « Aime-le, scout, et pour le lui prouver sois prêt à répondre comme lui au premier signal et n'oublie pas, chaque soir, de prier pour ton pays et pour son chef. »

Toutefois le développement du scoutisme en direction de l'enfance est plus lent que celui du mouvement Cœurs Vaillants qui fait preuve d'un dynamisme étonnant avec l'évidente complaisance du gouvernement. A compter de l'automne 1940 on assiste en effet à un puissant développement des Cœurs Vaillants qui essaiment dans tout le sud du pays, outre-mer et même au Caire ou au Maroc. Ce mouvement est né de l'initiative de quelques prêtres de la région de Lille-Roubaix qui avaient lancé *Petits Gars*, une éphémère revue de patronage. Puis la publication est devenue nationale et a changé de titre : « Il paraît donc le 20 octobre 1928 pour l'édition du Pas-de-Calais et porte une devise en vieux français : A vaillans cuers, riens impossible. Les semaines suivantes, le produit est fignolé. La devise est traduite en français moderne et devient : A cœurs vaillants rien d'impossible [3]. » Les premières années, encore fragile financièrement, *Cœurs Vaillants* cherche des alliés et en trouve en la personne de Georges Lang, déjà imprimeur-éditeur de *Benjamin* qui lui accorde une aide et des tarifs intéressants. En décembre 1929 une nouvelle formule, dirigée par l'abbé Gaston Courtois, comporte des bandes dessinées et est imprimée en deux couleurs. En janvier 1930 le cap des 10 000 abonnés est franchi et le tirage approche les 40 000 exemplaires, puis *Cœurs Vaillants* rompt tout

1. Dans un compte rendu du Conseil national du 12 mars 1942, archives du Conseil national, série 2 AG 76.
2. Numéro publié à Vichy en novembre 1940.
3. Vincent Feroldi, *La Force des enfants*, Editions Ouvrières, 1987.

lien avec *Benjamin* et s'impose comme un des grands illustrés de l'avant-guerre. La revue, dont la diffusion est largement assurée par les enfants eux-mêmes, obtient un soutien plus net de la hiérarchie catholique, un peu méfiante au début. Le cardinal Verdier accepte de présider des rassemblements dont l'un réunit plus de 5 000 enfants au Trocadéro le 28 avril 1932, et un autre plus de 20 000 en 1939. Car la revue sert à recruter sans cesse plus d'enfants dont l'organisation est progressivement structurée par l'adoption d'insignes, d'hymnes, d'uniformes, de maximes et de grades communs à tous. Cela permet d'encadrer des écoliers un peu plus jeunes que les scouts et des dizaines de milliers d'enfants se familiarisent ainsi chaque jeudi avec un mode de vie collectif et une idéologie chrétienne.

L'illustré a été conçu pour créer des liens entre les adhérents. Dans l'esprit de ses promoteurs, il s'agissait via des lectures communes de fédérer les « patronages » et par la même occasion de faire contrepoids aux organisations laïques. Pendant l'occupation les Cœurs vaillants se heurtent à la méfiance des autorités allemandes et l'organisation est mise en sommeil dans toute la zone Nord où elle est interdite. Pourtant l'abbé Jean Pihan tente de maintenir un minimum d'activité et publie sans autorisation quelques brochures intitulées *Belles histoires de vaillance*. En fin de compte les locaux parisiens sont perquisitionnés puis fermés en mars 1943; Jean Pihan est arrêté et emprisonné à Fresnes pendant plus de deux mois avec trois de ses compagnons. Au contraire en zone libre, les Cœurs Vaillants sont ouvertement encouragés par Vichy. Des brochures du secrétariat à la Jeunesse les présentent comme un « mouvement préparatoire » à l'entrée dans d'autres plus importants : « Il existe enfin au sein de l'ACJF des mouvements préparatoires, Cœurs Vaillants et Ames Vaillantes [1], qui s'adressent à la masse des enfants d'âge scolaire, principalement aux enfants des patronages [2]. » Les techniques d'encadrement mises en place dans ces mouvements consistent « à prendre la masse en tant que telle et dans son milieu et d'en dégager peu à peu une élite par le jeu des responsabilités et par une formation spirituelle profonde ». Les orientations culturelles et idéologiques prises par Vichy ne gênent en rien les dirigeants du journal, bien au contraire, et l'abbé Courtois, un des principaux responsables, s'en félicite même : « Voici des années que *Cœurs vaillants* dénonce les journaux d'enfants qui avilissent les âmes des petits gars, le laïcisme qui écarte plus d'un de Notre-Seigneur, et le manque de volonté et de vaillance qui conduit le monde entre les mains de

1. Organisation équivalente aux Cœurs Vaillants, mais pour les filles.
2. Texte officiel reproduit dans *Jeunesse 1944*, Sequana, Paris

Satan. » Vincent Feroldi [1] explique que « Gaston Courtois écoute donc attentivement l'appel de Pétain. Son attitude n'est pas en soi exceptionnelle. C'est celle d'une majorité de Français et les maîtres à penser des Scouts de France, les pères Doncœur et Forestier, professent les mêmes sentiments ».

De fait Cœurs Vaillants et Ames Vaillantes s'engagent de tout leur poidsaux côtés de Vichy et de la Révolution nationale. Les deux mouvements participent à plusieurs campagnes d'envois massifs de lettres de soutien au maréchal Pétain : « Celui-ci en accuse réception quelques semaines plus tard, le même jour où le ministère de la Jeunesse envoie ses félicitations à la direction de *Cœurs Vaillants* pour la qualité du journal sorti de l'imprimerie Rivoire [2]. » La réponse du Maréchal Pétain est publiée in extenso dans *Cœurs Vaillants* le 22 septembre 1940. On assiste à une sorte de « coup de foudre » entre le gouvernement de Vichy et ce mouvement. En janvier 1941 la direction de *Cœurs Vaillants* reçoit une lettre affirmant que « l'interdiction du port des insignes va être rapportée en faveur de certaines associations parmi lesquelles figure celle des Cœurs vaillants-Ames vaillantes ». En 1942 le soutien à Vichy devient plus discret mais Gaston Courtois, l'un des piliers de la revue, pose encore en janvier 1942 aux dirigeants Cœurs vaillants-Ames vaillantes la question : « Oui ou non, voulons-nous que ça change ? » Courtois veut toujours développer un christianisme de combat : « Nous ne pouvons nous en tirer que par une révolution. Mais n'ayons pas d'illusion, la Révolution nationale ne relèvera la France que si elle est l'expression d'une révolution spirituelle, laquelle ne saurait être qu'une révolution chrétienne [3]. » A l'intérieur du journal, les tendances se sont séparées et l'équipe parisienne a pris ses distances par rapport à l'occupant à partir de 1943 [4], ce qui permettra à Jean Pihan, en 1945, de réclamer l'autorisation de reparaître en disant que le soutien de *Cœurs Vaillants* à Vichy avait cessé en novembre 1942 [5]. Cependant quels que soient les désaccords supposés entre le pouvoir et la rédaction, *Cœurs Vaillants* est toujours dans les kiosques en zone Sud, sans interruption, bien approvisionné en papier et sans problème financier majeur jusqu'à l'été 1944 [6]. De 1940 à 1944 *Cœurs Vaillants*

1. In *La Force des enfants, op. cit.* (Texte publié dans un bulletin destiné aux cadres du mouvement, rapporté par Vincent Feroldi.)
2. *Ibid.*
3. Vincent Feroldi, *La Force des enfants, op. cit.* (Texte publié dans un bulletin destiné aux cadres du mouvement, rapporté par Vincent Feroldi.)
4. Cela se traduira par l'arrestation et la détention pendant plusieurs mois des dirigeants parisiens des éditions Fleurus.
5. AN F 41 1157.
6. Le dernier numéro publié date du 2 juillet 1944, soit après le débarquement allié en Normandie.

est un succès éditorial. Le tirage du numéro 38 a atteint 108 000 exemplaires et celui d'*Ames Vaillantes* 48 000. Pour le numéro 42, le tirage monte à 120 000 exemplaires pour *Cœurs Vaillants,* et 80 000 pour *Ames Vaillantes* avec peu de retours ou d'invendus, car il s'agit surtout d'une diffusion militante ou d'abonnements. L'équipe dirigeante s'étoffe et innove : de nouveaux illustrateurs sont recrutés aux côtés de Robert Rigot et de Marijac comme Breysse puis Maurice Cuvillier qui publie à partir d'août 1941 une bande dessinée dont les héros sont deux jeunes ruraux débrouillards et sympathiques : Sylvain et Sylvette ou encore Herbonné qui crée Fripounet et Marisette pour la branche rurale du mouvement [1]. Sylvain, Sylvette, Fripounet et Marisette des héros de papier nés pendant l'occupation...

En novembre 1941, *Cœurs Vaillants*, la revue sœur *Ames Vaillantes* et *Benjamin* encouragent aussi la création de « ligues de loyauté » parmi les écoliers qui s'engagent à ne jamais tricher ni mentir, création vivement souhaitée par le gouvernement. Dans *Ames Vaillantes* on peut lire ce dialogue (signé de Robert Rigot) entre sept jeunes écolières :

« Voilà ! explique Françoise. Vous savez ce que le Maréchal nous demande ?

– Bien sûr, on l'a entendu aussi !

– Alors il s'agit de s'y mettre (...)

– J'écris au Centre national que nous allons fonder sept ligues ! »

Le récit se termine par une gravure représentant trois fillettes en uniforme, chantant « Debout jeunes de France ! » devant un drapeau tricolore [2]. Le mouvement Ames Vaillantes ne fait là que prolonger des activités traditionnelles avant-guerre mais les ligues de loyauté ne prendront pas l'ampleur attendue en particulier dans les écoles laïques où leur impact sera faible.

Tropismes bretonnants

Au-delà de classiques rivalités pour contrôler ou influencer l'enfance une autre lutte, exacerbée par la présence de l'occupant, s'est déroulée avec âpreté pendant quatre ans pour créer des mouvements totalement nouveaux. Régionalistes, partisans du Maréchal, mais aussi divers collaborateurs parisiens ont tenté leur chance. Non sans succès.

En Bretagne les Loups d'Urz Goanag Breiz se sont constitués autour

1. Herbonné crée ces deux personnages en 1943 pour améliorer la revue destinée aux jeunes ruraux.
2. In « Françoise et son équipe », publié dans *Ames vaillantes*, n° 44, 2/11/1941.

d'*Ololê*. Si cette organisation est bien née pendant l'occupation, l'idée en est plus ancienne. Elle avait germé lors d'un voyage au pays de Galles (en 1935) de l'abbé Perrot et d'Herri Caouissin qui avaient alors rencontré des militants de l'Urdd Gobaith Cymru (ordre de l'espérance galloise), un mouvement de jeunesse celtisant [1]. A compter de l'automne 1940, nous assistons à la structuration progressive de cercles de lecteurs car *Ololê* a été fortement influencée par l'expérience de *Cœurs Vaillants*. Néanmoins la revue a été créée avant les groupes de jeunesse correspondants et c'est elle qui sert de base au recrutement. Dans cette optique, les lecteurs sont d'abord incités à se grouper afin d'assurer la diffusion. A ce stade d'organisation cela ressemble à de simples « clubs » de lecteurs. Pourtant, au fil des mois on assiste à une évolution sensible de l'esprit de la revue. Au printemps 1941, à l'occasion de la Saint-Yves, fête presque « nationale » en Bretagne, la rédaction mobilise tous ses lecteurs afin d'assurer dans les cortèges une diffusion exceptionnelle d'*Ololê*. L'appel semble avoir été entendu car le numéro spécial « Saint-Yves » connaît un tirage supplémentaire de 3 965 exemplaires. Cette diffusion a été soigneusement encadrée et certaines écoles « libres » ont passé commande par 50 ou 100. Un « étendard d'Ololê » apparaît dans le cortège du Grand Pardon de Tréguier et les lecteurs qui y participent affirment : « Vers toi, ô Saint Yves, porte-étendard de notre Bretagne, les petits Bretons dirigent leurs pas... Nous voulons, unis sous le signe de la croix celtique, marcher sur tes traces... » Porté par un jeune garçon l'étendard est brodé de la mention : « Urz Goanag Breiz » (ordre et espérance de la Bretagne). Ce sera bientôt le nom d'une des organisations d'*Ololê*.

A la même époque on propose aux enfants de vendre un « insigne d'*Ololê* ». Un examen attentif de cet insigne permet de voir que le nom de la revue n'y figure pas mais qu'il consiste en une croix celtique décorée de l'hermine bretonne et barrée de la mention : « Doue ha Breiz » (« Dieu et Bretagne »). On est donc parti d'un simple « club » ou « cercle » pour aboutir à un mouvement qui affirme une appartenance religieuse et nationale. En juillet 1941 à l'occasion de la Sainte-Anne, autre fête importante en Bretagne, un nouvel effort de diffusion est demandé. Il est largement entendu et dans tous les numéros ultérieurs figure désormais cet appel : « Petits Bretons ! Portez fièrement l'insigne d'*Ololê* ! » avec publication de la photographie des meilleurs propagandistes. Au cours du même été 1941, *Ololê* cherche à étendre son influence en s'adressant aux jeunes Bretons exilés. Une nouvelle rubrique est intitulée « Pell Diouz An Neiz » ce qui signifie « loin du

1. In Lambert et Le Marec, *Partis et Mouvements de la collaboration,* Grancher, 1993.

nid ». En en-tête figure un dessin représentant un arbre dont le feuillage prend la forme de la Bretagne et dans lequel est accroché un nid. Deux jeunes Bretons (un garçon et une fille) regardent ce nid. On incite alors les enfants à profiter de leurs vacances pour prendre contact avec tous les Bretons dispersés : « Au cours des vacances, vous pourrez vivre heureux et libres dans vos campagnes ou près de la Grande Bleue, tandis qu'eux resteront confinés dans ces banlieues de villes où les corps s'étiolent et où les âmes risquent tant ! »

Derrière ce qui pourrait apparaître comme un simple souci de vendre une revue se profile une organisation. En effet, Pell Diouz An Neiz est « avant tout un mouvement catholique conçu comme tel par un jeune prêtre qui en est le directeur, l'abbé Charles Lardic [1] ». A partir de 1942 les bombardements, violemment répétés sur les ports (Lorient, Brest, Saint-Nazaire...), ont pour effet secondaire de provoquer l'évacuation de nombreuses familles vers des régions réputées plus calmes et donc de faire essaimer le mouvement. Au cours d'un discours prononcé en mars 1942 devant des petits Brestois réfugiés dans la Sarthe l'abbé Lardic précise sa pensée et ses buts : « Chers petits Bretons, soyez courageux. L'heure est venue de montrer que vous êtes de cette race qui prie, qui lutte et qui remporte la victoire. Sachez faire honneur à la Bretagne. » L'abbé Lardic développe donc une conception offensive de son association dont le siège social est installé au Mans où vit une importante colonie bretonne. Soutenu par *Ololê*, Pell Diouz An Neiz se structure peu à peu en « cercles celtiques » répartis en France, aux colonies et à l'étranger. Au total, hors de Bretagne, l'abbé Lardic parvient à fédérer un peu plus de 500 enfants en divers cercles dont chaque membre porte un insigne « Doué ha Breiz » et un béret. Chaque cercle possède son fanion décoré de l'hermine bretonne.

Forte de cette expérience réussie, la rédaction d'*Ololê*, épaulée par l'abbé Perrot, décide de regrouper les enfants et même certains de leurs aînés (au-dessus de 18 ans). Il devient évident qu'une véritable organisation se structure et une déclaration officielle de création d'un mouvement intitulé « Urz Goanag Breiz » est finalement faite le 27 mai 1943 à la préfecture de Quimper. Le siège en est fixé à Landerneau où est déjà celui de la revue. Dans les statuts, il est précisé qu'il s'agit d'inculquer « à la jeunesse bretonne la conscience et la fierté de son âme, de sa race, de sa langue et des traditions ancestrales ». Parmi les quatre conditions d'admission figure l'obligation d'être lecteur ou lectrice d'*Ololê*. Il faut aussi être breton, avoir fait la promesse de saint Yves et enfin avoir passé un examen culturel breton. « Après quoi, si

1. In Lambert et Le Marec, *Partis et Mouvements de la collaboration, op. cit.*

vous en êtes jugés dignes, vous serez autorisés à porter l'insigne spécial de l'Ordre de l'espérance de la Bretagne, et une carte d'adhérent à l'UGB vous sera délivrée. Ce ne sera pas tout, car il y aura encore bien d'autres choses ! Commencez d'abord par mériter la Croix celtique herminée [1]. » Les « loups » sont groupés en « équipes » locales de plusieurs dizaines de membres. En juillet 1943, l'équipe la plus nombreuse est celle de Guiscriff : « Nos Kelted Guiscriff sont nombreux : 46. Par ce chiffre, c'est notre plus forte équipe de loups. Je lui souhaite un développement encore plus grand et surtout du bon travail [2]. » Une hiérarchie précise entre les membres, le port d'insignes et de grades complètent l'ensemble : « Les Tiern et Tiernez portent l'écusson avec passepoil rouge, couleur de sacrifice. L'obtention de 9 gwallen donne droit au titre de Buguk (berger) ou Bugulez (bergère) [3]. »

Dans sa forme, le mouvement emprunte beaucoup au scoutisme mais il implique comme clause une ascendance bretonne, ce qui en modifie évidemment l'esprit. De plus chaque « loup » prête solennellement serment sous forme d'une promesse comparable à la promesse scoute. Celle de 1943 se déroule devant le tombeau de Cadoudal, l'un des héros de la chouannerie : « En chantant le chant de ralliement d'Ololê, les Bleidi Kerleano, fanion en tête se sont rendus au tombeau de Georges Cadoudal, le jour de la Saint-Hervé. » On se trouve donc à mi-chemin entre un club catholique de type Cœurs Vaillants et un mouvement nationaliste. L'aspect de la revue lui-même s'en ressent. L'en-tête du journal (dessiné par Le Rallic) est modifié : le petit berger (Yvon) lance toujours son appel (Ololê) à Annaïg (Anne) qui lui répond mais à partir de 1943 Yvon porte fièrement un bouclier orné de la croix celtique et de l'hermine. Le sous-titre, séparé du titre par une silhouette de dolmen sur une lande et la mention « Journal des jeunes de Bretagne », remplace « Journal illustré des petits Bretons », appellation qui infantilisait la revue. Tout cela est dûment complété par l'apparition de « La croisade des loups », feuilleton de Gilles Le Denays et Herri Caouissin, illustré par Le Rallic de somptueux dessins qui prennent parfois des allures de manifeste. Les enfants ne savent plus très bien si « La croisade des loups » est une fiction ou si elle est une transposition romancée de la vie de l'association. Il y a de quoi se tromper car les jeunes adhérents d'*Ololê* s'appellent « Bleiz » (c'est-à-dire loup) et « Erminig » (c'est-à-dire hermine) tout comme les héros du feuilleton.

De plus des appels sont lancés depuis juillet 1943 pour organiser des

1. Consigne de juillet 1943 insérée dans le n° 106 d'*Ololê*.
2. *Id.*
3. In Lambert et Le Marec, *Partis et Mouvements de la collaboration, op. cit.*

marches de campeurs au cours de l'été : « Les loups de Saint-Herblon (I. et V.) poursuivent leur activité et se réunissent désormais tous les dimanches. Ils préparent leur “ offensive d'été ” à savoir : 1) recruter un loup par semaine ; 2) l'équipement des Bleidi y compris un matériel de camping, pour entreprendre sur un parcours de 80 kilomètres au centre de la Bretagne, une croisade ! La croisade des loups n'est pas, comme on le voit, un roman qu'on lit tranquillement chez soi : c'est mieux que cela [1] ! » En décembre 1943, la confusion des genres augmente encore quand l'abbé Perrot, un des piliers du mouvement breton, est abattu à coups de pistolet par un FTP qui sera identifié plus tard : « Ce dimanche 12 décembre, fête de la Saint-Corentin, il (l'abbé Perrot) venait de célébrer la messe dans une chapelle de sa rude paroisse dédiée au patron de la Cornouaille, et rentrait tranquillement au presbytère accompagné de son enfant de chœur, lorsque soudain dans un chemin creux deux coups de feu retentirent et le vénérable prêtre s'écroula en jetant une longue plainte. Un misérable venait de l'assassiner », peut-on lire en première page du n° 118 d'*Ololê*. Cet attentat provoque une radicalisation du mouvement breton dont quelques dizaines de membres prennent alors les armes avec le dessein de venger Jean-Marie Perrot : « La formation Perrot est née d'un serment formulé par Célestin Lainé, représentant la fraction la plus dure du Parti national breton, sur le corps de l'abbé Perrot, curé de Scrignac [2]. » C'est ainsi que prendra naissance le Bezen Perrot, organisation paramilitaire bretonne autorisée par les Allemands et qui combattra à leurs côtés.

Ololê se fait largement l'écho de l'affaire Perrot (dont elle publie le portrait en bonne place) et de nombreux commentaires se succèdent au fil des numéros. En 1944, on assiste à une politisation grandissante de la revue qui se confond de plus en plus avec le mouvement qui en est issu et il semble que le lectorat s'élève des enfants de l'âge du catéchisme (public initial) vers des adolescents. On apprend alors que l'abbé Kerbriek, personnage fictif qui apparaît dans le feuilleton « La croisade des loups », est en réalité le nom romancé de l'abbé Perrot et que les propos qui étaient attribués au héros reflètent bien la pensée du véritable abbé, dont le journal reproduit des extraits. « La croisade des loups » se termine au printemps 1944 par un appel à la vigilance et à la tradition : « Ils étaient les héros de Bretagne, tous surgis de l'abîme des siècles pour se joindre aux Loups, espérance de la Race, Nominoé le vainqueur couronné en tête, Salaun le martyr, Alain le Grand.(...) Avant de se séparer, les chefs Loups en se serrant la main pensaient

1. *Ololê,* n° 106, 11/7/1943.
2. *Ibid.*

que ce soir de nouveau ils seraient en piste et que la lutte ne cesserait que lorsque la Bretagne aurait retrouvé sa couronne [1]. » Certes il s'agit en principe d'une fiction dont les héros doivent dans « La revanche des loups » (suite annoncée mais jamais publiée) retrouver la couronne de Bretagne. Une double lecture est pourtant possible et, sans beaucoup d'effort, l'enfant peut s'identifier aux héros du nationalisme breton.

Les cercles de « téméraires »

A Paris une autre organisation, d'une ampleur moindre que les « loups » de Bretagne, est apparue à l'automne 1940. Il s'agit des Amis de Gavroche dont l'insigne est un petit écureuil. Ces gamins-là sont bien peu politisés et ont pour principale activité le sport, le jeu et la présence à quelques séances de cinéma. Nous n'avons pas là affaire à des clubs très structurés, cependant en 1942 avec la disparition de *Gavroche* et des autres illustrés parisiens la place est laissée provisoirement vacante. C'est le moment qui est choisi pour lancer un nouveau club autour d'un des illustrateurs de *Gavroche* : Vica. Au printemps 1942, à l'occasion d'une grande exposition organisée à Paris contre le bolchevisme, Vica publie des bandes dessinées dont *Vica contre le service secret anglais*. A la fin figure une carte d'adhésion au « Cercle des amis de Vica » accompagnée d'un appel aux enfants connaissant déjà l'illustrateur. Dans l'argumentaire il est fait référence à des récits d'avant guerre : « Vica, vieux loup de mer, capitaine du *Sardine* transformé en *Baleine* affamée, qui a graissé l'axe de la Terre au pôle nord et mis d'accord tous les animaux de l'Afrique et les poissons de toutes les mers du globe en les nourrissant avec des tonnes de bateaux anglais [2]... » Voilà un club qui tombe à point pour tenter de récupérer les Amis de Gavroche mais les Amis de Vica ne semblent pas avoir rencontré le succès escompté [3].

Il faut rappeler que le scoutisme et tous ses dérivés sont interdits en zone occupée ce qui facilite la tâche aux rares organisations autorisées. La place laissée vide ne l'est pas pour longtemps car, en janvier 43 apparaît *Le Téméraire*. Avec ce journal, bien des enfants ont l'impression d'un monde déjà connu car ils retrouvent Vica et Erik. On leur propose aussitôt des clubs, les Cercles Téméraires. Comme les Amis de Gavroche, ils incitent au sport, modélisme, secourisme... En février 1943, une projection est organisée au cinéma Balzac à Paris de *La*

1. In *Ololê,* n° 130.
2. Extrait du texte situé en vis-à-vis de la carte d'adhésion aux Amis de Vica.
3. Il semble qu'il n'ait existé ni insigne, ni statuts précis pour cette éphémère organisation.

Couronne de fer, film sur la chevalerie du cinéaste fasciste Alessandro Biasetti. D'autres films seront proposés par la firme allemande Tobis qui « offre » les séances et prend « les frais » en charge. L'organisation des Cercles Téméraires se précise peu à peu. Un emblème est choisi pour identifier facilement les membres, un heaume qui rappelle la chevalerie et les croisades. Un article, « Chevalerie moderne », éclaire bien l'idéologie qui sous-tend ces « cercles ». Il est illustré de trois photographies allemandes montrant :

1) « Une classe en manœuvre sous la conduite de son jeune chef » (des garçons de douze/treize ans en uniforme avec poignards et baudriers sont prêts à défiler) ;

2) « Ecole de jeunes chefs en Allemagne » (des chalets modernes en montagne) ;

3) « dressage de chevaux dans une école de jeunes chefs » (un homme et un cheval cabré) [1].

Tout cela évoque l'effort, le plein air, la discipline. Mais peut-on rétorquer, la chevalerie, les chevaux c'est le passé, un passé qui n'a pas grand rapport avec le nazisme. Dans ce cas rien n'est moins sûr car de nombreux rapprochements sont faits avec l'époque moderne et le texte laisse peu de place à l'équivoque. Les enfants peuvent lire que les pilotes kamikazes japonais « sont des chevaliers » ou encore : « Un chevalier, ce n'est pas forcément un homme bardé de fer sur un grand cheval de bataille. Il peut y avoir des Chevaliers à toutes les époques (...) Les grenadiers de Stalingrad qui, avant l'assaut final et la mort, lancent à la radio un dernier appel pour crier leur fidélité à leur chef, ne sont-ce pas des Chevaliers ? Et les cadets de l'Alcazar luttant pour la civilisation de leur pays et qui, après des mois de siège, refusaient de se rendre, résistaient à tous les assauts, n'étaient-ils pas des Chevaliers ? » puis on affirme : « Pour empêcher la France de mourir, il faudrait que nous aussi nous ayons des chevaliers qui, au milieu de la décadence générale, donneraient l'exemple du relèvement. » Les enfants apprennent alors qu'en Allemagne fonctionnent des « Ecoles de jeunes chefs », assimilées à des ordres de chevalerie, avec une rude sélection intellectuelle et physique à l'entrée : « Grâce à ce filtrage, (qui dure presque une année) on est assuré de ne voir entrer dans les écoles de chevalerie, Adolphe-Hitler-Schule, que des enfants remarquables physiquement, intellectuellement et moralement. » Ainsi on passe de la chevalerie médiévale, et de ses valeurs de bravoure ou de protection des faibles, aux « écoles » des jeunesses hitlériennes.

Mais comme le gamin d'Aubervilliers ou de Nantes ne peut entrer dans les écoles allemandes on lui en propose un succédané : « Pourquoi

1. Dans *Le Téméraire*, n° 12.

n'aurions-nous pas nous aussi des Ecoles de jeunes chefs ? On grouperait là, en pleine nature, en été sous la tente, en hiver dans un de ces châteaux comme il y en a tant dans notre pays, une centaine de garçons de 11 à 17 ans, choisis pour leur intelligence, leur valeur physique, leurs qualités morales, leur bonne camaraderie. » L'enfant est incité à entrer en contact avec la rédaction s'il est intéressé par ce projet : « Que pensez-vous, lecteurs Téméraires, d'écoles d'élite de ce type ? Ecoles où la discipline serait très dure, mais où la camaraderie serait plus grande ? » On ne peut que relier cet appel à un projet élaboré en novembre 1942 autour de l'école de cadres de La Chapelle-en-Serval dans l'Oise, cette école nationale [1] qui a été dirigée par Jacques Bousquet juste avant qu'il ne devienne rédacteur en chef du *Téméraire*. Elle est destinée à former « les cadres supérieurs de la jeunesse, délégations et administration centrale, les chefs d'écoles spécialisées et régionales, les cadres supérieurs des Equipes nationales, et forme l'élite intellectuelle du pays [2] ». La Chapelle-en-Serval n'accueille, normalement, que des hommes de 20 à 30 ans (les femmes sont formées à l'école de Champrosay) « en bonne santé, de bonne moralité, connaissant les jeunes », donc au-delà du lectorat du *Téméraire*. Mais une correspondance conservée au Archives nationales entre Jacques Bousquet et un des responsables de l'école établit qu'il est prévu d'ouvrir, dans les mêmes locaux, un Collège de jeunes chefs à la fin de l'année 1942 [3]. A propos des écoles de cadres, l'historien W. Halls dit de La Chapelle-en-Serval : « Manifestement inspiré des Adolf-Hitler-Schulen allemandes, l'objectif poursuivi était d'accueillir des gosses de seize ans, de les former de façon intensive pendant huit ans [4]. » W. Halls est intrigué par le vocabulaire et la hiérarchie inhabituelle pour un collège : « Les élèves franchiraient un à un les grades d'une hiérarchie interne : le nouveau serait un novice ; après sa première promesse – notons la connotation scoute ou religieuse – il serait élevé au rang de page, avant de devenir écuyer, et atteindre à la sortie du collège le rang de chevalier. » Voilà un projet rédigé par Jacques Bousquet à la fin de 1942 qui annonce trop ce que l'on va proposer dans les colonnes du *Téméraire* en 1943 pour qu'il s'agisse d'une simple coïncidence. En fait, si l'on en croit un autre document, Bousquet se situait dans la ligne politique d'Abel Bonnard et ne nourrissait pas une sympathie particulière pour Pétain : « Il est utile de signaler que Monsieur Bousquet a une attitude hostile au

1. Symétrique de celle d'Uriage, La Chapelle-en-Serval (Oise) forme les cadres de la zone occupée.
2. D'après *Jeunesse 1944,* recueil de textes officiels publié chez Sequana, Paris, 1er trim. 1944.
3. Document daté d'août 1942, AN F 17 13 366.
4. In W. Halls, *Les Jeunes et la politique de Vichy*.

Maréchal, modelée d'ailleurs sur celle de son ministre », rapporte un fonctionnaire à propos du renvoi par Bousquet d'un des professeurs de l'école des cadres de La Chapelle-en-Serval en juin 1942 [1].

Pour comprendre ce qui s'est passé il faut revenir sur les Jeunes du Maréchal, pivot de l'affaire. Nous avons vu que le mouvement s'était structuré en novembre 1941. Au début de 1942 il compte un millier de membres (dont une centaine en province) ce qui est modeste même s'ils sont très actifs dans le domaine du secourisme comme en témoigne d'élogieux articles de presse après les bombardements sur Billancourt en mars 1942. A Pâques un camp réunit une centaine de jeunes à La Chapelle-en-Serval puis le mouvement connaît une croissance rapide car, avec l'arrivée d'Abel Bonnard au ministère de l'Education nationale, il reçoit un soutien officiel et national sous la forme d'une circulaire envoyée (le 21 mai 1942) à tous les recteurs d'académie et à l'inspection générale afin de « faciliter l'action des Jeunes du Maréchal dans les établissements scolaires ». En quelques mois le mouvement va revendiquer 5 000 membres (en juillet) après une fusion avec les Phalanges universitaires. Surtout, Jeunes du Maréchal se dote d'un journal mensuel, *Jeune Force,* dont, par bien des aspects, les quatre premiers numéros sont les ancêtres directs du *Téméraire.* Le n° 1 paraît en mai 1942, le numéro 4 en juillet. Or juste à côté du titre (en lettres rouges) on repère sans peine un chevalier empanaché qui présente bien des point communs avec celui du *Téméraire.* On trouve aussi une bande dessinée (« Les mésaventures de Placide ») signée André Daix (le père de Nimbus) et une rubrique scientifique (« L'avenir inconnu ») de Pierre Devaux qui ressemble à s'y méprendre à ce que l'on lira (du même) dans *Le Téméraire.* Dans le numéro 2, un article signé Paul Courant s'intitule « Vœu pour une nouvelle chevalerie » et on y trouve déjà les grandes lignes des articles du *Téméraire* sur le même thème... *Jeune Force* tire à 5 000 exemplaires et semble plein d'avenir. Pourtant les nuages s'accumulent car plusieurs tendances politiques s'affrontent et le 30 août 1942 lors d'une assemblée générale orageuse, la direction est remise en cause par de nombreux membres : certains veulent aller plus loin dans l'action aux côtés des Allemands (ils s'engageront d'ailleurs dans l'armée allemande) d'autres ne veulent reconnaître comme seule autorité que celle du maréchal Pétain, d'autres encore hésitent. Il s'ensuit des réunions fractionnelles, puis un éclatement du mouvement. Une partie des cadres du mouvement suit Jacques Bousquet. Privé de son journal dont le titre, *Jeune Force* [2], appartenait en droit à un très

1. AN II AG 609.

2. Selon un article du numéro 6 de la revue *Le Musardeur,* la revue *Jeune Force* serait juridiquement « le bulletin intérieur du centre de jeunesse de Brévannes » (où militait aussi Balestre) ce qui expliquerait que Bousquet n'ait pu disposer du titre.

jeune éditeur « qui souhaite reprendre son entière liberté » et en rupture avec une bonne partie de son organisation, Jacques Bousquet et ses partisans se tournent alors vers la presse récréative.

Ainsi est né *Le Téméraire*, de l'éclatement d'une organisation de jeunesse en pleine croissance mais concurrente de plusieurs autres et d'une crise politique. Le projet initial de collège s'est montré attirant car plusieurs centaines d'inscriptions provisoires sont parvenues au cabinet d'Abel Bonnard [1]. Il semble pourtant que ce collège n'a jamais vraiment fonctionné mais les Cercles Téméraires en découlent. La hiérarchie des cercles de lecteurs était proche de celle prévue au collège de La Chapelle-en-Serval : « Le lecteur qui paye sa cotisation 20 francs, est un écuyer du Téméraire. Après passage d'épreuves et de tests, il devient chevalier et commande cinq écuyers. Après de nouvelles épreuves, il devient preux et dirige cinq chevaliers. Il a droit alors au poignard d'honneur. Pour tous une seule devise : Garde-toi et courage [2] ! » Au cours de l'été 1943, un camp de vacances est organisé au château de Norges en Côte-d'or. On s'y livre à de nombreuses activités de plein air, très proches du scoutisme. On y entonne « le chant de marche des Téméraires » qui commence par ces paroles : « Prudence est vertu pour les chiens. Un Téméraire n'a peur de rien. A travers sentiers et chemins, cherchons l'aventure... » ou « Réveillez-vous, garçons du vieux pays français ». Dans ce cas les gamins chantent : « Réveillez-vous garçons du vieux pays français. C'est trop dormir à l'ombre, à l'ombre du passé. Aux frontières d'Europe, une jeunesse en fleur, pour sauver notre race combat de tout son cœur, de tout son cœur combat souffre et meurt... » Certes ce chant est présenté comme un vieux chant médiéval du XVe siècle, époque où des chevaliers chrétiens auraient combattu des Mongols, mais il n'est pas difficile de faire le rapprochement avec les combattants européens de 1943. A cette date, il constitue bien une invite à soutenir, voire à rejoindre les volontaires français du front de l'Est. Pendant ce camp sont aussi organisés des tournois entre « preux ». Le choix du lieu, la Bourgogne, renforce la référence à Charles le Téméraire, sorte de patron tutélaire des jeunes membres de l'organisation et de la revue.

Le Téméraire tire à plus de 150 000 exemplaires sans compter les numéros spéciaux, dont un sur les vacances qui contient un carnet de chansons. Son influence est forte et les adhésions affluent : « Au 1er décembre 1943, plus de 6 000 adhésions sont enregistrées, si bien que les locaux des Cercles se dissocient du journal et s'installent au 12, cité Malesherbes, le siège des jeunes de la Ligue de France et

1. AN F 17 13 366.
2. In Lambert et Le Marec, *Partis et Mouvements de la collaboration, op. cit.*

d'Outre-Mer [1]. » Le nombre des cercles est en croissance rapide à partir du printemps 1943. L'implantation s'est faite surtout dans la région parisienne et dans les grandes villes. A Paris la rédaction signale que « Les sections des Ier, IIe, IIIe, IXe, Xe, XIIe et XVIIIe arrondissements ont maintenant chacune leur local ce qui leur permet d'avoir sous la direction de leur chef des activités autonomes [2] ». Certains cercles comme Lannion, Rennes, Le Mans ou Nantes recoupent l'implantation d'*Ololê*. D'autres sont actifs à Châtellerault, Nancy, Le Havre, Melun, La Roche-sur-Yon...

Ololê ou *Le Téméraire* ont donc servi de point d'appui et de relais à des organisations politiques et culturelles. Cette situation se prolonge jusqu'à l'été 1944 inclus, car, avec la fougue qui caractérise les jeunes, « loups » de Bretagne ou « chevaliers » du Téméraire ne changeront pas facilement d'avis.

1. In Lambert et Le Marec, *Partis et Mouvements de la collaboration, op. cit.*
2. In *Le Téméraire*, n° 23, p. 7, décembre 1943.

6

La Libération, ses joies et ses peines 1944-1945

L'arrivée des armées alliées en Normandie ne fut pas suivie d'un retour immédiat à la paix et de dures épreuves attendaient encore certains enfants. Au cours de l'été 1944, l'activité des maquis et de la Résistance atteint un sommet d'intensité inégalé. Ces multiples actions se traduisent par des représailles allemandes tant envers les maquis qu'envers des villages dont le seul tort était de se trouver dans la zone des opérations. En règle générale ce sont surtout les adultes qui sont visés par ces représailles, comme à Tulle. Cependant il est des cas où la furie meurtrière n'épargne pas les enfants. Le cas symbole de ces très jeunes martyrs est celui d'Oradour-sur-Glane où 643 personnes sont massacrées par les Waffen SS de la division « Das Reich ». La plupart des femmes et des enfants s'étaient réfugiés dans l'église qui fut incendiée sans pitié, la voute en flammes s'écroulant sur les occupants, transformant ce lieu d'asile en terrible brasier. « Dans la sacristie deux petits garçons de deux ou trois ans se tenaient enlacés, unis dans un dernier sursaut d'horreur. Dans le confessionnal un garçon était assis, la tête penchée en avant. Dans une voiture d'enfant reposaient les restes d'un enfant de huit à dix mois [1]. »

Les atrocités perpétrées à Oradour comme celles qui ont eu lieu dans la salle des fêtes d'Habère-Lullin (en Haute-Savoie) ou à Maillé (en Indre-et-Loire) où d'autres enfants périssent dans des massacres collectifs commis par les SS, contribuèrent largement à la vague de violence qui déferla sur la France au cours de l'été 1944.

1. Rapport de mission de J.V. Steinlen cité par A. Bendjebbar, *Libérations rêvées, Libérations vécues,* Hachette, 1994.

« Les larmes de la liberté[1] »...

Mais il est aussi une autre forme de violence, involontaire celle-là, qui a marqué les mémoires en dépit de la joie d'être libéré : les combats et les bombardements liés aux opérations militaires. Les bombardements « en tapis », sont certainement l'aspect de la guerre qui a touché le plus grand nombre d'enfants.

Les premiers raids aériens, opérés par les Anglais, ont touché la France dès l'été 1940. A cette date il s'agissait surtout d'attaques isolées sur des objectifs militaires relativement précis qui visaient principalement les ports de l'Ouest et les installations du littoral. Cependant, ces bombardements prennent rapidement de l'ampleur, puis un caractère massif et répétitif, surtout à partir du printemps 1942. Face aux terribles blessures infligées aux populations civiles, l'opinion publique des régions les plus touchées évolue peu à peu. Les premiers raids sur la France de 1940 et 1941, meurtriers mais relativement isolés, sont à peu près acceptés comme une sorte de fatalité, un mal nécessaire, un aléa de la guerre. De plus ils se déroulent à Brest, au Havre, à Boulogne-sur-mer, à Dieppe ou dans la banlieue de Rouen, donc loin de Paris et de ses journaux. De ce point de vue le 3 mars 1942 marque un tournant psychologique dans l'opinion française. Ce jour-là, les avions de la RAF tentent de détruire les usines Renault à Boulogne-Billancourt, mais les projectiles se sont dispersés largement autour de l'objectif et l'on relève 623 morts et plus de 1 500 blessés, tous civils. Ce raid est considéré comme le point de départ d'une guerre aérienne intense sur l'ensemble de la France où désormais nul n'est plus à l'abri. Ce n'est d'ailleurs pas terminé pour la banlieue de Paris où les avions vont régulièrement revenir. Le 4 avril 1943 un autre bombardement « en tapis » vise en principe les usines Renault mais arrose en plein jour non seulement Boulogne, mais aussi l'hippodrome de Longchamp (208 tués) et une douzaine d'autres communes (146 tués). Ces raids spectaculaires ne sont que deux, parmi une longue série, qui s'abattent non seulement autour des usines mais sur tout le pays. Or des enfants figurent à chaque fois parmi les victimes.

En août 1942, le cas de la famille Leconte, très connue dans la région, suscite l'émotion en Normandie. Suzanne Leconte était médecin à Sotteville-les-Rouen. Quand les bombardiers arrivent, ses « trois petites filles jouent sur les pelouses de l'hôpital psychiatrique de Sotteville. Elles s'amusent si bien qu'elles n'entendent pas les premiers écla-

1. Titre d'une cassette vidéo réalisée par FR3 Normandie et le Mémorial de Caen sur la libération de la Normandie.

tements ». La mère accourt et se couche sur la pelouse pour protéger les gamines. « Le bruit s'apaise. Le docteur Leconte, rassuré, embrasse d'un coup d'œil sa famille qu'il croit intacte. » Hélas, les trois petites filles sont sauves mais la mère est touchée : « Lorsqu'il vit la blessure, le docteur Leconte perdit immédiatement tout espoir. Et il comprit au regard de sa femme qu'elle ne se leurrait pas non plus. (...) » Suzanne Leconte mourra sur la table d'opération en donnant naissance à une quatrième petite fille.

A Sotteville, dans la banlieue de Rouen, dont les enfants ont pourtant été évacués assez vite, sur 722 victimes recensées depuis 1942 on en dénombre 121 de moins de 18 ans. Cette proportion est beaucoup plus élevée dans des villes comme Saint-Lô, Isigny, Avranches... où les enfants n'étaient pas évacués car on les pensait sûres [1]. Or l'année 1944 marque en France un paroxysme, en particulier d'avril à septembre où des dizaines de milliers de tonnes de bombes s'abattent sur l'ensemble du pays. Les alertes répétées souvent suivies d'attaques (plus de mille alertes sur Le Havre en quatre ans), le sifflement des bombes, l'ébranlement des coups de canon de la Flak, tout cela marque durablement les mémoires.

A Lyon, Jean-Jacques Brochier se souvient que « (...) devoir brusquement interrompre la classe pour faire descendre, en rangs et dans une sérénité toute relative, tous les enfants d'une école dans la cave du chauffage central, n'était un exercice heureux pour personne ». Et l'opération se renouvelait parfois la nuit : « Ce n'était pas Dresde, bien sûr (...) en pleine nuit, se retrouver hâtivement enveloppé dans une couverture, et traîné dans son demi-sommeil vers le sous-sol glacial de l'immeuble d'en face, parce qu'une sirène vient de retentir, sentir le sol vibrer sous ses pieds, chacun se taisant alentour, brutalement. Cette vibration, je la ressens encore, le cortège des gens en pyjamas, chemises de nuit et robes de chambre, je le revois [2]. » En 1944, dans certaines régions très exposées la scolarité elle-même fut perturbée : « Les bombardements causaient de nombreuses interruptions des leçons; certaines régions particulièrement éprouvées virent cesser tout enseignement organisé [3]. » A chaque alerte les enfants doivent se précipiter dans les abris et y rester de longues heures, parfois une nuit entière et, quand ils resssortent le choc est brutal de retrouver tout son quartier

1. Dans l'Orne, sur près de 800 morts civils recensés au cours du seul mois de juin 1944 par Gérard Bourdin et Bernard Garnier, 12,5 % ont moins de 15 ans et 14,35 % ont de 15 à 24 ans, car de nombreux réfugiés avaient été répartis dans les bourgs ruraux.

2. In Jean-Jacques Brochier, *Une enfance lyonnaise au temps du Maréchal*, C. de Bartillat, 1995.

3. Alfred Brauner, *Ces enfants ont vécu la guerre,* ESF, 1946.

bouleversé : « La femme du percepteur a été retrouvée dans sa cave ; lui et sa fille ont été retrouvés deux jours après, leurs corps étaient affreusement mutilés. Plus loin deux coiffeuses et une vieille dame ont trouvé également la mort. Que de victimes pour une petite ville ! » note Jacques Fricot, un petit Normand de 14 ans, sur son cahier d'écolier [1]. Ces destructions ont aussi pour effet d'aggraver encore les conditions de vie et de circulation sur des chaussées déjà dégradées par les passages répétés de convois : « A la veille du débarquement l'Eure subit des bombardements alliés provoquant l'interruption presque complète des transports ferroviaires, l'arrêt total de la distribution du gaz, la raréfaction de l'électricité et même de l'eau potable [2]. » On vit, mange et s'habille de plus en plus mal comme en témoigne ce rapport du commissaire de police des Andelys qui signale qu'au cœur de l'hiver « Dans l'arrondissement des Andelys, nombreux sont les enfants des habitants des hameaux qui ne peuvent se rendre à l'école faute de chaussures [3]. » Certes il s'agit de cas extrêmes mais la tendance est bien là : une vie plus difficile encore en 1944 pour les enfants des familles les plus modestes et ceux des villes dévastées.

En juillet 1944, l'euphorie de la victoire désormais certaine n'empêche pas la rédaction de *Petit Claude,* à Alger, d'inviter ses jeunes lecteurs à penser aux souffrances endurées en France : « Petits enfants d'Afrique du Nord, vous qui êtes les spectateurs de ces heures mémorables, vous qui avez été épargnés des angoisses de l'exode, pensez à vos frères de France qui, avec héroïsme subissent les bombardements, les canonnades, les déportations, pour que la France soit délivrée de la botte allemande. » Et l'on sent bien le malaise poindre puis se généraliser devant l'ampleur des destructions dont le récit parvient aux réseaux de renseignements des Français libres : « Ce débarquement tant attendu (...) ne va pas se faire sans destructions, sans sacrifices. Les paisibles plages de Normandie, les vertes prairies, les accueillants cottages normands vont être secoués par les frissons de la guerre [4]. » Des bombardements comme celui du Havre qui fait en une nuit de septembre 1944 plusieurs milliers de victimes civiles, hommes femmes et enfants confondus, et seulement une dizaine de militaires allemands, ou celui de Royan (en 1945) qui rase toute la ville en une autre nuit tragique pour ne mettre hors de combat là aussi qu'une dizaine d'adversaires, laissent perplexes bien des observateurs et des

1. Musée national de l'Education à Mont-Saint-Aignan. Cahiers d'écoliers de Damville (Eure).
2. Cité par Julien Papp lors d'un séminaire de l'IHTP sur « Le temps des restrictions », dirigé par Dominique Veillon et Henri Rousso, Paris, 1994.
3. Rapport du commissaire de police archives de l'Eure. Cité par Julien Papp.
4. In *Petit Claude,* n° 17, 6/7/1944, publié à Alger.

acteurs du drame. Surtout quand on sait qu'à plusieurs reprises les Anglais qui assiégeaient Le Havre ont refusé l'offre allemande d'évacuer les civils : « Un officier anglais, le journaliste-écrivain W. Douglas Home, capitaine, appartenant aux unités qui assiègent Le Havre, refuse obéissance, le 4 septembre, lorsqu'il apprend que le commandement a décidé de raser la ville après en avoir refusé l'évacuation. Ce scandale lui coûtera ses galons et huit mois de prison [1]. »

Conscient du problème, et souhaitant limiter les destructions aveugles, le général Kœnig a proposé, sans être entendu, d'accentuer le rôle des sabotages confiés à la résistance intérieure qu'il dirige. Il s'est heurté à un refus catégorique. Pris de scrupules devant l'ampleur des dégâts, Churchill lui-même n'est pas demeuré insensible aux sentiments antianglais grandissants car il intégrait une vision politique à sa réflexion, ce qui le conduisit à écrire à Roosevelt afin de demander à Eisenhower de limiter les destructions prévues pour préparer l'opération « Overlord » au strict nécessaire, rappelant que les Français sont des « amis » ce qui ne semble pas évident aux dirigeants Américains : « ... des dizaines de milliers de civils, hommes, femmes ou enfants seront tués ou blessés. (...) Attendu qu'ils sont nos amis, cette mesure pourrait être jugée exagérément rigoureuse et soulever beaucoup de haine contre les alliés (...) Il faut que la France d'après-guerre soit notre amie. Ce n'est pas seulement un argument humanitaire, mais aussi une question de politique d'Etat [2] ». Mais rien n'y fait. Eisenhower, fermement soutenu par Roosevelt, est décidé à aller au bout de son plan, lequel prévoit le maximum de destructions afin de faire courir le minimum de risques aux « boys ». Et cette technique militaire, détruire avant d'aventurer l'infanterie, sera systématiquement employée en Normandie : « Si déplorables que soient les pertes en vies humaines parmi la population civile, je ne suis pas disposé à imposer aux chefs responsables, de si loin, la moindre restriction dans leur action qu'ils jugeraient préjudiciable à la réussite d'Overlord, ou capable d'accroître les pertes dans les unités débarquées [3]. » Il est donc clair qu'Eisenhower a eu « carte blanche ».

Il résulte de cette attitude que bombardements et combats terrestres connaissent un pic tragique en 1944 et que des milliers d'enfants sont pris dans ce piège. Déjà très éprouvée en 1940, la petite ville d'Evreux

1. François Poupel, cité par Christophe Beauduffe, in *L'Eté 1944, le sacrifice des Normands*, Perrin, 1994. Sur ce terrible bombardement du Havre on consultera aussi avec intérêt le film réalisé par Christian Zarifian, *Table rase*, au studio Seine-Océan (Le Havre). Un document poignant et qui donne à réfléchir.

2. Lettre de Churchill à Eisenhower du 3 avril 1944, citée par Jean Quellien, *La Normandie au cœur de la guerre*, Ouest-France, 1992.

3. Lettre de Roosevelt à Churchill, citée par Jean Quellien, *La Normandie au cœur de la guerre, op. cit.*

est bombardée onze fois du 7 juin au 14 août tout comme Gisors. Le soir du jour J, Saint-Lô, où ne se trouve aucun objectif militaire important, subit de plein fouet une épouvantable attaque de nuit : « Le drame de Saint-Lô fut que beaucoup de gens descendirent s'abriter dans les caves la nuit du 6 au 7. Au cours de l'attaque terrifiante des bombardiers, les maisons s'écroulèrent sous les bombes, ensevelissant du même coup sous plusieurs étages de gravats des familles entières. » Et les secours eurent beaucoup de mal à s'organiser car des bombes à retardement vinrent parachever cette œuvre de destruction d'une ville martyre : « Ce sont de bien pauvres restes humains où battaient encore la vie, remplis de terre ou de poussière, que l'on tranportait au prix de mille difficultés jusqu'au Hutrel, là où recommençait l'empire des vivants [1]. »

Les combats terrestres s'ajoutent bientôt aux attaques aériennes. Quelques jours après le débarquement, non loin de Cherbourg, le jeune Bernard B. est évacué avec les gamins de son collège. En raison des destructions, « il se trouve séparé des professeurs et de ses camarades et, pendant deux mois, il reste entre les lignes américaines et allemandes dans une ferme, ou plutôt dans des tranchées; derrière la ferme était une batterie allemande sans cesse bombardée par les Américains. Il y avait de quoi, pour un enfant être *mort de peur*. L'avance américaine le délivra enfin. Il fut rapatrié à Cherbourg » note le médecin qui soigna l'enfant après la guerre car il restait anxieux et irritable, en état de choc émotif [2]. D'autres combats acharnés s'éternisent pendant des semaines dans et autour des ruines de Caen, piégeant des milliers de civils qui survivent de leur mieux : « De nombreuses communes vivent des jours hallucinants ainsi Tilly-sur-Seulles où devant les habitants terrorisés, des combats meurtriers se livreront jusque dans l'école d'une petite ville prise et reprise 23 fois [3]. »

Et à Tilly comme dans toute la Normandie des gosses sont piégés dans cet enfer. Un petit groupe de la 2e DB de Leclerc, fraîchement débarqué en Normandie, se souvient du choc : « Confiants d'avoir deux ou trois jours devant nous, nous descendions en jeep vers le sud. Carentan, Périers, Coutances, Bréhal : des villes éventrées, tordues, désespérées, Périers et Bréhal surtout. Périers était terrible avec ses pans de murs encore debout, si étroits, si frêles que certains avaient l'air de bras tordus mutilés et d'autres de troncs d'arbres calcinés. (...)

1. Témoignage du jeune Emmanuel Salettes recueilli par Albert Pipet, revue *Sleipnir*, magazine culturel de Normandie, nº 16, septembre 1984.
2. G. Heuyer, « Psychopathologie de l'enfance victime de guerre », in revue *Sauvegarde*, janvier 1946.
3. Jeanne Grall, in « L'opinion publique dans le Calvados », actes du 105e Congrès des sociétés savantes, Caen, 1980.

Deux femmes et un enfant attendaient on ne sait quoi. Le ton des voix était calme. (...) Dans les rues, ici et là, on croisait de vieilles gens et des gamins qui poussaient une charrette à bras ou une brouette, avec des hardes [1] ». Et les hommes de Leclerc, perplexes devant tant de destructions s'interrogent : « Partout sur cette route, comme à Caen, comme à Saint-Lô on se posait invinciblement la même question : où vont-ils ? Où la vie va-t-elle reprendre ? Il semblait que ces gens se déplaçaient simplement pour changer de ruines comme on change de maison, pour passer d'un néant à un autre [2]. »

Dans d'autres régions de France l'affaire se prolonge au-delà du mois d'août 1944. A Brest où le siège de la ville s'éternise jusqu'à la mi-septembre, les Alliés combinent l'emploi des bombardiers, de l'artillerie et même des canons de marine. Pour la seule journée du 9 septembre 1944, on relève plus 1 000 morts dont 400 civils dans un même secteur parmi lesquels une majorité d'enfants que l'on avait regroupés : « Au nombre des corps non identifiés, une cinquantaine d'hommes, de femmes et des enfants, des enfants surtout, qui devaient être inhumés au cimetière de Kerfautras, où les cercueils font défaut [3]. »

Le martyre des habitants de Brest a bouleversé Jacques Prévert qui lui consacrera un de ses plus beaux poèmes, *Barbara,* hommage à tous ceux qui ont péri :

Sous cette pluie de fer, de feu, d'acier de sang
Et celui qui te serrait dans ses bras
Amoureusement
Est-il mort disparu ou bien encore vivant
Oh ! Barbara
Il pleut sans cesse sur Brest
Comme il pleuvait avant
Mais ce n'est plus pareil et tout est abîmé
C'est une pluie de deuil terrible et désolée [4].

Dunkerque, Royan, les poches de l'Atlantique, plusieurs vallées alpines ou certaines villes d'Alsace-Lorraine [5] ne seront libérées qu'en 1945. Là aussi l'artillerie peut jouer un rôle comme à Forbach où de novembre 1944 à mars 1945 la ville, non évacuée, demeure sous le feu

1. In Pierre Bourdan, *Carnet de retour avec la Division Leclerc*, éd. Pierre Trémois, Paris, 1945.
2. *Ibid.*
3. In Henri Amouroux, *Les Règlements de comptes*, Robert Laffont, 1993.
4. Extrait de Jacques Prévert, *Paroles*, NRF, 1949.
5. Forbach, Bitche, Colmar...

intermittent des canons américains qui l'assiègent sans vraiment l'attaquer : « A la neige a succédé la pluie qui pénètre dans les caves ; les habitants mangent des épluchures et du pain vieux de deux semaines ; des enfants partis puiser de l'eau sont tués ; les malades de l'hôpital, qui a été touché quinze fois en un seul après-midi, ne sont sauvés que grâce au dévouement du personnel [1]. » On pourrait multiplier les exemples...

Les raids peuvent aussi être menés par des avions isolés, des maraudeurs qui choisissent leurs objectifs au hasard. En Alsace, Tomi Ungerer se souvient comment à l'automne 1944 les chasseurs américains, qui avaient la maîtrise totale du ciel choisissaient, un peu librement, leurs cibles : « C'était l'époque où ces engins tiraient sur tout ce qui bougeait. En pleine moisson, une famille de paysans des environs faisant la récolte avait été expédiée dans un monde sans doute meilleur par un de ces chasseurs [2]. » Pour en terminer avec ces exemples déplorables d'attitudes parfois irresponsables, citons ce terrible témoignage recueilli dans le Cotentin par un chercheur du Mémorial de Caen et dont l'authenticité ne fait hélas aucun doute : « Ce jour-là (2 août 1944), à Diélette, près de la charmante rivière qui baigne le village, deux camions de soldats américains passent. Les gars sont passablement excités, un peu ivres. Près du pont, par jeu, ils balancent des grenades. Le petit Michel joue non loin de là, à quelques mètres de chez lui. La mère de Michel, affolée, sort de la maison. Le petit est là, au bord de la rivière : " Où sont mes jambes, maman ? Je ne les sens plus ? " Ses jambes ont été arrachées par l'explosion des grenades. Les petites galoches ont échoué sur la rive. On charge le blessé et la mère à l'arrière du camion. La robe blanche à pois qu'elle porte ce jour là est couverte de sang. Les boys dégrisés se taisent. Le garçonnet est conduit à l'hôpital de Cherbourg [3]. » Il y mourra dans la nuit.

De nos jours il est encore difficile d'évaluer le nombre des victimes et parmi elles le nombre d'enfants qui fut parfois de l'ordre du quart du total. Un bilan provisoire publié au *Journal officiel* en 1948 fait état de 56 896 morts dans les bombardements [4]. Ce bilan est, hélas, sous-évalué compte tenu des pertes enregistrées par la seule Normandie : « La Normandie vient en tête du martyrologue national avec 52 000 morts, dont 20 000 ensevelis sous les décombres, 40 000 blessés

1. In Henri Amouroux, *La page n'est pas encore tournée,* Robert Laffont, 1993.
2. Tomi Ungerer, *A la guerre comme à la guerre,* La Nuée bleue, 1991.
3. Ce témoignage a été recueilli par Dominique Labarrière qui signale que la mère du petit Michel vit toujours et qu'elle conserve pieusement « des galoches d'enfant et une robe blanche à pois tachée de sang ». Ce texte figure dans *Survivre. La vie des Français de l'Ouest en 1944,* publié par le Mémorial de Caen et Ouest-France en 1994.
4. *J.O.*, 26/5/1946.

et mutilés [1]. » Or d'autres régions furent très éprouvées et pour l'ensemble de la France, d'autres auteurs avancent comme plausible 60 000 morts par bombardements et 60 000 autres par combats terrestres, auxquels il faut ajouter des dizaines de milliers de blessés, de mutilés ou d'orphelins. Une estimation d'origine britannique établit que « le bombardement des villes causa la mort de 600 000 personnes en Allemagne, 500 000 au Japon, plus de 160 000 en France et 60 000 en Grande-Bretagne [2].

Cahiers et dessins d'enfants : le retour à la liberté

En 1944-1945 des centaines d'instituteurs ont fait s'exprimer leurs enfants de façon spontanée sur le thème de la guerre et de la libération soit par le dessin, soit par la rédaction, ou quelquefois des deux manières combinées comme dans les documents provenant de Damville en Normandie que nous avons consultés au musée national de l'Education. Ces documents donnent une excellente indication sur ce que des enfants ont pu ressentir lors des journées de la Libération : « Toute la journée le canon grondait. Les Allemands apeurés par l'ennemi tout proche, préparent les voitures, les chargent de valises, de caisses énormes et de malles en bois. Les maisons réquisitionnées par eux sont vidées de tout leur matériel, nourriture, vêtements. De grandes remorques chargées à tout casser s'alignent en file indienne sous les grands tilleuls de la place. Les papiers de la Kommandantur, des bureaux allemands (...) sont brûlés en grandes piles », note Claude Leblanc, 13 ans [3]. Dans le même bourg, Micheline Maréchal, 12 ans, assiste à l'arrivée des premiers fantassins américains, l'avant-garde combattante, le 21 août 1944 : « Les pauvres soldats sont heureux d'être encore une fois vainqueurs, mais ils ont l'air bien fatigués. Ils se reposent (...) Nous leur distribuons des verres de cidre car la chaleur leur a donné soif (...) Quelques jeunes filles décorent (d'une fleur) la boutonnière des soldats. » Puis arrivent les blindés et les troupes en camions, plus extraverties et plus fraîches : « Les Américains se remettent en marche. Ils lancent des bonbons, des gâteaux, du chocolat aux petits enfants (...) Les hommes reçoivent des cigarettes [4]. » Pour les

1. Chiffres mentionnés par Jean-Pierre Rioux in *La France de la IVe République,* Le Seuil, 1980. A l'université de Rouen (sous la direction de M. Pigenet) et à l'université de Caen des études de chiffrages ont été engagées en 1994 portant sur l'année 1944 dans les départements normands. Ces études confirment l'ampleur des dégâts et des pertes humaines dans toute la région, où les bombardements ont commencé dès 1940.
2. In *Grand Atlas de la seconde guerre mondiale,* Larousse-*The Times,* 1990.
3. Cahier d'écolier, musée national de l'Education (INRP) Mont-Saint-Aignan.
4. *Id.*

enfants, l'arrivée des troupes alliées a donc été vécue à la fois comme une épreuve (en raison des combats) et comme une fête, parce qu'elle signifiait la fin de l'occupation allemande et donc des arrestations, des exécutions sommaires et (en principe) des restrictions. En Normandie, l'arrivée des Alliés a été précédée du lent reflux des troupes allemandes, les deux mouvements étant imbriqués : « Menacés dans les villes par les avions anglais, les Allemands arrivaient par camions garnis de feuilles. Ils faisaient des campements le long des habitations, ou le long des bois », se souvient Janine Vimard, 14 ans, à Damville qui précise : « Ils réquisitionnaient les œufs, le beurre, les animaux, que nous étions forcés de porter à la mairie [1]. »

A Paris, en dépit des combats de rues, la Libération se déroula dans une atmosphère beaucoup plus festive qu'en Normandie et l'arrivée des Jeeps, de soldats jeunes dans leur curieux uniformes, chaussés de souples « rangers » et distribuant des friandises y était bien synonyme d'une libération dans tous les sens du terme : « ... Nous apercevons enfin un petit groupe autour d'une voiture militaire, à l'ombre des arbres, près d'un carrefour. Nous nous approchons très impressionnés. Ce sont quatre soldats américains dans une Jeep. Ils nous sourient, nous leur serrons la main, des jeunes filles leur sautent au cou et les embrassent. Ils nous donnent des tablettes de chewing-gum [2]. » Heureux de l'aubaine les gosses mâchouillent ces friandises nouvelles qui demeurent longtemps associées à la Libération et dont ils apprennent vite les marques : Wrigley's Spearmint, Wrigley's Double Mint, Charms, Candy... Comme leurs aînés ils se risquent à fumer des cigarettes à l'odeur légère et parfumée, aux emballages colorés : Camel, Lucky Strike, Pall Mall, Philip Morris... et ils découvrent une boisson brune, pétillante, au goût étrange : le Coca-Cola !

La plupart des enfants furent témoins des événements de la Libération, le plus souvent heureux, parfois apeurés, passionnés ou amusés suivant les circonstances. Plusieurs enquêtes ont été menées « à chaud », par des médecins et des psychologues avant même que la guerre ne soit vraiment terminée afin de sonder l'opinion des enfants et leurs réactions. Une enquête menée par Alfred Brauner a porté sur 110 rédactions d'enfants réalisées à Paris en décembre 1944, (soit quatre mois après la libération de la ville) dans une école du VIe arrondissement. Ce quartier avait été en ébullition au mois d'août en raison d'une forte présence militaire allemande au palais du Luxembourg et de la proximité relative de l'île de la Cité où se trouvaient les insurgés de la Préfecture. Le thème donné était « La Libération », sans

1. Cahier d'écolier, musée national de l'Education (INRP).
2. In Jean-Louis Besson, *Paris rutabagas,* Bayard, 1995.

autre précision. Sur 110 enfants, 90 écrivirent à propos de ce qui s'était passé dans leur quartier, les vingt autres se lançant dans des généralités. Parmi ces 90, le ton général est celui d'une fête, d'une rupture avec le quotidien et d'une héroïsation de l'action des FFI et plus encore des « Leclerc » dont la popularité est à son comble à cette époque. Cependant une partie seulement des enfants racontent ce qu'ils ont vu car les parents les ont prudemment écartés des lieux dangereux (autour du Sénat et de la place Saint-Michel). Lorsqu'ils ont participé à quelque action, il s'agit le plus souvent de l'édification d'une barricade plus ou moins improvisée mais c'est le geste qui compte : « Tout le monde s'agite, sort sur le pas de sa porte. Hommes, femmes, enfants accourent, porteurs de sacs de sable. Les matelas, les cuisinières, les tuyaux de poêle s'amoncellent. On coupe les arbres, on dépave les rues. »

Le sentiment patriotique perce dans certains textes : « J'éprouve de la fierté d'être française et je suis heureuse du courage des petits soldats français. (...) Je veux travailler de toutes mes forces à l'école d'abord, puis à la maison, pour devenir une bonne Française. » D'autres gamins se montrent plus froids, plus distanciés y compris par rapport aux barricades : « Un locataire du 46 de la rue Saint-Placide en profite qu'il y a la barricade pour se débarrasser d'une vieille cuisinière, d'un vieux lit et de beaucoup d'autres ferrailles qu'il a dans sa cave » et le gosse ajoute à propos des sacs de sable stockés dans les escaliers par la défense passive qui ont été descendus sur la barricade : « Les concierges sont bien contentes car leurs escaliers seront moins sales [1] ! » L'enfant relativise facilement et transforme volontiers en jeu ce que bien des adultes vivent comme un drame.

Une autre enquête, beaucoup plus vaste, a été entreprise au printemps 1945 par le « Laboratoire de psychobiologie de l'enfant » (à Paris). Elle a porté sur 1 137 enfants choisis dans différentes écoles de Paris et de province (Toulon, Trouville, Bourges, Châteaudun, Valence, Châlons, Murat, Talence...) de manière à donner un échantillon significatif. Il était demandé (dans un cadre scolaire) à chaque enfant de décrire par un dessin et/ou une rédaction ses souvenirs sous l'occupation, à la Libération et après la Libération. A ce propos les enquêteurs précisent : « Il est intéressant de constater que le thème de l'occupation et celui de la libération se distinguent assez mal entre eux. Beaucoup d'enfants n'ont pas réussi à bien séparer les deux épisodes ; dans certaines régions la libération s'est faite en plusieurs temps, d'où des retours en arrière dans les récits. Dans le Midi, par exemple, après le débarquement, les Allemands sont revenus à la charge dans des

1. Rédaction d'un écolier de 13 ans, cité par Brauner, *op. cit.*

villages qui se croyaient libérés par l'avance des Alliés et ont commis des atrocités à titre de représailles [1]. » Il résulte de cette précieuse enquête que des différences régionales fortes se font sentir dans la manière dont fut vécue la libération et qu'il n'y eut donc pas « une » mais « des » libérations, grave et souvent tragique en Normandie, plus festive à Paris, mêlée à Toulon. Dans cette dernière ville il ressort des rédactions et des dessins une immense joie et une certaine gravité : « Cette région a été fortement éprouvée par les bombardements. Les fillettes ont été très effrayées aussi par les opérations de débarquement. La libération est accueillie avec une exubérance toute méridionale, fêtes, acclamations, chants, danses, assombrie cependant par les cérémonies aux monuments aux morts. » Mais la joie des jours de liesse n'empêche pas des soucis quotidiens et des souvenirs profonds de ressurgir au printemps 1945 : « Les préoccupations alimentaires apparaissent plus tôt chez les fillettes parisiennes, elles se marquent nettement chez tous les enfants de la deuxième série. Les bombardements sont cités dès la première série chez les garçons et les filles parisiens. » A Bourges, les filles « ne font guère allusion à leurs privations, elles se réjouissent surtout de la réouverture des bals, du retour des prisonniers et déportés. Vocabulaire assez virulent et désir de revanche très marqué ».

En résumé, en amalgamant les travaux des garçons et des filles et tous les âges, il ressort de l'enquête que : « Les enfants parisiens sont plus sensibles à la présence des Allemands. Ils dépeignent surtout les privations alimentaires, les combats de rue auxquels ils ont assisté, le matériel de guerre de toute sorte qu'ils ont vu en action. Ces thèmes dominent aussi chez les enfants de province, avec des fréquences plus faibles. » En outre : « Les enfants de Paris sont davantage frappés par les thèmes de combat, les barricades et l'action des FFI, à l'exception des Savoyards qui ont encore plus de détails à donner sur le maquis. » On ne peut cependant faire abstraction des conditions de collecte de l'enquête réalisée quelques semaines avant l'armistice de mai 1945 et sous la direction d'instituteurs parfois directifs, ce que les médecins n'ignorent pas qui précisent aussi : « Beaucoup de garçons parisiens sont directement influencés par le premier film projeté dans les salles parisiennes sur la libération et lui empruntent certaines expressions [2]. » On retrouve en effet trop souvent l'expression « Paris souffre, gronde et mord » pour qu'il s'agisse d'un hasard... Les enfants, surtout plusieurs mois après l'événement ont donc été influencés par les récits des adultes et leur entourage. Il en ressort, comme dans l'enquête menée

1. Irène Lézine, « L'Enfant et la guerre », in *Enfance*, mars-avril 1948.
2. *Ibid.*

par Alfred Brauner, une forte fréquence des thèmes patriotiques : « Morts pour la patrie », « Pour que France vive », « France notre mère à tous », « Chaque Français doit être fier de son pays » figurent parmi les expressions les plus employées. Indiquons pour conclure sur ce thème que « les fillettes ont plus de peine à représenter le mouvement (que les garçons) et leurs dessins portent souvent des traces d'anxiété. Elles sont davantage impressionnées par les bombardements et les combats de rue. Les thèmes batailleurs dominent chez les garçons, alors que les filles attachent plus d'importance aux problèmes alimentaires. Elles sont plus exubérantes que les garçons dans l'expression de la joie [1]. »

Réapprendre la vie

Pour bien des enfants, la fin des opérations militaires puis le retour à la paix ne furent pas toujours synonymes d'un retour immédiat à l'ordre ou à la normalité. Loin de là. Les souffrances endurées, le démantèlement des familles, l'effritement des repères moraux contribuèrent à rendre la réinsertion de ceux qui avaient été les plus exposés parfois très difficile. Des bénévoles qui ont assuré leur encadrement en 1944-45 avec un immense dévouement ont laissé quelquefois poindre leur désappointement et même leur désarroi devant l'ampleur des problèmes à résoudre. L'effacement des séquelles du conflit fut lent et difficile surtout dans les régions détruites, chez les enfants de fusillés et de déportés et dans la communauté juive particulièrement éprouvée.

Augustin Freinet, qui a fait un petit bout de chemin avec un maquis des Hautes-Alpes au cours de l'été 1944, réagit parmi les premiers. Lui qui avait déjà recueilli des enfants de républicains espagnols en 1939, décide d'aider à nouveau les enfants en difficulté. Pendant quelques mois il dirige à Gap, dans le séminaire réquisitionné pour la circonstance, un centre d'accueil pour des enfants réfugiés : jeunes orphelins de Nice ou de Marseille, Alsaciens réfugiés, enfants de déportés... au total une centaine d'enfants transitent par Gap avant d'être replacés dans des structures scolaires normales. Freinet leur fait rédiger et imprimer un journal hebdomadaire et les associe à la difficile gestion du centre où tout manque, ou presque. Comme les petits Alsaciens ne parlent pas français, il emploie des prisonniers allemands réquisitionnés (dont le cuisinier) comme personnel d'encadrement. Le lendemain de l'armistice, en mai 1945, « les enfants se réunissent pour chanter la paix retrouvée » et chacun le fait dans la langue de son enfance :

1. Irène Lézine « L'enfant et la guerre », *op. cit.*

provençal, arménien, russe, alsacien « et le cuisinier en allemand ». En septembre 1945, cette petite communauté est définitivement dispersée et Freinet regagne Vence avec quelques enfants.

La communauté juive de France fut très durement frappée par les déportations : l'historien Henri Rousso précise que « sur une population estimée à 350 000 individus avant-guerre, environ 76 000 Juifs de France ont été déportés dont seuls 2 500 ont pu survivre » et il signale la présence parmi ces déportés de « 2 000 enfants de moins de six ans et 8 700 enfants de six à 17 ans [1] ». Le retour des survivants se passe dans un relatif désordre et dans l'improvisation car personne ne soupçonnait vraiment l'ampleur des problèmes à résoudre. A Paris l'hôtel Lutetia sert de centre de ralliement et chacun y vient chercher des informations, tant ceux qui ont réussi à rentrer que ceux qui recherchent des nouvelles des déportés : « Je devrais comme tous les autres rapatriés aller dormir à l'hôtel Lutetia, mais je supplie tellement l'officier qui s'occupe des nouveaux arrivants qu'il me laisse partir après que je lui ai promis d'aller me présenter le lendemain (...) Il demande à un scout, venu donner un coup de main pour l'accueil de ceux qui reviennent de l'enfer nazi de m'accompagner. Il est vrai que je suis plutôt fatiguée [2] », se souvient Denise Holstein qui avait dix-sept ans à cette époque. Orpheline, comme bien des jeunes rescapés juifs, Denise Holstein parviendra à se réinsérer grâce à divers réseaux de solidarité, principalement familiaux, et c'est chez sa grand-mère, à Paris qu'elle pourra reprendre contact avec son frère. Ceux qui n'ont plus du tout de famille sont généralement pris en charge par des organisations caritatives, confessionnelles ou non, et l'accueil des survivants, parmi les enfants déportés de France, peut être assuré. Il n'en est pas toujours de même pour l'importante communauté juive d'Europe centrale dont le sort, à la libération des camps, est beaucoup plus incertain.

En avril 1945, la presse des pays alliés signale que « des milliers d'enfants dans un piteux état » ont été retrouvés dans certains camps de concentration, en particulier à Buchenwald. Plusieurs organisations caritatives américaines entreprennent alors des démarches auprès de divers gouvernements dont celui de la France pour accueillir ces enfants, pour la plupart des Juifs de l'Est européen. Contrairement à ce que l'on pourrait penser, avec le recul du temps, cette démarche ne déclencha aucun enthousiasme auprès des gouvernements consultés.

1. In Henri Rousso, *Les Années noires,* Gallimard 1992. Cette estimation recoupe celle de Serge Klarsfeld et du « Mémorial des enfants juifs » qui donne environ 11 000 mineurs de moins de 21 ans déportés depuis la France.

2. Denise Holstein, *Je ne vous oublierai jamais, mes enfants d'Auschwitz...,* Edition n° 1, 1995.

En effet, à cette époque, un mois avant la fin du conflit, la France, la Belgique ou l'Italie se débattent dans des difficultés graves pour nourrir, loger, habiller et plus encore soigner leurs propres ressortissants dont ceux des régions sinistrées qui vivent encore des situations précaires, dans un état sanitaire déplorable, et n'ont souvent pour hébergement que des cabanes provisoires. C'est pourquoi de fortes réticences se font jour avant d'accueillir des populations étrangères dont l'état sanitaire fait peur. En France, le ministère chargé des prisonniers et déportés refuse même de « recevoir des épaves qui mettraient vingt-cinq ans à mourir [1] » et demande à ce que ces enfants regagnent leur pays d'origine. Cette attitude provoque des protestations et entraîne des négociations serrées avec les organisations américaines qui s'engagent à assurer les premiers soins et un filtrage sanitaire sur place. Le ministère de la Santé publique accepte finalement d'héberger un contingent quand on lui assure qu'il s'agit d'accueillir des « enfants de six à dix ans, de nationalité polonaise, hongroise et roumaine, pour la majorité d'origine juive, donc probablement orphelins [2] ».

Après avoir obtenu l'assurance d'une aide matérielle du Grand Quartier général américain, la France reçoit finalement plusieurs contingents d'enfants dont un groupe de 500 rescapés de Buchenwald qui est dirigé vers un centre spécialement aménagé à Ecouis, dans l'Eure, « en renouant avec les grandes traditions de l'hospitalité française, tout en ayant charge d'âmes de l'infortune de milliers et de milliers de ses propres enfants ». Placé sous la tutelle administrative du « Comité intergouvernemental pour les réfugiés » le centre géré par une organisation privée juive fonctionne avec beaucoup de bonne volonté mais rencontre des problèmes (et/ou déconvenues) tant de la part des enfants que de celle du personnel d'encadrement. Un aspect inattendu vint de l'âge des jeunes rescapés. Les responsables du centre attendaient des « petits de six à dix ans » et avaient donc recruté trois femmes pour encadrer des jardins d'enfants. Or, Alfred Brauner qui se rend à la gare pour les accueillir est surpris : « A Gisors stoppa un train d'où nous saluaient une foule de grands gaillards paraissant avoir entre dix et vingt ans. Nous fûmes assaillis immédiatement par mille questions sur le but du voyage, sur le lieu prévu pour l'hébergement. Malades ? Ils disaient qu'ils ne l'étaient pas. Seuls quelques-uns avaient mal aux dents. Les plus chétifs étaient restés au camp de Buchenwald. Le mot rester avait un double sens que nous ne réalisâmes pas tout de suite. »

1. Cité par Alfred Brauner qui assura l'accueil des rescapés de Buchenwald in *Ces enfants ont vécu la guerre*, ESF 1946.
2. *Ibid.*

Il n'y a en fait que peu d'enfants (les benjamins, Lulek et David, sont âgés de 8 ans) dans ce groupe, et peu de malades car ceux-ci ont déjà été dirigés vers des hôpitaux parisiens et des foyers spéciaux ouverts dès leur arrivée dans la capitale. Le centre d'Ecouis va donc recevoir surtout des adolescents ayant passé leur enfance dans des camps ou des ghettos. Alfred Brauner ne cache pas son étonnement sur l'attitude des plus extravertis : « Ils avaient l'habitude des photographes américains. Ils se laissaient interviewer par les habitants curieux de Gisors et les officiels venaient les saluer. Ils exposaient les horreurs du camp, expliquant qu'ils étaient orphelins, qu'ils avaient vu brûler leurs parents, supprimer des milliers de malheureux dans les chambres à gaz. » Brauner précise que beaucoup de jeunes rescapés trouvaient cette attitude indécente et il tente une première explication : « Il nous arrivait des adolescents-adultes, désabusés et aigris par les camps, corrompus en partie par la publicité que les Américains avaient faite autour d'eux et attendant les réparations que leur devait la société. » Le docteur Minkowski, qui assure lui aussi l'accueil bénévole constate le côté difficile du groupe qui n'est pas homogène car la misère des camps n'a pas engendré une forte solidarité entre déportés mais a généré des clans. Il constate : « Dans cette collectivité misérable (...) les Juifs hongrois, polonais, tchécoslovaques, forment des groupes. Certaines rivalités sont inévitables. » Alfred Brauner est plus précis encore : « Il régnait une inimitié visible entre Polonais et Hongro-Roumains. » Un des survivants du camp, qui se trouvait à bord du train en route vers la France, Stanislas Tomkiewicz, avance une explication principale à ce comportement de groupes parfois violents, celle de la nécessité de survivre, qui avait fait que « organisés en bandes indépendantes plus ou moins stables, plus rarement solitaires, ils ont appris des techniques souvent raffinées de mendicité, de vol, de trafic (je préfère parler de commerce parallèle), n'hésitant pas, lorsque leurs forces le permettent, à commettre à leur tour méfaits, vols et agressions [1] ».

Gérer le centre n'est donc pas facile pour les bénévoles car bon nombre de jeunes rechignent à participer à son entretien, refusent tout ce qui peut ressembler à une corvée et souhaitent quitter Ecouis le plus rapidement possible. Plus proche de l'adolescent que de l'enfant qu'ils ont été dans les camps, ils souhaitent sortir à leur gré dans Paris où certains font des fugues. Les plus déterminés refusent même toute forme d'autorité et de discipline : « Après les quatre années de martyre, libérés par les Alliés, ces jeunes gens ont joui de la liberté, ils en ont joui non pas à 100 % mais à 200 %. Qui trouverait à y redire ? Il n'empêche

1. Témoignage de M. Tomkiewicz in *Enfance majuscule*, n° 31, octobre-novembre 1996.

que pendant deux mois, favorisés par les circonstances particulières dans lesquelles ils se trouvaient, sans nul frein qui, nécessairement trace des limites dans la vie normale, prématurément, ils ont donné libre cours à leurs désirs de divers ordres », explique le docteur Minkowski [1]. Vivette Hermann-Samuel, assistante sociale de l'OSE a pu observer que ces attitudes de survie étaient acquises presque automatiquement dans les camps : « L'enfant comprend rapidement les nécessités de la lutte pour la vie qui fait jaillir du tréfonds des êtres leurs instincts primitifs. Dans cette jungle, son adaptation est rapide, car l'anarchie totale et l'affranchissement de toute tutelle le séduisent : plus de trace d'autorité paternelle, l'arbitraire s'est substitué à la justice, le système D à la discipline et, dans cet univers renversé, l'enfant, plus dégourdi et plus habile à pourvoir à la subsistance quotidienne, prend le pas sur ses parents (...) [2]. » Quand les parents sont encore dans le même camp que les enfants, ce qui n'est pas toujours le cas.

En réalité, le traumatisme du camp est plus important qu'une apparente vitalité ne le laisserait penser. Un tiers a une mauvaise dentition, 10 % souffrent de scoliose et beaucoup accusent des retards de croissance, des troubles endocriniens ou des maladies de peau. En raison des épreuves, la plupart de ces enfants/adolescents sont dans « un état de surexcitation psychologique » et « de tension nerveuse extrême » [3], constatent les médecins et les psychologues qui les accueillent. Et les rapports se tendent à Ecouis. Les jeunes gens, qui se voient proposer les rations dont disposent tous les réfugiés en France à cette époque difficile souhaitent une meilleure nourriture et se plaignent souvent de la cuisine : « La nourriture qui n'était pas bien préparée mais certainement suffisante, leur semblait mauvaise comparée aux rations américaines et surtout à leur propres réquisitions en Allemagne [4]. »

Au total ce sont 535 enfants ou jeunes adultes qui passent par le centre d'Ecouis dont 320 réussissent à rétablir des liens avec un ou plusieurs membres de leur famille à la fin de l'année 1945. Certains vont donc rejoindre ces familles mais d'autres, sous l'influence d'éléments plus religieux pensent à gagner la Palestine pour s'y installer : « Ils voyaient dans ce qui leur était arrivé une épreuve de Dieu, et ils se sentaient plus juifs que jamais. Leur plus cher désir était de gagner la Palestine, terre promise, et presque tous étaient de fervents

1. In *Les Enfants de Buchenwald,* OSE, Genève, 1946.
2. Témoignage de Vivette Hermann-Samuel, cité par Anne Grynberg in *Les Camps de la honte,* La Découverte, 1991.
3. In *Les Enfants de Buchenwald, op. cit.*
4. Quelques groupes d'anciens déportés se sont installés plusieurs mois dans des fermes allemandes où ils ont réquisitionné tout ce qui leur était nécessaire en nourriture, vêtements, bicyclettes... Une partie des jeunes d'Ecouis avaient ainsi vécu en autonomie totale et supportaient mal la vie au centre qu'ils assimilaient à un camp.

sionistes [1]. » Les organisations juives sont très présentes à Ecouis comme dans tous les camps de réfugiés car « dès la Libération, les enfants juifs des camps avaient été pris en charge par des rabbins et des délégués juifs américains qui leur firent craindre de nouvelles poursuites antisémites en zone soviétique [2] ». Le docteur Minkowski signale que « Monsieur Jarblum, représentant du sionisme » s'est rendu à Ecouis pour tenter de convaincre le plus grand nombre. Mais les jeunes hésitent car certains sont attirés par l'URSS. Pourtant les éléments les plus dynamiques se décident et un premier contingent de 180 volontaires embarque à Marseille pour la Palestine. D'autres suivront. D'autres encore partiront pour les Etats-Unis ou l'Australie. Une trentaine demeurent en France, regroupés dans une maison d'enfants rue Rollin à Paris, dont Mme Schwarz s'occupe en 1947. Pour ceux-là, des difficultés d'insertion perdurent et Madame Schwarz résume ainsi les traits dominants des plus traumatisés (et des plus isolés) dont elle avait la charge : « Ce qui caractérisait avant tout ces garçons c'était : 1) La méfiance profonde envers tout et tous (...) ; 2) La volonté farouche de vivre (physiquement) et une peur sans bornes (...) ; 3) Un attachement étrangement exclusif aux membres féminins de leur famille immédiate (mère et sœur) (...) ; 4) Le sentiment que le monde leur devait une compensation pour leurs souffrances, que dorénavant ils n'avaient plus d'obligations et pouvaient exiger d'être entretenus jusqu'à la fin de leurs jours [3]. » Ils estimaient donc que les Français, dont ils ignoraient tout et qui pour beaucoup souffraient encore du conflit, leur devaient aide, assistance et réparations, sans oublier la responsabilité fondamentale des nazis dans cette affaire : « Pendant des années ils vécurent en présence du four crématoire, de la cruauté la plus insensée... »

Le témoignage de Mme Schwarz rejoint celui d'Alfred Brauner et de plusieurs autres bénévoles pour estimer que les Américains et les organisations caritatives ont eu une part de responsabilité envers cette forte attente d'assistanat : « Cette idée avait été inculquée par les soldats américains et les représentants des organisations qui s'étaient occupés d'eux après la libération des camps. Ces hommes et ces femmes bouleversés par l'aspect des souffrances qu'on avait infligées à ces enfants les avaient gâtés dans le vrai sens du mot, les comblant de cadeaux de toutes sortes – cigarettes et chewing-gum aussi bien que complets américains ou appareils photographiques – leur laissant toute liberté (...) sans penser aux réactions désastreuses que ce changement brusque

1. In Alfred Brauner, *Ces enfants ont vécu la guerre, op. cit.*
2. *Ibid.*
3. L. Schwarz, « Une expérience avec de jeunes déportés », in *Les Maisons d'enfants,* 1950. Préface d'Henri Wallon.

provoquerait chez les jeunes [1]. » Des années plus tard, certains de ces jeunes déportés « sont restés d'éternels étrangers, toujours en fuite, toujours seuls [2] ». En août 1946 lors du Congrès européen d'éducation nouvelle qui se tient à la Sorbonne en présence d'un millier de délégués représentant 22 nations, le rapporteur de la commission « L'enfance victime de la guerre », M. Roger, arrive à des conclusions comparables. Il note dans son rapport à propos des enfants de toutes nationalités issus des camps de concentration qu'ils posent des problèmes spécifiques de réinsertion car ils sont marqués par cette terrible expérience qui a entraîné une « perte d'affectivité » suite à une « détérioration de la personnalité humaine [3] ».

D'autres enfants connaissent une situation dramatique à la libération car leurs parents ont été déportés. Plusieurs institutions, généralement bénévoles et confessionnelles, les ont pris en charge avec beaucoup de dévouement. Citons, par exemple, la Maison d'enfants de déportés, de Jouy-en-Josas, organisée par des Eclaireurs israélites avec des moyens de fortune. Pierre Kauffmann, qui n'avait alors que 24 ans, se souvient : « Au printemps 1945 (...) les EI, en particulier Shatta et Bouli Simon (...) m'ont demandé de chercher dans la région parisienne une maison susceptible d'accueillir ces enfants dont les parents venaient d'être déportés. J'ai donc trouvé ces propriétés (4 bâtiments) à Jouy-en-Josas, près de Versailles, où nous avons accueilli les premiers enfants fin avril [4]. » Au total plus d'une centaine d'enfants sont recueillis par les jeunes éclaireurs qui font face de leur mieux à tous les problèmes. « Sur la centaine d'enfants, tous nés en France, principalement à Paris, deux tiers étaient d'origine polonaise, un quart d'origine grecque ou turque, le reste d'origine allemande, alsacienne ou nord-africaine. La plupart étaient seuls, mais il y avait aussi des fratries, même trois ou quatre enfants d'une même famille, leur âge allant de six à quinze ans. » La plupart de ces enfants avaient été cachés par des familles paysannes de l'Ouest de la France après l'arrestation de leurs parents. Pierre Kauffmann souligne que la majorité de ces enfants ont ensuite gagné Israël : « Les grands étaient sur l'*Exodus* et ont connu toutes les péripéties de l'*alyah* illégale. (...) Ceux que nous appelions les moyens sont partis dès la création de l'Etat d'Israël légalement. Ils sont devenus de vrais Israéliens et ont connu toutes les phases du développement du pays. » D'autres orphelins vont partir aux Etats-Unis, où ils sont recueillis par des membres de leur famille. Enfin, « ceux qui

1. Mme Schwarz in *Les Villages d'enfants*, PUF, 1950.
2. *Ibid.*
3. Rapport de M. Roger au Congrès européen d'éducation nouvelle, Paris-Sorbonne, 29 juillet-12 août 1946.
4. Pierre Kauffmann, *Le Monde juif*, nº 158, septembre-décembre 1996.

sont restés en France ont connu des fortunes diverses, comme l'ensemble des habitants du pays. Là aussi il est difficile de généraliser, certains ont parfaitement réussi, d'autres moins bien, mais presque tous ont pu ou su construire leur vie convenablement [1]. » Sans rien oublier de leurs souffrances, la plupart des survivants sont lentement parvenus à retrouver un équilibre à force de volonté et de travail. Les séquelles de la guerre demeurant néanmoins ineffaçables.

Des milliers d'orphelins

A la Libération, la plupart des enfants de prisonniers vont retrouver leur père, le plus souvent non sans une certaine surprise et une appréhension car, pour les plus jeunes, l'homme qui revient est presque un inconnu. Un petit livre pour enfants, publié dès l'automne 1945, aborde le problème avec délicatesse. Il raconte l'histoire de Plouf [2] âgé de cinq ans à la Libération : « Pauvre Plouf, il n'a jamais vu son papa. C'est qu'il était tout petit bébé quand la guerre, cette vilaine guerre a commencé. » Plouf vit donc à la campagne avec sa mère et sa tante Madeleine et à l'automne, il revient chez lui : « Tiens, les volets sont ouverts. Quelqu'un sort... Un monsieur que Plouf ne connaît pas. » Sa mère pleure de joie et il comprend : « Son papa ! Ce monsieur, c'est son papa ! » L'homme prend l'enfant dans ses bras, « et il l'embrasse, il l'embrasse en le serrant fort contre lui... » Plouf apprendra alors à connaître et aimer son père. Ce récit résume bien une situation vécue à des degrés divers par des dizaines de milliers d'enfants pour qui la séparation fut bien longue. Bernard Pivot ne dit pas autre chose quand il se souvient « J'ai revu mon père le jour de mes dix ans, en 1945. On est venu me chercher en classe et je suis allé à sa rencontre, à la mairie. C'était en fin de matinée [3]. » Cinq ans de séparation, quand on en a dix, c'est la moitié d'une vie. Considérable.

Le petit roman, *Plouf*, rappelle cependant que tous les prisonniers ne sont pas rentrés : « N'étant pas égoïste, il a une pensée de pitié attendrie pour tous ceux dont le papa n'est pas encore revenu et malheureusement ne reviendra peut-être jamais. » Car, à la Libération, des dizaines de milliers d'enfants comprennent qu'ils sont définitivement orphelins : tous ceux dont les parents, militaires, civils ou militants politiques ont été fusillés ou sont morts en déportation ou au combat, ou

1. Pierre Kauffmann, *Le Monde juif*, *op. cit.*
2. Suzanne Dussy, *Mon ami Plouf*, SAETL, 1945, illustrations, de Raymond Ducatez.
3. Bernard Pivot, « Je ne me souviens que de mes années scolaires heureuses », *JDI*, n° 8, avril 1997.

encore sont morts du fait des combats. La situation est grave puisque l'on ne compte pas moins de 260 000 orphelins, toutes causes confondues. Parmi eux 4 à 5 000 enfants de déportés politiques ou raciaux, les autres pour faits de guerre. Nous avons vu que plusieurs centres d'accueil ont été créés à leur intention dont un, Le Renouveau, est ouvert à Montmorency en banlieue parisienne. Il est dirigé par Mmes Jacquemart et François, toutes deux institutrices, assistées principalement de Mmes Camplan et Chaye. Henri Wallon soutient fermement l'institution et préfacera un livre qui explique son action [1]. Les enfants de militants communistes sont nombreux parmi les orphelins de Montmorency. Ouvert en juin 1945, Le Renouveau est un orphelinat destiné à « tous les enfants victimes de la répression fasciste ». On leur accorde une grande attention mais tout ne va pas sans problème dans cette micro-société car « la vie en collectivité n'est pas une vie normale pour un enfant et les conditions tragiques à la suite desquelles ces enfants ont eu à s'intégrer dans une collectivité ont fait que le problème de l'accoutumance s'est immédiatement posé [2] ». En effet la plupart d'entre eux refusent cette grande bâtisse triste, simplement agrémentée d'un potager, et les femmes qui les encadrent déplorent que les petits demeurent trop longtemps malpropres. On constate aussi que les filles sont tristes et manifestent un « goût pour le malheur » et « se réunissent fréquemment entre elles pour parler du passé et pleurer ensemble ». Chez les garçons surgit parfois un esprit de révolte et un goût marqué pour la destruction. En février 1946 est aménagé un deuxième centre « dans un ancien pensionnat de jeunes filles » dont les tristes locaux, qui ne comportent même pas de parc, ajoutent l'impression d'enfermement aux malheurs qui avaient déjà frappé ces pensionnaires involontaires. Conscients des difficultés, les cadres du Renouveau organiseront à partir de 1947 des séjours en Savoie et des sorties plus nombreuses. Selon des lettres-témoignages, l'ambiance et les résultats scolaires, jusque-là mauvais, s'améliorent peu à peu à partir de 1947-48. Une rude épreuve néanmoins pour ces enfants fragilisés par le destin dont la réinsertion fut souvent problématique.

Au cours des Semaines internationales d'études pour l'enfance victime de la guerre, qui se tiennent en 1945 à Zürich les conférenciers estiment que « 180 000 000 d'enfants européens sont en danger physique ou en danger moral, meurtris ou inadaptés », et même la plupart s'accordent à penser que « dans un sens large, toute l'enfance est à considérer comme victime de la guerre [3] ». Par danger physique les

1. Claude François, *Enfants victimes de la guerre*, Bourrelier.
2. *Ibid.*
3. Rapport de M. Roger au Congrès européen d'éducation nouvelle, publié chez Bourrelier, août 1946.

conférenciers entendent principalement les séquelles subies par les nombreux enfants blessés dans toute l'Europe au cours des bombardements et des combats terrestres. Par danger moral ils entendent : les pénuries alimentaires persistantes « conduisant aux fraudes, aux vols, au marché noir », la dislocation fréquente du milieu familial, le mépris de la vie des autres. Certains évacués et réfugiés ont été témoins de scènes d'horreur, d'autres ont été abandonnés, traqués et sont même devenus apatrides. Les enfants des familles traquées ont connu la fuite, les faux noms et diverses humiliations. Enfin pour l'ensemble du groupe social que constitue l'enfance on constate dans cette période une hausse inquiétante de la délinquance juvénile.

7

Sortir de la guerre

La France de « la Libération » et de « la reconstruction » est encore un peu celle de la guerre, et même de l'avant-guerre, avec ses voitures à chevaux dans les campagnes, ses blouses grises dans les écoles, ses curés en soutane... mais c'est aussi une France où tout bouge et où une différence fondamentale avec celle des années trente s'inscrit chaque jour un peu plus dans la réalité : les enfants y sont nombreux, ils sont partout. Non seulement la France reconstruit, mais elle rajeunit à vue d'œil ! Ce dont elle avait bien besoin. Pourtant, jusqu'en 1949, malgré les landaus, le chewing-gum, le jazz et les Jeeps tout respire encore la guerre.

La Libération racontée aux enfants : « La bête est morte ! »

Dès les premiers mois de la Libération, les adultes cherchent à faire mieux connaître la Résistance aux enfants, qui en ignorent tout, en diffusant rapidement une foule de livres et d'illustrés sur ce thème. Le plus célèbre de tous, *La Bête est morte !*, est une bande dessinée réalisée dès 1944 par Calvo, Victor Dancette et Jacques Zimmermann [1]. La « bête » c'est Hitler caricaturé en loup, idée déjà exploitée par l'Américain Tex Avery et reprise avec talent par un Calvo au mieux de sa forme. L'album (qui comporte un deuxième tome en 1945) porte en sous-titre : « La guerre mondiale chez les animaux. » Dans un récit qui n'est pas aussi fantaisiste qu'il y paraît, les auteurs ont transposé les violences et les turpitudes des hommes chez les animaux. Les Français deviennent alors de gentils lapins terrorisés par des Allemands

1. Aux éditions GP.

transformés en redoutables loups noirs. Heureusement pour eux, les lapins reçoivent le renfort d'une grande cigogne (de Gaulle) et de divers alliés : des ours blancs (les Russes), des bouledogues (représentation classique des Anglais), de redoutables bisons (les Américains), de gentils lionceaux (les Belges) et même quelques vaches bien pacifiques (les Hollandais). Dans le camp d'en face, les loups ne sont pas isolés. Ils montent parfois des chevaux noirs et sont aidés par de féroces singes jaunes (les Japonais) et des hyènes (les Italiens). Calvo a dessiné les premières planches avant même que Paris soit libéré mais le texte de Victor Dancette n'est pas à la hauteur du talent de Calvo. Quelques années plus tard, des polémiques surgiront à propos du texte, la qualité des dessins de Calvo n'étant remise en cause par personne : « ... Dancette ignore les nuances, pratique un manichéisme systématique et verse à l'occasion dans un nationalisme béat [1]. » Et Midas Dekkers qui a préfacé une édition néerlandaise de *La Bête est morte* formule une légitime interrogation : « ... il y aurait beaucoup à dire sur la vision dangereusement simpliste du monde selon les auteurs (...) Heureusement nous sommes maintenant tous bien conscients qu'il n'existe pas de pays des Loups, ni de pays des Lapins, mais que chaque pays est une macédoine de toutes les races animales, même si dans tel ou tel pays il peut y avoir plus de Loups que dans d'autres. » Remarques justifiées car l'enthousiasme de la Libération ne peut tout excuser.

En ces temps fiévreux, le peu conventionnel *Asfer et Sato chez les FFI* édité par « Ceux De La Résistance » à l'occasion des étrennes de Noël 1944 est rédigé sur un ton beaucoup plus serein. Il est dédié « aux enfants de France, en témoignage d'une grande épopée ». Les enfants découvrent ainsi deux diablotins, l'un noir (Asfer), l'autre roux (Sato) chargés de veiller sur les feux de l'enfer. Mais les deux amis sont trop distraits et laissent s'éteindre le foyer démoniaque. Par la suite, Asfer et Sato gagnent la Terre où ils se trouvent mêlés aux exploits d'un maquis pendant la Libération de la France. Les auteurs (Samson et Reined) expliquent dans le préambule : « Ce livre est né pour vous en prison, mes enfants, alors que ses auteurs enfermés tous deux dans l'enfer de Mr. Hitler se demandaient, comme les deux petits diables, ce qu'ils pourraient bien faire pour en sortir. » Etonnante formulation que celle de « Mr. Hitler » qui rappelle l'expression de Neville Chamberlain au moment de Munich. L'ouvrage comporte quelques passages dont la signification est donnée dans le texte : « Eux aussi avaient leur Petite Braise – la flamme de leur cœur – mais Elle n'avait hélas ! aucun pouvoir magique, et ne pouvait pas fondre les barreaux de leur prison

1. Article de Dominique Petitfaux qui cite Midas Dekkers, in *CBD*, n° 60/61.

– de toutes les prisons – comme ils l'auraient voulu [1]. » Lorsque paraissent ces lignes, le pays est à peine libéré et la guerre continue en Alsace. Le gouvernement provisoire tente de reconstituer une armée conséquente dans laquelle il incorpore de nombreux maquisards et des volontaires de toutes provenances. C'est dans cette atmosphère de « levée en masse » et d'appel au volontariat que Nicolas Marival dans *Jeune Français voici ton armée !* [2] conte sur un ton d'épopée les exploits des troupes françaises « de Bir-Hakeim à Strasbourg » avec une carte des opérations militaires ainsi légendée : « L'armée française ressuscitée assure une large part de la reconquête du territoire métropolitain. » Ce point de vue s'insère dans une campagne pour convaincre les enfants de ce que les Français ont joué, et jouent encore, un rôle militaire majeur dans la libération de leur pays. La lutte contre l'influence anglo-saxonne pointe déjà, en germe.

Tout cela est écrit dans le feu de l'action mais après l'armistice du 8 mai 1945 une vague déferlante s'abat sur l'enfance. La Résistance devient un thème majeur et il n'est pas un imagier, pas un éditeur, pas une revue, pas un illustré qui ne l'évoquent longuement. Le meilleur côtoie le pire. Le rôle des maquis et des Français libres est généralement magnifié. Celui des Alliés plutôt minoré. Cette production de masse, va marquer profondément les générations d'après-guerre.

L'Almanach du Gai savoir, présente « Doudou », un chien en peluche dans lequel un petit garçon de six ans a caché un message destiné aux maquisards. Hélas un Allemand intercepte le bambin et mange son gâteau. Mais le petit garçon refuse de parler : « Hubert ne répondit pas. Il regardait la bouche de l'officier qui s'ouvrait et se refermait, mastiquait lentement le gâteau de fête. « Tu ne me fais pas peur, sale Boche ! disait-il en lui-même ; parle, parle toujours, ça ne m'empêchera pas de t'appeler sale Boche ! Dommage que grand'mère Marie n'ait pas mis de la mort aux rats dans son gâteau ! » Pour finir, après un simulacre d'exécution, le jeune garçon est relâché et tout se termine bien. Ce récit accrédite l'idée du peuple unanimement dressé contre l'occupant et dans lequel même de très jeunes enfants participent à la Résistance. Quelques pages plus loin, dans un texte attribué au jeune Rémi (un personnage familier de l'almanach) Colette Vivier semble vouloir se justifier de l'apparente neutralité dont elle a fait preuve pendant l'occupation : « Mes amis, vous ne me connaissez pas. Pendant quatre ans, les quatre ans qu'a duré l'Occupation, je ne vous ai raconté que des balivernes, et vous avez pensé, sans doute : ce Rémi

1. Un exemplaire de cet ouvrage assez rare peut être consulté au musée national de l'Education à Mont-Saint-Aignan.
2. Publié aux éditions Alsatia.

est un écervelé ; il ne sait que faire le diable à quatre, en un moment pareil ! Mais c'est que je ne pouvais rien dire, et j'enrageais de vous parler de mes histoires de classe, de mes billes, des Merlettes, alors que j'aurais voulu vous confier tant de choses. » Et l'enfant apprend alors que Rémi « résistait » lui aussi, secrètement, juste dans sa tête, mais il résistait et en août 1944 il est monté sur une barricade, défiant l'adversaire du haut de ses huit ans : « ... je restais là, sur ma barricade, solide à mon poste, toujours ! Je n'avais pas d'armes, malheureusement, et j'avais pris faute de mieux, le pistolet de ma panoplie ; avec quelques pétards, ça faisait tout de même assez d'effet. »

Léonce Bourliaguet, qui écrit pour les écoliers, se montre plus caustique que la plupart de ses confrères. Dans *Le Maquis de la Mardondon* les enfants retrouvent quatre héros qu'ils connaissent déjà : les « Farauds » (L'Etincelle, Placide, Gitou et l'Etuflaïré) sont devenus maquisards mais demeurent de joyeux drilles, farceurs, chapardeurs et indisciplinés. Ils baptisent leur maquis « l'APCPLLDP car tout groupement moderne doit se baptiser d'algèbre. Les Anciens n'ont pas pensé à ça et c'est dommage parce que ça aurait fait gagner du temps aux historiens... » Comme ce sigle semble difficile à retenir, les héros optent finalement pour *PI = 3,14116*, ce qui prouve que leur instituteur n'avait pas complètement perdu son temps. Le ton est donné. Celui de l'humour. Il y a néanmoins des morts chez ces « maquisards » sympathiques mais bien peu politiques, en particulier Sartre (c'est le nom d'un petit tailleur du bourg voisin) qui est sommairement fusillé par les Allemands : « Sèche et brutale, la salve le fouetta de rouge, et, fondant sur ses genoux, il eut deux secondes l'air d'hésiter dans le choix du côté sur lequel il allait se coucher pour l'éternité ; puis, lourdement, comme une gerbe de blé, il s'effaça de la verticale [1]. » Pour finir, « la ville de Saint Pampuce » est libérée à grand fracas par le maquis.

Ce genre devient peu à peu conventionnel et les éditeurs La Tour et Rouff se livrent auprès des enfants à une surenchère permanente en publiant des séries de brochures à bon marché, massivement distribuées. Il s'agit d'abord de *La Guerre des hommes libres* qui se définit ainsi : « La jeunesse de France trouvera une image exacte de la guerre telle que l'ont vécue tous les peuples qui ont combattu pour la liberté. » Les récits y sont présentés comme historiques et authentiques alors que la part de l'imaginaire est importante. Les enfants disposent de 14 titres entre juin et novembre 1945, souvent écrits par d'ex-militaires, dans lesquels on insiste sur le rôle des Forces Françaises Libres : *Trois gars du Tchad*, *A la conquête du désert*, *Parachutés dans le maquis* ou *Les Chasseurs de camions*. A la même époque, Rouff

1. In Léonce Bourliaguet, *Le Maquis de la Mardondon*, Charles Lavauzelle, 1948.

relance pour la troisième fois la collection « Patrie ». Par le nombre de brochures et par la longévité c'est Rouff qui l'emporte. « Patrie » triomphe donc de « La Guerre des hommes libres »... En 1946, dans la série « Jeune France [1] » Henri d'Alzon [2] raconte les aventures de deux jeunes Lorrains « agents secrets de la Résistance » qui se trouvent mêlés à bien des exploits inspirés d'un passé récent. En 1948 plus de 60 fascicules sont disponibles dont *L'Usine atomique dans la montagne*, *Dans le maquis savoyard* ou *La libération de Paris*. Les livraisons sont assorties d'un concours afin de désigner la meilleure couverture [3] et le meilleur texte. Le premier prix consiste en un engin totalement nouveau et étrange : un vélo Solex !

Pour les enfants il n'y a pas vraiment de concurrence entre ces séries car ils en lisent plusieurs. Il est cependant important de signaler un aspect « en creux » qui n'apparaît pas de manière immédiate quand on lit l'ensemble de la production de la Libération destinée aux enfants : la question juive est quasiment absente des récits et on trouve peu de chose sur les camps de concentration [4]. Il semble que dans un élan d'unité et de ferveur patriotique, on n'ait pas voulu distinguer les victimes juives des autres victimes du nazisme et de la guerre. Pour le moment, il s'agit de célébrer le combat des Français.

L'épuration et le monde de l'enfance

Dans les semaines qui ont suivi la Libération les enfants, comme leurs parents, ont assisté à une première épuration des collaborateurs : dénonciations, arrestations de suspects et surtout de femmes, tondues en public, qui ont beaucoup marqué les mémoires. « Vers la fin d'août j'ai eu le plaisir de contempler des femmes tondues [5] » note la petite Raymonde Rafat, 13 ans, à Damville en Normandie. Si Raymonde semble avoir considéré cette scène simplement comme un spectacle insolite, la plupart des enfants en parlent avec une certaine gêne voire avec un sentiment de malaise ou de dégoût. Ils ont souvent été spectateurs de ces vengeances, sans bien comprendre les tenants et les aboutissants de l'affaire, plutôt

1. Publication de France Sélection, 74, rue La Fayette Paris.
2. Henri d'Alzon avait publié quelques récits « édifiants » dans *ETC* en 1943.
3. La plupart des couvertures sont de Brantonne.
4. Signalons cependant une brochure de la collection « Patrie » sur *Les camps de la mort*.
5. Archives du musée national de l'Education (Mont-Saint-Aignan) cahiers d'écoliers.

goguenards qu'agressifs. A Belleville, Jean-Louis Besson qui était collégien se souvient encore : « Sur la place de l'église, une femme a été traînée et assise sur une chaise. Elle est presque nue. On la couvre d'injures et de crachats. Un homme lui rase complètement la tête avec une tondeuse. Cela amuse la foule. On lui reproche d'avoir eu pour petit ami un officier allemand, qui bien sûr n'est plus là pour la défendre [1]. » Au quartier latin, François Nourrissier assiste aux mêmes scènes, avec un sentiment d'écœurement et même de révolte : « Les femmes rasées, en particulier, des croix gammées peintes au minium sur le crâne, constituaient de bons sujets pour les amateurs de pittoresque. Devant ces filles tirées de leurs bordels, hagardes, une envie me prit de cracher, – mais au visage des patriotes qui les humiliaient. Oh, toute cette boue sur notre liberté... Puis la foule m'emporta, lâche, brûlant [2]. » L'enquête menée par le laboratoire de psychobiologie de l'enfant en 1945 montre que les « scènes de tonsure, par FFI, des femmes collaboratrices » sont un des thèmes qui reviennent souvent dans les dessins et les rédactions d'enfants à la Libération, en particulier chez les filles [3]. A Bourges « les filles se souviennent surtout des représailles contre les collaboratrices qui sont tondues sur la place de la ville [4]. »

D'autres enfants, très jeunes se trouvent associés bien malgré eux à ce triste cérémonial car c'est leur mère qui est en cause. On imagine l'ampleur du traumatisme. La photo prise par Robert Capa d'une femme tondue, traînée dans une rue de Chartres par une foule hostile et qui serre dans ses bras un bébé de quelques mois a été très largement diffusée. Scène souvent répétée dans l'ensemble du pays d'un « carnaval moche [5] » que la plupart des authentiques résistants réprouvèrent. Cérémonie expéditive, humiliante, s'abattant souvent au hasard des rancœurs et des frustrations sur des femmes dont la culpabilité n'est pas toujours évidente. Paul Eluard, qui a chanté avec talent le courage des résistants, et fut lui-même résistant, a déploré cette violence facile envers des femmes humiliées, parfois violentées, choisies comme victimes symboliques des fautes de presque tout un peuple. Dans *Au rendez-vous allemand* [6] il exprime sa gêne :

1. In *Paris Rutabagas*, Bayard, 1995.
2. In François Nourrissier, *Un petit bourgeois*, Grasset, 1963.
3. Compte rendu d'Irène Lézine *in Enfance*, mars-avril, 1948.
4. Irène Lézine « L'enfant et la guerre » dépouillement d'une enquête *in Enfance*, mars-avril, 1948.
5. Sous-titre du livre d'Alain Brossat sur *Les Tondues*, Hachette Pluriel, 1994.
6. Poème d'Eluard écrit en 1944 intégralement cité par Claude Roy dans *Poésies choisies* et par Alain Brossat dans *Les Tondues*, Manya, 1992.

Comprenne qui voudra
Moi mon remords ce fut
La malheureuse qui resta
Sur le pavé
La victime raisonnable
A la robe déchirée
Au regard d'enfant perdue
Découronnée défigurée
Celle qui ressemble aux morts
Qui sont morts pour être aimés

Bien rares furent les enfants qui furent directement entraînés dans le mécanisme de l'épuration. Nous en avons cependant relevé un cas aux Archives nationales, celui du jeune G., âgé de treize ans à peine, et qui rédigea une lettre de dénonciation contre l'illustrateur Vica [1]. L'enfant a probablement agi sur la pression d'adultes mais il a trahi la confiance de Vica qui l'avait pris en amitié. Le jeune garçon habitait le même immeuble et s'intéressait aux bandes dessinées. Vica lui avait donc, gratuitement, donné des cours de dessin à de nombreuses reprises. Mais à cette époque, dans le petit monde qui gravite autour de l'enfance, qui a combattu, « a épuré » ou « a été épuré » ?

Des combattants et de souples reconversions

Comment se sont donc comportés ceux qui depuis des années faisaient et défaisaient le monde de l'enfance au gré de leur imagination dans des récits flamboyants ou tendres. Rares sont ceux qui se sont physiquement engagés en faveur de la Résistance. Quelques-uns, et non des moindres, font cependant exception. A la fin de 1942, après un ultime gala donné à Aix-en-Provence, Jean Nohain a disparu brusquement de France : « Aucun de nous ne savait alors qu'un petit avion appareillerait bientôt de Manosque, venant d'Angleterre, pour emporter notre Jaboune, qui allait rejoindre son frère Claude et sa sœur Francine à Londres [2]. » Dès lors Jean Nohain se lance dans l'action aux côtés des Forces Françaises Libres auxquelles il demande aussitôt à adhérer. Il est alors présenté au général de Gaulle en personne, à qui il affirme son désir d'être versé dans les forces armées. Ce vœu est exaucé et il est affecté à la 2e DB en cours de formation au Maroc : « C'est dans cette petite ville marocaine de Temara, proche de Casablanca, que l'adjudant-chef Jean-Marie Legrand (Jean Nohain) rencontra pour la

1. AN Z 6 19324.
2. D'après Yvonne Germain, *Notre ami Jean Nohain*, L'Harmattan.

première fois son chef : le général Philippe Leclerc de Hautecloque [1]. » Comme Jean Nohain a déjà servi dans les chars on lui confie le commandement de blindés qu'il baptise aussitôt *Champs Elysées* (le sien), *Buttes Chaumont*, *Tuileries* et *Luxembourg* par référence à Paris qu'il aime tant. En août 1944, le char de Jean Nohain figure parmi ceux que les gamins acclament dans les rues de la capitale. Puis il est engagé dans les combats de la campagne d'Alsace et le 23 novembre 1944 à l'aube, il pénètre de vive force dans Strasbourg. Cette fois, le *Champs Elysées* est touché de plein fouet par un obus. Jean Nohain n'a que le temps de s'éjecter. Ses deux compagnons d'armes, l'aide-pilote Joseph Garicoïx et le pilote Etchegarray sont tués sur le coup. Grièvement blessé, Jean Nohain est évacué vers un hôpital de fortune : « Le restant de sa vie, il conservera des suites de cette terrible blessure une grande cicatrice au cou, l'œil gauche légèrement cousu, une surdité de l'oreille et une paralysie du côté gauche de la moitié du visage [2]. »

Pendant que certains combattent d'autres, qui avaient beaucoup produit pendant quatre ans, négocient un délicat virage... En quelques mois se produisent d'étonnantes « reconversions ». Tout d'abord celle de Marijac dont l'évolution va conditionner celle de plusieurs de ses confrères. Marijac, qui a beaucoup contribué à *Cœurs Vaillants* et *Siroco*, entre en contact pendant l'été 1944 avec les maquis d'Auvergne ce qu'il raconte avec beaucoup de verve : « La bataille du Mont Mouchet venait de disperser les maquis qui s'étaient regroupés dans diverses zones, leur moral était assez bas. C'est au cours d'une visite d'un de leurs chefs, le capitaine Charles, que ce dernier me proposa d'éditer pour ces hommes démoralisés un petit journal (...) Enthousiasmé, j'acceptais. *Le Corbeau déchaîné* venait de naître ! prémices d'une suite d'événements qui devaient me catapulter dans la vie [3]. » Ce petit bulletin est la seule feuille satirique illustrée produite par un maquis. *Le Corbeau déchaîné* vaut donc à son auteur un succès certain dans le monde de la Résistance, succès non exempt de tensions et d'une méprise qui aurait pu tourner au tragique. En effet, selon Marijac lui-même un groupe de maquisards auraient un moment envisagé de l'arrêter, voire de l'exécuter mais ces maquisards deviendront par la suite ses amis ce qui influencera sa carrière éditoriale.

Une autre « évolution » étonnante est celle de Victor Dancette auteur de *Il était une fois un pays heureux* [4], album chauvin et xénophobe. Pourtant, en 1944, Dancette s'est associé à Calvo et tous deux

1. D'après Yvonne Germain, *Notre ami Jean Nohain*, L'Harmattan.
2. *Ibidem.*
3. In *Souvenirs de Marijac*, Glénat.
4. *Il était une fois un pays heureux* est publié par les éditions GP en 1943, moins d'un an avant la Libération.

ont conçu *La Bête est morte*, l'album le plus célèbre de la Libération. Grâce à ce livre l'image d'un Victor Dancette « résistant » s'installe pour longtemps. A la rubrique des « reconversions » inattendues il faut aussi inscrire Alain Saint-Ogan que l'on retrouve en 1944, dans le relatif anonymat de la capitale. A Paris ses amis affirment qu'il a appartenu à un petit réseau de renseignement et que les bureaux de la revue *Benjamin* ont épisodiquement servi de « boîte à lettres à ce réseau ». L'illustrateur ne manque ni d'humour, ni de recul par rapport à son rôle dans l'histoire de la Résistance. Dans ses témoignages ultérieurs il demeure discret et évasif sur la nature exacte de ses activités résistantes : « Mon modeste appoint à la Résistance où, sous le nom de Lesage – sous réseau Yatagan, je suis rattaché au BCRA – ne m'apportera par la suite que des émotions minimes [1]. » Une participation modeste à un modeste réseau qui explique mal sa brutale ascension dans le domaine militaire. En effet, en septembre 1944, Saint-Ogan « remonte » à Paris en uniforme de colonel de la Résistance. Rien de moins. Il est vrai qu'à Paris on l'a oublié, car *Benjamin* n'y parvient plus depuis quatre ans [2], et que son ex-rédacteur en chef y est mieux qu'à Vichy. Evidence dont il ne se cache pas vraiment : « Je sollicitais un ordre de mission pour Paris, car moi aussi j'éprouvais le besoin impérieux de revoir après si longtemps la tour Eiffel et les Champs Elysées [3] »... Le célèbre illustrateur ne cherche d'ailleurs pas à bluffer. Il s'étonnera lui-même de cette rapide promotion, en évoquant cette période, non sans humour : « ... la Libération, époque à laquelle je remonte sur Paris, coiffé d'un calot sur lequel j'ai décousu mes modestes galons de sous-officier pour les remplacer par cinq galons d'or. Il faut ce qu'il faut ! Si je dois faire de l'auto-stop, ça fait tout de même mieux d'être colonel que brigadier-chef. Sans doute est-ce moins sérieux mais tellement plus décoratif [4] ! » Mais pour se rendre à Paris il faut un laissez-passer. Saint-Ogan s'explique à ce sujet et relativise son image de résistant en ajoutant des guillemets : « Comme il se doit, j'étais un « *résistant* », je l'obtins sans difficulté [5]. »

A Paris, Saint-Ogan reprend contact avec ses anciens amis, en particulier Jean Nohain qui est convalescent, et c'est probablement ainsi qu'on le retrouve ultérieurement à la célèbre « Kermesse aux étoiles » donnée chaque année au profit des anciens de la 2e DB.

1. In Alain Saint-Ogan, *Je me souviens de Zig et Puce*, La Table Ronde, Paris.
2. Les éditions « maréchalistes » de *Benjamin* ne franchissaient pas la ligne de démarcation. A Paris on avait surtout le souvenir du journal d'avant-guerre dirigé par Jean Nohain, un des héros du moment. L'image de *Benjamin* à Paris est donc meilleure qu'à Vichy.
3. In Alain Saint-Ogan, *Sans tambours ni trompettes*, Arthème Fayard, Paris.
4. *Ibidem.*
5. *Ibidem.*

Robert Rigot, un des piliers de *Cœurs Vaillants*, qui n'avait pas hésité à attaquer les Juifs et les francs-maçons dans sa production [1] met en 1945 sa plume au service de *Belles histoires de Vaillance* où, cette fois, il conte les exploits du « Capitaine invisible », un insaisissable maquisard... D'autres font la même chose mais en Belgique, où on ne leur demandera rien sur ce qu'ils ont publié avant. Pinchon et Le Rallic rejoignent *Wrill,* un nouvel illustré publié à Liège où ils illustrent *Gilles du maquis* pour Pinchon et, pour Le Rallic *Bernard Chamblet dans le maquis*. L'hebdomadaire *Wrill*, qui tire son nom d'un sympathique renard, se dote d'une image de marque très « résistante » dont l'annonce est faite dans le premier numéro : « Je suis Wrill, je suis la bonne humeur, la joie de vivre. Cependant j'ai été créé pendant l'Occupation par une troupe de jeunes dessinateurs et dessinatrices réfractaires, en butte aux poursuites continuelles de la Gestapo (...) [2] » Et, pour conforter cette image, les récits se succèdent et se ressemblent : « Dès le numéro 1 de *Wrill*, Roger la Bagarre, Jim Spitfire, Mustang agent 549, cassent du Boche et bientôt d'autres héros leur emboîtent le pas : Bernard Chamblet, Suzel la petite Alsacienne, Wrill, Gilles du Maquis... [3] » Dans l'esprit des enfants de 1945 l'équipe de *Wrill* est donc assimilée à la Résistance y compris les nouveaux rédacteurs. Par cet amalgame étonnant Le Rallic, lui aussi, prend des allures de maquisard. Joli tour de passe-passe... Il convient donc de voir comment fut menée l'épuration dans le monde de l'édition pour enfants.

L'épuration et l'édition pour enfants

Au cours de l'été 1944, sans même attendre la fin de la guerre, de nouvelles structures destinées à réorganiser la profession et à encadrer la production sont mises en place. La France est encore en guerre, une autre censure (militaire mais également politique) se substitue à celle de l'occupant et de Vichy. Dès la Libération circulent des consignes ainsi que des listes d'ouvrages interdits à la vente et à la fabrication qui doivent être pilonnés. La production destinée à l'enfance entre officiellement dans le champ de l'épuration et Gaston Rageot, lui-même éditeur pour enfants, devient un des responsables du Comité d'épuration. Dès le 14 décembre 1944, *Maréchaux de France* est retiré de la

1. Robert Rigot est l'illustrateur et le rédacteur de la série *Connais-tu la France ?* collection « Feu Nouveau » publiée rue de Fleurus à Paris en 1941.
2. Wrill est créé en 1942, d'après *Gordinne éditeur Liégeois*, par Dany Evrard et Michel Roland, Deville, 1992.
3. D'après *Gordinne éditeur liégeois* par Dany Evrard et Michel Roland, Deville, 1992.

vente et cette interdiction est assortie d'une « demande de retour » des exemplaires invendus [1]. Il ne s'agit là que d'un coup de semonce dûment complété par deux circulaires [2] qui attirent l'attention des libraires et des éditeurs non pas sur des titres précis mais sur le contenu des ouvrages dorénavant mis en vente ou publiés. La première circulaire est libellée ainsi : « Il nous a été signalé que certaines librairies procèdent encore à la vente de livres d'étrennes destinés à la jeunesse, imprégnés d'idéologie vichyssoise et tombant par suite sous le coup de nos consignes. Il vous est impérieusement notifié d'avoir à retirer de la vente cette *Imagerie du Maréchal* [3]. » Les livres en question ne sont pas clairement nommés mais chaque libraire est mis en garde et prié de faire immédiatement le tri par lui-même. Les livres « maréchalistes », ou suspects de l'être, vont ainsi rapidement disparaître des devantures et des rayonnages ce qui ne déplaît pas toujours à leurs auteurs. En effet, Saint-Ogan, Jean Nohain, Victor Dancette ou Léon Chancerel, par exemple, ne souhaitent vraisemblablement pas voir se prolonger la vente de leurs apologies de l'ordre vichyste.

Cette première mesure d'épuration est suivie par une deuxième, à destination des éditeurs : « J'ai l'honneur de vous prier d'adresser par retour du courrier au Comité d'organisation des Industries, Arts et Commerces du livre, 117 bd Saint-Germain à Paris, copie en deux exemplaires de la liste des ouvrages imprégnés de l'esprit de collaboration avec l'ennemi ou de tendances vichystes dont vous demandez le retrait aux libraires, ces livres tombant sous le coup des consignes du Contrôle militaire des Informations [4]. » Il y a donc interdiction de vente de certains livres, une interdiction aux contours flous, mais pour compléter ces mesures on établit aussi des listes nominales de livres interdits, neufs ou anciens. Le nouveau directeur des bibliothèques, M. Bouteron, agit en ce sens en adressant une circulaire à tous ses confrères de province leur enjoignant d'épurer soigneusement leurs rayons : « Les ouvrages listés ci-dessous doivent être retirés de la vente en librairie (...) Il m'est apparu qu'il y aurait les plus graves inconvénients, dans les circonstances présentes, à ce qu'ils demeurent à la libre disposition du public dans nos bibliothèques [5]. » Suit une liste où figure *La vie agitée d'un petit chasseur de fourrures* de Job de Roincé qui est un des rares livres pour enfants clairement mis à l'index en 1944. Il

1. AN dossier Alsatia, F 12 9640.
2. Circulaires de 22 et 29 décembre 1944, publiées dans *Bibliographie de la France*.
3. Texte cité par Pascal Fouché, *op. cit.*
4. *Ibid.*
5. Nous avons pu consulter un exemplaire de « la circulaire Bouteron » conservé à la bibliothèque d'Evreux.

s'agit d'une bande dessinée [1] qui retrace la vie d'un petit colon français dont la famille a été massacrée par des Indiens. Certes les Indiens en question sont poussés à agir par des Anglais mais de là à interdire ce titre... C'est probablement l'appartenance de l'auteur à l'Action française qui a motivé ce choix. Les trois brûlots de Vica échappent, eux, à l'attention des censeurs en raison d'une grande méconnaissance du monde des illustrés. Un dossier sur les Editions littéraires et artistiques [2] qui publiaient Job de Roincé et Paluel-Marmont [3], nous apprend que le jugement prononcé à la Libération ne porte pas sur les bandes dessinées mais sur des brochures publiées d'août 42 à septembre 43, une « série de petits romans, genre romans populaires à bon marché, qui sont nettement antianglais et antijuifs ». Il est précisé par le tribunal que « les manuscrits émanaient d'un nommé Pinatus, soi-disant citoyen helvétique, qui a disparu » [4]. Le président de la commission d'épuration réprouve la parution de ces brochures après avoir fait cette remarque qui éclaire la suite de notre propos : « En dehors d'un certain nombre d'albums pour enfants sur lesquels il n'y a rien à dire, cette maison a publié [5]... » Ce type de réflexion prouve qu'en 1945 la bande dessinée n'est pas encore jugée assez sérieuse pour qu'on s'y arrête. Quoique dans certains cas...

Le cas du *Téméraire* justement qui n'a pas échappé à la vigilance des censeurs. Le procès a bien eu lieu. Au cours de l'été 1944 plusieurs rédacteurs ont reçu des menaces de mort [6] et un rapport de la Police judiciaire signale que « Dès la Libération, les locaux du *Téméraire,* 116 rue Réaumur, ont été fouillés, bouleversés et occupés par des cellules communistes qui y sont encore : il s'agit d'étrangers groupés sous l'appellation CADI (comité d'action de défense des immigrés) [7]... Un autre rapport confirme que : « Les locaux du *Téméraire* sont réquisitionnés et occupés par le CADI. Il ne reste plus d'archives de ce journal [8]. » Les juges prendront cependant l'affaire au sérieux et un dossier

1. Publiée dans la collection « A la française ».
2. AN F12 9642.
3. Paluel-Marmont n'est pas oublié par les épurateurs. Dénoncé par ses voisins comme un collaborateur de *La Gerbe*, et de *Radio Paris* il est arrêté en septembre 1944. Il pourra cependant établir sans peine qu'il n'avait prononcé que des conférences sur le Transsaharien et les colonies et l'affaire débouchera sur un non-lieu. L'auteur aura tout de même séjourné plusieurs mois à Drancy avant d'être relâché.
4. Le trois titres les plus visés sont *Le Doigt dans l'engrenage* (sur la LVF), *Le Million* (sur les Juifs) et *Le Triangle qui tue* (sur les francs-maçons). Après une procédure embrouillée et longue, les Editions littéraires et artistiques seront dissoutes avec interdiction de se reconstituer. Archives nationales F12 9642.
5. AN F12 9642.
6. AN Z6 NL 9199.
7. AN Z6 NL 9199.
8. Rapport d'un commissaire de la PJ, brigade mondaine, Archives nationales, Z6 NL 9199.

d'instruction sera établi réunissant des informations sur chacun des 42 collaborateurs occasionnels ou réguliers du *Téméraire.* Cela débouchera sur un non-lieu et même les plus engagés verront figurer au bas de leur fiche cette mention : « Aucun de ses dessins ou des ses illustrations ne fait allusion à la politique ou aux évènements militaires [1]. » Il est pourtant un homme dans ce journal qui va avoir droit à une instruction personnelle, c'est Vica [2]. Il s'appelle Vincent Krassousky [3] pseudonyme dérivé de ses initiales,V.K. = Vica. Né en 1902 à Kiev, fils d'un colonel de l'armée du Tsar, il « a poursuivi des études secondaires afin d'entrer lui-même dans la carrière militaire [4] ». Il entre « à neuf ans à l'école des Cadets, puis pour deux ans à l'école des aspirants ». Comme c'est « un sujet de forte corpulence et de haute taille, à l'allure athlétique », il s'est enrôlé à 16 ans dans l'armée blanche (Wrangel-Demikia) et a participé pendant deux ans à la guerre civile en Russie. Il a été blessé à trois reprises dont une fois gravement à la tête d'un éclat de grenade qui ne sera jamais extrait et provoquera souvent des crises douloureuses et des vertiges. Le médecin qui l'interroge à Fresnes note aussi que : « Monsieur Krassousky s'explique mal en français [5] » ce qui tend à confirmer qu'il n'est pas l'auteur des textes de ses albums. Vica s'est installé à Paris en 1929 après avoir séjourné en Bulgarie. La fin du rapport signale que Vica « s'exalte et s'irrite quand on lui parle des bolchevistes » car, dit-il : « Ils ont fusillé ma sœur et ma mère. Mon père est mort de ses blessures en Bulgarie et j'ai été moi-même fortement touché. Je suis seul au monde [6]. » Vica est condamné à un an de prison, 1 000 francs d'amende et à l'indignité nationale.

Les frères Caouissin, fondateurs d'*Ololê,* doivent aussi rendre compte de leurs engagements. Herri Caouissin, « interné à la fin de la guerre », reste huit mois sous les verrous avant de bénéficier d'un non-lieu. Il gagne alors la région parisienne où des amis de *Cœurs Vaillants* l'aident à retrouver du travail. Mais les éditions Ololê n'y survivent pas car Ronan Caouissin, son frère, est lui aussi mis en difficulté : « Victime des problèmes financiers créés par la mise sous séquestre de son imprimerie, à la Libération, il (Ronan) rejoint son frère à Fontenay-

1. AN Z6 NL 9199.
2. Le procès et l'instruction se déroulent fin 1944 et début 1945. Archives nationales, Z6 19 324.
3. D'après le dossier Z6 19 324. En 1992 dans le numéro 70 du *CBD*, André Ramon donne une orthographe légèrement différente, Vincent Krasouszky, et pour date de naissance 1893. Le dossier judiciaire, lui, contient bien « né en 1902 à Kiev ».
4. AN Z6 19 324.
5. AN Z6 19 324.
6. AN Z6 19 324.

aux-Roses, et vit alors de divers petits métiers chez les éditeurs [1]. » Les deux frères payent donc leurs engagements. Du côté du groupe Fleurus, il n'y a pas eu de véritable procès d'épuration mais une longue procédure, entrecoupée de violentes polémiques, avant d'autoriser la reparution des revues. Pour ce qui est des hommes les épurateurs visent d'entrée de jeu l'abbé Courtois, rédacteur en chef de *Cœurs Vaillants* : « Ce mouvement avait pour directeur l'abbé Courtois qui dirigeait (...) un périodique intitulé *Vaillance* pour lequel il ne pouvait être question de reparution, vue la politique suivie sous l'Occupation [2]. » Il est vrai que l'abbé Courtois, ancien combattant de 14-18 (trois fois blessé) fut très actif à Vichy. La hiérarchie ne l'ignore pas et elle risposte habilement en nommant à sa place l'abbé Jean Pihan assisté de Jean Fedeli [3]. Or Jean Pihan est une figure de la Résistance. Arrêté par les Allemands le 31 mars 1943 « avec Monsieur l'abbé Maussion et deux jeunes gens qui nous aidaient [4] » pour avoir voulu reconstituer clandestinement les *Cœurs vaillants* en zone occupée, il fut relâché le 23 juin 1943 et s'installa alors au Sud. Quant à Jean Fedeli, c'est un rédacteur de *Témoignage chrétien* donc lui aussi un résistant. Un chargé de mission à Lyon prend acte de ce changement mais il envoie un rapport au ministre de l'Information, Pierre Teitgen, plutôt défavorable : « La personnalité de son directeur actuel est au-dessus de tout soupçon, il n'en reste pas moins que le changement d'orientation paraît un peu brutal [5]. »

Mentionnons aussi André Daix, créateur du célèbre Nimbus. A la Libération il est interdit d'édition et dépossédé de son personnage. Le petit professeur Nimbus continue pourtant sa carrière dans divers journaux jusqu'en 1991 sous la plume d'autres illustrateurs. En fait, André Daix a publié régulièrement dans *Le Matin* (*Le baron Crésus*), dans *Jeune Force* (*Les Mésaventures de Placide*) et il a fréquenté les milieux francistes [6]. C'est en raison de cette activité politique et non de son rêveur professeur Nimbus qu'il a été sanctionné [7]. Paul Chack, auteur d'innombrables livres à la gloire de la marine française qui ont fait rêver bien des adolescents [8], est arrêté en août 1944 à Paris en même

1. C'est que nous indique la notice publiée dans le *Dictionnaire du monde religieux dans la France contemporaine* (édition de 1990) et ce que nous a confirmé un témoin.
2. AN Cœurs Vaillants F 41 1157. Rapport du 4 décembre 1994, rédigé à Lyon.
3. Note de l'archevêché de Lyon le 23 octobre 1944, AN « Cœurs Vaillants », F 41 1157.
4. AN « Cœurs Vaillants » F 41 1157.
5. Rapport de P. Gonnet, AN « Cœurs Vaillants », F 41 1157.
6. Selon l'écrivain Jean Mabire.
7. Le personnage de Nimbus a été repris en 1995 dans les colonnes du quotidien *Présent*. Ses aventures se poursuivent donc...
8. Auteur également de plusieurs articles dans *Siroco*.

temps que Sacha Guitry et conduit dans le même commissariat. Il sera rapidement jugé, condamné à mort et fusillé en janvier 1945. Là encore, ses écrits pour l'enfance n'ont pas pesé lourd dans le procès. Ce qui lui a été reproché c'est son activité au Comité d'action anti-bolchevique dont il fut un des principaux animateurs.

Du côté des éditeurs, Robert Denoël devait être jugé en décembre 1945 à Paris mais il ne le sera jamais car il est abattu à coups de pistolet dans la rue quelques jours avant son procès. Ses confrères parisiens ont repris discrètement leur travail. Cependant quelques-uns d'entre eux (Gallimard, Flammarion, Alsatia, Colbert ou les Editions littéraires et artistiques) devront rendre des comptes à la justice [1]. Chez Gallimard, Marcel Aymé poursuit ses *Contes du chat perché*. Il est vrai qu'il n'y avait rien de répréhensible dans son œuvre destinée à l'enfance mais sa participation régulière à *Je suis partout* aurait pu lui valoir des ennuis. Jean de la Hire, administrateur de Ferenczi, est arrêté et condamné pour avoir dirigé une entreprise aryanisée. Ce procès marquera la fin de sa carrière éditoriale. Le cas d'Alsatia est plus complexe. En dépit du départ de Jacques Michel « qui se consacre à ce qui peut être sauvé de l'Action française » [2] et du rôle modérateur de Madeleine Gilleron qui se rapproche des gaullistes via le général Leclerc qu'elle connaît personnellement [3], Alsatia n'échappe pas à la vigilance des censeurs. Une information est ouverte pour « activité pendant l'Occupation susceptible d'avoir favorisé les desseins de l'ennemi » en février 1946 devant la Commission interprofessionnelle d'épuration. Une distinction est opérée entre la production de Colmar (entièrement germanisée) et celle de Paris en langue française. Dans cette dernière, douze titres sont jugés « teintés de vichysme » et trois plus sérieux : *France 1941. La Révolution nationale constructive*, *La Personne France* [4] et un *Livre de raison de la jeunesse de France*. Ce dernier s'adresse directement aux enfants. Le tout est dans l'idéologie « catholique et Français toujours ! » mais on n'y lit aucun appel à la collaboration. Le dossier est classé « sans suite » en juin 1949 [5].

Inquiétés ou pas, condamnés ou pas, ceux qui avaient publié pendant ces quatre années ont dû changer radicalement de discours, voire inverser spectaculairement leurs positions politiques. Il convient en effet de distinguer entre l'épuration envers les hommes, qui fut

1. Pour Gallimard et Flammarion rien ne concerne les ouvrages destinés à l'enfance. Il s'agit donc de procès qui relèvent de l'histoire générale de l'édition et sortent du cadre de cette étude. On en trouvera de bonnes analyses dans les ouvrages de Pascal Fouché ou de Pierre Assouline.
2. Selon Christian Guérin (dans sa thèse sur le *Signe de piste*).
3. *Ibid.*
4. Traduit de l'allemand d'après Paul Distelbarth.
5. AN F 12 9640.

aléatoire, et l'épuration du contenu des œuvres. Celle-ci a eu lieu de manière systématique et profonde. A la Libération, pour continuer à publier, il faut s'engager clairement en faveur de la Résistance. Le cas d'une partie de l'équipe du *Téméraire* passant dans la mouvance communiste est significatif de ce nouveau mode de fonctionnement. Dans ce cas, on réutilise des professionnels qui ont affirmé leur savoir-faire. Une annotation ajoutée sèchement en bas d'un rapport sur le *Téméraire* le prouve. Elle signale simplement : « L'hebdomadaire *Vaillant* qui paraît actuellement au 53 rue Hoche n'est qu'une copie du *Téméraire* : seul le titre a été changé [1]. » Et c'est en grande partie exact. Mais l'itinéraire le plus surprenant est celui de l'ex-rédacteur en chef. Quand et comment Jacques Bousquet a-t-il basculé vers la Résistance ? Les archives donnent une piste : « à la même époque (septembre 1943) il aurait adhéré à un groupement de Résistance : réseau Navarre » auquel il a fourni quelques armes et le rapport précise « Au cours de l'insurrection parisienne du mois d'août 1944, il (Jacques Bousquet) était adjoint du commandant FFI du VIe arrondissement [2]. » Le rédacteur en chef du *Téméraire* combat donc sur les barricades, en qualité d'officier de FFI. Mais ce n'est pour lui que le début d'une vie mouvementée car il s'est ensuite engagé dans la 2e DB avant d'être affecté à la division de Lattre de Tassigny dans laquelle il gagnera plusieurs citations. S'ajoute à cela un fait d'armes signalé par le colonel Kléber, ex-chef adjoint de l'état-major national des FFI : « Le lieutenant Neu et le sous-lieutenant Bousquet, des commandos d'Afrique, sont les premiers officiers français arrivés à Guebwiller le 4 février 1945 à 18 heures [3]. »

Avant d'être écrivains ou artistes, les hommes et les femmes du petit monde de l'enfance ont été des citoyens comme les autres, ballottés par la guerre et l'exode, effrayés par les bombardements ou les rafles et soucieux avant tout de ne pas sombrer dans ce chaos. Pourtant à partir du moment où l'on crée dans une période aussi trouble, on est obligé de faire des choix, car écrits ou dessins influencent profondément des enfants enthousiastes et malléables. Or, à la Libération, ces auteurs ont ressurgi avec une « étiquette » politique et culturelle bien différente de celle qu'ils portaient peu avant. Et c'est là que s'installe un malentendu, un malaise même, car seule l'étiquette « résistante » est passée auprès des enfants. Pour les générations (nombreuses) de l'après-guerre, Marijac est devenu synonyme de « maquisard », Jean Nohain est un héros de la 2e DB. Oubliée la francisque... Victor Dancette explique que « la bête est morte ». Les enfants peuvent

1. AN Z6 NL 9199.
2. AN Z6 NL 9199.
3. AN Z6 NL 9199.

penser qu'il a largement contribué à la tuer... Saint-Ogan anime la *Kermesse aux étoiles*. Il ne peut être qu'un « gaulliste » pur et dur. Quant à *Vaillant* il glorifie tant la lutte contre l'occupant qu'il ne peut être dessiné que par des héros. Evoquer autre chose auprès des enfants tient du sacrilège. Pourtant rien n'est simple.

Afin de mieux comprendre l'itinéraire de ces gens, prenons quelques exemples en commençant par celui de Paluel-Marmont. A la Libération il est âgé d'une cinquantaine d'années et son étoile a bien pâli mais il écrit encore de loin en loin [1]. Politiquement ses nouveaux livres sont insignifiants mais il est question de lui en 1948 dans un livre consacré au général Leclerc. Juste après une préface de l'adjudant Legrand (Jean Nohain), on trouve un remerciement à Paluel-Marmont pour son aide dans la mise au point de l'ouvrage : « Je dois dire aussi toute ma gratitude à M. Paluel-Marmont, qui a pris la peine, la très grande peine, de revoir ce volume [2]. » L'ex-apologiste du Maréchal relisant, et corrigeant, un manuscrit à la gloire de Leclerc, voilà qui donne une idée de l'ampleur des reconversions. Cela confirme aussi la solidité de liens culturels et d'amitié maintenus contre vents et marées. Ceci amène à insister sur le rôle de Jean Nohain qui, à la Libération, a fédéré autour de lui des hommes comme Saint-Ogan ou Paluel-Marmont. Or Jean Nohain, s'il fut un indéniable héros de la 2e DB, fut aussi pendant plusieurs années un pétainiste convaincu ce dont il ne s'est jamais caché. Ses meilleurs amis n'ont pas cherché à masquer les faits : « Jaboune faisait partie du petit nombre de Français qui n'admettaient pas d'avoir perdu la guerre, mais seulement une bataille. Ce qui ne l'empêcha pas d'accorder sa confiance au maréchal Pétain. Et il porta la francisque, sûr qu'un maréchal de France ne pouvait pas se tromper et avec toute la sincérité et l'honnêteté qui le caractérisaient, absolument certain qu'en cette période troublée, le maréchal Pétain s'était mis d'accord secrètement avec le général de Gaulle [3]. » Jean Nohain lui-même confirme cette thèse et rapporte dans ses mémoires un étonnant dialogue qu'il aurait eu à Londres (en 1943) peu après son arrivée en Angleterre. Comme le général de Gaulle lui avait fait remarquer qu'un de ses compagnons de voyage avait lui aussi été un pétainiste convaincu avant de rallier Londres et qu'il en avait pleuré de regret, Jean Nohain a répondu : « Mon général, moi aussi j'étais pétainiste, et je ne pleurerai pas. Des millions de Français l'ont été jusqu'en 1942 parce qu'ils croyaient que Pétain était un vieux général résistant comme Hindenburg jadis en Allemagne. Et comme vous

1. Paluel-Marmont écrit pour Gründ et publie aussi *Mémoires d'un petit navire* (en 1946) dans la collection « Pierrot », roman illustré par Madame Paluel-Marmont.
2. Préface à un livre pour enfants sur Leclerc.
3. D'après Yvonne Germain, *Notre ami Jean Nohain*, L'Harmattan.

n'avez jamais prononcé un mot contre Pétain à la radio, tout le monde a pensé que vous étiez secrètement d'accord. Vous parliez de Laval, du gouvernement traître de Laval. Vous sembliez prendre garde de ne pas citer Pétain [1]. » Cette théorie du « double-jeu », de « l'épée et du bouclier » n'est pas nouvelle en soi. Bien des Français l'ont évoquée pour leur défense à la Libération. Nombre de désengagements vis-à-vis de Vichy ont été plus tardifs et plus difficiles que celui de Jean Nohain.

Le désenchantement a percé peu à peu comme en témoigne une lettre adressée par l'éditeur marseillais Jean Vigneau au docteur Ménétrel en 1944 : « Je vous envoie pour la bibliothèque de vos enfants mes *Petits contes nègres* de Blaise Cendrars. Je crains que ce soit l'un des derniers livres que je réaliserai de quelque temps puisque, au nom du Maréchal qui sans doute l'ignore, on veut en haut lieu tuer notre métier. (...) Ici la situation économique s'aggrave chaque jour : à Marseille et à Toulon le peuple crève littéralement de faim [2]. » Quelques mois plus tard, Jean Vigneau, dans une autre lettre à Ménétrel, signale que ses imprimeries de Toulon viennent d'être bombardées et rasées par les Alliés et fait preuve de pessimisme. Il constate l'échec final du gouvernement de Vichy : « Malheureuse France ! la guerre étrangère, la guerre civile, elle connaîtra tous les fléaux, mais le plus terrible c'est cette haine qui anime les uns contre les autres la plupart des Français : c'était pourtant la vocation et la mission historique de notre Maréchal d'empêcher cela [3] ! » Comme beaucoup d'autres, Jean Vigneau a été déçu. Tous les Français n'ont pas pris leurs distances par écrit et avec netteté. Pourtant dans le groupe social assez cohérent que constituent les auteurs pour enfants les ruptures furent souvent tardives. Quand elles ont eu lieu. Car l'itinéraire de l'équipe du « Signe de Piste » infirme en partie ce jugement. En effet, Pierre Joubert, Jacques Michel, Jean-Louis Foncine ou Serge Dalens sont demeurés « catholiques et Français » avant, pendant et après l'occupation avec une belle constance dans l'engagement.

Jouer à la poupée ou « aux fifis »

A la Libération, les jeux de société et les jouets ont été adaptés à leur époque avec une célérité remarquable. Dès 1945 le « jeu des V » (ou « comment bombarder l'Allemagne nazie ») consiste à s'amuser en

1. D'après Jean Nohain lui-même dans *La Main chaude*, Julliard, 1980.
2. Lettres de Jean Vigneau à Ménétrel, Archives nationales, F 2 AG 76.
3. Lettre du 4 février 44 de Jean Vigneau à Ménétrel, Archives nationales, F 2 AG 76.

disposant une série de petites catapultes autour d'un plateau de bois circulaire sur lequel ont été aménagées des cases qu'il faut atteindre. Le premier cercle de cases porte des noms de villes (Essen, Köln, Hanover, München...) indiqués en allemand. Les atteindre avec un projectile donne quelques points. Le deuxième cercle est illustré d'un portrait de dignitaires du Reich (Gœbbels, Gœring...) et l'on peut gagner là d'autres points, puis le cœur de la cible est constitué par Hitler en personne. Dans ce jeu d'allure militaire, l'habileté manuelle joue un rôle décisif. Il n'en est pas de même dans un jeu de « petits chevaux » transformé en « Jeu de la Libération [1] » où chaque écurie correspond à un pays allié : France, Grande-Bretagne, Etats-Unis et URSS. Le hasard et l'habileté mènent les « pions libérateurs » vers des cases qui portent des noms de villes à libérer : Strasbourg, Liège, La Haye, Brest-Litovsk... Les pions gagnants se regroupent tous à Berlin. Mais il est surtout original de jouer « Au V » (V comme victoire) qui consiste en un grand plateau sur lequel est tracé un « V » dont le sommet d'une des branches est occupé par les « Nations Unies » et l'autre par « le Japon et l'Hitlérie », curieuse dénomination du IIIe Reich. Ne jouent que les vainqueurs du conflit, symbolisés par quatre figurines siégeant, sur un pied d'égalité, à une table de conférence : de Gaulle, Churchill, Roosevelt et Staline. Comme au Monopoly, il faut utiliser des dés et des cartes (tirées au hasard) mais l'argent est bien le nerf de la guerre. Le vainqueur de la partie étant celui qui arrive le premier en « Hitlérie ». La carte joker est une « bombe atomique ». Elle est unique mais son possesseur peut en faire usage quand il veut. Les cartes tirées au sort pour faire évoluer la partie ne manquent ni d'humour, ni de cynisme : « Vous avez un tantinet collaboré : payez 25 milliards », « Pour avoir clandestinement écouté la BBC recevez 3 milliards », « Un parachutiste américain laisse tomber de l'argent du ciel : vous le ramassez, 12 milliards », « L'entrée en guerre de l'Italie ne change rien à rien... Recevez rien ! », « Vous avez trafiqué au marché noir : amende de 3 milliards » et enfin « La France a perdu une bataille... Elle n'a pas perdu la guerre a dit le général de Gaulle. Vous êtes intelligent ; vous avez compris. Recevez 5 milliards ». Les Juifs et les déportés sont absents de ce jeu qui permet selon la notice de savoir si le vainqueur a « les qualités d'un homme d'Etat ».

Pour les plus petits un album d'images à colorier *Libération de la France* permet aux gamins de s'appliquer sur des dessins représentant « le maquis de 1941 à 1944 » ou sur une planche « Gloire aux Alliés »

1. Jeu de la Libération, modèle déposé, 1944, n° 43 607 EMG.

qui comporte six drapeaux (dont deux fois le drapeau français) et une grande croix de Lorraine [1].

Ce n'est donc pas un esprit pacifiste mais un esprit guerrier qui souffle sur le monde du jeu et du jouet à la Libération où des dizaines de fabricants (ou d'artisans) lancent sur le marché des milliers de Jeeps miniatures [2] (en bois, en tôle, en carton...), des chars d'assaut-jouets, des avions et des porte-avions, tous les bateaux possibles (dont une péniche de débarquement en bois avec ses deux tanks), des figurines militaires et même des panoplies de maquisards avec une mini-mitraillette Sten sans laquelle on ne peut vraiment « jouer aux fifis » de manière sérieuse. Dans *L'Almanach 1946 du gai savoir* [3], sur deux pages, un « Jeu de la Libération » se joue avec un dé et des pions. Le joueur « s'il rencontre un Allemand, le fait prisonnier et revient avec lui à son point de départ ; s'il rencontre un allié il avance de 16 cases ». Car c'est toute une imprégnation culturelle et idéologique qui a lieu par le jeu, le jouet, la bande dessinée, le cinéma ou les manuels scolaires. Le « Fifi », est l'indiscutable héros du moment. Il n'a pour rival sérieux que le soldat de Leclerc qui est plus son complément que son concurrent. La génération du baby boom est élevée dans cette ambiance d'hommage aux « héros de l'ombre » dont elle peut lire les noms sur bien des plaques de rues, sur des groupes scolaires, des bibliothèques, des stations de métro ou les monuments les plus divers. « De cette période reste un changement spectaculaire et durable, celui des noms de rues qui, jusqu'à aujourd'hui, ont enraciné les combats de la Résistance et de la Libération dans la mémoire collective », constate Maurice Agulhon qui précise que, pour la Fance libre, ce sont de Gaulle, Leclerc et de Lattre qui ont le plus grand nombre de rues et « le trio communiste Gabriel Péri, Pierre Sémard et colonel Fabien, timidement accompagné par Honoré d'Estienne d'Orves » [4] qui représentent le plus souvent la Résistance intérieure. La philatélie elle-même vient en renfort pour conserver la mémoire de ceux qui sont tombés au combat ou victimes des nazis. Pour un gamin né pendant l'occupation ou juste après la guerre tout indique que pendant quatre ans la France fut un gigantesque chaudron dans lequel derrière chaque cycliste se camouflait une porteuse de message, derrière chaque Père tranquille un mystérieux chef de réseau.

1. Images à colorier dessinées par J.P. Lenoir, Office central de l'imagerie, Paris.
2. Dinky Toys France lance en 1946 une Jeep ornée de l'étoile blanche des véhicules alliés.
3. *L'Almanach du Gai savoir*, daté de 1946, est mis en vente en novembre 1945.
4. In *Histoire de la France urbaine*, vol. IV, Seuil, 1983.

Nouvelle école? nouvelle idéologie?

La Libération à peine achevée dans le fracas d'un été, la vie reprend dès l'automne partout où cela est matériellement possible. Gamins et gamines retrouvent tant bien que mal le chemin des classes, souvent dans des bâtiments provisoires ou réquisitionnés car l'école, la vraie, a été pulvérisée par une bombe ou tellement endommagée qu'elle est inutilisable. Mais si les locaux sont parfois nouveaux, s'agit-il vraiment d'une nouvelle école?

En principe la parenthèse de la guerre est refermée mais les écoliers ne sont plus tout à fait les mêmes. Pendant quatre ans de nombreux enfants ont été promenés d'une école à l'autre au hasard des évacuations et des relogements. Leur niveau s'en ressent : « Cette année-là, le plus difficile fut d'intégrer à l'ensemble de la classe, au fur et à mesure de leur arrivée, les enfants revenant de lointains villages où, pour leur sauvegarde, ils avaient été exilés. Quelques-uns savaient à peine parler. D'autres n'avaient jamais tenu un crayon, ni ouvert un livre », affirme une institutrice parisienne [1]. Ce constat effectué pour des petits est également fait pour les plus grands. Une enquête sur les taux de réussite au certificat d'études dans le Ve arrondissement de Paris confirme la tendance : en 1939 on comptait 368 garçons présentés et 240 admis, soit 66 % de reçus; en 1944, 255 garçons présentés pour 85 reçus (malgré des consignes de clémence données aux examinateurs) soit 33 % de reçus. Les filles, elles, s'en sortent mieux avec une légère progression du nombre de reçues [2]. Une autre enquête sur l'ensemble du département de la Seine va dans le même sens car en 1939 on comptait 66 % de garçons admis contre 50 % en 1944, mais, pour les filles, la tendance est inverse 70 % de reçues en 1939 contre 80 % en 1944. Sur le plan scolaire, les filles semblent avoir mieux résisté aux troubles de l'occupation que les garçons. De nombreux rapports affirment que dans les régions les plus touchées « les alertes et les bombardements ont créé un certain climat de tension nerveuse. D'où un relâchement de la discipline, un abaissement, parfois, de la moralité dans un monde où les valeurs devenaient incertaines [3] » ce qui, en clair, signifie de gros problèmes de discipline et des résultats scolaires en baisse. « Entre l'année 1940 et l'année 1944, existe une baisse générale du rendement des enfants dans différentes épreuves psychologiques » signalent des enquêteurs qui ont opéré principalement en région parisienne. Ils

1. In Alix Lataillade, *Institutrice au cœur du siècle*, Flammarion.
2. Rapport de M. Cressot, Inspecteur général de l'enseignement public.
3. In *Cahiers de la fondation française pour l'étude des problèmes humains*, n° 4, 11/1945.

constatent que les résultats des épreuves de mémoire, d'attention, d'intelligence « (...) sont tous en baisse à partir de 1942-43 ». Cette date coïncide avec le début des grands bombardements sur la région et l'aggravation des difficultés de ravitaillement. D'autres enquêtes font état d'un déficit de poids, à âge égal, entre les petits Parisiens de 1940 et ceux de 1944, ainsi que d'une hausse du nombre de cas d'engelures, de troubles digestifs et de problèmes cutanés [1].

Il s'agit, bien entendu, d'enquêtes portant sur des enfants des écoles publiques, donc le plus souvent issus de milieux populaires, car la guerre n'a fait qu'aggraver les écarts sociaux. Une enquête effectuée auprès de 6 écoles de garçons et 6 écoles de filles totalisant 4 663 enfants scolarisés en 1946-47, tous nés pendant la guerre, met en évidence de nombreux retards scolaires au point que seulement 25 % des enfants du CM ont l'âge théorique de ce niveau [2]. Ces retards massifs sont attribués par les enquêteurs à la guerre mais avec une aggravation quand les enfants sont issus de milieux défavorisés. Bref, les titis parisiens sortent affaiblis de l'épreuve et les choses ne s'amélioreront pas sensiblement avant plusieurs années, tant dans le domaine de l'alimentation que du logement ou des locaux scolaires. Ils sont encadrés par des enseignants qui eux-mêmes ont été formés dans d'austères écoles Normales où la discipline républicaine tenait parfois lieu de pédagogie. Certes des pédagogues rêvent à des locaux plus modernes, comme ceux de Suresnes dont l'école « de plein air » est souvent donnée en exemple, avec ses salles aux grands murs vitrés et ses cloisons mobiles ouvrant sur un parc : « Comme on respire dans cette classe ! L'école d'aujourd'hui est vivante et joyeuse ! » s'émerveille une pédagogue [3]. Mais le cas de Suresnes est bien isolé et malgré quelques réalisations d'avant-garde, l'après-guerre ne sera pas une partie de plaisir pour les gamins et leurs maîtres, matériellement du moins, car, par ailleurs, le moral semble plutôt bon et la joie de vivre évidente. Sur le plan des locaux et des moyens la France entre plus dans une période de bricolage généralisé, de « provisoire qui dure » et d'improvisation dans l'urgence que de réelles innovations. A la campagne comme dans les villes, où pour de nombreuses années encore, c'est le style IIIe République et le bungalow de chantier qui vont dominer, « les écoles sont mornes, dans leur cour de terre sèche où il n'y a qu'un mur pour les pissotières » [4]. La situation n'est guère meilleure dans le privé où le style pension et les barreaux aux fenêtres l'emportent nettement sur les bâtiments modèles. Bref, malgré quelques tentatives courageuses,

1. Documents consultés au CIE, fondation Robert Debré, à Longchamp.
2. Enquête publiée dans la revue *Enfance*, 1/1948.
3. Marguerite Reynier, *Les Enfants*, Bourrelier, 1947.
4. In Elslander, *L'Enfance libérée*, Delachaux et Niestlé, 1948.

l'austérité, et souvent la routine, marquent l'école de l'après-guerre et il faut surtout compter sur la camaraderie, l'esprit de groupe, voire « l'esprit de bande » et le dévouement de bien des enseignants pour égailler l'ensemble.

Si l'on innove peu dans le domaine matériel, qu'en est-il du contenu des enseignements ?

Après le choc de la défaite, la Résistance s'était peu à peu organisée dans le monde enseignant et en particulier dans le primaire. Cependant, les syndicats dissous, les écoles normales fermées, de nombreux instituteurs prisonniers, l'attention soutenue que Vichy a accordée à l'enseignement primaire, tout cela n'a pas facilité la naissance immédiate d'un puissant courant de réflexion sur ce que devra être l'enseignement d'après l'occupation. En France occupée, à la fin de 1941, *L'Ecole laïque*, un petit bulletin clandestin avait commencé à circuler, épaulé en 1944 par *L'Ecole libératrice*, rédigé par des militants du SNI. Dans un souci d'union de tous les résistants une proposition de Claude Bellanger (en septembre 1942) avait souhaité mettre fin à la querelle scolaire par une fusion des deux écoles, laïque et confessionnelle : « De toute évidence, on retrouvait dans ce projet l'influence des conceptions des milieux laïques et enseignants d'avant-guerre. Entre le monopole de l'enseignement cher à la Fédération de l'enseignement des années 1930, et la fusion forcée des deux écoles avancée par Bellanger, la marge était étroite [1]. » En raison des difficultés quotidiennes en France occupée, c'est surtout le Comité général d'études qui, à partir de 1943, a réfléchi (en partie depuis Alger) à l'organisation future de l'enseignement prévu en France à la Libération. « Les experts du Comité Général d'Etudes posaient comme postulat d'avoir un corps d'éducateurs patriotes. La défaite de la France avait été une défaite de l'intelligence et du caractère et, sans un amendement profond du système éducatif, il était vain de vouloir refaire une France neuve [2]. » Dans cette perspective d'union patriotique « la querelle scolaire » fut mise en sommeil par tout le monde jusqu'en 1944 du moins, mais, à cette date, « à l'approche de la Libération et dans l'optique de la prise – ou du contrôle – du pouvoir, le PC abandonna (...) sur la question de la jeunesse, ses positions œcuméniques de 1942-43 et reprit l'offensive anticléricale » [3]. C'est donc dans une atmosphère d'affrontement entre laïques et cléricaux que se déroulent les premières années de l'après-guerre, affrontement dont le champ implique non seulement l'école mais aussi, nous l'avons vu, les organisations de jeunesse et les illustrés

1. In Jean-François Muracciole, *Les Projets de la France libre et de la Résistance en matière d'éducation*, thèse.
2. In A. Bendjebbar, *Libérations rêvées, libérations vécues*, Hachette, 1994.
3. In thèse de Jean-François Muracciole, *op. cit.*

destinés à l'enfance. Après une éclipse en 1944-45, les partisans de l'école libre qui n'étaient plus que 23 % à la Libération retrouvent peu à peu la faveur d'un grand nombre de Français et, en 1950, 46 % des personnes interrogées déclareront y être favorables surtout pour scolariser les enfants du secteur primaire [1].

A la Libération, de nouveaux programmes sont déterminés et une nouvelle idéologie imprègne en principe toutes les publications pédagogiques destinées à l'enfance. Une circulaire du gouvernement provisoire en date du 9 août 1944 annule purement et simplement « tous les actes relatifs à l'interdiction de livres scolaires et tous les actes instituant des commissions à l'effet d'interdire l'usage de certains livres » [2]. Dans la réalité il faut tenir compte des pesanteurs idéologiques et des contraintes matérielles, les premières faisant que beaucoup d'enseignants vont continuer plusieurs années sur la lancée des idées de Vichy en matière d'éducation (en particulier pour la musique, l'enseignement technique et le sport où tout ne fut pas rejeté) ; les secondes faisant que des livres et manuels imprégnés des idées antérieures à 1944 vont longtemps encore circuler dans les classes faute de pouvoir procéder à un remplacement immédiat, phénomène qui avait déjà joué en sens inverse quelques années plus tôt en défaveur de Vichy. Un abécédaire est bien retiré de la circulation parce qu'il comporte, sur une de ses pages, une francisque et le slogan désormais banni de « Travail, Famille, Patrie » [3] : « L'usage d'un livre qui contient une telle page ne saurait être autorisé dans les écoles françaises », précise une circulaire du 1er février 1945, ce qui est d'ailleurs en contradiction avec l'ordonnance du 9 août 1944 qui interdit les listes de livres interdits... Mais du côté des éditeurs scolaires les habitudes et les pesanteurs jouent également en faveur de la continuité plutôt que de la rupture. Par exemple chez Delagrave on réédite en 1948 *Grands cœurs*, un livre de lecture écrit par de Amicis en 1892 et qui a déjà connu de nombreuses publications. Toujours chez Delagrave, on réimprime et diffuse encore massivement les œuvres d'Ernest Pérochon [4] comme *Au point du jour* (pour le cours préparatoire), *Nicolas et Nicolette* (pour le cours élémentaire) qui passe cependant en couleurs, *Tap-Tap et Bililli* un roman scolaire pour le cours élémentaire, *A l'ombre des ailes* pour le cours moyen ou *Le livre des quatre saisons* pour le cours supérieur, autant

1. Sondages réalisés par les nouveaux instituts de l'après-guerre.
2. *BOEN* n° 1 de 1944, cité par Alain Choppin et Martine Olinkspoor.
3. La francisque et la trilogie « Travail, Famille, Patrie » vont perdurer pendant des années sur les petites pièces de monnaie en aluminium qui vont continuer de circuler jusqu'aux années cinquante.
4. Ancien instituteur, Ernest Pérochon fut lauréat du prix Goncourt ; la plupart de ses livres scolaires sont illustrés par Raylambert.

d'ouvrages qu'avaient bien connus les aînés et souvent les parents des enfants du baby boom. L'éditeur se justifie en affirmant qu'il s'agit « des meilleurs livres de lecture à mettre entre les mains des élèves » et une préface précise : « Parce qu'ils plaisent aux enfants par le charme des récits, la simplicité de la langue, le pittoresque et l'humour. » C'est bien possible mais cela conforte en 1948-49 une tendance à « gommer la guerre » en offrant aux enfants les mêmes livres et les mêmes méthodes d'apprentissage qu'avant le conflit.

Dans l'atmosphère révolutionnaire de la Libération ce ne sont pas les projets de changements, ni les dénonciations du système qui manquent : « Je ne me suis jamais imaginé, en écrivant ces quelques pages de pitié, que j'allais pouvoir convaincre mes contemporains de la nécessité de rénover de fond en comble l'école actuelle, cette espèce d'administration destinée à l'éducation des enfants. Je ne sais que trop ce qu'elle est, de combien de routines, d'incompréhension, de préjugés elle est encombrée et qu'il faudrait bouleverser le monde entier pour y introduire un peu d'intelligence, un peu d'amour, s'il ne faut pas parler d'un peu de science », écrit en s'exaltant et avec une pointe d'exagération polémique J.F. Elslander en 1948 [1]. Il est néanmoins vrai que dans les méthodes comme dans les contenus la tendance est bien à la « reproduction » plutôt qu'à la « créativité ». Vieux débat, toujours d'actualité de nos jours... Pour ce qui est d'une éventuelle volonté de « bouleverser le monde », comme le dit Elslander, elle n'est pas absente chez bien des instituteurs, pour ensuite encadrer ce monde (et donc l'école) dans un autre système. Mais, la Libération, si elle est marquée par une forte montée en puissance de l'influence communiste surtout dans l'enseignement primaire, ne favorise pas l'unité de pensée quant à l'avenir immédiat des écoles, unité de pensée qui n'a d'ailleurs jamais existé auparavant. Même parmi « les laïques » plusieurs courants rivalisent d'influence et les querelles doctrinales ou pédago-gico-syndicales refont bientôt surface. Augustin Freinet reprend de l'importance et en 1945 il « préconise la création dans chaque département d'une commission d'étude de l'éducation populaire, réunissant des enseignants, mais aussi des représentants des ouvriers et des paysans, ainsi que des responsables du Comité de libération [2] » ce qui reviendrait à faire (involontairement) la part belle au PCF et à ses compagnons de route qui dominent la plupart de ces structures. Mais au-delà de ces considérations politiques, Freinet reprend bien vite ses méthodes de travail favorites tournées vers le concret et la responsabilisation maximum des enfants.

1. J.F. Elslander *L'Enfance libérée*, Delachaux et Niestlé, Neufchatel Paris, 1948.
2. In Michel Barré, *Célestin Freinet, un éducateur pour notre temps.*

Quelques mois plus tard, Freinet, comme beaucoup d'autres, est sollicité pour faire partie de la commission Langevin-Wallon qui doit jeter les bases d'un nouveau système éducatif. Tâche fascinante, à laquelle Freinet apportera volontiers sa contribution sous forme de rapports et de textes. Il obtient même le soutien d'un cinéaste, Victor Vicas, qui réalise *L'Ecole buissonnière*, film qui met en scène les difficultés d'un jeune instituteur rural (incarné par Bernard Blier) qui tente d'innover dans son village. L'action est censée se dérouler après la guerre de 1914-18 mais personne ne s'y trompe, la querelle entre les anciens et les modernes est toujours d'actualité. Il est vrai que les anciens n'obtenaient pas que des mauvais résultats et que les choses ne sont pas simples. Quoi qu'il en soit, les universitaires et les notabilités scientifiques pèsent lourd dans le comité Langevin-Wallon dont les préoccupations seront rapidement plus politiques que pédagogiques et où les simples instituteurs, pourtant gens de terrain proches des réalités, sont marginalisés par des théoriciens. Il sont d'autant plus marginalisés que la commission travaille surtout sur l'enseignement secondaire et supérieur dont elle souhaite la démocratisation en s'inspirant des travaux effectués naguère à Alger : « Le corps de doctrine qui, en 1947, apparut inspiré par la gauche, voire par le parti communiste, avait été conçu, à Alger, par des hommes aux origines politiques diverses et dans le cadre d'un gouvernement où les communistes n'occupaient qu'une position mineure », rappelle Jean-François Muracciole [1]. Ce qui est exact mais jusqu'en 1946-47 le rapport de force a changé en faveur du PCF et, pour ce qui concerne le monde de l'enfance, la commission n'aborde que peu le cas des « moins de quatorze ans » qui d'une manière ou d'une autre ont déjà accès à l'école depuis longtemps. Freinet et ses partisans sortiront déçus et amers de l'expérience : « Les travaux de la commission Langevin-Wallon, terminés en juin 1947, auront la même destinée que la plupart des rapports des autres commissions (...) ils resteront enfermés dans les placards. Tout au plus serviront-ils de référence mythique dans certains congrès syndicaux ou politiques [2]. » De fait, une fois retombée la vague d'exaltation de l'après Libération, l'enseignement primaire français fut avant tout obligé de se remettre à fonctionner dans l'urgence et de panser les plaies de la guerre plutôt que d'innover. « Un grand nombre d'écoles ont été endommagées ou détruites. Le matériel scolaire a souvent souffert. Le corps des instituteurs a été durement frappé par la guerre, la captivité, les déportations, les suspensions, les modifications apportées au recrutement et à la for-

1. Thèse de J.F. Muracciole, *Les Projets de la France libre et de la résistance en matière d'éducation*, université de Lille III, 1994.
2. In Michel Barré, *Célestin Freinet...*, *op. cit.*

mation des futurs maîtres [1]. » Et, dans une telle situation, quoi de plus simple, et provisoirement de plus efficace, que de remettre en route ce qui existait déjà ? A l'école, les grandes réformes viendront, mais plus tard.

Anciens et nouveaux héros

L'idéologie a-t-elle été profondément bouleversée ou simplement modifiée par la Libération ? Force est de constater quelques ruptures certaines mais aussi d'étonnantes continuités entre l'occupation et la Libération. Prenons l'exemple du colonialisme, thème dominant de la propagande vichyste et certitude établie sous la IIIe République.

Dans la France de l'après-guerre l'idée qu'il faut préserver et même conforter notre empire est encore bien présente chez les laïques tandis que chez les catholiques (et les protestants) un puissant messianisme religieux persiste en direction du monde colonial. Dans *Père Parlez-nous de votre Afrique* [2], on incite les écoliers à devenir missionnaires : « Traverse les mers... Va planter la croix » dit un père blanc à un enfant en lui désignant une carte d'Afrique sur laquelle se dresse une croix rayonnante. A la même époque, les ouvrages sur le père de Foucauld se vendent toujours bien [3] et si le vocabulaire se modifie – on parle désormais de la communauté française et de la France d'outre-mer plutôt que des colonies – l'idée coloniale, et implicitement l'idée de la suprématie blanche demeurent bien ancrées. Des cohortes de gamins rêvent toujours d'exotisme au musée des Colonies : « Salles où les colonies actuelles nous donnent un aperçu de leur faune, de leur flore, de leurs mœurs et de leurs coutumes particulières. Les enfants admirent surtout les reconstitutions en couleurs des paysages les plus divers : plantations de café, de vanille, de bananes de l'Afrique ; rizières de l'Indochine ; villages lacustres du Tonkin... C'est un émerveillement de voyager ainsi sans fatigue et de parcourir des milliers de kilomètres d'une salle à l'autre, passant des beaux tapis, des divans et des cuivres ciselés de la salle marocaine, aux meubles laqués, incrustés d'ivoire et de nacre de la salle d'Indochine, et aux soieries somptueuses de l'Annam. » On offre donc là une leçon de géographie humaine mais la dimension religieuse s'y ajoute parfois : « Très bien ma mignonne, la France est un grand empire ; cependant tu n'as vu dans cette visite que des richesses

1. Rapport de M. Cressot, Inspecteur général de l'enseignement public.
2. Livre du père Gandon publié en 1946 à Pont-Rousseau-les-Nantes.
3. La vie du Père de Foucauld avait fortement influencé Jean-Edern Hallier alors qu'il vivait, enfant, en Tunisie sous l'occupation. Il en fera le thème d'un de ses romans.

matérielles, des étoffes, des céréales, des épices, des minéraux... mais il y a toutes les richesses spirituelles que nos missionnaires ont apportées à ces Noirs d'Afrique, à ces Jaunes d'Extrême Orient [1]. » Religieux ou laïque, l'esprit colonial n'est pas mort; loin de là.

Un sondage de l'Insee réalisé en 1949 auprès de bacheliers du moment, c'est-à-dire auprès de jeunes qui étaient enfants pendant la guerre, montre que 85 % des sondés approuvent complètement l'œuvre de la France aux colonies, et particulièrement celle de Lyautey, et 84 % d'entre eux pensent que « pour des raisons de défense nationale et de nécessités économiques l'Union française doit perdurer » [2]. L'idée coloniale est donc bien ancrée en France et la propagande de la dernière décennie a porté ses fruits. Ce n'est qu'avec le développement de la guerre d'Indochine et surtout avec la guerre d'Algérie que la jeunesse française va commencer à douter du bien-fondé de son empire.

En fait, à la Libération, il n'y eut pas de rupture idéologique marquée dans la manière de présenter l'Empire à l'enfance. Une circulaire du 4 janvier 1945 « aux recteurs et inspecteurs d'académie » encourage même la distribution aux enfants des écoles d'un important stock d'une « brochure éducative destinée aux enfants des écoles » qui avait été établie « à l'occasion du deuxième salon de la France d'outre-mer », par le gouvernement de la IIIe République donc : « La brochure présente un tableau objectif de l'Empire français. Etablie sur une documentation mise à jour en 1939, elle met en lumière l'importance et les ressources de nos territoires d'outre-mer. » Ce sont donc des brochures coloniales de l'avant-guerre qui sont distribuées dans les écoles en 1945. Un *Alphabet de la France et ses colonies* [3] témoigne aussi de ces continuités idéologiques. Certes Pétain n'apparaît plus et à la lettre G, comme Général, on peut lire : « Le général de Gaulle n'a jamais désespéré de la victoire », ce qui relève nettement de l'actualité, mais à la lettre D comme Drapeau, l'enfant apprend que « notre drapeau flotte dans les cinq parties du monde » et implicitement qu'il n'est pas question qu'il n'en soit pas ainsi éternellement. Les références au conflit récent se font en insistant sur « L » comme Loyalisme : « le loyalisme des troupes coloniales a contribué à la libération de la France » et à la lettre « N » comme Noirs : « Les Noirs de notre Afrique sont de magnifiques soldats », ce qui est illustré par des tirailleurs sénégalais en grand uniforme.

La notion de race développée depuis plus d'un siècle ne disparaît pas non plus par enchantement. Dans les romans pour enfants de curieux

1. Ces deux passages sont extraits d'*André et Jacqueline, deux enfants de France*, cours moyen, l'École, 1947.
2. Sondage cité par Pascal Blanchard et Gilles Boëtsch *in Images et colonies*, BDIC-ACHAC.
3. Livre album illustré par P. Baudoin aux éditions G.P. à Paris, décembre 1945.

textes paraissent encore comme *Histoire du petit nègre* par Saint-Rémy qui raconte de manière bien peu conforme à l'idéologie du moment la libération de l'Europe. On y apprend que « dans le Missouri, rêvant au soleil, vivait un petit nègre qui s'engagea dans une usine de Jeeps » [1] puis dans l'armée américaine. Or ce jeune Noir américain est représenté vêtu... d'un pagne et coiffé de plumes ! Vision pour le moins originale et colonialiste. Le héros est parachuté en France (avec sa Jeep) et « les Alsaciennes firent un accueil triomphal à Petit Nègre » puis de l'autre côté du Rhin, qu'il traverse comme un simple ruisseau, il rencontre ses nouveaux alliés de l'armée Leclerc : « Dans l'armée française, au milieu des Parisiens et des Algériens, il rencontre un autre petit nègre, Français celui-là ! Quelle joie pour eux deux ! » Tout le récit tend à présenter la Libération comme étant surtout l'œuvre des Noirs, Africains ou Américains, et de divers coloniaux. Un thème que n'aurait pas renié l'extrême-droite française surtout quand on lit la fin « mais la guerre finie, toujours avec sa petite Jeep, il repart pour son pays natal » et le jeune lecteur découvre des dessins qui font plus penser au Gabon du début du siècle qu'au Missouri de 1945 où « Petit Nègre, dans son village, entouré de nombreux petits nègres, tout noirs, raconte sans cesse ses aventures fantastiques ». La scène se déroule sous un palmier où les gamins sont tout nus, assis par terre. Une bien curieuse description des armées alliées et des Etats-Unis... Même dans des manuels scolaires d'un éditeur comme Magnard on trouve encore en 1948 des passages qui aujourd'hui surprendraient. Dans une leçon de géographie intitulée « les hommes » on apprend aux enfants « il faut que vous vous rappeliez que tous les hommes qui peuplent la Terre ne se ressemblent pas. Ils ne parlent pas les mêmes langues, ils ne vivent pas de la même manière, ils n'ont pas la même couleur » et l'auteur décrit ensuite les différentes races : « Il y a des hommes qui sont noirs, qui ont les cheveux crépus, un nez aplati très large, des lèvres très épaisses. On les appelle des nègres. » Les « Jaunes », les « Peaux-Rouges », les « Malais » sont décrits à leur tour avant de conclure : « Les Blancs ont jusqu'ici dominé le monde parce que c'est eux qui ont la plus haute civilisation, et qui ont fait les plus belles inventions [2]. » Il n'y a là aucune rupture de ton par rapport au discours tenu à l'époque de Vichy et avant sous la IIIe République. Le texte n'est pas raciste, l'antisémitisme n'est pas abordé mais on sent un certain sentiment de supériorité coloniale poindre au détour des lignes.

Dans le domaine du culte des « grands hommes » on ne note pas non plus de modification importante. Il est maintenu plusieurs années tant à

1. In Saint-Rémy, *Histoire du petit nègre*, Chantal, Toulouse (45, rue Richer) et Paris (59, rue Bayard).
2. E. Baron, *Géographie*, cours élémentaire conforme au programme de juillet 1947.

l'école que dans les livres destinés à l'enfance. Le genre hagiographique sévit toujours même si c'est au prix de quelques modifications. Un arrêté du 17 octobre 1945 précise la liste des leçons d'histoire souhaitées en cours élémentaire tout « en laissant soigneusement aux récits, aux anecdotes, aux légendes mêmes la prépondérance qui fait de l'histoire, au cours élémentaire, de belles histoires » [1]. C'est ainsi que les manuels de ce niveau publiés jusqu'en 1949 font la part belle aux grands hommes : Gambetta, Clovis, Charlemagne ainsi que Pasteur, Joffre, Foch, Clemenceau ou Lyautey ce qui n'est pas vraiment nouveau. Mais, à leurs côtés, de Gaulle et Leclerc entrent dans les livres d'histoire et donc dans l'imaginaire des gamins. Vis-à-vis de ces héros, on s'adapte sans difficulté apparente à la situation nouvelle car à la Libération, les forces de la Résistance se définissent elles aussi comme patriotiques et le culte des héros nationaux persiste légitimement, quitte à effectuer un tri. Le cas de Jeanne d'Arc est significatif. L'héroïne libératrice a été largement popularisée par Vichy en direction des enfants mais en 1944 un nouveau *Sainte Jeanne d'Arc* est rédigé spécialement par l'évêque de Nantes. Dans la conclusion, on peut y lire une adresse aux petits enfants de France que n'auraient pas reniée les militants de Vichy : « Souvenez-vous d'abord que vous devez toujours aimer Jeanne d'Arc. Il n'y a pas une église de notre pays qui n'ait un autel ou une statue dressé en son honneur. Il n'y a pas une ville française dont une place où une rue ne porte son nom. Qu'il n'y ait pas non plus un seul cœur français qui ne batte d'amour et de fierté au souvenir d'une telle héroïne [2] ! » Certes Jeanne d'Arc n'appartient ni à la droite ni à la gauche mais la suite du message donne à cette conclusion une tournure très chrétienne : « Sachez surtout que la meilleure manière d'honorer Jeanne d'Arc, c'est d'aimer et de servir comme elle, Dieu et la France. »

Dès août 1944 certains des principaux vainqueurs sont présentés aux enfants dans un album [3], chacun par un dessin accompagné de quelques lignes : Eisenhower, Montgomery, Joukov, Chiang Kaï-shek, Winston Churchill, Roosevelt, Staline... Pour les Français quatre portraits sont retenus plus spécialement : le général de Gaulle « ... très grand, il a un visage sérieux et grave. C'est lui qui a sauvé l'honneur de la France » mais aussi Leclerc, Kœnig et le général Juin sans accorder une place prééminente à l'un des quatre. En 1945, alors que la guerre n'est pas encore terminée, Nicolas Marival [4] développe l'idée d'une continuité entre tous les libérateurs de l'histoire de France. Ce thème, rebattu pen-

1. Avertissement du Bernard et Redon, *Nouvelle histoire de France*, Nathan, 1945.
2. Ce *Jeanne d'Arc* est publié chez Marcus en 1944.
3. Mariette, *Mon album*, août 1944, cité par A. Bendjebbar, *Libérations rêvées, libérations vécues*, Hachette, 1994.
4. Dans *Jeune voici ton armée !* Alsatia, 1945.

dant quatre ans par Vichy, est réutilisé avec force, cette fois dans une optique gaulliste : « Les troupes, que des chefs comme Kœnig, Leclerc, de Lattre de Tassigny ont entraînées dans la plus exaltante des aventures, sont dignes de notre épopée nationale. Le soldat français de 1944 a conservé intact l'héritage des croisés, de Bertrand du Guesclin et de Bayard, des vétérans de Turenne et de Condé, des volontaires de l'An II, des grognards de Napoléon et des poilus de Verdun... » Sous l'occupation on trouvait les mêmes associés à Pétain. Remarquons cependant que de Gaulle est absent de la liste, « oublié » au profit de Leclerc et de de Lattre. Néanmoins la démarche est la même : il s'agit de justifier par l'histoire le rôle d'un groupe politique dont la légitimité est encore fragile.

A la Libération, Pétain qui était « le » grand homme des années noires est brusquement banni de la propagande en direction des enfants mais, bien qu'il soit encore vivant, il ne suscitera pas (ou peu) d'ouvrages ou d'articles hostiles qui soient destinés à l'enfance. On pratique plutôt une politique d'occultation et de substitution rapide : de Gaulle et Leclerc occupent immédiatement, et en force, l'espace laissé vacant. Tout comme de Gaulle qui n'avait officiellement pas existé pendant les quatre années d'occupation, Pétain n'existe plus à partir de 1944, même pour en faire la critique. On a assisté à un mouvement apparemment symétrique à celui de 1940 : cette fois de Gaulle doit rapidement remplacer Pétain dans l'imaginaire enfantin. Se développe alors une production soucieuse de propager une image flatteuse du nouveau chef (à titre provisoire) du gouvernement français. On ne peut qu'être frappé par cette évidente symétrie, formelle sinon politique, entre la production consacrée à Pétain et celle consacrée à de Gaulle. Dès 1942, les services de la France libre avaient réalisé un album écrit par Philippe Barrès racontant aux enfants la vie du général de Gaulle [1]. Cette brochure surprend par son aspect image d'Epinal. Sur la couverture les enfants peuvent voir un général à cheval avec une grande cape rouge dans une attitude qui rappelle plus celle de Napoléon que celle de l'officier d'infanterie que fut réellement de Gaulle qui ne prétendait d'ailleurs pas être un grand cavalier. Dans les pages intérieures la symétrie avec les hagiographies qui circulent à l'époque sur Pétain est trop grande pour qu'il s'agisse d'une coïncidence : on insiste sur le fait que de Gaulle est né dans le Nord, qu'il a fait Saint-Cyr, la bataille de Verdun puis l'Ecole de guerre, tout comme Pétain, mais sans mentionner ce dernier.

En 1944, Pétain est disqualifié au profit du général de Gaulle mais se

1. Livre illustré par Nash et diffusé par Hachette en Angleterre et par Brentano's aux Etats-Unis.

pose le problème de faire rapidement connaître le chef du gouvernement provisoire à des enfants qui ignorent tout (ou presque) de lui, en particulier sa vie avant 1940 et son aspect physique. On ne connaît à la rigueur que le timbre de sa voix. L'opération va être rondement menée. En décembre 1944, soit moins de quatre mois après la Libération de Paris un album destiné aux étrennes de ce premier Noël de liberté est publié dans la capitale [1]. Il s'intitule : « Un grand Français : le général de Gaulle. » Les enfants apprennent que : « Le 17 juin 1940, le maréchal Pétain ayant refusé de le recevoir, le général de Gaulle s'embarquait sur un torpilleur qui, de l'embouchure de la Gironde cinglait vers l'Angleterre. » Ce détail historique est faux car c'est en avion (en compagnie de son officier d'ordonnance) que de Gaulle a gagné Londres. Mais pour l'enfant aucun doute n'est possible : la Résistance extérieure s'est mise en marche de manière irréversible dès le 17 juin 1940. Sur une page (en tricolore) est reproduit « l'Appel à tous les Français » ou « appel du 18 juin » [2]. On affirme aussi que cet appel « fut si bien entendu de notre pays qu'il aboutit aux merveilleuses journées d'août 1944 qui libéraient Paris ». Trois pages sont consacrées aux combats de Bir Hakeim. Le livre se termine par le défilé triomphal sur les Champs-Elysées où la foule voit paraître « celui qui n'avait cessé de lui prodiguer le réconfort de sa parole et de son exemple, le général de Gaulle, président du gouvernement provisoire de la République française ». Afin de renforcer le dispositif, une grande planche d'images d'Epinal (en 16 vignettes illustrées) est imprimée à la hâte en octobre 1944. Les enfants y découvrent de Gaulle en grand uniforme de Saint-Cyr, puis combattant en 1914-18 (cinq vignettes), officier de chasseurs, colonel en 1940 dans les chars, à Londres, en Afrique, à Paris sur les Champs-Elysées et, ultime dessin, son portrait sur fond tricolore avec la légende suivante : « Le général de Gaulle, président du gouvernement provisoire de la République, appelle la France au combat pour la victoire finale et demande à tous les Français de s'associer à lui pour rendre à notre pays la place qu'il doit occuper dans le monde [3]. »

La merveilleuse aventure du général de Gaulle racontée aux petits Français [4] participe aussi de cette opération de médiatisation. Les enfants y apprennent que de Gaulle a débuté son action de résistance quasiment seul et sans moyens financiers. La conclusion est claire :

1. Aux éditions Musy Frères à Paris le 15 décembre 1944.
2. L'original de l'appel lancé par de Gaulle le 18 juin n'a pas été conservé. Le texte diffusé depuis comme « l'appel du 18 juin » est un texte composite reconstitué *a posteriori*, comportant des citations des trois premiers discours. C'est néanmoins devenu un texte historique largement reproduit dès 1944.
3. *Images d'Epinal*, imprimées en octobre 1944 par Crété à Corbeil.
4. Album d'Henriette Chandet publié le 17 septembre 1945.

« Charles de Gaulle mérite la reconnaissance de tous les enfants de France », mais l'auteur présente aussi en bonne place la vie du général de Lattre de Tassigny et du général Leclerc. Il est vrai qu'à l'époque de Gaulle a un sérieux concurrent (en popularité) auprès des enfants et de leurs aînés : le général Leclerc. Dès l'été 1944, il compte bien au-delà de la 2e DB des partisans très actifs eux aussi déterminés à le faire mieux connaître des jeunes. Le culte de Leclerc est amorcé avant même que l'Alsace ne soit libérée. En témoigne l'exploit technique que représente *La Division Leclerc* petit album publié en novembre 1944 [1]. Alors que des combats sévères sont en cours pour délivrer l'Alsace, on raconte déjà aux enfants les exploits de Leclerc au Tchad. Cela se termine par : « Les vœux de tous les Français accompagnent ceux qui dans le tonnerre de leur chars font claquer les trois couleurs de la France, auréolant la croix de la victoire : Nach Berlin ! » Jusqu'à sa mort, et même au-delà, Leclerc sera un personnage très populaire auprès des jeunes [2]. Des timbres-poste et de nombreux livres lui seront consacrés et il a l'honneur d'occuper la couverture de l'édition française de *Tintin* en 1948. A cette occasion Le Rallic répond à une commande importante en entamant la publication d'une vie du général Leclerc [3].

On peut être frappé par la similitude d'aspect entre les biographies de Pétain et celles de Leclerc ou de De Gaulle destinées à l'enfance, mais cette symétrie entre les ouvrages n'est que formelle (même type d'imagerie et de récits, même emphase hagiographique) car d'une part dans la France libérée des contrepoids démocratiques existent et d'autre part de Gaulle n'a aucun désir d'installer un quelconque culte de la personnalité. Leclerc encore moins. Ils n'en auront d'ailleurs pas le loisir, ni l'un, ni l'autre. De Gaulle se démettant volontairement de ses fonctions en 1946 et Leclerc mourant dans un accident d'avion en 1947.

1. Aux éditions Athos à Sceaux.

2. Dans un sondage opéré auprès d'enfants de la région parisienne en 1945 de Gaulle obtient 42 mentions, Leclerc 26, Churchill 22, Roosevelt 20 ainsi que Staline. Pétain a tout de même une voix, ainsi que Laval, Mussolini, Gœring et Hitler sur un total de 300 réponses. In A. Brauner, *Ces enfants ont vécu la guerre*, *op. cit.*

3. Sur la couverture du n° 6 de *Tintin* un dessin de Le Rallic représente Leclerc dans une posture bien peu avantageuse pour lui car il est en train de tomber lourdement à l'eau en voulant accoster en Afrique et la légende suivante accompagne le dessin : « Serait-ce un mauvais présage que le plongeon involontaire du commandant Leclerc à l'instant même où il va prendre contact avec la terre du Cameroun ? »

8

Les enfants du baby boom

A la Libération un concensus sur la nécessité de poursuivre une politique favorable à la natalité et à la famille apparaît nettement tant dans l'opinion publique que dans les consignes gouvernementales. Sur ce point on n'enregistre aucune rupture avec l'action entreprise par Vichy pendant quatre ans. Tout le monde, ou presque, pousse à la natalité : les ex-pétainistes (plus nombreux qu'on a bien voulu le dire...) qui n'ont pas changé d'avis et croient toujours à la trilogie « Travail Famille Patrie » ; les gaullistes qui pour la plupart pensent qu'une France forte ne peut être qu'une France nombreuse et jeune ; les démocrates-chrétiens favorables à la famille par idéologie et bien entendu l'Eglise catholique qui encourage sans hésiter natalité et nuptialité. Dès le début de 1945, se constituent dans plusieurs départements des comités Alliance contre la dépopulation. Ils placardent divers avis dans la presse dont des citations du général de Gaulle qui ne contredisent en rien celles placardées au nom de Pétain quelques mois plus tôt : « Nous savons ce que nos pères avaient su faire de la France quand elle était nombreuse (...) Après avoir triomphé, nous devrons, oui nous devrons nous donner le plus grand nombre pour que l'abîme ne s'ouvre pas constamment sous nos pas » ou encore « il faut à la France douze millions de beaux bébés en dix ans » [1].

Au printemps 1945 certaines structures administratives sont réorganisées sous la direction d'Alfred Sauvy et un Secrétariat général à la Famille est créé par une ordonnance du gouvernement provisoire. Cet organisme, largement héritier des administrations de Vichy, est ratta-

1. Textes publiés dans *La Dépêche* à Evreux le 24 mars et le 31 mars 1945.

ché au ministère de la Santé publique avec pour mission principale d'aider les familles nombreuses à qui l'on offre diverses facilités dont des priorités de logement, des allocations familiales renforcées, des réductions d'impôts et des cartes de réduction dans les transports.

Des organisations privées et confessionnelles vont dans le même sens et le 18 mars 1948, le Secours catholique organise à Paris une symbolique exposition de berceaux inaugurée en présence du cardinal Suhard et de monseigneur Roncalli, le futur pape Jean XXIII. La gauche laïque n'est pas en reste. Pour une fois, les instituteurs eux-mêmes, traditionnellement réticents, ne se montrent pas trop hostiles. Dans tout le pays, les malthusiens sont donc provisoirement minoritaires. On valorise toujours et encore le mariage et la famille : « Il est bon de faire l'histoire des familles, d'inventorier le folklore : on retrouve le sens de l'éternité. Les batailles politiques, les guerres, les invasions qui nous ont déchirés apparaissent sous leur vrai jour – celui de crises funestes, mais incapables d'exercer leurs ravages en profondeur », écrit Anne-Marie Hubin [1]. Le propos est excessif mais il donne une des clés de cette époque difficile : la famille et les enfants sont présentés comme une réponse, un défi même aux destructions, aux déportations, aux bombardements dont les traces et les séquelles sont encore visibles. C'est pourquoi le groupe est valorisé comme un remède contre la solitude, l'enfant contre la vieillesse, la vie contre la mort. Mentalement donc c'est une rupture très importante qui se produit en France par rapport aux années trente. Le vent a tourné et le résultat est là qui étonne même ceux qui l'avaient souhaité car malgré des conditions matérielles encore très dures la vie reprend rapidement le dessus. En France pour la première fois depuis longtemps les enfants sont nombreux.

Bien amorcé sous l'occupation (dès 1942 et surtout 1943), le mouvement de reprise des naissances s'amplifie à la Libération (en 1944, 1945 et 1946) pour atteindre des sommets en 1947, 1948 et 1949. Après une longue dépression, un rude hiver démographique, la France entre dans une de ces périodes heureuses où les berceaux sont beaucoup plus nombreux que les cercueils. Et le résultat est là : 840 000 naissances en 1946, 867 000 en 1947. Du jamais vu depuis le début du siècle. On enregistre plus de 2 500 000 naissances en trois ans de 1947 à 1949 ce qui fait dire à Nelly Feld dans *L'Humanité* : « Il faut des classes, 75 000, des écoles maternelles, 3 000, des crèches et des garderies... Il faut 100 millards [2] ! » Revendications quantitatives qui vont devenir répétitives pendant vingt ans au moins. Dans les

1. Anne-Marie Hubin, *Gai, gai, Marions-nous !*, Bias, 1947.
2. *L'Humanité*, juillet 1949.

quartiers populaires comme dans les quartiers bourgeois, dans les campagnes comme dans les villes, les enfants abondent, rient, courent malgré les pénuries persistantes de logements, et parfois de nourriture.

Cette poussée démographique, en partie due à des couples déjà constitués, est renforcée par un net regain de la nuptialité. On avait enregistré 270 000 mariages avant la guerre. On remonte à 393 000 en 1945 et 517 000 en 1946. La démobilisation des soldats de la nouvelle armée française, le retour des prisonniers, des requis du STO et des déportés explique largement cette brusque remontée des mariages civils et/ou religieux car à cette époque l'enfant se conçoit surtout dans le mariage [1]. Même les Alliés « participent » à l'effort de redressement. Ainsi en janvier 1946 célèbre-t-on à l'église de la Madeleine à Paris le mariage collectif d'une vingtaine de jeunes Françaises ayant épousé, toutes le même jour, des GI's américains [2].

Ce rajeunissement massif de la population française est peut-être le plus significatif d'une différence entre les gamins des années trente et ceux des années quarante. Ceux du baby boom vont être perpétuellement élevés en groupe, « en tribu » même parfois. Que ce soit dans les familles, à l'école ou en vacances, être nombreux devient la norme. Par la même occasion, pendant deux décennies, l'époque de l'enfant-roi est révolue. Les classes sont bondées, les « colos » refusent du monde, les transports en commun regorgent de gosses, les collèges « craquent » et tous montent, de concert, telle une énorme vague en perpétuel mouvement qui fait que dans l'enseignement, le primaire d'abord, puis le secondaire et enfin l'université vingt ans plus tard prennent l'allure d'une compétition dans laquelle les places ne sont jamais acquises et où il faut perpétuellement jouer des coudes.

Bien après la Libération, tous ces enfants évoluent dans un univers marqué par la guerre. Il leur faut acheter un pain rare et médiocre avec des tickets de rationnement qui attribuent des parts parfois plus faibles que sous l'occupation. Les familles ne circulent encore que difficilement, à bord de trains brinquebalants qui franchissent en grondements sourds des ponts provisoires. L'été, en vacances, malgré leur impatience à retrouver les bords de mer, les enfants se voient interdire l'accès de plages parsemées de mines, d'obus, de barbelés et

1. On compte néanmoins 9,4 % de naissances illégitimes en 1944.

2. Notons aussi quelques milliers de naissances franco-allemandes : enfants nés de la « collaboration horizontale », enfants nés de couples constitués par des prisonniers français et des Allemandes et enfin quelques cas de prisonniers allemands en France (de 1945 à 1949) qui ont épousé des Françaises. L'auteur connaît ainsi un ancien officier de marine (Monsieur W.), prisonnier à Boulogne, marié à une Française dont il eut cinq enfants et un prisonnier français en Autriche (Monsieur A.) qui a épousé une veuve autrichienne dont il eut trois enfants. Tous élevés en France.

autres vestiges militaires toujours dangereux. Partout ils côtoient des soldats : les vainqueurs, bruyants, joyeux et débordants de vitalité, venus de Londres et d'Amérique mais aussi les autres, les vainqueurs de la veille, les Allemands désormais gris et vaincus, dans leurs uniformes usés qui déblayent les décombres, déneigent les rues ou déminent les routes en quémandant une cigarette ou un bout de pain...

Noëls de pénurie, mais noëls quand même...

Partout dans le pays, dès 1945, des efforts importants sont entrepris afin de revenir dès que possible à une vie normale. Afin d'égayer les réveillons, le célèbre Tino Rossi enregistre un des plus grands succès de l'histoire de la chanson enfantine, *Petit papa Noël*, que tous ont entendu chaque année à compter de la Libération. Mais pour les enfants, les jeux, les jouets et plus encore les fêtes sont des repères essentiels. C'est pourquoi, afin d'aider les plus démunis, les arbres de Noël organisés par des entreprises ou des collectivités se multiplient, souvent liés à des spectacles de cirque et à une remise publique de cadeaux à chaque enfant des membres du personnel. A Paris, le Vél' d'Hiv' voit ainsi converger vers ses gradins des dizaines de milliers de gamins des banlieues à qui l'entreprise (EDF, Air France...) offre un goûter, un petit cadeau et un spectacle, le tout ponctué de discours et parfois de quêtes en faveur de diverses associations. A Evreux, malgré les ruines et le manque d'électricité, l'Union des femmes françaises, le personnel municipal, les postiers, les gendarmes... organisent chacun des fêtes et de modestes distributions de cadeaux. Les partis politiques s'activent aussi. Le Mouvement de libération nationale offre un goûter en faveur des enfants des FFI tombés pendant l'insurrection de Paris et, chaque année le PCF organise au Vel d'Hiv un émouvant Noël des enfants de fusillés. Pour Noël 1948, le Comité central édite un calendrier de poche vendu au profit « des enfants des militants du Parti communiste français fusillés, morts au combat ou en déportation ». En décembre 1949, Jacques Duclos apparaît à la tribune en compagnie de la petite Durest (cinq ans et demi) fille d'un fusillé d'Asq et du jeune Robert Combe (9 ans et demi) fils d'un fusillé d'Oradour.

Certes les cadeaux offerts lors de ces fêtes collectives, qui permettent aussi de prendre conscience de son nombre et éventuellement de sa force dans une période de tensions sociales, sont bien modestes par rapport à l'abondance offerte aujourd'hui aux enfants mais pendant plusieurs années l'effort est important et surtout général. De plus les jeux simples, nécessitant très peu de matériel, sont encore très prisés des enfants : chat perché, colin-maillard, la marelle, saute-mouton... sont pratiqués par tous dès que l'occasion s'en présente et les billes pour les garçons, la corde à sauter pour les filles sont des acccessoires aussi répandus qu'indispensables. Les vieux manèges, avec leurs chevaux de bois, ont repris du service et un état d'esprit résolument favorable aux enfants et aux familles souffle sur l'ensemble du pays, les campagnes du gouvernement de Vichy ayant largement préparé le terrain comme en témoigne le maintien de la Fête des mères qui n'est guère remise en cause et devient peu à peu une tradition. Dès la Libération, d'autres organisations caritatives se sont substituées au Secours national officiellement dissous depuis l'été et transformé dans un premier temps en Secours social sous la responsabilité de Raoul Dautry. Mais, les militants communistes déplorant que la plupart des membres du Secours social soient demeurés ceux du Secours national (ce qui est exact), une réorganisation en profondeur est entreprise et une ordonnance du 15 décembre 1944 transforme le Secours national en l'Entraide française [1]. Cette nouvelle organisation, dont l'orientation générale est peu à peu modifiée, est dirigée par Justin Godart. Des associations étrangères agissent aussi pour égayer les fêtes. A Coye-la-Forêt, en septembre 1948, des Suédois organisent un Noël chaleureux et généreux en faveur d'orphelins de guerre : « Les murs sont pavoisés de petits dessins exécutés par des artistes de moins de douze ans », et « les petites filles, au nombre d'une centaine, qui ont chanté pour nous, les bras croisés sur les tabliers roses, de leur petite voix flûtée et séraphique, habitent le domaine des Tilles ; les garçons à quelques pas de là, le château de l'Ermitage (...) Fils pour la plupart de pauvres gens, de foyers où la misère, le malheur, ont fait de fréquentes incursions [2]. »

De l'Etat aux Eglises, en passant par les syndicats et les associations locales, le souci d'aider des enfants, qui pour beaucoup en ont bien besoin, est général. Le Parti communiste en fait parfois un thème de propagande en insistant sur le prix trop élevé de certains jouets et, dans *L'Humanité,* on oppose « les trompettes à 75 francs et les fléchettes à 30 francs au cheval de bois à 6 000 francs ou à la girafe en peluche à 15 000 francs » que seuls des parents très riches peuvent offrir. Il est exact que les Noëls d'après-guerre sont particulièrement inégalitaires, même si ce phénomène n'est pas vraiment nouveau, et il faut constater qu'un train électrique Jep comme La Flèche d'or ou

1. Communication de Rémy Baudouï lors du colloque de Caen, *La France de 1945*, Presses Universitaires de Caen, 1996.
2. Article de Jean Couvreur dans *Le Monde*, 23/12/1948.

une auto à pédales Euréka du modèle Delahaye représentent chacun près d'un mois de salaire d'un ouvrier et demeurent donc inaccessibles au plus grand nombre. Toutefois aussi bien Jep, Euréka que Dinky Toys-France et bien d'autres fabricants, tous font des efforts pour rationaliser les productions et offrir des jouets de qualité à des prix abordables dès 1946 ou 1947. Le syndicat des producteurs de jouets se réorganise mais il proteste contre le manque de liberté économique et les entraves mises à leur activité par une administration tatillonne de moins en moins libérale : « La Libération ne nous a pas apporté l'aisance immédiate que nous souhaitions tous, et le dirigisme qui pèse encore sur notre économie nous a bien souvent freinés dans nos élans vers un rétablissement de la situation [1]. » Il est vrai que l'économie d'après-guerre évolue vers un dirigisme marqué dont le jouet, activité très indépendante et décentralisée, s'accommode mal.

Dans ce domaine comme en bien d'autres la pénurie recule peu à peu et des stands importants sont occupés par les jouets à la Foire de Paris et à celle de Lyon en 1949. L'influence américaine se fait sentir dans les nouveaux modèles ce qui fait que les petits Français sont souvent amenés à jouer avec des panoplies de cow boys, des Jeeps, des camionnettes Studebaker ou des camions Ford [2]. Néanmoins les figurines en métal (soldats ou ferme), les dînettes, machines à coudre, tirelires, chevaux de bois, jouets lavables ou poupées (dont les célèbres Gégé et Bella) résistent bien. On repropose de nombreux trains électriques et toutes sortes de camions, avions, bateaux, autobus... Comme la politique ne perd jamais ses droits « une grande enquête en URSS » de Francis Cohen, publiée dans *L'Humanité,* permet d'apprendre aux Français que la patrie du socialisme est « un pays de cocagne pour les enfants » l'auteur affirmant : « De quel amour, de quel respect, le pays du socialisme entoure-t-il ses enfants ! (...) Savez-vous que la petite industrie et la coopérative artisanale doivent obligatoirement consacrer 20 % de leur activité à la fabrication de jouets [3] ? » Il n'est pas précisé que « la petite industrie » tient une place marginale dans l'économie soviétique et *L'Humanité* renforce sa démonstration en publiant une photo idyllique de la « Cité des enfants » située dans le « parc de repos et de culture des travailleurs à Moscou » tandis que Simone Téry rappelle aux militants qu'ils peuvent aussi offrir des livres comme étrennes à leurs enfants, en particulier *L'Histoire de la mallette verte* de Vassilienko ou *Le Pays des onze merveilles* qui regroupe onze récits sur la vie de jeunes

1. Editorial de Cyrille Bonnet dans *Le Jouet français*, mai 1949.
2. En 1948 et 1949 tous les nouveaux modèles (ou presque) de Dinky Toys (sauf une traction) sont anglo-saxons. La production se « francisera » ultérieurement.
3. Article de Francis Cohen, publié en 1949.

soviétiques précédés d'un avant-propos qui « évoque l'enfance et la vie de Staline »[1]. Staline à qui les dirigeants communistes vouent un culte de la personnalité permanent et auquel ils cherchent à associer les enfants, en particulier à l'occasion de son 70e anniversaire. L'événement, en novembre 1949, est l'occasion d'une intense campagne d'envoi de cadeaux à laquelle participent des enfants regroupés par l'intermédiaire de l'Union des femmes françaises. Et l'on voit ainsi de pauvres gosses des banlieues collecter pour un homme qui leur est présenté comme un sauveur. Une photo officielle représentant Staline avec une gamine dans les bras est ainsi légendée dans la presse communiste : « C'est pour tous ces enfants qui vivront dans le communisme que Staline a lutté toute sa vie contre le capitalisme et pour l'édification d'une nouvelle société[2]. »

Pourtant, cette politisation de certaines manifestations n'empêche pas les Noëls d'après-guerre d'être avant tout des fêtes familiales où l'on savoure le plaisir d'être à nouveau ensemble. En 1948, *Le Monde* note qu'à Paris « on a surtout réveillonné en famille » puis le lendemain « un peu partout, les enfants se réunissent autour d'arbres de Noël. Hier soir, à la clinique de La Celle-Saint-Cloud, où sont soignés les quadruplés Doré, une petite festivité avait été organisée autour d'un sapin chargé d'envois de nombreux donateurs[3] ». Des fêtes bien sous le signe du baby boom...

Illustrés et livres d'après-guerre

A la Libération, dans le domaine du livre pour enfants comme dans celui des illustrés les cartes sont redistribuées car l'enjeu idéologique est important. Pour beaucoup d'auteurs c'est l'occasion d'entamer une nouvelle carrière : « Ruée monstre vers les bonnes places » résume Alain Saint-Ogan avec un sens certain de la formule. Perfidement l'ex-directeur de *Benjamin* précise sa pensée : « A Paris, c'est la ruée aux bons emplois ! Chacun veut avoir sa part de gâteau... » et avec un bel opportunisme, il affirme que le pays n'est pas en trop mauvais état grâce « au ciel » et « à de Gaulle », réunis par lui pour la circonstance : « La France ne s'en tire pas trop mal !... Grâce au ciel – et prétendre le contraire est une contre-vérité – grâce à de Gaulle, nous sommes dans le camp des vainqueurs[4]. »

1. Simone Téry dans *L'Humanité*, décembre 1949.
2. Photo publiée dans *La Liberté de l'Aisne*, 25 novembre 1949.
3. In *Le Monde* du 25/12/48. Des quadruplés sont nés peu avant dans la famille Doré. L'événement, rapporté par la presse avait fait grand bruit.
4. In Alain Saint-Ogan, *Je me souviens de Zig et Puce...*, *op. cit.*

Dès l'automne 1944, l'activité a repris sous la houlette du puissant Comité d'épuration du livre présidé par Georges Rageot [1]. A Paris, on procède aussitôt à la restitution à leurs propriétaires des entreprises aryanisées dont Calmann-Lévy, Fernand Nathan ou Offenstadt. Toutes fonctionnent à nouveau dès le printemps 1945. Pour les autres éditeurs la Libération se traduit par une interruption de quelques semaines qui ne change pas grand-chose aux programmes en cours. Les gamins découvrent avec plaisir *La Trahison des Comanches*, un nouveau roman signé de Karl May. Pourtant, comme cet auteur était allemand, Flammarion fait franciser le nom en Charles May. Mais les enfants lisent surtout la série « Père Castor » rééditée à la Libération, pêle-mêle avec des nouveautés dans cette série dont le succès ne faiblit pas. Il est vrai que le contenu idéologique des ouvrages, certes laïques mais neutres, et la qualité des illustrations facilitent cette continuité et ne nécessitent aucune adaptation aux circonstances. L'éditeur innove cependant en lançant plusieurs collections de qualité comme « Montreur d'images » puis « Enfants de la Terre » dont le premier titre est *Apoutsiak* par Paul-Emile Victor [2]. Paul Faucher élargit aussi ses activités en ouvrant l'Atelier du père castor en 1946, puis l'école du père Castor [3] l'année suivante, qui permettent de mener des expériences pédagogiques riches et variées, y compris en direction de l'éducation si difficile des enfants déficients. Et l'accueil des adultes est excellent : « Il faut mettre au premier rang, cette année encore, les albums du père Castor » affirme le chroniqueur du *Figaro* pour Noël 1946.

Chez Gallimard la série des *Contes du chat perché* poursuit le récit des aventures de Delphine et Marinette et chez Gründ, René Poirier prolonge la série des grands hommes et celle des provinces françaises et Paluel-Marmont ou Adhémar de Montgon demeurent au catalogue. A la Libération, les enfants peuvent aussi renouer avec des héros d'avant-guerre, disparus sous l'occupation, dont le célèbre Babar que Laurent de Brunhoff reprend, avec succès, à la suite de son père [4]. De son côté, l'équipe des Pieds Nickelés refait surface en 1946, sous forme de rééditions un peu vieillottes mais aussi de quelques nouveautés comme *Les Pieds Nickelés dans le maquis*, ce qui leur va assez bien...

Il est cependant deux ouvrages qui marquent la période par leur qualité et le succès qu'ils rencontrent auprès des parents comme des

1. Spécialiste de la littérature pour enfants, Georges Rageot a créé sa propre entreprise en 1943 avec son épouse Tatiana.
2. Livre publié en 1948 par Flammarion.
3. Ces deux activités installées au 131 boulevard Saint-Michel à Paris.
4. *Babar et ce coquin d'Arthur* paraît en 1946.

enfants : *Le Petit prince* d'Antoine de Saint-Exupéry et *Chantefleurs-Chantefables* de Robert Desnos. C'est au cours de son exil aux Etats-Unis qu'Antoine de Saint-Exupéry a conçu *Le Petit Prince*. Là-bas, loin de la France et de ses habitudes, dans un pays dont il parlait très mal la langue, l'écrivain-aviateur rongeait son frein. Inquiet et tourmenté, il se lassa de la vie mondaine et des divisions entre pétainistes et gaullistes. L'actrice Annabella qui le rencontra souvent [1] raconte qu'à Los Angeles, où il était immobilisé par des soins médicaux, il n'y avait qu'un seul livre sur sa table de chevet, *Les Contes* d'Andersen et elle précise : « Je prends le livre, je commence à lire *La Petite Sirène,* j'en lis deux ou trois lignes, je ferme le livre et je continue le texte que je savais par cœur. Le contact s'était établi... » Comme Saint-Exupéry est disponible, son éditeur américain lui offre un dictaphone, ancêtre du magnétophone, auquel il dicte ses textes des nuits entières... Saint-Exupéry est tellement enthousiasmé par son projet qu'il appelle souvent Annabella au téléphone pour lui en lire des passages : « Quand nous nous sommes rencontrés, il m'a raconté l'histoire du Petit Prince qu'il n'avait pas encore commencé d'écrire. Comme il faisait constamment de merveilleux croquis, je lui suggérai d'illustrer lui-même ce livre. Il a alors commencé à faire ces petits dessins (...) et pour le tigre, je me souviens très bien qu'il avait pris comme modèle un petit boxer que je possédais alors. Je crois me souvenir qu'il a mis environ un an pour écrire ce livre, mais je n'ai jamais eu l'impression qu'il avait l'intention de faire du Petit Prince un conte philosophique [2]. » Cette œuvre majeure de Saint-Exupéry s'adresse aux enfants, petits et grands, mais une lecture au deuxième degré en est possible. Le conte qui n'évoque pas la guerre, mais oppose la sagesse des enfants à la folie des « grands », est dédié « à Léon Werth quand il était petit garçon », ce qui prend un sens particulier car Léon Werth, Juif, était demeuré en France occupée : « Cette grande personne habite la France où elle a faim et froid. Elle a besoin d'être consolée. » Certains passages sont codés : « Cet écrivain combattant, profondément hostile au nazisme, offre aux enfants de France, les uns marchant sous le bâton aux sept étoiles, les autres marqués de l'étoile jaune, le cadeau du Petit Prince », écrit Annie Renonciat [3] en citant ce passage : « Les gens ont des étoiles

1. Annabella, actrice française mariée au célèbre acteur américain Tyrone Power, vit aux Etats-Unis avec son mari, aviateur pendant la guerre. Elle soutient énergiquement l'action du général de Gaulle. Son témoignage figure dans le numéro 84 de la revue *Icare*.

2. Témoignage de Sylvia Hamilton-Reinhardt in revue *Icare*, printemps 1978 n° 84, consacré à Saint-Exupéry. La première édition du *Petit prince* date de 1943.

3. In Annie Renonciat, *Livre mon ami*, Paris, 1991.

qui ne sont pas les mêmes.(...) Toi, tu auras des étoiles, comme personne n'en a..

– Que veux-tu dire ?

– Quand tu regarderas le ciel, la nuit, puisque j'habiterai dans l'une d'elles, puisque je rirai dans l'une d'elles, alors ce sera pour toi comme si riaient toutes les étoiles. Tu auras, toi, des étoiles qui savent rire [1] ! » La première édition française du *Petit Prince* est disponible le 30 novembre 1945. C'est donc pour le premier Noël de paix que ce conte a pénétré dans les foyers. Depuis il a rencontré un succès jamais démenti auprès des écoliers dont beaucoup étudient dans des écoles qui portent le nom de Saint-Exupéry.

C'est dans le domaine des illustrés que la rupture avec l'occupation est la plus nette. Pour les enfants la Libération se traduit d'abord par une sévère pénurie d'illustrés et de ce point de vue les jeudis paraissent bien mornes. La publication des titres habituels s'arrête ou presque sauf à Lyon où *Jumbo* continue jusqu'en novembre 1944. A Clermont-Ferrand une éphémère version de *Coq hardi* est disponible. L'action qu'entreprend Marijac et sa nouvelle équipe est lourde de conséquences pour l'avenir : « Nous étions à une époque révolutionnaire, les cadres de la société venaient d'éclater... l'ancienne presse avait été éliminée, liquidée, balayée. Les directeurs des imprimeries de la *collaboration* ne savaient plus à quels saints se vouer. Il fallait profiter de la situation [2]. » Voilà qui a au moins le mérite de la franchise. Marijac explique ensuite qu'il peut rapidement mettre au point en Auvergne son nouvel illustré *Coq hardi* avec l'aide du dessinateur Flip. Il est alors nécessaire de graver les planches puis de trouver un imprimeur, ce qui n'est pas évident en 1944 : « Le directeur de l'imprimerie du journal *L'Avenir*, qui n'avait pas su prévoir le sien, était dans ses petits souliers. Ayant " collaboré " par machines interposées, il s'apprêtait à être arrêté. Il me reçut comme un sauveur. Pas question de prix, de devis... Il mit tout à ma disposition : techniciens, machines, etc., ne demandant qu'une chose, imprimer un journal se réclamant de la Résistance... [3] » Et ce fut le lancement improvisé d'une première version de *Coq hardi* en novembre 1944. Pourtant un détail allait gripper cette belle mécanique : cette première série, réalisée par Marijac et Flip, n'avait pas obtenu le feu vert des nouvelles autorités de Paris. C'est pourquoi, en février 1945, elle dut s'interrompre pour plusieurs mois. « Les autorisations régionales furent supprimées pour être données à l'échelon national, ce qui explique nos dix premiers numéros à

1. L'édition d'origine est publiée chez Reynal et Hitchcock à New York.
2. In *Souvenirs de Marijac...*, Glénat, Grenoble, 1978.
3. *Ibidem.*

Clermont-Ferrand puis une longue traversée du désert avant que *Coq Hardi* puisse reparaître à Paris. » Le temps pour Marijac de se réorganiser et d'étoffer son équipe. Un nouveau départ est pris en avril 1946 avec Liquois pour un feuilleton de science-fiction, *Guerre à la Terre*, qui présente un indéniable air de famille avec *Vers les mondes inconnus* publié naguère dans *Le Téméraire*. On trouve aussi Le Rallic et Poïvet qui illustre le « colonel X. » dont les aventures sont inspirées de la Résistance. En effet, pour cette nouvelle série, Marijac renonce rapidement à inventer des récits car, affirme-t-il, les ex-maquisards et les anciens des réseaux « se montrèrent plus pointilleux sur certains détails, ressemblance entre autre [1] ! » Marijac décide donc de bâtir ses récits autour de souvenirs romancés d'authentiques héros des réseaux de la France libre : « Pour éviter toutes polémiques ou autres, je décidai de rassembler les exploits de certains résistants, en particulier Ponchardier, et d'un chef de commando parachutiste de ma connaissance, Dupontel, sous le titre anonyme de colonel X., en les romançant pour les rendre plus accessibles à mes jeunes lecteurs [2]. » Au-delà de ces interruptions et de ces reclassements, se profile une importante bataille pour le contrôle de la presse pour enfants. En 1944 la publication des illustrés demeure soumise à une triple contrainte :

– une censure militaire qui subsiste jusqu'au printemps 1945 et à laquelle personne ne peut prétendre échapper ;

– l'obtention d'une « autorisation de paraître » pour tous les titres et qui ne peut être accordée qu'après jugement à ceux publiés sous l'occupation ;

– l'obtention du papier nécessaire à la confection du journal, affectation réglementée provisoirement par une ordonnance de septembre 1944 puis par une série de décrets. Or le papier est une denrée rare de 1944 à 1946.

Pendant ces années de pénurie, la profession s'est réorganisée en profondeur et des syndicats d'illustrateurs sont apparus dans lesquels on retrouve Alain Saint-Ogan qui écrit : « Le syndicalisme est à la mode. Je m'empresse de déclarer que je suis tout à fait partisan des syndicats, mais la puissance d'un syndicat se mesure au nombre de ses adhérents... Le syndicat des dessinateurs de journaux pour enfants qui vient d'être créé par Liquois, Farinol et Bob Dansler, et dont j'ai l'honneur d'être le président, ne compte certes pas plus d'une quarantaine de membres [3]. » Fausse modestie de la part de Saint-Ogan car une quarantaine de membres ce n'est pas si mal dans une profession qui

1. *In Souvenirs de Marijac...*, Glénat, Grenoble, 1978.

2. *Ibidem. Colonel X* sera publié à partir de 1946 dans la deuxième série de *Coq Hardi*.

3. In Alain Saint-Ogan, *Je me souviens de Zig et Puce...*, La Table Ronde, Paris.

compte en tout une centaine de professionnels. Syndicalisme ou pas, c'est à l'automne 1946 que la presse pour enfants retrouve toute sa diversité et son côté flamboyant d'avant-guerre. Cette année-là, le papier redevient abondant, les autorisations de reparaître sont enfin accordées en nombre et la censure militaire n'est plus qu'un souvenir. Les filles retrouvent l'inusable *Semaine de Suzette* et pour Noël 1946 les enfants disposent de plus de trente titres différents. Un choix aussi vaste qu'en 1938. Plus vaste même si l'on ajoute l'édition française de *Spirou*, *Tourbillon* qui étend sa diffusion à la France métropolitaine et transfère sa rédaction à Paris, le nouveau *Francs-jeux* [1] et de nombreux « récits complets » en bandes dessinées [2]. C'est l'abondance. Presque Byzance. Du jamais vu depuis huit ans. Et le succès est énorme. Les gamins adorent : « Les bandes dessinées c'est hyperchouette, mais tu peux pas les acheter toutes, alors on s'échange », se souvient Cavanna [3] qui précise que par ce moyen il a pu lire « tous les illustrés, sans jamais en acheter un seul ». Il suffit d'en posséder un au départ, d'une manière ou d'une autre, par un troc quelconque, ou à l'issue d'une partie de billes victorieuse.

Nourrir plusieurs millions d'enfants

Pendant ces années d'après-guerre, faire lire et distraire les enfants est une chose, les nourrir en est une autre car, pour ce qui est du ravitaillement, souci quotidien et obsédant depuis 1940, la Libération ne marque en rien la fin des soucis, bien au contraire : « Pour le ravitaillement rien n'est changé car les moyens de communication sont encore très difficiles », écrit Michel Guédon dans son cahier d'écolier à la rentrée de septembre 1944 tout en notant « une légère amélioration : le pain est bien plus blanc qu'il ne l'était [4] ». Beaucoup d'enfants ont l'impression que de ce point de vue l'amélioration est bien lente à venir, surtout dans les villes. L'enquête réalisée au printemps 1945 auprès des écoliers français « permet de voir encore mieux, combien les enfants parisiens sont impressionnés par le problème alimentaire ; c'est même le facteur principal qui contribue à modérer leur joie ; ils constatent avec amertume que l'on *ne mange pas mieux* avec les Américains ; ils rappellent sans grand enthousiasme que la guerre continue,

1. *Francs Jeux* est une nouvelle revue laïque publiée par la Ligue de l'enseignement.
2. Dont ceux des éditons Artima qui occupent massivement le terrain.
3. Doisneau / Cavanna, *Les Doigts pleins d'encre*, Hœbeke, 1989.
4. Cahiers d'écoliers de Damville au musée national de l'Education Mont-Saint-Aignan.

qu'il faut ravitailler les troupes [1] ». Toujours dans la région parisienne, la même enquête fait ressortir un certain désenchantement et même, de la part de certains garçonnets, une hostilité latente envers leurs libérateurs : « En général, les garçons, s'ils reconnaissent que l'Américain est plus agréable à vivre que l'Allemand, n'oublient pas de noter les épisodes des *Américains saouls brisant tout* et de se montrer sceptiques sur l'amélioration des conditions apportées par leur présence [2]. » Il s'agit des conditions matérielles de la vie bien sûr, mais les Alliés, conscients des problèmes, installent rapidement la Military Police constituée de solides soldats chargés de maintenir l'ordre que l'on retrouve souvent sur les dessins d'enfants (avec le brassard MP soigneusement dessiné) et qui impressionnaient par leurs carrures imposantes. Dans le domaine alimentaire les Alliés procèdent d'abord à des distributions spontanées dont les rations de type K que les Français découvrent avec étonnement. Jean-Jacques Brochier se souvient que, dans les rues de Lyon, « les enfants couraient de joie derrière les camions, et d'énormes GI's noirs, au sourire éclatant, nous jetaient chocolats, chewing-gums, cigarettes, et, ce qui était moins drôle, d'énormes boîtes de haricots à la sauce tomate qu'il fallait attraper au vol (...) Il y avait aussi du corned-beef, du lait condensé et les premiers échantillons de café soluble [3] ». Il s'agit plus là de gestes de vainqueurs que d'une aide alimentaire structurée qui viendra plus tard, en septembre 1944, quand Britanniques et Américains acheminent enfin vers Paris quelques dizaines de camions militaires chargés de rations pour faire face aux urgences.

Mais localement la situation peut-être plus difficile encore que sous l'occupation comme à Caen où à la fin novembre on ne trouve plus du tout de pain, faute de farine et faute de transports pour l'acheminer. Facteur aggravant, la nationale 13 et plusieurs autres grandes routes sont interdites aux véhicules civils car strictement réservées aux véhicules militaires alliées, les convois Red ball, qui circulent à vive allure, à grands coups de Klaxon, bousculant tout sur leur passage. Une situation très mal vécue par des populations locales, non seulement sinistrées mais aussi affamées et que de plus on empêche de circuler. En Normandie, la lune de miel avec les Alliés est bien terminée... A la suite de nombreuses protestations, en février 1945 les premiers bateaux chargés de cargaisons destinées aux civils finissent par accoster à Cherbourg. Jusqu'à cette date priorité absolue était donnée à l'armée. Tout ne fut donc pas aussi simple et joyeux qu'on pouvait l'attendre et, de

1. Irène Lézine, « L'Enfant et la guerre » dépouillement d'une enquête *in Enfance*, mars-avril, 1948.
2. *Ibidem.*
3. In J.-J. Brochier, *Une enfance lyonnaise au temps du Maréchal*, C. de Bartillat.

l'avis unanime des témoins, les mois suivant la Libération furent très durs à vivre et les citadins n'hésitent pas à le dire haut et fort.

A Paris, en décembre 1944, une émission de radio donne librement la parole aux Français sur divers sujets : « Jean Quittard porte le micro sur la place publique pour poser aux passants la question du jour. Et le micro laisse passer de virulents reproches, principalement au sujet du ravitaillement [1]. » Bien des difficultés persistent en raison de la transformation de pans entiers du pays en champs de ruines. A la fin de l'été 1944, à Noisy-le-Sec, une banlieue de Paris dévastée par les bombardements, « il ne restait plus que 8 000 personnes, sans électricité ni eau, car l'égout collecteur était crevé. Comme il était connecté avec celui des communes voisines, sa rupture n'interrompit pas seulement la distribution à Noisy mais aussi à Bobigny [2] ». La désorganisation des transports (ce n'est qu'en novembre 1944 que des trains franchissent à nouveau la Loire sur des ponts provisoires), la destruction quasi totale des ports français, la persistance de combats dans l'Est et dans un certain nombre de « poches » de résistance allemandes jusqu'en mai 1945, la circulation de diverses milices armées réquisitionnant sans plan d'ensemble et parfois pour leur compte, tout se conjugue pour rendre la vie quotidienne difficile dans les villes et les régions sinistrées où la pénurie demeure sévère. Raoul Dautry responsable du Secours social estime que pour la seule Normandie il faudrait : « 500 000 vêtements d'enfants, 12 500 boîtes de lait condensé, 500 tonnes de farines spéciales pour bébé » [3] afin de faire face aux urgences. Et le problème est général, ou presque : « En septembre 1944, Marseille aura 7 000 litres de lait quand il lui en fallait 50 000 [4]. » et la farine manque cruellement. Le manque de lait est particulièrement inquiétant pour la croissance des enfants des familles démunies. Les autorités tentent d'intervenir par des distributions dans les écoles, à la cantine, ou lors d'un goûter : « Les menus de ces repas ou de ces goûters devront alors s'imposer en fonction des connaissances acquises antérieurement sur la composition des repas correctifs... Une réforme des cantines scolaires s'impose pour lutter efficacement contre la malnutrition des écoliers », insiste un médecin en 1945 [5].

Il découle de cette alimentation insuffisante une inquiétante remontée de la mortalité infantile dans l'ensemble du pays. Alors que l'indice

1. In *Radio 44*, tribune libre de Pierre Laroche, n° 9 décembre 1944.
2. In Danièle Voldman, *La Reconstruction des villes françaises*, thèse de doctorat, L'Harmattan, 1997.
3. Cité par E. Tribouillard, *Caen après la bataille*, Mémorial et Ouest-France.
4. Jean-Pierre Rioux, « La France a faim » *in L'Histoire* juillet 1994.
5. Rapport du docteur Jean Sutter, médecin scolaire, directeur de l'équipe Nutrition.

s'établissait à 70 entre 1936 et 1939, puis à 91,4 en 1940 (en raison de la campagne de France et de l'exode), pour redescendre à 75 en 1941, il remonte à 76,7 en 1942, 81 en 1943, 82,3 en 1944 et atteint un sommet tragique à 113,7 en 1945 [1]. Cette surmortalité s'explique en partie par les très mauvaises conditions de conservation et d'acheminement du lait indispensable aux petits : « Le maximum estival de la mortalité infantile, consécutif aux troubles intestinaux, qui avait disparu de France depuis 1930, reparut cette année-là (1945) à cause des conditions très défectueuses dans lesquelles s'effectuait la distribution du lait. » A la veille de Noël 1948, le gouvernement doit encore rappeler par décret qu'une boîte de lait condensé de remplacement doit obligatoirement être délivrée aux parents de petits enfants à chaque fois que le lait n'est pas livré à midi chez les détaillants [2]. Cependant l'alimentation et l'hygiène des petits s'améliorent peu à peu et le taux de mortalité infantile s'abaisse à 70 (pour mille) en 1946, 61 à la fin de 1947 (avec une tragique poussée à 82 au cours de l'hiver 1946-47 qui fut rude) et enfin à 45 à la fin de 1948 [3], ce qui est encore élevé mais nettement mieux qu'à la Libération qui fut, de ce point de vue, la période la plus difficile.

Dans ce contexte, le marché noir renaît de plus belle tandis que persiste un rationnement sévère. La pénurie de viande demeure permanente, provisoirement aggravée par les destructions massives opérées dans le cheptel normand et breton. La fraude « explose » quantitativement car la répression n'est pas bien vigilante : « Ce qui frappe (dans le département de l'Eure) après le départ des Allemands, c'est que les marchandises saisies sont plus variées et les quantités plus grosses que sous l'occupation [4]. » La réouverture de la chasse à partir de l'automne 1945 permet d'améliorer un peu la situation mais, même si quelques tonnes de gibier parviennent aux Halles [5], les cartes d'alimentation sont maintenues, avec souvent des rations en baisse par rapport à 1941 ou 1942. Le beurre, difficile à trouver, donne lieu à de fructueux trafics et tous les matins, à la porte de Saint-Cloud, des dizaines de femmes cherchent à embarquer à bord de camions en partance pour les campagnes de l'Ouest dans l'espoir d'en rapporter œufs, beurre et fromage. Toutes les matières grasses font cruellement défaut, huiles et margarine sont très recherchées. Le lait en poudre Guigoz (en prove-

1. D'après André Armengaud, « Aspect démographique de la Seconde Guerre mondiale » *in Histoire économique et sociale de la France*, tome IV, PUF, 1980.
2. In *Le Monde*, du 23/12/48.
3. In *Informations Sociales* du 15 mai 1949.
4. Recherche effectuée aux Archives de l'Eure par Julien Papp pour le compte de l'IHTP.
5. *Le Monde* signale que le 7 septembre 1948, cinq tonnes seulement parviennent aux Halles de Paris car l'essentiel de la chasse est réservé à la consommation familiale.

nance de Suisse) destiné aux enfants du « premier âge », dans sa belle boîte métallique striée et soigneusement étanche, est l'objet de toutes les convoitises. Il est si recherché que l'on n'hésite pas à le troquer contre des objets de valeur. La farine, les fruits, les légumes, les laitages, tout manque. Cette obsession du ravitaillement, ces difficultés persistantes, fortement accentuées dans le monde ouvrier et chez les petits employés par un faible pouvoir d'achat, donc un faible recours au marché noir, entraînent un mécontentement grandissant dans les catégories les plus défavorisées et un enrichissement rapide de certains intermédiaires : « On me communique des lettres intéressantes au sujet des chevillards de La Villette. C'est absolument scandaleux. Je vais les communiquer à Ramadier et lui demander de prendre des mesures énergiques. On se plaint de sa nonchalance, je regrette qu'il n'y ait pas à côté de lui des services actifs et énergiques », écrit Vincent Auriol, le nouveau président de la République, au printemps 1947. Le pain demeure rare et cher. Les cartes de rationnement provisoirement supprimées en octobre 1945 en raison des élections sont rétablies dès la fin de l'année et au mois d'août 1947 la ration de pain est réduite (à 250 grammes) puis à l'automne les pénuries diverses font encore monter la tension d'un cran. Le 23 septembre, à Verdun, la foule (dont des militants communistes) bloque des péniches dont la cargaison de sucre est destinée à l'Allemagne. Le lendemain, deux autres péniches sont bloquées à Ligny en Barrois. Le 30, le gouvernement envoie 500 gardes mobiles, la troupe et des blindés pour prendre d'assaut les barricades défendues par les manifestants. Quelques manifestants arrêtés sont échangés contre un policier capturé dans les bagarres. Le sucre part en Allemagne, protégé par l'armée, mais à Epernay, des écluses sabotées immobilisent d'autres péniches. Il s'agit là du début d'une longue série de manifestations et de grèves qui vont déferler sur la France à la fin de 1947 et en 1948. Bon nombre d'enfants ont souvenir d'avoir défilé à cette époque avec leur mère pour réclamer « du pain ! ». Ces cortèges de femmes et de militants ouvriers avec pour principaux mots d'ordre « du pain ! du lait ! de la viande ! » ne relèvent pas seulement de la propagande d'un Parti communiste à nouveau passé dans l'opposition violente mais bien, et surtout, de difficultés matérielles réelles dans les classes populaires. La situation s'améliore progressivement à partir de 1948. Pour les fêtes de Noël de cette année-là, les arrivages de viande de bœuf demeurent insuffisants mais 600 tonnes de volailles (poulets, dindes, oies...) sont vendues aux Halles de Paris ce qui est nettement mieux que les 280 tonnes de l'année précédente [1]. Pour le pain, qui tient une grande part dans l'alimentation quotidienne, l'amélioration

1. In *Le Monde* » du 24/12/1948.

décisive vient à l'automne 1948 avec une abondante récolte de céréales au cours de l'été précédent « favorisée par un temps chaud et sec » [1]. La carte de pain, très impopulaire, est alors supprimée et la plupart des familles françaises sortent de la pénurie alimentaire et vestimentaire au début des années cinquante.

Nouvelles campagnes en faveur de l'hygiène

Les nombreux enfants du baby boom ont souvent été élevés à plusieurs dans les mêmes berceaux et landaus, avec les vêtements, les jouets et les affaires de classe des aînés. C'est une époque où l'on jette rarement un objet et où l'on improvise beaucoup à domicile : manteaux retaillés, tissus teints et retournés, chaussettes en laine de récupération, chemises en toile de parachute, blouse grise d'écolier taillée dans celle du père ou de l'oncle, robes pour deux ou trois sœurs confectionnées dans un même coupon de tissu, tout cela est monnaie courante et n'étonne personne. Tant chez les bourgeois que chez les ouvriers, les « séries » de gamins habillés à l'identique, ou presque, sont la règle et non l'exception. Sur les bancs de la communale, les fonds de culottes des gosses portent souvent des pièces, les coudes des vestes sont renforcés de cuir, les chaussures, bien astiquées, sont ressemelées tous les automnes...

La santé des enfants peut être fragilisée par des pénuries qui s'étendent aux produits pharmaceutiques mais aussi aux tétines en caoutchouc, aux biberons, aux alèses. Bref tout ce qui doit permettre d'élever les plus petits est rare (et donc cher) car il y a un manque général aggravé par une demande forte, longue et répétée au sein d'une même famille où les naissances se suivent de près. Après plusieurs années de guerre et de privations, l'état sanitaire du pays s'est beaucoup dégradé pour les adultes comme pour les enfants. En témoigne le nombre de cas de gale, maladie de peau, très contagieuse redoutée dans les écoles, enregistrés à l'hôpital Saint-Louis à Paris. Dans les années trente, on dénombrait entre 2 000 et 8 000 cas par an au plus ; en 1939 on passe à 10 000, 25 000 en 1940, 65 000 en 1941, 100 000 en 1942 et 1943, 80 000 en 1944 et un pic record à 150 000 cas en 1945 [2]. Ensuite la décrue s'amorce avec un retour à l'hygiène et des campagnes d'information.

L'effort entrepris sous l'occupation en faveur de l'éducation physique, du sport et de l'hygiène est poursuivi à la Libération. A la radio

1. Pierre Barral in *Histoire économique et sociale de la France*, PUF, 1989.
2. In *Le Guide de la seconde enfance*, ESF, Paris, 1947.

Le Réveil musculaire une émission de gymnastique pour petits et grands donne le ton. A partir de 1944, tous les matins « Robert Raynaud, bel athlète aux muscles fuselés, est devant son micro, accompagné d'un pianiste et d'un violoniste qui rythment la cadence des mouvements prescrits [1] » et, à son commandement, des dizaines de milliers de gamins et d'adultes suivent les consignes : « Expirez ! Inspirez ! Expirez !... Debout ! Assis ! Debout !... Baissez les bras ! Levez les bras !... » On souhaite donc voir se développer une jeunesse sportive et musclée. Bien des gamins ne demandent pas mieux que de faire du sport et n'attendent pas les consignes gouvernementales : « Les matchs de foot avaient lieu le jeudi, et c'était pour moi le seul moyen de quitter les murs affreux du pensionnat pendant la semaine et donc de retrouver un peu de la liberté perdue. J'étais fou de foot ! » se souvient Bernard Pivot [2].

Afin d'enrayer de possibles épidémies liées à une mauvaise alimentation et à des conditions précaires de logement ou de chauffage, des campagnes massives de vaccination et de médecine préventive sont lancées en milieu scolaire. Variole et tuberculose sont encore redoutées et redoutables c'est pourquoi la génération du baby boom garde sous forme de cicatrices inesthétiques la trace de ces vaccinations répétées effectuées par scarifications à l'épaule ou à la cuisse. La cérémonie du vaccin se déroule par fournées dans des dispensaires certes propres mais rudimentaires. Le dispensaire est ainsi, pour toute une génération, associé aux contrôles et aux piqûres répétés : vaccin, puis premier rappel, puis deuxième rappel, puis contrôle pour « voir si c'est bon » ! Le moindre bobo, la moindre angoisse de la maman ramènent le gosse au dispensaire : « Jacqueline souffre des oreilles. Madame Normand, préoccupée, l'a gardée ce matin à la maison afin de la conduire à la consultation du dispensaire, dont elle connaît le docteur, ami de son mari [3]. » Là, on travaille toujours à la chaîne car des dizaines d'enfants attendent et le nouvel arrivé perd jusqu'à son prénom en entrant pour devenir un numéro : « Le docteur va consulter. Commencez à déshabiller les enfants pour gagner du temps. Numéro un, vous pouvez venir ! » Une odeur d'éther et de chimie plane sur les lieux, le médecin impressionne l'enfant : « Le docteur vêtu d'une blouse blanche, porte au front un réflecteur électrique, ce qui lui donne un aspect impressionnant. L'odeur fade des médicaments tourne un peu la tête de Jacqueline (...) » A l'école aussi, une à deux fois par an, le jour de la visite on

1. In Jean-François Remonté et Simone Depoux, *Les Années radio*.
2. In Bernard Pivot, « Je ne me souviens que de mes années scolaires heureuses », *JDI* n° 8, avril 1997.
3. In *André et Jacqueline, deux enfants de France*, Lectures de cours moyen. Editions de l'Ecole, 1947.

ausculte, pèse, mesure, surveille, compare, met en fiche. Le 31 octobre 1945, une ordonnance rend obligatoire le dépistage de la tuberculose et donc à compter de l'année suivante on passe systématiquement aux rayons X dans de curieux camions sanitaires une jeunesse un peu inquiète et perplexe. Cette jeunesse ne demande qu'à pousser libre et belle, mais la réalité des dangers épidémiques (pour la tuberculose en particulier), la pédiatrie, la prévention, la psychologie, la pédagogie, l'idéologie, tout se mêle pour rendre nécessaires de multiples contrôles et vaccins. Ces enfants que l'on souhaitait nombreux depuis longtemps, et qui sont enfin là, on les protège le mieux possible. Les partis politiques ne demeurent pas en reste et revendiquent haut et fort des équipements sanitaires sans cesse plus nombreux. A la Libération la médecine collective a le vent en poupe et la médecine libérale fait le gros dos en attendant des jours meilleurs. En 1949 l'Union des femmes françaises envoie même une lettre des mères de France au « Grand Joseph Staline » en lui disant : « Nous voudrions que tous les sanas de France soient comme ceux d'Union soviétique [1] »...

Un bon moyen pour que les enfants du baby boom soient bien portants serait de les loger sainement. Mais dans ce domaine, à la fin des années quarante, on est encore loin du compte même si une tendance se dessine en faveur d'une vie plus saine et plus active pour les petits. La mode est au « moïse », grand panier léger et souple, et au lit-cage en bois laqué blanc, aéré, facile à nettoyer, plutôt qu'aux traditionnels lits à sommier, fermés, en bois ciré. On voit aussi apparaître de nombreux Youpa-la qui favorisent les premiers pas et les escapades dans les jardins où les parcs pliants qui se généralisent au moindre rayon de soleil deviennent la règle : « Le tout-petit a besoin d'air et de lumière », affirme-t-on à juste titre. Encore faudrait-il disposer de logements de qualité en quantité suffisante...

Reconstruire

De 1939 à 1945, les opérations militaires ont touché sérieusement 74 départements français (soit plus des 3/4 du territoire) et 81 ont subi des destructions. C'est dire l'étendue des dégâts dans un pays qui comptait à l'époque 90 départements et où un million de familles (soit cinq millions de personnes) sont sans abri au jour de l'armistice. Dans le Pas-de-Calais, 700 des 904 communes que compte le département ont été bombardées au moins une fois. Dans l'ensemble du pays 1 851 communes sont classées « sinistrées » c'est-à-dire qu'elles ont

1. *L'Humanité* du 26 novembre 1949.

subi des destructions représentant le tiers ou plus de leur patrimoine immobilier [1]. En effet, au total, 700 000 logements sont entièrement détruits et plus d'un million partiellement détruits ou endommagés [2]. Beaucoup d'autres ont été « ébranlés » ou fragilisés par la guerre sans être pour autant comptabilisés comme détruits : « Ces effets furent encore plus sensibles pour les régions soumises aux bombardements aériens. Ils détruisaient non seulement immeubles et groupes d'immeubles, mais soumettaient les quartiers proches au souffle des bombes explosives. Nombre de constructions dans un rayon éloigné des impacts, sans être détruites, présentaient murs ébranlés, toitures arrachées et vitres brisées [3]. » Au final, les ruines s'ajoutent les unes aux autres et les destructions matérielles sont considérables. A la Libération, Lorient, Brest, Saint-Nazaire, Dunkerque, Saint-Lô, Le Havre, Royan, Saint-Malo... et bien d'autres villes, grandes ou petites, ne sont plus que ruines fumantes. Le 11 novembre 1944, Joseph Laigniel, député de Lisieux et membre du Conseil national de la Résistance, prononce à la radio un discours très écouté dans lequel il évoque sa région, une des plus touchées : « Les villes de Caen et Lisieux sinistrées aux sept dixièmes, celles de Vire, Condé, Falaise aux huit dixièmes. Des chefs-lieux de canton comme Evrecy, Breteville, Villers-Bocage, Caumont, Thury-Harcourt, Tilly-sur-Seulles, Aunay-sur-Odon ne conservent plus que quelques maisons debout. La plaine de Caen offre l'aspect du champ de bataille de Verdun ou de la Somme. La terre est partout truffée de mines explosives qui causent et causeront longtemps encore des accidents mortels. En dehors de quelques îlots, toute la population, tout le troupeau, ont été balayés par la bataille jusque dans le département de l'Orne au point que, au moment de la Libération de Vire, on ne trouvait plus d'être vivant sur les soixante kilomètres qui séparent Caen de cette sous-préfecture [4]. » Monsieur Laigniel lance ce jour-là un appel à la solidarité à la France entière. Il est évident que le déploiement de l'imposante puissance de feu des Alliés fut dévastateur et souvent hors de proportion avec les objectifs visés. En certains endroits les destructions sont telles que les survivants ont du mal à s'orienter. En octobre 1945, Lucette Bonnin, institutrice, se perd dans l'enchevêtrement inextricable des ruines de Royan : « Comment s'orienter ? Dans ce qu'elle croit être son ancien quartier, elle va

1. In Danièle Voldman, *La Reconstruction des villes françaises*, thèse de doctorat, L'Harmattan, 1997.
2. In *Informations Sociales*, revue des Caisses d'Allocations Familiales, 15 janvier 1949.
3. In Danièle Voldman, *La Reconstruction des villes françaises*, *op. cit.*
4. Discours à la radio de Joseph Laigniel prononcé le 11 novembre 1944, cité par E. Tribouillard dans *Caen après la bataille*, Ouest-France.

prudemment d'entonnoir en entonnoir, et, découvre, ô miracle! des pièces de jeux éducatifs éparpillées autour d'un petit fût d'acacia, ce qui reste de l'école... » et à ceux qui, comme elle, voudraient la rechercher elle écrit : « Ne la cherchez pas, elle a disparu, la vieille école maternelle remise à l'Etat par la communauté protestante de Royan. Elle a disparu à l'aube du 5 janvier 1945 sous les 1 600 tonnes de bombes lâchées par 300 avions américains. Elle, et son acacia étêté pour l'ombrage; elle, et sa maison proprette aux planchers cirés, aux rideaux amidonnés, aux cuivres étincelants [1]. » Et, manque de chance supplémentaire, l'hiver 1944-45 est très dur dans toute la France : « A la mi-janvier 1945, la neige tombe sur Caen en abondance (...) A cette date, une enquête du nouveau journal *Ouest-France* dénombre 42 000 sinistrés pour une ville qui comptait 65 000 habitants avant la guerre [2]. » Ces destructions provoquent une crise du logement durable et sans précédent en France car dans les années trente, en raison du marasme économique, les constructions de logements locatifs ou non, avaient déjà ralenti : « la crise est d'autant plus grave qu'elle est qualitative en même temps que quantitative », note avec réalisme un responsable des Caisses d'allocations familiales qui ajoute : « En effet, depuis trente ans nous ne faisons qu'entretenir, d'une manière très superficielle, un patrimoine vieillissant et de moins en moins adapté aux exigences les plus élémentaires de l'hygiène et de la salubrité [3]. » La guerre ajoute donc des problèmes à ceux qui préexistaient et, quand les logements sont intacts, des milliers de gamins grandissent encore dans des taudis, en particulier dans les « courées » de Roubaix et à Paris où 17 îlots insalubres avaient été recensés en 1918; 16 de ces îlots sont encore debout en 1949 [4]. Si la quasi-totalité des foyers disposent de l'électricité (sauf dans certaines zones rurales), le confort est souvent rudimentaire car en 1946 seuls 37 % des logements ont l'eau courante et 12 % le tout à l'égout [5]. Pour les gosses de l'après-guerre aller chercher l'eau avec un broc sur le palier de l'immeuble, ou au puits avec un seau à la campagne, est encore fréquent. Le manque de logement est aggravé par la croissance rapide de la population française en raison de la forte reprise de la natalité. On estime à plus de 5 000 000 le nombre de sinistrés-sans abris en 1945. Pour plus d'une décennie, la majorité des enfants sont donc élevés dans des logements rares, exigus, chers, inconfortables et surpeuplés : en 1945 à

1. Témoignage de Lucette Bonnin, *in Les Ecoles de la République*, Eclectis, 1993.
2. In Claude Quétel, *Caen 1940-1944*, Mémorial-Ouest-France, 1994.
3. Article du docteur Hollier *in Informations sociales*, 15 janvier 1949.
4. D'après Claude Willard *in Histoire économique et sociale de la France*, PUF, 1989.
5. Recensement de 1946 cité par François Caron et Jean Bouvier, *Guerre, crise, guerre*.

Brest 40 % des logements sont surpeuplés, 35 % à Saint-Etienne, 27 % au Havre ou à Rennes [1].

Or pour construire ou reconstruire, tout manque : le bois, le ciment, les briques, le fer... Les usines elles-mêmes ont beaucoup de mal à fournir la demande en raison du manque de charbon (et de transports efficaces pour l'acheminer). Il en résulte de nombreuses coupures d'électricité et de gaz qui compliquent la vie quotidienne. A Paris au cours de l'hiver 1944-45, le gaz est coupé tous les soirs à 21 heures jusqu'au lendemain matin et, à l'inverse, l'électricité est coupée chaque jour de 9 heures à 17 heures. Le charbon manque cruellement car il faut deux tonnes de charbon pour produire une tonne d'acier, 300 kg pour une tonne de ciment, 230 kg pour une tonne de chaux, 145 kg pour une tonne de tuiles, plus de 100 kg pour une tonne de briques et plus de 80 kg pour produire une tonne de plâtre. D'où l'importance de « la bataille du charbon » qui est également indispensable pour la plupart des locomotives et des centrales électriques. C'est pourquoi dans le bâtiment on récupère méthodiquement tout ce qui peut l'être comme les grandes caisses de munitions américaines dont on réutilise les planches et même les clous. En Normandie, après les combats de l'été 1944, les écoliers sont sollicités par l'état-major allié pour récupérer les dizaines de milliers de jerricans d'essence et des câbles téléphoniques abandonnés par les militaires au fur et à mesure de leur avance. Afin de mieux motiver les jeunes récupérateurs, un certificat signé du général Eisenhower est remis aux plus actifs d'entre eux [2]. En Seine-Maritime : « En récompense, les écoliers reçoivent une épingle avec un insigne portant la Croix de Lorraine [3]. »

Les rues des villes sinistrées sont quadrillées de tas de briques soigneusement rangées en piles et grattées afin de resservir dès que possible. Hommes, femmes et bien sûr enfants, épaulés par des prisonniers allemands, participent à cet ingrat travail, encadrés par des techniciens des Ponts et Chaussées. Ces travaux de déblaiement peuvent être dangereux car il subsiste des milliers de tonnes d'explosifs et d'engins de guerre abandonnés qui tuent bien après le passage des armées : « De loin en loin, des affiches ou des pancartes indiquent que des mines ou des explosifs laissés par les occupants ont été repérés », se souvient Michel Guédon, 13 ans [4]. Mais les enfants, curieux

1. D'après Danièle Voldman, thèse de doctorat, *La Reconstruction des villes françaises*, L'Harmattan, 1997.
2. En 1994, le Mémorial de Caen à reproduit l'un de ces certificats en carte postale.
3. In Thierry Lamiraud, *Les Instituteurs de Seine Inférieure de 1939 à la Libération*, Amicale des anciens élèves de l'EN de Rouen, Berthout, 1986.
4. Michel Guédon, « 13 ans en 1944 » *In Cahiers d'écoliers de Damville*, musée national de l'Education. Mont-Saint-Aignan.

et parfois imprudents, figurent souvent parmi ces nouvelles et tardives victimes du conflit comme à Norville (en Seine-Maritime) où trois gamins sont tués sur le coup par l'explosion d'une grenade qu'ils avaient trouvée. Dans l'Est également « le même numéro de *La Gazette vosgienne*, celui du 4 janvier 1945, annonce la mort de onze personnes tuées par l'explosion de mines à Corcieux, Fraize, Saint-Rémy. Parmi les morts, de nombreux enfants : le petit Claudel qui se promenait en forêt ; René Peince et Bernard Mac-Guinesse, qui avaient douze et sept ans et qui ont été tués à Fraize, rue de la Costelle, par l'explosion d'une mine antichars [1]. » Ce type d'accident se répète souvent et les préfets mettent les familles en garde par des avis publiés dans la presse : « Ne touchez pas aux munitions abandonnées. Il faut que les parents, surtout, soient vigilants, et que, sans se lasser, ils répètent à leurs enfants que toutes les munitions, même les plus petites, sont dangereuses [2]. » Afin de limiter les risques Georges Bidault obtient d'affecter 40 000 prisonniers de guerre allemands à de longues et délicates opérations de déminage qui prennent plusieurs années.

Toute une génération d'enfants des régions sinistrées est élevée dans l'habitude de récupérer et de grappiller sans cesse dans les ruines et sur les champs de bataille « ce qui peut servir » ou peut être revendu : bois, ferrailles diverses, oripeaux et matériel militaire abandonnés, tissus ou lanières de parachutes, éléments de literie, tôle, ficelles, fil de fer, clous, gamelles diverses, couverts, cartons... Certaines reconversions peuvent sembler saugrenues mais rien ne choque à cette époque : « Au fond du jardin, une ancienne guérite récupérée à la Libération et transformée en latrines trônait à proximité des clapiers et du fagotier [3] », se souvient Romain Berger, 12 ans. Dans le même village, Noyers-sur-Cher, situé sur l'ex-ligne de démarcation, l'ancienne baraque de contrôle des Allemands a été reconvertie en salle des fêtes et de cinéma où s'entassent joyeusement les gosses et leurs parents, un usage plus sympathique que le précédent.

Dans toutes les écoles primaires, la revente (ou l'échange) de reliques militaires se poursuit pendant des années par goût autant que par nécessité : « De l'école elle-même je ne me souviens pratiquement pas, sinon qu'elle était le siège d'un commerce effréné portant sur les insignes américains et les foulards en soie de parachute », écrit George Perec [4]. Des dizaines d'insignes de boutonnière fabriqués en 1945 à l'occasion de l'armistice font aussi l'objet de collections et de

1. Henri Amouroux in *Les Réglements de comptes*, Robert Laffont, 1991.
2. Avis de la préfecture de l'Eure, mars 1945.
3. In Romain Berger, *En mal de mère...* J.P. Taillandier, 1995.
4. In *W ou le souvenir d'enfance*, *op. cit.*

marchandages passionnés : « La victoire s'affiche sur les boutonnières, les chemises, les corsages ! Qui ne porte pas un insigne la célébrant ? Il y en a pour tous les goûts et toutes les tendances. Du Tommy hilare au coq français et à la croix de Lorraine. Avec une tendance à la glorification des chefs : de Gaulle, Leclerc mais aussi Eisenhower, Montgomery, plus rarement Churchill et presque jamais Staline. Et toujours la main aux deux doigts levés formant le V de la Victoire [1]. »

Ces enfants « collectionneurs-récupérateurs » ne sont ni des clochards, ni des chiffonniers, ni des collectionneurs maniaques mais apprennent par nécessité la valeur de chaque chose surtout au cours des hivers rigoureux qui sévissent en 1945 et 46. Les privations et les destructions ont avivé « la nécessité de la conservation, de la récupération, du réemploi. Il s'agit, dès lors de prolonger autant qu'il est possible la durée d'utilisation des objets, d'imaginer et de confectionner des succédanés », analyse Alain Corbin qui définit cette époque comme l'apogée « du système D [2] ». En attendant que la reconstruction prenne forme, au Havre, à Caen, à Cherbourg où ailleurs, des milliers de familles s'entassent dans des baraques provisoires, en bois, édifiées en quelques semaines et chauffées tant bien que mal au moyen d'un unique poêle : « Ces petits chalets bas, passés au carbonyle et couverts de papier goudronné étaient adaptés au strict minimum des familles sinistrées, des commerces ainsi que des édifices publics (...) Il faut s'imaginer l'aspect des villes et des villages avec cette couleur brune du carbonyle, vraiment couleur de guerre », se souvient Jacqueline Houlé qui ajoute : « Parmi nos proches, un jeune ménage dont la ferme a été détruite, a vécu dans un baraquement de trois pièces pendant de nombreuses années. Cinq enfants y sont nés [3]. » Et dans ces baraques, même les meubles manquent car les sinistrés ont tout perdu dans l'affaire. C'est pourquoi on distribue à certains un mobilier d'urgence, rapidement réalisé, standardisé : « Ces meubles (un buffet trois portes, une armoire, des chaises, des tables, des lits...), rustiques et robustes, étaient tous constitués avec la même technique par encadrement massif et panneaux plaqués en remplissage. Ils étaient teintés chêne foncé pour la chambre et vernis chêne clair pour la salle à manger », se souvient Jacques Cauchard qui s'était réfugié avec ses parents et ses frères et sœurs à Percy, près de Cherbourg, village qui fut entièrement détruit en 1944.

La reconstruction fut parfois bien lente et, en 1948, plus de 80 000 baraquements [4] ont été édifiés dans lesquels s'entassent plus de

1. In Gérard et Frédéric Finel, *Rappelez-vous 44*, Ouest-France, 1994.
2. In *L'Avènement des loisirs*, Aubier, 1995.
3. In Jacqueline Houlé, *La Guerre quand on a quinze ans*, Bertout.
4. In *Informations sociales*, 15 janvier 1948.

300 000 personnes. Plusieurs milliers de ces baraques provisoires, plus ou moins rudimentaires, subsistent dans tout le Nord et l'Ouest pendant une et parfois deux décennies. A Dunkerque, en 1955, « plus de 11 000 habitants logeaient encore dans des baraquements [1] ». La reconstruction ne progresse donc que lentement et les responsables sociaux déplorent qu'en 1948, à une époque où les Anglais construisent 20 000 logements par mois, en France « nous avons construit cette année 25 à 30 000 logements, y compris ceux qui ont été réalisés par les HBM [2] ». En 1948 l'âge moyen des logements est de 60 ans en France et de 70 ans à Paris. Cependant la situation s'améliore car 65 % (contre 37 % en 1946) possèdent désormais l'eau courante, élément minimum de confort pour élever correctement des enfants. Pour compenser en partie le manque de logements des mesures de réquisition sont parfois prises, sans grande efficacité car elles ne font que répartir la pénurie. Puis en septembre 1948 une loi d'encadrement rigoureux du prix des loyers tente d'enrayer la spéculation sur les prix.

L'aide internationale et le plan Marshall

Pendant toute la durée de la guerre des organisations internationales ont maintenu de leur mieux une aide à l'enfance. Fondée en 1942, l'œuvre des Foyers suédois pour les enfants de France a fait en sorte que des familles suédoises adoptent des enfants dans le besoin (qui demeurent en France) auxquels elle assure une aide pour les vêtir, les nourrir et pourvoir à leur instruction. Patronnée par le consul de Suède l'œuvre poursuit ses efforts bien au-delà de la Libération et en 1949 un bilan établit que 1 500 enfants ont reçu, en sept ans, de nombreux dons et 350 000 journées de présence (cumulées) dans des centres d'accueil comme celui de Coye-la-forêt près de Chantilly. Un effort suédois non négligeable donc auquel il faut ajouter celui de familles danoises qui en 1946 ont adopté 5 000 enfants français orphelins ou en difficulté grave à qui elles ont assuré la chaleur d'un foyer, une éducation et une aide médicale et affective. Bien des familles suisses ont fait de même. Les militants de la Croix-Rouge, de l'Armée du Salut et de bien d'autres organisations internationales laïques ou confessionnelles, protestantes, catholiques ou juives se sont aussi dépensés sans compter pour améliorer le sort de gamins très éprouvés par la guerre.

1. In Danièle Voldman, *La Reconstruction des villes françaises*, *op. cit.*
2. Article de M. Hollier *in Informations sociales*, 15 janvier 1949.

De leur côté, les Alliés ont d'abord tenté de remédier aux difficultés de ravitaillement, de logement et de transport par diverses actions caritatives. Au cours de l'été 1945, des prêtres bénissent publiquement une vingtaine de camionnettes Ford offertes à la France par une organisation humanitaire. En octobre, des soldats américains de Paris, frappés par la misère des gamins des banlieues, organisent une collecte dans leurs rangs. Les dons sont publiquement réunis dans une Jeep et redistribués aux plus nécessiteux dont les enfants de Noisy-le-Sec, ville pratiquement rasée en 1944 par les bombardements. En décembre 1945, la fondation américaine Care remet solennellement des colis alimentaires à des familles françaises dans le besoin et l'American Relief for France organise des distributions de nourriture dans les écoles. En Normandie, l'American Aid to France aide le ministère de la Santé, la Sécurité sociale et la municipalité de Saint-Lô à reconstruire son hôpital détruit par les bombes. Dans cette même ville les troupes du Génie américain ont largement contribué à rétablir l'électricité mais toutes ces actions, aussi utiles et sympathiques qu'elles soient, sont peu coordonnées, souvent ponctuelles et ne s'inscrivent pas vraiment dans un plan d'ensemble d'aide à l'enfance. C'est pourquoi, le 11 décembre 1946 l'assemblée générale de la toute jeune ONU décide de créer une structure spécialisée dans les secours d'urgence à l'enfance dont la mission principale est de porter secours aux enfants victimes de la guerre, « sans distinction de race, de religion, de nationalité ou d'opinion politique ». C'est ainsi que sont sélectionnés treize pays d'Europe [1] dans lesquels six millions d'enfants recevront au moins une fois des secours sous forme principalement d'une aide alimentaire ou en vêtements. Dans le même esprit l'ONU [2] tente de favoriser le redressement des industries laitières européennes de manière à favoriser l'alimentation des enfants. Mais c'est aux Etats-Unis, le 5 juin 1947, que le secrétaire d'Etat George C. Marshall annonce la mise en œuvre prochaine d'un plan d'aide massif à l'Europe sinistrée qui portera désormais son nom. Il s'agit, sous forme de crédits et de dons en argent ou en nature, d'aider à relancer l'économie de l'Europe de manière à contenir une éventuelle poussée des partis communistes. Pour les enfants les effets du plan ne se font que progressivement sentir. Le 17 décembre 1947 un cargo américain chargé de colis pour le Noël des enfants de France arrive bien au Havre, mais c'est seulement au printemps 1948, c'est-à-dire quatre ans après la Libération, que le projet Marshall connaît

1. Il s'agit en particulier de l'Allemagne, l'Autriche, l'Italie, la France, la Grèce, la Pologne, la Yougoslavie, pays très touchés par les destructions.
2. Cette structure provisoire de l'ONU deviendra en 1953 l'UNICEF.

une véritable réalisation avec, cette fois, des objectifs plus économiques que caritatifs. A cette époque, à La Rochelle (par où arrive l'essentiel du matériel) la foule, dont de nombreux gosses, assiste au débarquement du premier d'une série de 2 500 wagons de marchandises américains destinés à renforcer le parc de la SNCF très éprouvé par la guerre. De puissantes locomotives à vapeur Pacific, qu'admirent les gamins, les accompagnent ; elles contribueront à normaliser les déplacements en France [1].

En décembre 1948, le total des sommes débloquées par les Etats-Unis à la France au titre de l'aide intérimaire et du plan Marshall pour toute l'année écoulée s'établit à 140 milliards de francs ce qui permet d'accentuer la relance de l'économie. Sur ce total une faible part (5 milliards seulement) concerne la reconstruction et la participation américaine au relèvement des ruines sera plus modeste et tardive qu'on ne l'a souvent affirmé. Cette situation résulte en partie de la volonté des dirigeants français (dont Jean Monnet) qui préfèrent consacrer prioritairement les crédits Marshall à leur appareil industriel plutôt qu'à une reconstruction rapide souhaitée par le ministre des Finances Maurice Petsche : « La discussion entre Jean Monnet, fermement opposé à cette répartition, et Maurice Petsche montre bien que le débat entre les impératifs de la modernisation à long terme, voulue par les planificateurs, et ceux de la reconstruction immédiate, à courte vue pour les amis de Jean Monnet, était à cette date encore loin d'être clos [2]. » En attendant les sinistrés s'organisent de leur mieux et les municipalités se débrouillent et heureusement s'entraident. A Evreux c'est la ville de Grenoble qui assure largement la reconstruction d'une rue entière du centre ville qui depuis porte son nom. La solidarité entre les Français a donc beaucoup joué elle aussi. « L'aide américaine a-t-elle sauvé les économies européennes de l'effondrement ? La question fait encore l'objet de débats. Les niveaux de production industrielle d'avant-guerre avaient été retrouvés lorsque le Programme de redressement européen fut mis en œuvre », affirme Véronique Genlis [3].

Dans le cas de la France, il résulte de l'ensemble des aides internationales depuis 1944 une amélioration lente mais régulière de la situation des familles françaises qu'il serait erroné d'attribuer seulement aux effets du plan Marshall dont le rôle est souvent surestimé. En effet l'amélioration de la vie quotidienne des Français résulte aussi des efforts des ouvriers, des mineurs, des cheminots et de tous les

1. La première locomotive américaine destinée au réseau civil français (une 141 R à vapeur) a été débarquée à Marseille en février 1946.
2. In Danièle Voldman, *La Reconstruction des villes françaises*, *op. cit.*
3. Véronique Genlis *in L'Histoire* n° 209, avril 1997.

corps de métiers ainsi que des très bonnes récoltes de l'été et l'automne 1948 qui mettent fin à la pénurie en céréales, fruits et légumes. A cette époque, si quelques pénuries alimentaires persistent elles résultent plus d'un stockage spéculatif et d'une mauvaise distribution que de réelles carences de production. Ce redressement est le fruit d'un immense effort collectif de la part de tous les travailleurs qui ont « retroussé leurs manches » [1] comme le leur demandaient les syndicats et dont certains ont même offert des « heures gratuites » : « Malgré la pénurie et l'inflation galopante qui absorbe les hausses de salaires, le pouvoir d'achat des salaires hebdomadaires augmente avec régularité, grâce à la conjonction de divers facteurs : l'allongement de la semaine de travail, la majoration des heures supplémentaires, d'indemnités diverses et des avantages en nature et surtout, l'élévation du salaire social [2]. » En 1948, quand le plan Marshall s'applique vraiment, la plupart des productions industrielles, artisanales ou agricoles ont déjà retrouvé leur niveau de l'avant-guerre. Pour les enfants, les secteurs du jouet, du livre et de la presse illustrée sont en pleine reprise depuis 1946. Seul le bâtiment est à la traîne avec de lourdes conséquences dans le domaine du logement. A Paris l'indice Insee de pouvoir d'achat des salaires hebdomadaires s'établit à 60 en avril 1945, 63 en avril 46, 73 en avril 47, 86 en avril 48 et 90 en avril 49. On voit donc que la hausse du pouvoir d'achat, 23 points de progression en trois ans, était déjà largement amorcée avant la mise en place du plan Marshall qui, cependant « dope » l'ensemble de l'économie française et vient en complément. Cela signifie que, même si la vie est encore difficile, la majorité des salariés sont parvenus à améliorer leur sort grâce aussi aux aides sociales, communales, d'entreprises ou d'Etat, aux aides caritatives et confessionnelles et aux solidarités laïques et enfin grâce au gros effort en « heures supplémentaires » que l'on propose dans toutes les branches de l'économie à ceux qui le désirent.

L'après-guerre fut donc marquée par le travail, chez soi comme dans l'entreprise. Le slogan « Retroussons nos manches ! » fut entendu par beaucoup. Les mères de famille participent largement à cet effort et, dans les années d'après-guerre, même dans les foyers modestes une machine à coudre, le plus souvent une Singer, trône

1. La CGT en particulier pousse à la remise en marche de l'économie, au moins les premières années ainsi que les ministres communistes. Il faut aussi mentionner la participation de plusieurs centaines de milliers de prisonniers allemands de 1945 à 1948 dans les mines, sur les grands chantiers, dans les champs, dans le bâtiment... qui contribuent à la remise en ordre du pays, pour certains jusqu'en 1948.

2. Claude Willard *in Histoire économique et sociale de la France*, Paris, PUF, tome IV, 1980.

dans la salle à manger. Et elle fonctionne... Les merceries, les cordonneries, les magasins de tissu ou de laine ne désemplissent pas. Partout en France, on improvise, retape, tricote, brode, astique... les gamins n'étant pas les derniers à bricoler ou à récupérer du matériel. Le système D est généralisé. Cela se passe souvent le soir, « après le travail », en écoutant la radio (où la « famille Duraton » est de retour [1]), comme si ce travail supplémentaire et presque quotidien n'était pas vraiment « du travail ». Mais tout se déroule sans misérabilisme, sans tristesse, dans la dignité ouvrière et une certaine bonne humeur même si les temps sont durs et les tensions sociales (grèves, manifestations...) parfois fortes.

Autre signe de la hausse du niveau de vie, la radio. Même dans des conditions très précaires de logement, c'est un équipement que les enfants adorent, auquel toutes les familles ou presque accèdent pourvu qu'elles disposent de l'électricité. On vend deux millions de récepteurs dans la seule année 1948 et plus encore l'année suivante. Cela permet même aux plus modestes des auditeurs de retrouver tous les jours ou presque une foule d'émissions qui rythment le quotidien d'une manière optimiste et rompent ainsi avec la guerre. Dès la fin de l'année 1944, la Radiodiffusion française rétablit ses émissions enfantines dont « Le quart d'heure du bon chat » animé par Géraldine Gérard qui met en scène des animaux doués de la parole et « Les Contes du jeudi » de Pierre Asso, Robert Dalban et Yvonne Farvel. Puis, au fil des mois, Jaboune, Henri Kubnick, Ded Rysel, Jean-Jacques Vital, Saint-Granier, Louis Merlin, Pauline Carton et bien d'autres sont de retour pour distraire leurs compatriotes. Les enfants écoutent volontiers ces émissions familiales, groupés autour d'un récepteur qui n'est pas encore mobile et trône donc le plus souvent sur le buffet de la salle à manger en compagnie d'un vase de fleurs et de quelques photos. On propose aux enfants plusieurs émissions spécifiques dont « Le Pêle Mêle » qui comporte une coupe interscolaire au cours de laquelle des classes s'affrontent gentiment sous l'arbitrage de Monsieur Champagne : « Bourru et sévère, Monsieur Champagne est censeur d'un lycée parisien et fait montre d'une érudition sans faille. » Mais l'arbitre doit aussi répondre aux questions des enfants et ses performances sont saluées d'une ritournelle que connaissent tous les gosses « Bravo ! Bravo ! Monsieur Champagne ! Vous avez très bien répondu ! » ou, les rares fois où il se trompe, « Zéro ! zéro ! Monsieur Champagne [2]... » Dans tout le pays, une sorte d'émulation s'éta-

1. L'inépuisable série de la famille Duraton, interrompue par la guerre est reprise en 1948 sur Radio Luxembourg tous les soirs à 19 h 30 avec Yvonne Galli, Lise Elina, Jean-Jacques Vital, Jean Carmet...
2. In Jean-François Remonté et Simone Depoux, *Les Années radio*.

blit entre les familles, délibérément entretenue par une politique nataliste, et le « bel enfant » devient une valeur sûre, un symbole de réussite et de santé. Le 8 juillet 1949, à Paris, un concours de beauté est organisé avec succès pour sélectionner le plus beau bébé de moins de trois ans. Il est remporté par Espérance Servesa et Gérard Duez dont les photos sont largement diffusées dans la presse comme un exemple à suivre. Le symbole même du baby boom de l'après-guerre...

9

Encadrer et protéger l'enfance

Afin d'aider les centaines de milliers d'enfants des villes qui disposent de vacances mais dont les parents n'ont ni les moyens ni le temps nécessaire (ils n'ont le plus souvent que deux semaines de congés payés) pour les conduire à la mer ou à la montagne, une multitude d'associations organisent des « colonies » dans des conditions plus ou moins précaires. Le mouvement lancé depuis près d'un siècle prend à la Libération une ampleur inégalée. Alors que l'on avait enregistré 320 000 départs en 1932 et 420 000 en 1936, la demande est telle que l'on passe le cap des 700 000 en 1947 et qu'en 1948 on compte plus d'un million de jeunes « colons », soit le cinquième de la classe d'âge scolaire. Cela correspond à un effort considérable de la part de nombreux groupes privés ou publics, confessionnels ou laïques. Jean Houssaye [1] distingue trois tendances qui convergent pour expliquer cet engouement : la tendance hygiéniste d'hommes et de femmes qui ont avant tout le souci de faire profiter les enfants défavorisés des villes « du bon air », la tendance « scolaire » représentée par de nombreux enseignants qui jugent néfaste l'oisiveté de vacances non organisées. Pour eux la colo est aussi (surtout ?) une prolongation de l'école. Enfin, moins avoué mais bien présent, le souci d'évangélisation pour les organisations religieuses ou celui de convaincre pour les organisations politiques n'est pas absent de la logique des colonies. Catholiques, juifs, protestants ont chacun leurs organisations pour enfants et des méthodes bien au point. Depuis plus d'un demi-siècle « qu'il s'agisse de lutter contre la mortalité infantile, l'alcoolisme ou la tuberculose, de s'attaquer à la dénatalité, à la faiblesse physique et morale de la

1. Jean Houssaye, *Le Livre des colos*, Jeunesse et sports, La Documentation française, 1989.

jeunesse, la panacée, le dispositif miracle c'est la colonie [1] ». A la Libération plus que jamais « la colo » est à la mode.

Vacances en famille ou en « colos »

Pour aider les enfants pendant leurs loisirs, le gouvernement provisoire a fait face de son mieux mais il a bientôt compris que le vide laissé par la dissolution *de facto* du Secours national devait être comblé. Le COSOR (Comité des œuvres sociales de la résistance) prend progressivement la relève avec des moyens faibles au début puis progressivement renforcés. Il est épaulé au printemps 1945 par l'Entraide française qui imagine la Croisade de l'air pur en faveur des petits citadins défavorisés. Une souscription est lancée et des enveloppes-surprises sont vendues afin de permettre à « François et Françoise, les enfants de la Victoire » de prendre des vacances en plein air. En effet en raison des combats de la Libération la plupart des enfants n'ont pas eu de vacances depuis l'été 1943 et dans l'enquête d'avril 1945 de nombreux écoliers parisiens marquent leur déception « de n'avoir pu aller en vacances faute de moyens de transport », vacances d'autant plus nécessaires qu'ils vivent souvent dans des conditions difficiles [2]. C'est pourquoi, localement on s'organise. A Nice le Secours populaire français avec l'appui de plusieurs mouvements de Résistance crée une Maison de l'enfance qui reçoit environ 300 enfants le dimanche, le jeudi et pendant les vacances. A Lyon, que le communiste Yves Farge administre avec une poigne remarquée par tous, on réquisitionne des hôtels de Megève pour envoyer quelques centaines de gamins à la montagne. Cette solution éphémère provoquera bien des protestations. Dès la Libération, toutes les grandes entreprises multiplient les colonies de vacances qu'elles aménagent parfois dans des châteaux réquisitionnés ou (plus rarement) dans des bâtisses spécialement conçues pour les loisirs. Soucieuses de combler le retard pris sur de grandes firmes privées comme Peugeot qui disposait déjà avant-guerre (et sous l'occupation) d'établissements modèles, les entreprises nationalisées se montrent de loin les plus actives avec l'ambition d'être des vitrines sociales. La Fraternelle de la radiodiffusion française [3] envoie les enfants de son personnel dans ses colonies de vacances de Saint-Nectaire et d'Aubrac. Les militants communistes et socialistes, nombreux dans les comités d'entreprise, ont le désir de montrer ce que

1. André Rauch, *L'Avènement des loisirs*, dirigé par Alain Corbin, Aubier, 1995.
2. « L'enfant et la guerre », dépouillement d'une enquête *in Enfance* mars-avril 1948.
3. La Fraternelle est présidée par Jean Guignebert et M. Menou.

pourrait être une société future de loisirs collectifs : les enfants des employés de la RATP, de Renault, d'EDF-GDF, d'Air France... partent ainsi chaque été, par trains entiers, vers la campagne ou la mer, parfois vers de simples « camps de toile » rudimentaires constitués à la hâte avec de grandes tentes aux bâches kaki récupérées aux armées [1].

Bien des colonies de vacances vivotent dans la pénurie. Lors d'un rendez-vous fixé en juillet 1948 à Evreux pour le départ de 800 enfants les organisateurs précisent aux parents : « Les enfants qui le pourront apporteront un sac de couchage, une couverture, un couvert et un quart [2] » preuve de ce que l'équipement même le plus rudimentaire est encore rare dans les régions sinistrées. Et, même en 1950, les Caisses d'allocations familiales constatent qu'il y a « encore trop de colonies qui, faute de moyens financiers, sont installées de façon précaire [3]. » D'ailleurs depuis plusieurs années les Caisses d'allocations familiales se sont peu à peu lancées dans un soutien plus ou moins important. En 1948, la caisse de Reims fournit des bons de vacances aux familles, la caisse du Puy donne 70 francs par fille et par jour et 80 francs par garçon. Cette année-là, l'aide moyenne des caisses se situe entre 100 et 150 francs par enfant. Certaines préfèrent agir au cas par cas comme Brive ou Saint-Etienne « qui réservent leur aide aux familles non imposées sur le revenu ». Enfin, la Caisse centrale de la Région parisienne choisit également d'accorder des bourses de vacances aux enfants de familles non imposées sur le revenu. Toutes ces aides s'ajoutent parfois à celles des municipalités, des entreprises et des organisations caritatives. L'enfant qui le souhaite vraiment peut donc partir en colonie.

Et là les points de vue sont partagés. Certains gamins vivent le départ « en colo » comme une corvée ou une obligation qui les éloigne de leur famille et de leurs habitudes. Car après la guerre on part encore beaucoup « en famille », en voiture pour les plus riches, à vélo pour les plus sportifs et surtout dans des trains bondés mais joyeux où les gamins se bousculent aux fenêtres pour être « le premier à apercevoir la mer » : « Il est certes difficile de calculer le nombre de départs. Celui des billets de congés payés délivrés par les réseaux de chemins de fer fournit toutefois un ordre de grandeur : 600 000 ont été distribués durant l'été 1936 (...) en 1947 on approche les 2 000 000; puis le mouvement s'accélère : 3 000 000 en 1948, plus de 4 000 000 en 1949 [4]. » Les

1. La CCAS d'EDF-GDF organise ainsi plusieurs camps sur la côte atlantique qui deviendront par la suite des centres de vacances « en dur » très recherchés.
2. *La Dépêche d'Evreux*, 16 juillet 1948.
3. In *Informations Sociales*, n° 21, novembre 1950.
4. In André Rauch, *L'Avènement des loisirs*, livre dirigé par Alain Corbin, Aubier, 1995.

vacances en famille deviennent donc un phénomène de masse même si les conditions de séjour sont souvent rudimentaires. Afin de faciliter ces séjours sont créées les Maisons familiales de vacances dans lesquelles les mamans séjournent avec leurs enfants, les pères venant le week-end ou lorsqu'ils ont des congés. Le MPF administre 10 de ces maisons en 1945 et 45 en 1948 qui ont accueilli un total de 15 000 familles à cette date [1]. Cette formule est encouragée par les Allocations familiales : « La participation des Caisses au séjour dans les maisons familiales de vacances s'étend chaque année mais ne semble pas encore généralisée [2]. » On encourage aussi l'épargne en créant, en juillet 1948 une Caisse nationale vacances qui met en vente des « Timbres vacances » dans les bureaux de poste et au siège des associations d'aide. Des milliers de gosses se souviennent avoir collé ces timbres, comptés et recomptés sans cesse pour la promesse de mer ou de montagne qu'ils contenaient : « Dix d'entre eux, collés sur une feuille spéciale, se monnayent comme un billet de 1 000 francs et peuvent servir à payer billets de chemin de fer, hôtels, restaurants [3]. » Le succès fut foudroyant car c'était pour les familles « un moyen commode d'épargner tout au long de l'année pour s'offrir quelques jours à la mer ou à la montagne ». Mais pour les enfants des foyers les plus modestes ou ceux qui ne peuvent pas partir avec leurs proches, la colonie constitue la seule parenthèse possible, une rupture heureuse avec le quotidien et parfois avec des conditions de vie très dures à côté desquelles les camps paraissent confortables. En témoignent ces gamins des quartiers pauvres de Rouen en 1949 qui, chez eux, ne disposaient pas encore d'un lit par personne : « Nous comprenons alors les réactions des enfants du secteur que nous emmenions tous les ans en colonie de vacances; arrivés au dortoir, où ils déposaient d'abord leurs bagages, c'était le ravissement devant les très simples lits, jugés remarquables par ces pauvres gosses, dont certains constataient avec enthousiasme : Et puis un pour chacun [4] ! »

Dans le domaine de l'organisation des colonies, la continuité est à l'ordre du jour plutôt que l'innovation. En effet les préceptes de formation des moniteurs qui avaient été mis au point au moment du Front populaire, puis repris, tels que ou presque, par Vichy sont gardés par les moniteurs de la Libération. Ce sont les mêmes manuels de formation et les mêmes cours qui demeurent en usage au Centre de formation des cadres de la rue Guizot à Paris de 1936 à 1949 et l'on peut lire

1. In *Informations sociales*, 15 janvier 1949.
2. In *Informations sociales*, nº 21, novembre 1950.
3. In *Informations sociales*, 15 janvier 1949.
4. Témoignage de Michel Quoist in Antoine Prost, *L'Enseignement et l'éducation en France*, Nouvelle librairie de France, 1981.

dans l'édition de mai 1942 de *La Colonie de vacances éducative* (sorte de bréviaire des moniteurs) que « la plupart des textes de cette édition ont déjà été publiés dans *L'Education* en 1936 et 1937 » [1]. La tradition des colos de cette époque s'affirme en particulier dans le refus général du désœuvrement. Un colon doit pratiquer des activités « éducatives et désintéressées » mais ne pas être livré à lui-même ou à l'improvisation. Les colos ne sont pas des endroits où l'on apprend l'oisiveté mais où l'on chante avec plus ou moins de conviction le célèbre « Un kilomètre à pied, ça use, ça use ! Un kilomètre à pied ça use les doigts de pied ! Deux kilomètres à pied, ça use... » et ainsi de suite en fonction du nombre de kilomètres pour atteindre la plage... Cette pratique quotidienne de la marche répond autant à une nécessité (les transports sont rares et chers) qu'à une philosophie surtout dans les mouvements scouts : « Alors que s'impose par ailleurs la vitesse et la commodité des moyens de transport, la lenteur de la marche à pied devient le support pédagogique de ces organisations ; son ascèse doit rappeler à la jeunesse la condition humaine du pèlerin. Elle donne prise à une initiation : vivre dans la nature par ses propres moyens, sans le secours des inventions de la civilisation industrielle [2]. »

Dans le refus de l'oisiveté, et la nécessité de pratiquer des vacances actives et saines, la continuité de pensée avec Vichy est forte et, en 1947, *François de France* un livre de Samivel réalisé initialement à la demande des milieux maréchalistes en 1941, est réédité tel que et largement diffusé sans que personne n'y voie d'inconvénient. En effet les vacances du jeune François se passent d'abord à la ferme où il aide aux moissons, puis au bord de la mer où il apprend à nager, en mer où il apprend à pêcher avec un marin, puis il escalade en montagne, pratique la bicyclette à la campagne... François, petit Français modèle de la guerre comme de l'après-guerre.

Il est un autre point sur lequel on se montre pointilleux dans le monde des colos, l'hygiène. Il est rappelé que « le surveillant doit assister à la toilette ». Tout ce petit monde doit être récuré et astiqué au moins une fois par jour et il est vrai que, suant et transpirant beaucoup au cours des « activités éducatives », il en a souvent besoin. De plus les habitudes d'hygiène ne sont pas toujours acquises avant l'arrivée dans le centre de vacances : « Faire sa toilette à l'eau froide, pourvu que ce soit quotidiennement, constitue souvent un progrès [3]. » Enfin c'est souvent grâce à la colonie que les enfants découvrent la mer et le bain, ce rituel, moment fort et très codifié de l'activité du groupe à une

1. *La colonie de vancances éducatives*, Editions sociales françaises, 15 mai 1942.
2. In André Rauch, *Les Vacances en France*, Hachette, 1996.
3. In Antoine Prost, *Histoire générale de l'enseignement et de l'éducation en France*, tome IV, Nouvelle Librairie de France, 1981.

époque où la natation ne touche encore que des minorités : « Sa valeur (à la baignade) tient autant au rituel de gloire qui est associé à la témérité de se jeter à l'eau qu'à l'hygiène du corps [1]. »

Depuis la Libération, la tendance éducative l'emporte dans pratiquement toutes les colonies : « Avant-guerre, les travaux manuels étaient présents (pliage, dessin, vannerie, fabrication de jouets...) mais ce n'était pas encore une règle, loin de là, comme cela le deviendra après 1945 », constate Jean Houssaye qui précise : « La colonie, désormais éducative puisque c'est ainsi qu'elle se justifiera, se veut la fille de la psycho-pédagogie, son langage et sa structure s'en réclameront en permanence [2]. » Et c'est là une évolution par rapport à l'avant-guerre. Dans ce domaine comme en d'autres on renforce l'encadrement pédagogique aux dépens du ludique et du loisir : « L'œuvre de la colonie travaille moins l'imagination de l'enfant que sa mémoire. A la liberté d'errer et de flâner, elle substitue des occupations qui exercent la curiosité et déclenchent le désir d'inscrire goûts et penchants dans le temps des vacances [3]. » Il s'agit bien d'instruire et d'éduquer plus que de distraire. Enfin il est un point sur lequel on ne transige que rarement de 1936 à 1949, le refus quasi général de la mixité et du mélange des sexes : « Qu'on n'oublie pas que, dans toute collectivité livrée à elle-même, la moralité – et très particulièrement la moralité sexuelle – est toujours en péril [4]. » Ce principe ne fait que répéter dans les colonies de vacances une pratique bien en vigueur dans toutes les écoles de France à la même époque et à laquelle la Libération ne change pas grand-chose sauf dans quelques écoles pilotes : les garçons d'un côté, les filles de l'autre ! Ce refus obstiné de la mixité tant à l'école publique que dans les cours privés fait que les enfants du baby boom sont élevés dans une ignorance organisée de la sexualité et de la procréation. Même en classes terminales la seule reproduction sexuée (?) que l'on propose aux potaches est celle de la fougère... Un côté guindé qui prépare la réaction de la génération de 1968, précisément celle qui refusera le cadre « serré » qu'on lui a imposé pendant vingt ans.

Scouts et « francas » en concurrence

La Libération ne signifie en rien le relâchement des formes traditionnelles d'encadrement des loisirs. Bien au contraire, les patronages

1. In André Rauch, *Les Vacances en France*, Hachette, 1996.
2. Jean Houssaye, *Le Livre des colos*, Jeunesse et sports, La Documentation française, 1989.
3. André Rauch *L'Avènement des loisirs op. cit.*
4. *La Colonie de vacances éducatives*, Editions sociales françaises, 15 mai 1942.

laïques et confessionnels refleurissent de plus belle et on assiste à une puissante renaissance du mouvement scout qui n'avait pas été interdit en zone libre et qui se réimplante rapidement dans l'ensemble du territoire. En zone occupée, des groupes scouts avaient persisté (à Paris du moins mais sans uniforme autre qu'un béret et des étoiles) en organisant des sorties le jeudi et le dimanche. L'organisation était prête à renaître dès septembre 1944 où elle aide à l'accueil des sinistrés puis des déportés [1]. Le 30 décembre 1945, la célébration du 25e anniversaire de la fondation des Scouts de France donne l'occasion de vastes rassemblements et de festivités qui marquent la vigueur retrouvée du mouvement [2]. Le scoutisme, comme le mouvement Cœurs Vaillants, bénéficient de l'appui sans réserve du clergé catholique. Dans les publications catholiques, les scouts sont présentés comme un exemple de vie saine, en collectivité, et comme une école de volonté : « Quatre tentes jaunes sont dressées dans l'herbe. Autour d'elles, des garçons s'affairent. Près d'une charrette à bras chargée de sacs, de matériel de cuisine, d'un fourniment hétéroclite, un feu flambe, alimenté de brindilles et de bûches. Ils sont une dizaine de jeunes gens, habillés d'une veste kaki, d'une culotte bleue, de bas verts et de souliers ferrés. Ils portent un chapeau à larges bords plats, et autour du cou ils ont un foulard de couleur », peut-on lire en 1947 dans un manuel scolaire et l'on insiste sur les rituels et le folklore du mouvement : « Un fanion est piqué près de chaque tente. Sur l'étoffe bise, la silhouette d'un castor, d'un écureuil, d'une hirondelle, est appliquée ou brodée [3] ». Sous la direction de Jean-Louis Foncine et de Pierre Joubert la collection « Signe de piste » poursuit son essor et se diversifie. Le scoutisme laïque n'est pas en reste et de nombreux mouvements se restructurent. A la radio, à partir de 1949 sur Paris Inter, Roland Dhordain diffuse chaque jeudi *L'appel scout* (laïque) tandis que sur Radio Luxembourg Jacques Tournier lui fait écho avec *La Voix du scoutisme* (catholique). Toutefois la guerre est passée par là et si le mouvement scout est en plein essor, ses uniformes évoluent (les culottes raccourcissent et le béret l'emporte rapidement sur le chapeau large), son idéologie et son implantation se modifient. Le mouvement se démocratise et s'élargit. Chez les plus jeunes il est fortement concurrencé par le mouvement Cœurs Vaillants, plus populaire et directement issu des patronages de quartiers ouvriers. De plus le mouvement Cœurs Vaillants lui-même est combattu ouvertement par des patronages laïques de plus en plus

1. Témoignage de Gérard B. 1997.
2. Pierre Joubert dessine à cette occasion une affichette et une carte postale commémoratives.
3. In *André et Jacqueline, deux enfants de France*, cours moyen, Editions de l'école, Paris, 1947.

puissants comme les Francas et par des associations de lecteurs comme ceux que le PCF regroupe autour du journal *Vaillant* dont le nom prête délibérément à confusion.

Les Francas sont officiellement nés en janvier 1945 d'un « Grand mouvement laïque » lui-même issu, en 1944, de la réunion des efforts de la Ligue de l'enseignement, du SNI, de la CGT et de plusieurs organisations d'éclaireurs laïques. Ce grand mouvement, comme le désignent les militants pendant plus d'un an, veut occuper en force le terrain face aux omniprésents patronages catholiques et face au scoutisme confessionnel. Il est animé par Pierre François, issu des Eclaireurs de France et par de nombreux instituteurs bénévoles (ou bénéficiant de décharges horaires) qui souhaitent « proposer aux enfants pendant le temps extra-scolaire des activités plus motivantes et éducatives que le ramassage des jerricans vides ou des bobines de fil de fer »[1]. En fait, derrière les proclamations éducatives, la « guerre » entre laïques et cléricaux est bel et bien rallumée et elle va être livrée par tous les moyens afin de tenter de contrôler les patronages, c'est-à-dire des pans entiers de l'enfance d'âge scolaire. L'enjeu est de taille mais il en masque un autre : la lutte pour contrôler les journaux destinés à ces mêmes enfants. Dans ce domaine décisif le choc frontal de la Libération a lieu entre *Cœurs Vaillants* journal des patronages catholiques et *Vaillant*.

Pour mieux comprendre l'âpreté de l'affrontement, il faut tenir le plus grand compte du poids militant du Parti communiste à la Libération. Le PCF, alors au maximum de sa puissance, participe pour la première fois au gouvernement du pays, gouvernement provisoire certes mais dans lequel les communistes pèsent très lourd car ils influencent près d'un Français sur trois. Des militants siègent en force dans la plupart des nouvelles instances de décision et ils vont chercher à se doter d'une presse pour enfants à la hauteur de la puissance de leur parti. Pour cela deux tactiques, compatibles entre elles, s'offrent à eux : créer des journaux de toutes pièces ou récupérer hommes et matériel de l'adversaire en donnant un nouveau contenu politique.

Vaillant contre Cœurs Vaillants

A la Libération si les cercles Téméraires et les jeunes d'Ololê ont été dispersés sans hésitation par les nouvelles autorités, subsistait l'énorme enjeu de *Cœurs Vaillants*. Pendant l'occupation cet illustré fut un moyen puissant de recruter des adhérents en zone libre. En zone

1. Olivier Douard in *Vie sociale*, mars/avril, 1990.

occupée le mouvement a été interdit et des tentatives de maintien ont abouti à l'emprisonnement à Fresnes de l'abbé Pihan et de trois de ses compagnons [1]. Au premier trimestre 1944, dans une brochure officielle du secrétariat à la Jeunesse, on explique encore doctement que *Cœurs Vaillants* et *Ames Vaillantes* préparaient l'adhésion à des mouvements plus structurés : « Leur tactique consiste à prendre la masse en tant que telle et dans son milieu et d'en dégager peu à peu une élite par le jeu des responsabilités et par une formation spirituelle profonde. Des méthodes bien adaptées à la psychologie des enfants développent chez eux le sens de la responsabilité, le culte du courage et de la joie. » Ces publications semblaient avant tout récréatives mais leur efficacité idéologique fut évidente. D'ailleurs, lors de la polémique qui l'opposera à *Vaillant*, l'abbé Pihan dans le souci de démontrer l'utilité de *Cœurs Vaillants* écrit à ce sujet : « Il faut comprendre que ces journaux ne sont pas du tout des illustrés commerciaux destinés à distraire les enfants mais des outils pédagogiques extra-scolaires. » Qu'entendre par cette formule alambiquée sinon qu'il s'agit principalement d'une extra-scolarité et d'une pédagogie chrétiennes ? La suite de la démonstration de Pihan le laisse entendre : « L'expérience prouve cependant que ces journaux peuvent exercer une influence extraordinaire pour l'éducation et le relèvement de l'enfance d'âge scolaire, et même, pour faire pénétrer des idées saines à l'intérieur de la famille [2]. » Ce n'est pas trahir la pensée de l'abbé Pihan que de supposer que les idées « saines » sont très probablement pour lui celles des principes catholiques d'éducation. Autrement dit, il est clair que le côté ludique des organisations et des revues ainsi que leur aspect chatoyant ont servi à mieux faire passer un message principalement confessionnel.

Après un inévitable flottement pendant l'été 1944 les luttes d'influences pour contrôler l'enfance ont donc repris de plus belle. De 1944 à 1946 c'est à un duel sans merci que se livrent la presse catholique et la presse laïque renaissante. La première cherchant par tous les moyens à préserver l'influence considérable acquise en quatre ans. La deuxième cherchant à reconstituer des réseaux sérieusement mis à mal depuis 1939 inclus. C'est dans le cadre de cette lutte que les équipes issues de la presse parisienne de collaboration, techniquement compétentes mais disqualifiées politiquement, sont récupérées par *Vaillant* ou *Coq Hardi* dans le but de malmener *Cœurs Vaillants*, organisation bien structurée qui sortait de l'occupation en ordre de bataille.

Afin d'intensifier sa propagande en direction de la jeunesse, le PCF

1. Les autorités allemandes n'ont pas interdit « Le Signe de piste » car il n'existait aucun lien institutionnel entre Alsatia, éditeur indépendant et le scoutisme.
2. D'après des lettres de l'abbé Pihan envoyées au ministre de l'Information en novembre 1944. Archives nationales, dossier F 41 1157.

va d'abord s'appuyer sur une feuille éphémère, *Le Jeune Patriote* [1], officiellement organe du Front patriotique de la jeunesse [2], en réalité une organisation bien contrôlée par des militants communistes ou des « compagnons de route ». A l'automne 1944, la France est en plein effort de guerre et les communistes se soucient surtout de reconquête politique. C'est pourquoi *Jeune Patriote* est une feuille, plus politique que récréative, destinée à de jeunes adultes et à l'audience limitée. En dépit de l'euphorie de la Libération, c'est même un échec commercial retentissant car en novembre 1944, sur un total de 10 000 exemplaires mis en vente dans les kiosques parisiens, 7 292 ont été renvoyés à l'éditeur comme invendus [3]. Après la signature de l'armistice, en mai 1945, la stratégie du PCF change. Il songe alors à se doter d'un illustré qui remplace à la fois *Jeune Patriote* et *Mon Camarade* (publié avant-guerre) et qui soit capable de toucher des lecteurs bien au-delà du cercle des Jeunesses communistes. Au printemps 1945, il franchit un pas décisif en lançant un nouvel illustré de belle allure : *Vaillant*. Le public visé est celui des écoles primaires. Le n° 1 de *Vaillant* est daté du 23 mai 1945. Sa couverture représente une croix gammée brisée et des soldats des quatre « grands » alliés du moment brandissant leurs drapeaux. Elle est signée d'un illustrateur que bien des enfants connaissent déjà : Liquois. Nous avons vu pourquoi.

Avant d'en arriver à *Vaillant* une longue et dure bataille de procédure a opposé les dirigeants de *Cœurs Vaillants* au nouveau pouvoir. Au mois d'octobre 1944, le groupe Fleurus a procédé à un remaniement dans sa direction en remplaçant l'abbé Courtois (trop marqué politiquement) par Jean Pihan. Puis le groupe Fleurus (encore installé à Lyon) a fait une demande officielle de reparution, dûment appuyée par une lettre du cardinal Gerlier [4] ce qui démontre l'importance de l'enjeu. Mais cette intervention n'a pas suffi et, à la veille de Noël, les enfants ne peuvent toujours pas lire *Cœurs Vaillants* car les services de Jean Teitgen (ministre de l'Information) refusent une nouvelle fois l'autorisation tant attendue sous deux prétextes comme en témoigne ce télégramme envoyé à Lyon : « Changement de direction mouvement insuffisant – Changement titre nécessaire – stop – De plus parution de journal de ce genre ne s'impose nullement vu restrictions générales sur papier – stop [5] » Les prétextes invoqués sont minces car le groupe

1. Publié d'octobre 1944 à mai 1945.
2. L'appellation officielle est « Front patriotique de la jeunesse », organisation adhérant aux Forces unies de la jeunesse patriotique qui fédèrent une dizaine d'organisations catholiques, protestantes et laïques.
3. Archives de la préfecture de Police, dossier BA 1713.
4. Le double de cette lettre est conservé aux Archives nationales – F 41 1157.
5. Télégramme retrouvé aux Archives nationales F 41 1157.

Fleurus peut disposer de réserves propres de papier. Mais il s'agit pour le camp du PCF (allié en la circonstance avec un certain nombre de laïques) de gagner du temps comme le prouve cette note adressé à Pierre-Henri Teitgen (pourtant catholique et membre du MRP [1]) par un de ses services : « Pour faire patienter l'abbé Pihan (...) je leur ai opposé le fait qu'actuellement aucune autorisation de journaux d'enfants n'était donnée mais il m'a été présenté des numéros de *Jumbo* et de *Quatre coins* [2]. »

Le cap de Noël 1944 sera passé sans que Jean Pihan n'obtienne d'autorisation. Pendant toute l'année 1945, l'abbé va alors « bombarder » le ministère de l'Information de véhémentes lettres de protestation. Sa colère est à son comble quand il apprend la publication de *Vaillant* au printemps 1945 : « Vos services, interrogés, me disent bien qu'il s'agit de l'organe d'un mouvement de jeunesse résistante qui se contente de changer de titre et de présentation. (...) Le procédé rappelle trop l'histoire fameuse de ce couteau dont on avait changé la lame et le manche ! », écrit-il au ministre non sans humour [3]. Cela provoque aussi une virulente réaction de tous les militants Cœurs Vaillants car ce nouveau titre, presque homonyme de celui du groupe Fleurus, porte à confusion auprès des lecteurs. La direction de *Vaillant* a beau argumenter en affirmant que le nouveau titre porte ce nom « en hommage à Paul Vaillant-Couturier, journaliste, écrivain et poète, rédacteur en chef de *L'Humanité*, qui s'occupa beaucoup des problèmes de la jeunesse » [4], personne n'est dupe, ni dans un camp, ni dans l'autre. Le groupe Fleurus met vivement en garde contre ce journal bien attrayant que des jeunes sont tentés de lire à la place de leur *Cœurs Vaillants* habituel. Des tracts et des « papillons » collants signés du « Mouvement Cœurs Vaillants » apparaissent dans la France entière. Ils sont ainsi libellés :

Enfants chrétiens, Vous êtes prévenus :
Vaillant n'est pas un journal pour vous. Prenez garde !
Parents : que pensez-vous de cette liberté à sens unique ?
Nous, nous appelons cela du fascisme rouge,
ou mieux du nazisme [5].

1. Pierre-Henri Teitgen est ministre de l'Information en 1944. Il inspire les ordonnances sur la réorganisation et l'épuration de la presse.
2. Note de service du ministère de l'Information, décembre 44.
3. AN F 41 1157.
4. Article de Ginette Cros, directrice de publication, cité par Gilles Plas *in Le CBD*, hiver 1986/87.
5. Cité par Alain Fourment dans sa thèse, *op. cit.*

Un ton excessif, à la hauteur de la colère de l'abbé Pihan, ton qui annonce « la guerre froide » avec deux ans d'avance. Pourtant rien n'y fait et *Vaillant* bénéficie pendant un an d'une situation de force car Soustelle (qui a succédé à Teitgen) adopte la même attitude d'attentisme. Le PCF en profite pour créer, dans la foulée du succès de la revue, une Union des Vaillants et Vaillantes (en juillet 1945) directement concurrente des Cœurs Vaillants et Ames Vaillantes. *Vaillant* n'a donc plus de concurrent sérieux et exerce un quasi-monopole artificiellement maintenu en jouant sur le contingentement du papier, ce qui provoque des grincements de dents chez les concurrents. Malgré le soutien actif du Mouvement de libération nationale (qui participe à l'édition) Marijac lui-même en pâtit et son *Coq Hardi* demeure un simple projet jusqu'en avril 1946. Même *Tourbillon* (pourtant publié à Alger par des gaullistes) n'obtient pas l'autorisation « de diffuser en France » [1]. Devant tant de blocages les éditions Fleurus ne renoncent pas. Tenaces elles publient d'abord quelques petits albums *Pour Ames Vaillantes,* illustrés par Breysse, puis elles tentent d'allumer un premier contre-feu à l'automne 45 en lançant *Fripounet et Marisette.* Le titre étant nouveau, il n'est pas soumis à une enquête avant autorisation. Le premier numéro est imprimé le 25 novembre 1945 en puisant dans les stocks de papier et avec les moyens techniques de *La Voix de l'Ouest.*

L'illustrateur Herbonné précise à ce sujet : « Après un certain nombre de tractations la décision est prise de lancer un journal pour les garçons et les filles de la campagne (...). L'abbé Job, qui venait d'être nommé par la JAC pour s'occuper de ce nouveau journal, a voulu lui donner le nom de *Fripounet* [2]. » Rappelons que l'abbé Job vient de la rédaction de *Cœurs Vaillants.* La majeure partie du journal est réalisée par Herbonné qui a créé le personnage de Fripounet en 1943 pour *La Lettre aux jeunes ruraux.* F.A. Breysse, le créateur d'Oscar Hamel, illustre une nouvelle intitulée *La Périlleuse mission* et Cuvillier les aventures de Sylvain et Sylvette. Le succès de ce petit journal sera réel (et durable) mais insuffisant pour faire pièce à *Vaillant* qui s'adresse à des lecteurs plus âgés. Alors le groupe Fleurus ouvre un deuxième front en juin 1945 en envoyant par la poste quelques numéros d'une revue aux allures de magazine intitulée *Messages aux Cœurs Vaillants* [3]. Sous le titre, figure une mention imprimée en rouge : « publié

1. Publié en Afrique du Nord depuis le printemps 1944, *Tourbillon* contourne l'obstacle en vendant par correspondance dans certaines écoles et bibliothèques de la métropole.
2. In *Le Secret d'Herbonné*, Editions du Triomphe.
3. Le premier numéro de *Message aux Cœurs Vaillants*, discrètement daté de juin 45, ne porte sur la couverture aucune mention de prix ou de numéro.

clandestinement pendant l'occupation sous le titre *Belles Histoires de vaillance* ».

Il s'agit d'inscrire cette nouvelle revue dans la continuité de celle qui fut interdite à Paris en 1943. Car *Messages aux Cœurs Vaillants* constitue un défi aux autorités en place comme en témoigne ce billet laconique (tapé à la machine à écrire) placé dans un exemplaire personnellement envoyé au ministre de l'Information : « Le centre national CVAV vous fait part avec ce message de sa volonté de ne pas se laisser faire, et vous remercie de la sympathie active que vous lui avez témoignée à l'occasion de l'offensive *Vaillant*[1]. » La couverture elle-même, due à la plume de Breysse, constitue un véritable défi car on y voit (à gauche) Tintin, Milou et les Dupon(d)t derrière des barbelés puis à droite les mêmes, libres, accourant vers le lecteur. Au centre Perlin et Pinpin brandissent une pancarte aux allures de manifeste sur laquelle on peut lire : « Ohé les gars ! Nous voici tous... Il y a trop longtemps qu'on ne s'était vus... ça ne pouvait plus durer ! Il faut que ça change et ça changera. Aussi nous voilà ! tous vos amis unis. » Le message prend tout son sens quand on sait qu'à l'époque Hergé est lui aussi en difficulté. Les enfants peuvent donc lire un récit sur les exploits résistants de Jean Pihan lui-même et un autre de Robert Rigot sur le maquis ; le premier s'intitule *Quand j'étais en prison pour vous* et raconte l'arrestation de Jean Pihan en 1943 ; le second, *Capitaine invisible*, relate les exploits d'un mythique chef de maquis aidé dans sa tâche par deux gamins qui ont l'âge des Cœurs Vaillants. L'histoire prend fin en avril 46 quand l'un des jeunes héros, rétabli d'une grave blessure infligée par les Allemands, se tient au garde-à-vous devant son chef dans Lyon libéré. Et le lecteur voit enfin apparaître ce mystérieux « capitaine invisible » : « Très droit, très grand, le béret fièrement posé sur les cheveux grisonnants, la démarche alerte, il est là le héros mystérieux, le chef[2] ! »

Pour le groupe de la rue de Fleurus, la Résistance est en effet devenue une des clés de l'autorisation de reparaître. Les dirigeants ne s'y trompent pas qui mettent en avant l'abbé Pihan qui a été interné à Fresnes plutôt que l'abbé Courtois qui fut maréchaliste. D'implicite, la négociation sur la Résistance devient explicite comme en témoigne une lettre conservée aux Archives nationales. Jean Pihan, pour fléchir la rigueur des censeurs écrit à propos du futur *Cœurs Vaillants* : « Je mettrai l'accent sur le rayonnement moral et spirituel de la France, et je proposerai en exemple aux jeunes, non seulement les héros du passé

1. Billet tapé à la machine, non signé, non daté encore en place dans l'exemplaire envoyé personnellement au ministre. Archives nationales F 41 1157.

2. *Messages aux Cœurs Vaillants*, publié en juin 1945 par *La Voix de l'Ouest* à Angers.

lointain de notre pays, mais surtout ceux qui depuis quatre ans ont lutté clandestinement pour le salut et la liberté du peuple français [1]. » L'arrangement proposé est à peu près celui-ci : laissez-nous reparaître et nos publications exalteront la Résistance... Mais c'est toujours insuffisant pour fléchir les censeurs. Pendant ce temps, *Vaillant* est massivement distribué en kiosque. Le groupe Fleurus tente alors une dernière contre-attaque en lançant un éphémère *Tintin et Milou* en décembre 1945 [2] dans lequel on peut lire quelques épisodes de *Tintin au pays de l'or liquide* (futur *Tintin au pays de l'or noir*) mais qui dispose de bien peu de moyens techniques. La situation de quasi-monopole de *Vaillant* perdure donc jusqu'au printemps 1946. A cette date un important rééquilibrage s'opère : *Coq Hardi* et *Cœurs Vaillants* obtiennent enfin gain de cause et peuvent reparaître l'un en avril, l'autre en mai. Le succès du nouveau *Cœurs Vaillants* est immédiat grâce au réseau très dense des patronages et au retour en force d'un poids lourd de la bande dessinée : Hergé. Sorti d'un purgatoire de deux ans, il publie cette fois un feuilleton qui constitue l'une de ses meilleures histoires : *Les Sept boules de cristal* et sa suite *Le Temple du soleil.*

L'éternel problème de la délinquance juvénile

L'après-guerre est marquée par un souci d'autant plus grand d'encadrer les loisirs et les lectures des enfants que la délinquance juvénile a pris des proportions alarmantes depuis plusieurs années. Certes la délinquance juvénile a toujours existé mais la guerre a constitué un incontestable phénomène aggravant. Au tribunal pour enfants de la Seine on enregistrait 4 500 cas d'enfants délinquants en 1938, dernière année de paix. A ce même tribunal, avec une population parisienne sensiblement diminuée, on enregistre 8 000 cas en 1942 et 10 000 en 1943. Pour 1944 on « retombe » aux environs de 8 000 cas mais ce chiffre occulte une réalité : en 1944, les bombardements répétés sur la région, les troubles liés à la Libération et une baisse de vigilance de la police occupée à des tâches plus urgentes que d'arrêter des gosses, même criminels, ont masqué une délinquance en hausse. En 1945, 1946 et 1947 la délinquance juvénile en Région parisienne, comme dans la plupart des grandes villes, se maintient à un niveau très élevé. Les délits les plus fréquemment relevés concernent les vols (près des 3/4) et le marché noir. Mais on constate aussi de nombreux cas de coups et blessures, d'escroquerie, etc... Ce qui est vrai de la capitale est tout

1. Lettre de l'abbé Pihan. AN F 41 1157.
2. Toujours comme supplément de *La Voix de l'Ouest.*

aussi vrai du pays entier : en 1939 on enregistre 12 165 décisions de justice contre des mineurs, 16 937 en 1940, 32 327 en 1941, 34 781 en 1942, 35 290 en 1943, plus de 40 000 en 1944 et 36 000 pour les neuf premiers mois de 1945. Pourquoi une telle hausse de la délinquance juvénile ? Henri Gaillac qui fut inspecteur général des services de l'éducation surveillée avance une série d'explications intéressantes : « L'exode favorise le vol dans les maisons abandonnées, le contingentement des denrées favorise le marché noir, le chômage général, l'absence de gouvernement reconnu par tous et, à l'échelon individuel, l'absence du père, la situation d'occupation, le partage du pays en zones favorisent le vagabondage des garçons et des filles, enfin l'atmosphère de guerre civile des années 1943-1944 favorise aussi les violences et même le banditisme [1]. » Tout est dit et l'on peut seulement préciser qu'à l'occasion des troubles liés à la guerre, des bandes d'enfants ou d'adolescents se sont organisées. En janvier 1941, à Paris, une bande de cinq cambrioleurs a été arrêtée par la police ; tous sont mineurs et le chef du groupe Jacques B... n'a que quinze ans : « Jacques B..., mince et fluet, est un véritable acrobate : c'est lui qui se glissait par les soupiraux, marchait sur les verrières et réussissait des bonds extrordinaires. Le butin récolté par la bande, fort considérable, était revendu avec un *honnête* bénéfice [2] ». De son côté, Brauner constate que dans un centre d'enfants regroupés l'atmosphère était devenue celle « d'un énorme marché aux puces. » où l'on troquait et revendait toutes sortes d'objets. Des bandes d'enfants abandonnés, phénomène déjà constaté en 1940, se reconstituent à la Libération avec une gravité accrue : en 1940, 1 022 mineurs vagabonds avaient été confiés à des œuvres après jugement ; en 1944, 2 585 enfants vagabonds sont dans le même cas [3] et le phénomène ne se résorbe que lentement. En 1944-45, des bandes d'enfants se fixent autour de Gravelines et de Dunkerque vivant de rapine et de mendicité. En 1947-48, aux frontières belge et espagnole d'autres groupes d'enfants se spécialisent dans la contrebande de produits rationnés, agissant comme des véritables professionnels. Même constat de la part de François Truffaut qui, à la suite de fugues à répétition, est placé brièvement par son père dans une maison pour enfants difficiles : « Il y avait beaucoup de misère ; il y avait de jeunes ouvriers qui étaient là parce qu'ils avaient volé du plomb à l'usine et des garçons qui avaient volé des bicyclettes dans les caves [4]. »

Vols et trafics touchent surtout les garçons mais chez les filles, même

1. Henri Gaillac, *Les Maisons de correction*, Cujas, 1991.
2. In *Le Petit Parisien* du 20 janvier 1941.
3. In *Sauvegarde de l'enfance*, n° 17, janvier 1948.
4. In *Truffaut par Truffaut*, Le Chêne, 1985.

très jeunes, un autre danger menace : la prostitution. Problème récurrent, et de toutes les époques, mais subitement aggravé par les pénuries alimentaires et la présence sur le sol français de troupes alliées, dont les hommes sont jeunes et disposent d'un haut niveau de vie, devenant ainsi les dispensateurs éventuels de tous les produits qui manquent tant aux plus démunies des mineures. « La petite histoire locale est pleine de ces condamnations de filles – parfois des gamines, car l'on trouve en 1944 et 1945 des accusées de seize et dix-sept ans – ayant cédé aux soldats allemands par appétit de l'argent et qui céderont bientôt aux Américains, au grand scandale des Comités de Libération (...) [1] » La tentation, voire la nécessité, est forte de se laisser séduire par les vainqueurs...

Bien des enfants de la guerre et de l'après-guerre ne furent donc pas des anges. D'où une volonté réaffirmée de la part des adultes de les encadrer de près. « La moralité d'une époque est comme un brouillard. Elle imprègne tout. Moins que quiconque l'enfant n'est épargné », écrit à ce sujet le docteur Gilbert-Robin [2]. En réaction légitime contre une délinquance juvénile galopante, la tendance lourde est donc à protéger sans cesse davantage les enfants et en même temps à les déresponsabiliser pénalement. Un lacis très dense d'associations familiales, de patronages laïques ou religieux, de clubs sportifs ou culturels tendent à contrôler travail, loisirs et lectures d'une génération nombreuse et pleine de vie. Dans ce domaine, laïques et cléricaux s'accordent sur le fond : pour eux mieux vaut un groupe d'enfants en colo, qu'un groupe de gamins dans la rue. Bien entendu de nombreux espaces de liberté subsistent pour les enfants mais tant dans la discipline scolaire stricte (punitions, évolution « au sifflet » dans les cours, nombreux contrôles...) que dans la tutelle parentale, la tendance est à la surveillance plutôt qu'au laxisme, à la vie collective plutôt qu'à l'individualisme.

Le nouveau pouvoir, bien qu'issu en partie de la Résistance, devient à son tour rapidement directif envers une jeunesse qu'il estime indispensable de reprendre en main. Face à cette délinquance juvénile, en expansion rapide, les juristes et l'Etat pensent nécessaire d'adapter la législation à une situation nouvelle. Dès l'Occupation, le gouvernement de Vichy avait entrepris un important travail de réforme tant des tribunaux que du système pénitenciaire. Une « maison d'éducation » avait été réorganisée à Saint-Hilaire dans la Vienne qui ne regroupait

1. Henri Amouroux *Les Règlements de comptes*, Robert Laffont, 1993. Amouroux signale cinquante-quatre filles mineures condamnées pour prostitution dans le Calvados à la Libération.

2. Médecin-chef de l'Assistance aux enfants nerveux, instables et retardés. *In La Guérison des défauts et des vices chez l'enfant*, Domat, 1948.

que des mineurs délinquants, séparés des adultes, atténuant le régime pénitenciaire pur et simple qui prévalait avant-guerre. Les plus jeunes, les vrais enfants, sont à Chanteloup, centre qui inspire *La Cage aux rossignols*, film « tourné sur place avec Noël-Noël et les Petits Chanteurs à la croix de bois [1] ». Le régime de ces centres restait rude mais c'était un pas franchi dans la direction d'un assouplissement des peines et de l'éducation.

Dans le domaine judiciaire, une série de lois ont été promulguées au cours de l'été 1942 pour réformer la législation d'avant-guerre et c'est désormais le secrétariat à la Jeunesse qui prend en charge certains délinquants de manière à leur éviter des contacts néfastes avec le monde de la grande délinquance : « Un certain nombre de centres pour délinquants acquittés furent ainsi organisés par les délégués du Secrétariat. » Surtout la notion de protection de l'enfance délinquante est inscrite dans la loi du 27 juillet 1942 et non plus seulement la notion de répression. Cette loi comporte aussi la création de magistrats spécialisés « qui pourront faire carrière dans la juridiction des mineurs » et l'ouverture auprès des tribunaux pour enfants de centres d'observation destinés à recevoir les enfants avant un jugement définitif, là aussi dans le souci de leur éviter la prison préventive. Trois de ces centres fonctionnent effectivement à Paris, Lyon et Nice pendant l'occupation. D'autres étaient envisagés (à Nevers et Périgueux) mais la Libération redistribue les cartes. Il n'y a cependant pas rupture mais continuité dans l'approche du problème car des ordonnances de février 1945 vont compléter et approfondir le travail entrepris par Vichy plutôt que le contredire. Le préambule de ces ordonnances montre l'importance que les législateurs accordent à la délinquance juvénile : « Il est peu de problèmes aussi graves que ceux qui concernent la protection de l'enfance, et parmi eux ceux qui ont trait au sort de l'enfance en justice. La France n'est pas assez riche d'enfants pour qu'elle néglige tout ce qui peut en faire des êtres sains. » Et ces ordonnances décident que les mineurs délinquants seront désormais automatiquement déférés devant des juges des enfants et que les mineurs de moins de treize ans seront automatiquement déclarés « irresponsables »; ceux de treize à seize ans pourront être traduits devant un tribunal mais présidé par un juge des enfants. Seuls les mineurs de plus de seize ans pourront aller en cour d'assise.

En fait il n'y a rien là de vraiment nouveau car l'irresponsabilité pénale des enfants délinquants de moins de treize ans était reconnue en France depuis 1912, mais l'usage depuis les années trente, accen-

1. In Henri Gaillac, *Les Maisons de redressement.*

tué dans les années quarante, était de l'élargir souvent aux enfants de treize à seize ans : « Peu à peu l'indulgence qui était obligatoire pour les moins de treize ans, est appliquée aux enfants plus âgés. Partout le taux des condamnations diminue. Elles ne touchent plus trente ans plus tard – et sous Vichy – qu'un tiers des prévenus [1]. » Cet adoucissement progressif de l'application des lois envers les jeunes délinquants constitue une tendance longue, déjà maintenue et accentuée par Vichy où Jean Chazal de Mauriac avait joué un rôle pionnier au ministère de la Santé. Celui-ci avait mis en place un Conseil technique de l'enfance déficiente et en danger moral en 1943 avec l'appui de psychiatres [2]. Elle s'explique en partie pour les années quarante par l'influence forte des milieux catholiques dans l'entourage de Pétain très favorables au placement en liberté surveillée et à la mise en surveillance dans certains patronages privés, le plus souvent confessionnels. Il faut aussi souligner l'émergence de courants nouveaux, moins répressifs, chez les psychologues et les psychiatres.

Reste que le problème des enfants reconnus coupables de délits graves (meurtres, viols...) doit être traité et qu'il faut bien les regrouper et les interner. Là aussi les mentalités ont peu à peu évolué et en 1942 la réorganisation dans le vieux centre de travail de Montesson [3] d'un institut spécialisé dans la formation de cadres et de moniteurs capables d'instruire et de rééduquer les enfants autant que de les « gardienner » constitue une étape importante. A cette époque, des « centres de rééducation », que les Français appellent encore des « maisons de redressement », fonctionnent tant bien que mal à Paris, Marseille, Périgueux, etc...

Le régime parfois très sévère des « maisons d'éducation surveillée » dans lesquelles sont regroupés les délinquants les plus durs a parfois été assimilé par l'opinion publique à des « bagnes pour enfants ». Cette sévérité, qui opère sur des éléments rebelles et souvent récidivistes, a déjà entraîné par le passé une multitude de rixes et d'affrontements bénins mais parfois, aussi, des révoltes de plus grande ampleur ont ému l'opinion. Ce fut le cas pour celle de 1934 à Belle-Ile en mer qui avait mobilisé des intellectuels en faveur des enfants dont Jean-Paul Sartre et Jacques Prévert à qui elle avait inspiré un poème, *La Chasse à l'enfant*, qui décrit une rébellion suivie d'une tentative d'évasion et d'une probable noyade :

1. Dominique Dessertine *Protéger l'enfant*, Presses Universitaires de Rennes.
2. Voir à ce sujet les travaux de Michel Chauvière sur l'enfance, *L'Héritage de Vichy*, Editions ouvrières.
3. Cet institut fonctionne dans les locaux de l'école Théophile-Roussel à Montesson en banlieue parisienne.

Il avait dit J'en ai assez de la maison de redressement
Et les gardiens à coup de clefs lui avaient brisé les dents
Et puis il l'avaient laissé étendu sur le ciment
(...)
Bandit ! Voyou ! Voleur ! Chenapan !
Rejoindras-tu le continent rejoindras-tu le continent
Au-dessus de l'île on voit des oiseaux
Tout autour de l'île il y a de l'eau[1].

En 1936 *L'Humanité* avait mené une violente offensive contre le « bagne » de Mettray donnant des exemples de mauvais traitements infligés aux enfants : « On avait chargé du quartier disciplinaire, un terrible, un Arabe du nom de Kalifat. Quand on lui amenait un enfant puni, il commençait à enlever sa grosse ceinture en cuir et il tombait sur le petit à bras raccourcis, à coups de ceinture. Un sadique[2] », écrivit Simone Téry qui obtint le renvoi du tortionnaire. Avec le Front populaire, le garde des Sceaux, Yvon Delbos, avait déjà pris des mesures pour adoucir la vie dans ces établissements. Sans grand résultat et en 1937 et d'autres drames éclatent (à Eysses). Rien n'avait changé vraiment quand, en 1937, Gustave Cauvin, au nom de la Ligue française de l'enseignement mena une nouvelle offensive en faveur de plus d'éducation et de moins de répression : « Quelle ironie ! Un enfant coupable de n'importe quel délit, bénin ou grave, n'est pas condamné à la prison par la loi. S'il était majeur, il pourrait obtenir 15 jours ou trois mois de prison, mais parce que c'est un enfant on l'enferme jusqu'à 21 ans dans un bagne, avec, comme surveillants, des individus dont la plupart valent moins que les criminels. » Eternel débat sur la valeur supposée de l'encadrement pénitenciaire et sur l'efficacité des prisons, débat qui n'est évidemment pas résolu, ni avant, ni pendant, ni après la guerre. Les révoltes d'adolescents détenus dans les maisons « d'éducation surveillée » (appellation qui sera officiellement adoptée à la Libération) perdurent pendant la guerre (à Saint-Hilaire et à Cadillac) et reprennent de plus belle à la Libération même après les ordonnances de février 1945 qui ne résolvent que partiellement le problème. Dans une atmosphère de troubles généralisés, le mouvement de contestation a même tendance à enfler et, après la guerre, on ne dénombre pas moins de six révoltes importantes de pensionnaires entre 1944 et 1948, dont une nouvelle fois celle de l'établissement de Belle-Ile.

1. Extrait de *La Chasse à l'enfant*, *Paroles*, Gallimard, NRF, 1949.
2. Article de Simone Téry, *L'Humanité* du 23 février 1936.

Lecture, violence et enfance

Pendant la guerre puis à la Libération, les enfants ont souvent été confrontés à la violence, soit qu'ils en furent directement les victimes, soit qu'ils en furent les témoins. Avec le retour à la paix, tout devrait peu à peu rentrer dans l'ordre et l'enfance retrouver l'univers protégé et ludique qui est habituellement le sien. La violence est alors, (sauf exception) bannie du quotidien (école, famille, loisirs...) pour aller s'embusquer dans les jeux, les jouets, les lectures où il s'agit d'une violence en principe irréelle et abstraite. Mais, en temps ordinaire, la violence que l'enfant croise dans ses lectures ou au cinéma est-elle vraiment sans importance ? Après la guerre, les querelles se rallument au sujet de l'influence des livres, des illustrés et du cinéma. Les polémiques renaissent d'autant plus vives qu'elles s'accompagnent d'un débat sur la moralité (ou l'amoralité ?) de certains récits.

Pendant toute l'occupation, le monde du livre, des illustrés et du dessin animé avait travaillé en un milieu artificiellement « protégé ». En effet les abondantes productions anglo-saxonnes avaient été progressivement interdites et la place était donc libre pour des Français (ou des Belges) même débutants [1]. Des « nationaux » avaient alors massivement occupé le terrain. Or, à la Libération une vie normale reprend peu à peu, mais les Américains réapparaissent en force, plus conquérants que jamais. Auréolés de leur victoire récente et à nouveau libres de leurs mouvements, ils sont adossés à une machine économique lancée à pleine puissance et inondent le marché de toutes sortes de planches et de films à bon marché. Face à eux les Français bricolent, empêtrés qu'ils sont dans des difficultés économiques graves qui entravent la production et, à l'inverse, facilitent la tâche des Américains qui disposent de produits de large diffusion. Dès l'automne 1944, *Petit Claude*, publié à Alger [2], annonce le retour des produits Walt Disney. Culturellement et techniquement « les Américains » sont prêts à inonder la France (et l'Europe) de dessins et de textes, bons ou médiocres, à des prix défiant toute concurrence. Facteur aggravant pour les Français, la puissance objective (éditoriale et économique) de leurs concurrents est confortée par un phénomène de mode, un goût indéniable d'une partie du public pour les séries américaines parfois de bonne qualité (westerns, dessins de Walt Disney ou récits fantastiques) dont les jeunes ont été frustrés pendant plusieurs années. Ils les

1. Seuls quelques Italiens continuent de produire des bandes dessinées principalement dans des « récits complets » comme les *Cahiers d'Ulysse*.
2. Article publié à Alger dans *Petit Claude*, n° 30, du 5 octobre 1944.

découvrent ou redécouvrent avec une avidité évidente. Dans ce domaine, Hachette joue à nouveau pleinement son rôle de diffuseur-adaptateur (ou de cheval de Troie ?) en rétablissant ses accords déjà anciens avec la maison Walt Disney. Dès 1945, l'éditeur français reprend de plus belle la publication de ses *Syllies Symphonies*, séries directement importées des Etats-Unis.

A la même époque le monde du cinéma et du dessin animé vit un problème comparable et subit un déferlement de films américains dans lesquels le meilleur côtoie le pire. Là aussi les professionnels cherchent des réponses surtout à partir du 28 mai 1946, date de la signature des accords de Washington (dits accords Blum-Byrnes car c'est Léon Blum provisoirement de retour aux affaires qui les a négociés). Par ces accords Washington annule les quatre cinquièmes de ses créances envers la France et lui octroie plusieurs milliards de dollars de crédits divers. La contrepartie réside dans l'achat massif des produits américains par les Français y compris dans le domaine culturel. Le résultat ne se fait pas attendre et pour Noël 1946 *Pinocchio*, un film long métrage en dessins animés de Walt Disney [1], remporte un énorme succès auprès des enfants. Dans le domaine du dessin animé plusieurs studios avaient vu le jour à Paris et en Belgique sous l'occupation. Ils avaient entrepris une production d'assez bonne qualité en particulier celle de Paul Grimault avec *L'Épouvantail* en 1943 et *Le Voleur de paratonnerre* en 1944, dans lequel apparaissent des policiers jumeaux qui ont un air de famille avec les Dupond(t) d'Hergé. En Belgique une bonne équipe s'était structurée autour d'Albert Fromenteau et de Paul Nagant qui ont réalisé *Bobino* (1942), *Zazou chez les nègres* (1943) et quelques petits films pleins de fantaisie [2]. A la Libération, les artistes français et belges tentent de résister à la déferlante américaine. En Belgique, en raison des pénuries de 1945, Albert Fromenteau n'a pas les moyens de travailler sur des films en couleurs et son *Voyage imprévu*, avec le cheval Narcisse et le renard Wrill, manque un peu d'attrait : « Tel quel, le court métrage d'Albert Fromenteau prête à beaucoup de critiques. La technique si délicate de l'animation manque encore de souplesse et de fini et, surtout, le scénario consiste plus en une série de gags assez décousus, qu'en un récit continu et cohérent [3]. » Un film d'animation de Tintin et Milou est également lancé d'après *Le Crabe aux pinces d'or*. En France, Paul Grimault (appuyé par Pierre Prévert) réalise *Le Petit soldat* (1947) et Omer Boucquey lance la série des *Choupinet* [4]. Pourtant, malgré l'indéniable qualité de ces productions,

1. Film réalisé en 1940 mais inédit en France.
2. Ils travaillent avec l'aide de trois débutants : Morris, Peyo et Franquin...
3. Article dans le *Moustique*, n° 24, 26 août 1945.
4. A ce sujet voir l'article de Guy Lehideux dans le *CBD*, n° 81, automne 1996.

on reste très loin du succès extraordinaire remporté à Noël 1947 par le *Bambi* de Walt Disney qui émerveille des millions d'enfants et leurs parents. De plus Disney n'est pas seul et le loup de Tex Avery remporte lui aussi un succès grandissant. Ce loup bien particulier doit sa naissance à la guerre car il répond, au départ, à une commande du Pentagone en 1942 pour distraire les GI's. Tex Avery a affublé son personnage d'une petite moustache, d'une paire de bottes et d'une casquette puis il a précisé avec humour au début de son premier film : « Le loup qui apparaît dans ce film n'est PAS fictif. Toute ressemblance entre ce loup et cette canaille de Hitler est volontaire. » Très réussi, ce personnage connaît un succès foudroyant quand, à la Libération, Tex Avery lui fait perdre moustache et casquette et essaie de le civiliser en lui faisant même porter... un smoking ! Ce loup de Tex Avery parcourt les écrans en tentant sans cesse (mais vainement !) de croquer de belles jeunes filles pour le plus grand plaisir des petits et des grands. Par Disney, Tex Avery et quelques autres, la suprématie américaine s'affirme sans appel dans le domaine du dessin animé. Français et Belges ne peuvent faire face.

Dès le 28 mai 1946, les communistes ont dénoncé l'américanisation de la France et lancé une grande campagne contre tous les produits d'Outre-Atlantique dont le Coca Cola devient le symbole. Dans ce contexte les communistes ne restent pas longtemps seuls et une certaine tentation protectionniste ressurgit en France. Dans les arts et lettres, porté par un nationalisme renaissant et par un anti-américanisme latent, qui va s'affirmer au fil des ans, un puissant courant d'opinion se dessine pour encourager la production française et limiter la pénétration anglo-saxonne. Il est vrai qu'une solution d'urgence s'impose. De 1946 à 1949 les préparatifs, puis l'application, du Plan Marshall et les prémices de la Guerre froide durcissent le débat. Le PCF et ses nombreux « compagnons de route » engagent alors de violentes campagnes antiaméricaines qui trouvent un large écho dans le monde de l'enfance.

Comme les Américains remportent un succès croissant dans toute l'Europe, plusieurs groupes, inquiets de ce déferlement, vont alors converger afin d'obtenir une réglementation étroite des produits destinés à la jeunesse. Mais les intérêts (et les préoccupations) des cinéastes, des auteurs, des éditeurs ou des illustrateurs ne coïncident pas forcément, ces derniers souhaitant surtout être protégés contre les productions étrangères à bas prix. Plusieurs groupes de pression multiplient les actions, dont de virulentes campagnes de presse, dans le but d'obtenir non seulement une « francisation » de la profession mais aussi une « moralisation » de la production. En effet, souvent encadrés par des militants religieux ou politiques, bien des parents s'élèvent contre la publication de textes jugés trop violents ou amoraux et en particulier contre la prolifération de récits mettant en scène des gangsters. Il est vrai que les importateurs de récits américains ont parfois transposé sans le moindre scrupule dans des journaux d'enfants des récits conçus aux Etats-Unis pour des adultes. Comme aucune réglementation claire n'existait dans ce domaine, des revendications corporatistes, et des campagnes politiques et religieuses vont se superposer sans que l'on puisse bien les démêler. Illustrateurs inquiets, militants communistes et groupes de parents catholiques ou laïques poussent, pour des motifs parfois très différents, à une réglementation plus stricte de l'édition destinée à l'enfance. Ce type de campagnes d'opinion était déjà amorcé bien avant la guerre mais elles furent interrompues de force par l'occupation qui avait pourtant exacerbé les problèmes de manière bien involontaire.

Comme beaucoup d'autres, Alain Saint-Ogan proteste contre l'utilisation de planches préfabriquées à l'étranger : « Les journaux sont envahis par les cartoons américains et la profession ne nourrit plus son homme [1]. » Saint-Ogan multiplie les démarches dans les ministères en compagnie de Liquois : « Ayant obtenu une audience du ministre de l'Education nationale, j'attendais depuis un instant avec mon ami Liquois, à l'époque assez camarade-camarade, quand l'huissier vint nous annoncer que Monsieur le Ministre attendait Monsieur le Président », le président du syndicat bien entendu [2]... Grâce aux relations dont il dispose Saint-Ogan frappe même à la porte de l'Elysée. Il est reçu par Vincent Auriol : « Avec l'aide d'André Galland, président de l'Union des Artistes Dessinateurs Français (UADF), nous remuons ciel et terre pour obtenir une loi qui nous protégera... » Le président Auriol est sensible à cette campagne d'opinion et surtout à l'argument de la délinquance juvénile en croissance rapide. Une première loi est donc ébauchée. « Si faible que nous soyons, cette loi est votée par la chambre des députés... Elle est hélas ! repoussée par le Sénat. Nous avons les éditeurs contre nous. Tout est à recommencer [3]. » La lutte est serrée mais inégale car l'adversaire s'infiltre rapidement jusque dans les pages de *Coq Hardi*, le plus cocardier des illustrés. Marijac précise à ce sujet que : « l'apparition des bandes dessinées étrangères dans *Coq Hardi* est due à une fausse manœuvre du Syndicat des dessinateurs français [4]. »

La polémique, qui est désormais centrée principalement sur le pro-

1. In Alain Saint-Ogan, *Je me souviens de Zig et Puce...*
2. *Ibidem.*
3. *Ibidem.*
4. *Ibidem.*

blème de la violence dans les illustrés, enfle pendant des mois puis prend une dimension officiellement politique avec le dépôt d'une proposition de loi à l'Assemblée nationale le 20 mai 1947 à l'initiative de députés communistes, dont André Pierrard qui sonne la charge en attaquant de front sur deux domaines, le nationalisme et la morale. Puis, en février 1948, Suzanne Girault revient sur le sujet en dénonçant au cours d'une séance du Conseil de la République « l'invasion de nos écrans et de notre presse par la littérature et les films américains (...) marchandise frelatée destinée à désorienter et corrompre la jeunesse française ». A la même époque, Madame François et le groupe parlementaire du PCF déposent une proposition de loi visant à « créer un statut de la presse enfantine française contre la presse étrangère ». Mais le débat sur la presse « étrangère » (en fait surtout la presse américaine) n'apparaît pas comme l'essentiel aux autres groupes politiques pour qui le problème de la violence semble beaucoup plus important. Le journal *Combat* interpelle les responsables du pays en leur demandant « Combien tuez-vous d'enfants chaque jour ? » (en laissant publier des histoires dangereuses). Au fil des mois la nécessité de réglementer les publications destinées à l'enfance n'est plus niée par grand monde et l'affaire est prise au sérieux par la classe politique tout entière. Le garde des Sceaux, André Marie, s'en occupe en personne et le vrai débat a enfin lieu, échelonné sur trois jours, les 21, 22 et 27 janvier 1949. Le rapporteur en est Paul Gosset, président du groupe parlementaire de la presse. Débat important donc au cours duquel le groupe communiste fait machine arrière et demande finalement à ses membres de s'abstenir car affirme Pierrard : « Ce texte ne va-t-il pas, interprété par un pouvoir exécutif dont le caractère de classe n'échappe plus à personne, se retourner contre certaines publications saines – et elles vraiment françaises – qui n'ont pas l'heur de plaire aux ministres ? » Autrement dit le PC voulait surtout faire barrage aux produits américains et craignait que l'on examine de trop près ses propres publications, et en particulier *Vaillant,* ce que ne manque pas de faire observer Philippe Farine qui interpelle l'orateur en lui disant « Vous auriez pu citer l'hebdomadaire dont votre parti a si bien imité le titre ». La querelle entre *Vaillant* et *Cœurs Vaillants* trouve donc écho jusque sur les bancs de l'Assemblée. Les catholiques prennent eux aussi clairement position : « Nous sommes d'accord avec les communistes pour dénoncer cette « invasion malfaisante » (...) mais doit-on ignorer pour autant qu'il s'en fabrique aussi (des séries dangereuses) dans des officines françaises, et qu'il y a bien des insanités, des ordures, qui ne sont pas des marchandises d'importation. Les unes comme les autres doivent être balayées, et celles qui viennent de l'étranger le seront d'autant plus radicalement que le seront celles qui sont, hélas, spécifiquement françaises [1]. »

Le patron de presse Paul Winkler, dont le fonds de commerce est composé principalement de matériel américain (via l'agence Opera Mundi) se défend comme un beau diable : « Je proteste de la manière la plus formelle contre les accusations de M. Pierrard selon lesquelles les séries dessinées américaines diffusées par Opera Mundi feraient l'apologie du gangstérisme. Les séries américaines que nous diffusons, celles originaires de King Features Syndicate de New York, sont publiées par plus de 2 000 journaux dans le monde entier ; elles ont souvent été citées par des éducateurs comme exemples pour leur tenue morale [2]. » Les arguments avancés par Paul Winkler ne sont pas sans fondement tant il est vrai que l'offensive menée par les communistes, dans une ambiance de « guerre froide », confond délibérément deux domaines distincts : l'origine américaine (ou étrangère) des récits et leur contenu souvent trop violent ou amoral. Or il est certain que les produits américains n'ont pas le monopole de la violence, du sadisme ou de la pornographie.

En fin de compte, c'est à ce point de vue que se rallieront la majorité des députés qui préfèrent viser le contenu plutôt que la provenance d'une revue où d'un livre. Ils rejettent donc l'idée d'une réglementation éphémère du pourcentage de la production étrangère dans l'édition nationale. Mais en raison du nombre d'amendements proposés les choses traînent en longueur et la presse s'impatiente : « Que sont devenues les belles promesses faites par le garde des Sceaux d'alors, Monsieur André Marie, au cours de la discussion du projet de loi concernant les illustrés pour enfants ? On nous avait annoncé alors des mesures énergiques contre les charognards de la presse ! » C'est pourquoi le projet revient en discussion en deuxième lecture à l'Assemblée le 2 juillet 1949 et Maurice Deixonne résume bien la pensée de la plupart des élus : « Nous précisons très nettement que nous n'avons qu'un souci : protéger l'âme de nos enfants de l'univers du revolver et de la mitraillette, des soi-disant filles de la jungle, gominées et laquées, des héros hyper-musclés et microcéphales, bref de toutes les utilisations que le mercantilisme, quelquefois aidé de la religion et de la politique, peut tirer d'une presse qui est un véritable péril pour l'âme enfantine [3]... » C'est donc une loi globale, réglementant toute la production et la diffusion des ouvrages destinés à la jeunesse, qui est adoptée le 2 juillet 1949 par 424 voix pour et 181 contre, essentielle-

1. In *Cahiers d'action religieuse et sociale*, n° 54, mars 1949.
2. Lettre de Paul Winkler du 25 janvier 1949, citée par Alain Fourment.
3. Intervention de Maurice Deixonne, député, le 2 juillet 1949.

ment des communistes [1]. Publiée au *Journal Officiel* le 16 juillet 1949, elle demeure d'une troublante actualité et joue aujourd'hui encore un rôle très important car elle régit toujours les publications destinées à la jeunesse bien qu'elle soit de moins en moins appliquée.

Le vote négatif des communistes n'empêche pas *L'Humanité*, par la voix de Simone Téry, d'attaquer en force le jour même de l'entrée en vigueur de la loi par une tribune intitulée « Ils veulent voler nos petits ! » qui peut alarmer les mères de famille : « La France restera-t-elle ce qu'elle est, un pays de braves gens et d'honnêtes citoyens – ou deviendra-t-elle un bouillon de culture pour gangsters, pour dévoyés aux instincts pervers ? » et, feignant d'ignorer que la production va être considérablement assainie, elle ajoute sur un ton à la fois moraliste et nationaliste : « Grâce à la complicité d'un gouvernement de démission nationale, l'Amérique des trusts est en train d'empoisonner le cœur et l'esprit de nos enfants, de souiller à jamais peut-être l'âme pure de nos petits. Notre pays se trouve aujourd'hui inondé de publications illustrées pour la jeunesse, traduites de l'américain, depuis *Tueurs*, jusqu'au *Sexual Digest*, qui constituent une permanente incitation de mineurs au meurtre, au pillage, à la débauche [2]. »

Il s'agit là du coup d'envoi d'une nouvelle offensive du PCF contre l'influence américaine en France. La « moralisation » étant largement obtenue par la loi de 1949 les communistes veulent néanmoins maintenir la pression dans ce domaine et ils le font en s'appuyant sur un Comité de défense de la littérature enfantine et de la jeunesse, présidé par des personnalités comme Aragon, Irène Joliot-Curie ou le professeur Wallon. L'Union des femmes françaises réunies en congrès à Marseille (en présence d'Elsa Triolet) jette aussi tout son poids dans la balance : « Que nos librairies soient débarrassées des publications immondes dont nous abreuve l'Amérique, et qui risquent de ternir la fraîcheur et la pureté de notre jeunesse [3]. » Et Madame Huby-Gosselin résume la position des congressistes en dénonçant « les méfaits qu'exercent chaque jour les films, les affiches, les livres et les journaux qui empoisonnent notre jeunesse » puis en réclamant « une littérature saine qui fasse de nos enfants des héros du travail et de la vie ». Comme personne n'est vraiment dupe du côté éminemment politique de cette nouvelle offensive, *L'Humanité* précise à ceux qui signalent que désormais la loi (adoptée sans les communistes) protège les mineurs : « Une loi de protection de la presse enfantine a été votée il y

1. Publiée au *Journal Officiel* le 16 juillet 1949, cette loi joue encore un rôle important et le débat pourrait bien rebondir à propos de la violence dans les dessins animés japonais, les jeux interactifs ou les séries télévisées.
2. Simone Téry dans *L'Humanité* du 16 juillet 1949.
3. Déclaration faite à Marseille en juillet 1949.

a quelques jours. Bien qu'incomplète, il s'agit de la faire appliquer et surtout de l'améliorer [1]. » Il s'ensuivra des années de vives polémiques entre les communistes qui défendent bec et ongle leur empire de presse naissant dont *Vaillant* est le pilier d'angle et tous les autres concurrents (dont *Tintin*) qu'ils qualifieront volontiers de « pourrisseurs d'enfants » ce qui est pour le moins excessif [2].

Née de violentes campagnes d'opinion, sur un fond de guerre froide, la loi de 1949 tend donc surtout à moraliser les publications. L'article II est très clair à ce sujet : « Les publications ne doivent comporter aucune illustration, aucun récit, aucune insertion présentant sous un jour favorable le banditisme, le vol, la paresse, la lâcheté, la haine, la débauche ou tous actes qualifiés crimes ou délits de nature à démoraliser l'enfance et la jeunesse. » La France fut ainsi un des rares pays au monde à se doter d'une législation de presse et d'édition spécifique à la jeunesse.

En fait, la loi de 1949 ne constitue qu'une partie d'un ensemble plus vaste de lois tendant à mieux protéger et définir l'enfance. A la Libération des médecins, des éducateurs et des psychiatres se sont réunis à Zurich pour les premières Semaines internationales d'études pour l'enfance victime de la guerre » (SEPEG). Les congressistes venus de 17 pays différents souhaitent obtenir une protection morale et mentale renforcée de l'enfance. D'autres réunions ont lieu à Zurich en septembre 1947 puis à Varsovie en mai 1948 au cours desquelles « les SEPEG expriment le vœu qu'à l'avenir la législation tendant à protéger les civils et les militaires pendant les guerres s'étende à l'enfance [3] ». De fait le statut des enfants dans les guerres n'était pas clairement défini car en principe ils n'y étaient pas directement impliqués mais le second conflit mondial a marqué une évolution sensible dans ce domaine dont à la Libération tout le monde est conscient : les guerres concernent désormais les civils autant que les militaires donc les enfants. C'est pourquoi la jeune ONU va elle aussi s'en préoccuper. Dès avant la guerre avait fonctionné au sein de la Société des Nations un Institut international de coopération intellectuelle, organisation élitiste regroupant surtout des universitaires et peu tournée vers les problèmes d'éducation de l'enfance. Après la guerre, à l'initiative d'un groupe de Français et d'Anglais une conférence a été réunie à Londres

1. *L'Humanité*, 23 juillet 1949.
2. On peut lire à ce sujet *Staline à Paris*, actes du colloque tenu à Paris en 1981 sur le stalinisme (éditions Ramsay) dans lequel Pascal Ory a fait une intervention sur le rôle du journal *Vaillant* dans la guerre froide.
3. Aux SEPEG de Varsovie, en mai 1948, la délégation française est composée de Wallon, Heuyer, Le Guillan et Fau. In *Sauvegarde*, n° 19/20, 1948.

afin de discuter de la création d'une nouvelle organisation internationale plus spécialement tournée vers l'éducation, la science et la culture. Les délégués de 41 nations se retrouvent ainsi en novembre 1945 et réfléchissent aux structures et aux projets de ce qui va devenir l'UNESCO. Le siège permanent en est fixé à Paris (au Palais de Chaillot) mais le mode de fonctionnement reste à déterminer. La délégation française, au sein de laquelle des militants communistes sont actifs, souhaite que « la nouvelle organisation ne fût pas d'essence exclusivement gouvernementale, mais qu'elle accordât une place aux intellectuels et aux éducateurs de tous les pays » [1]. La gauche française souhaite ainsi accroître le poids des organisations syndicales et associatives d'enseignants et d'éducateurs dans lesquelles elle exerce une influence prépondérante. En fait l'UNESCO, organisation directement dérivée de l'ONU et officiellement constituée à la fin de 1946 à Paris, optera pour une solution intermédiaire : les membres titulaires seront bien des délégués de gouvernements mais certaines associations reconnues pourront travailler en liaison étroite avec l'organisation internationale sans y exercer de droit de vote [2]. Très tournée vers la culture adulte, elle préconise cependant dès 1947 pour les enfants de 7 à 15 ans la formation de clubs auxquels on envoie gratuitement de la documentation (livres, films, tableaux ou reproductions de tableau, etc...) et décide l'émission de timbres-poste UNESCO destinés à être collectionnés. Le 10 décembre 1948 est solennellement proclamée la Déclaration universelle des droits de l'Homme. Dans ce texte fondamental, deux articles concernent explicitement l'enfant : « La maternité et l'enfance ont droit à une aide et à une protection spéciales. Tous les enfants qu'ils soient nés dans le mariage ou hors mariage jouissent de la même protection sociale », (article 25) et un rappel du droit des parents à qui on donne « par priorité le droit de choisir le genre d'éducation à donner à leurs enfants » (art. 26). La même année est fondé à Genève le Bureau international catholique de l'enfance qui « accorde une attention particulière aux plus démunis, notamment les enfants handicapés, les victimes de la drogue, de la guerre, et du marché du sexe [3] ».

L'année suivante, en novembre 1949, est officiellement inauguré à Paris (dans un hôtel particulier de Longchamp) le Centre international de l'enfance. Le professeur Debré, médecin en renom particulièrement attentif au sort des enfants, consacre sa fondation à soulager la douleur mais aussi et surtout à la recherche médicale, l'hygiène, la puériculture,

1. Déclaration d'Henri Wallon à l'Assemblée nationale constituante du 25 avril 1946.

2. En France, parmi d'autres, la Ligue internationale pour l'éducation nouvelle cherche à se faire reconnaître par l'organisation naissante.

3. D'après *Enfance majuscule*, n° 32, décembre 1996.

la protection maternelle et infantile. Le jour de l'inauguration il reçoit à Longchamp Madame Franklin D. Roosevelt, épouse de l'ex-président des Etats-Unis, qui soutient son action et lui donne d'entrée de jeu une dimension internationale. Ce centre est d'ailleurs approuvé et reconnu par le Conseil économique et social des Nations Unies.

Le temps immobile ?

Le filtre de la mémoire

Cette guerre avec son cortège de privations et de souffrances a laissé des marques indélébiles chez bien des enfants. Chez ceux dont les proches furent déportés ou fusillés ou qui furent eux-mêmes internés, le souvenir est encore brûlant, même s'ils évitent parfois d'en parler : « Pendant un demi-siècle, j'ai gardé le silence. Je ne voulais pas ressembler à ces poilus de Verdun qui irritaient les jeunes à force de raconter leur guerre. Pourtant, sur mon bras, le tatouage était toujours là : A 16 727. Le matricule d'Auschwitz. D'Auschwitz-Birkenau, plus exactement [1]. » A cela s'ajoute la « culpabilité » d'en avoir réchappé, alors que tant d'autres y sont restés : « Moi j'ai eu de la chance d'en revenir. Les enfants avec lesquels je suis partie, eux, deux cents petits orphelins juifs, n'ont pas eu cette chance. »

Il y a aussi ceux dont le père combattait et n'est jamais revenu comme le petit Gérard dont le père a été tué à Narvik en 1940 en laissant quatre orphelins, ou Francine dont le père est mort en juin 1940 en défendant un pont sur la Loire afin de retarder l'adversaire de quelques heures. Il y en a aussi d'autres, beaucoup d'autres, qui furent mêlés de près, bien malgré eux, à l'exode, aux combats ou pris sous de terribles bombardements. Jeanine par exemple, dont le père est mort à Caen le 6 juin 1944 sous les bombes des avions alliés, n'avoue que difficilement (« de peur d'être la risée de sa famille ») que « comme des milliers de Normands qui s'en cachent, elle frissonne encore dès qu'elle

1. Denise Holstein, *Je ne vous oublierai jamais, mes enfants d'Auschwitz*, Editions nº 1, 1995.

entend un moteur d'avion dans le ciel [1] ». Le cas n'est pas isolé car « certains enfants, âgés de trois ou quatre ans en 1944, telle la petite Monique de Caen, connaissent de nos jours cette même angoisse de l'avion, alors même qu'ils affirment n'avoir aucun souvenir conscient des bombardements [2] ». Jacqueline, du Bec Hellouin dans l'Eure, dont la jeune sœur fut tuée à ses côtés par une bombe en août 1944 et qui, elle-même scalpée par les éclats, resta plusieurs semaines entre la vie et la mort, n'évoque cette période qu'avec beaucoup de pudeur et de discrétion, préférant, même cinquante ans plus tard, confier sa peine, seule, devant une cassette audio plutôt que devant des témoins. Tant il est des choses difficiles à exprimer...

Certains ont eu la chance de survivre mais ont perdu dans l'affaire tout un pan de leur enfance, jusqu'à la moindre trace matérielle de leur passé alors même qu'ils étaient orphelins : « Au retour dans notre ville, Evreux, tout était dévasté, en ruines. Notre maison et la maison de campagne à Saint-Valéry avaient été entièrement détruites et avec elles tous nos biens. Pas une seule petite carte ou photo, tout, absolument tout, perdu à jamais... » se souvient François Xavier [3]. « La destruction de maisons, de villes entières, la nécessité des évacuations rapides ont déterminé chez les enfants des troubles émotifs immédiats les plus divers, allant de simples pleurs jusqu'à la confusion mentale. Il s'y joignait souvent des blessures plus ou moins graves, quelquefois mutilantes. A la suite des bombardements de Boulogne, en mars 1942, nous avons soigné, aux Enfants Malades, plusieurs enfants blessés ou commotionnés dont certains avaient perdu dans le bombardement leurs parents, quelquefois leur famille entière », précise le docteur Heuyer [4] qui souligne que « les bombardements ont été les causes les plus immédiates, les plus directes, les plus profondes des réactions émotives ; beaucoup d'enfants entraient dans de véritables transes de peur à la seule annonce des alertes ». Et il est des souffrances morales qui peuvent entraîner des séquelles graves. Le docteur Wolf-Machœl, spécialisé dans la réadaptation des enfants victimes et déracinés de guerre « met en évidence le mécanisme d'autodéfense psychique qui est caractérisé par une sorte d'asthénie affective chez les sujets les plus touchés, qu'ils proviennent des camps ou des secteurs fortement

1. Christophe Beaudufle, *L'Été 1944, le sacrifice des Normands.*
2. *Ibidem.*
3. François Xavier et son frère Gilbert (moine à l'abbaye du Bec Hellouin) étaient orphelins. La guerre leur ôtait ainsi même leurs souvenirs. « Doublement orphelins... » comme le dit le frère Gilbert.
4. In « Psychopathologie de l'enfance victime de la guerre », *Sauvegarde* 17 janvier 1948.

détruits [1] ». Mais l'asthénie est « loin de prémunir les victimes des bombardements, des persécutions, des migrations, des camps contre les effets des ces catastrophes » [2], victimes qui ont tendance à un refoulement permanent de leurs souvenirs générateur d'une forte anxiété.

Heureusement les enfants disposent souvent d'une phénoménale capacité d'adaptation et, de plus, la guerre n'a pas frappé partout avec la même intensité. L'époque n'a pas laissé chez ceux qui l'ont vécue, que des cicatrices ou de mauvais souvenirs (peur, faim, froid...) car beaucoup ont eu de la chance et les enfants restent des enfants qui, en toutes circonstances, continuent de jouer, rêver, rire... Ils ont traversé l'orage sans dommage majeur comme Tomi Ungerer qui glisse dans ses mémoires, comme pour se justifier d'être intact : « Ce livre pourrait paraître un affront primesautier aux grands drames de la misère, de la violence et de la torture. Mais si je parle de cette époque comme on parle de grandes vacances, c'est que gamin j'ai cru assister, avec le détachement de l'enfance, simplement à un spectacle, comme de nos jours mes enfants regardent la télévision. » Ungerer nous révèle cependant sa méfiance envers la fiabilité des témoignages y compris le sien : « Je dois relever ici les méfaits de l'exagération, et je présente un mea culpa : avec les illusions que l'on se fait, on finit par tomber dans le tragique pour impressionner les gens. Il m'est arrivé de dire qu'à l'âge de treize ans je creusais des tranchées sur le front pour les Allemands. Non, le front n'était pas encore à proximité et moi-même je ne faisais qu'accompagner ma mère et mes sœurs [3]. » On retrouve la même tonalité chez Besson ou chez Jacqueline Houlé qui reconnaît qu'en Normandie la période fut âpre et parfois difficile (surtout en 1944) mais pas triste : « Triste notre jeunesse de guerre ? Que maman n'ait pas de regrets. Pour nous elle ne l'a pas été [4]. » De son côté un jeune écolier de Quencié-en-Beaujolais, Bernard Pivot, fait la part des choses : « Il y avait des moments difficiles (on connaissait tous des résistants qui s'étaient fait fusiller), mais en même temps, une sorte d'insouciance naissait de cette guerre. Qu'est-ce qu'une note, un examen quand les gens meurent autour de vous [5] ? » Et il est certain que le tragique et le comique furent souvent mêlés sans démarquage clair entre les deux.

François Nourissier va beaucoup plus loin dans la distanciation possible chez un enfant et ne cache pas que l'événement lui a apporté un certain piment dans l'existence, que la guerre l'excitait. Il théorise

1. In *La Réadaptation de la jeunesse et des déracinés de guerre*, Institut Jean-Jacques Rousseau, Genève, 1948.
2. Docteur A. Jouhy, in *Enfance*, mai-juin 1948.
3. Tomi Ungerer, *A la guerre comme à la guerre*.
4. Jacqueline Houlé *op. cit.*
5. Entretien de Bernard Pivot avec Pascaline Citron dans *JDI*, n° 1507, avril 1997.

même ce sentiment étrange, qui peut choquer mais est néanmoins partagé par d'autres : « Les enfants ont l'intuition de leurs besoins essentiels, qui sont le dérèglement et une certaine qualité de clandestinité : les bouleversements sociaux et politiques les facilitent. L'ordre, les cadres solides, la stabilité des principes et des affections, les petits bourgeois en sont tout paralysés. (...) Les champs de bataille leur conviennent. Il y galopent. Et là, tout s'écroulant autour d'eux et les adultes échangeant au-dessus de leur tête injures et bombes, dans un merveilleux silence, les enfants organisent leur fête [1]. » Lorsqu'ils ont été mêlés aux événements sans être directement touchés par eux bien des enfants ont vécu cette période comme une parenthèse, une rupture avec le quotidien qui ne fut pas nécessairement perçue comme tragique.

Blouses grises, enfer et paradis...

Les gamins issus du baby boom eux, ont conscience, en raison même de leur nombre, de former un monde en marge de celui des adultes, vivant dans un univers de jeux, de lectures, de loisirs, suffisamment vaste pour le croire autonome. Dans leur monde, celui de l'école, des illustrés, du jeu, du patro ou de la colo, tout semble recommencer comme avant.

Et pourtant rien n'est vraiment pareil...

C'est à l'école que le temps semble le plus immobile. Gamins et gamines y sont beaucoup plus nombreux qu'auparavant, mais toujours assis côte à côte sur des bancs qui ont vu passer bien des générations. Ils s'accoudent à des pupitres de bois semblables à ceux de leurs aînés et font grincer des plumes Sergent Major enduites d'une dégoulinante et rebelle encre violette. Une encre qu'il faut fabriquer chaque semaine dans la classe, à tour de rôle, à partir de bâtonnets pulvérulents que l'on touille de son mieux dans un broc en zinc avant de remplir des encriers de porcelaine blanche. Le tout, si possible, sans faire de taches.

A la fin de chaque trimestre, à l'approche des vacances, c'est le grand nettoyage. Il faut tout ranger, trier, remettre en ordre, avant de gratter les tables de bois pour effacer la crasse et les graffitis, pour chasser ainsi par une sorte de rituel l'ennui des leçons trop longues, le prénom de l'ami(e), une date ou un nombre fétiche, une injure, une insanité, un mot d'amitié... bref, tout ce qu'au fil des jours la table avait gardé en mémoire. Pendant que l'on balaye, range, essuie... une odeur

1. In *Un petit bourgeois*, Grasset, 1963.

de craie, de sueur et de poussière monte dans la salle, car ces salles de classe avaient une odeur bien caractéristique, ni agréable, ni repoussante, celle de l'enfance...

Cette enfance consistait aussi à faire preuve d'initiative, à récupérer, échanger, revendre et, face aux parents, à ne plus croire au Père Noël mais faire semblant d'y croire tout de même. Souvent à jouer « à la guerre » dans un terrain vague. Ou encore rejoindre les filles « à la marelle » sur un trottoir d'asphalte, ou dans une cour grise, et évoluer ainsi dans un monde à part, un monde entre Terre, Ciel et Enfer où l'on peut glisser de l'un à l'autre en franchissant imprudemment un simple trait de craie.

L'enfer, en jouant, on en parlait parfois à la récré, y compris dans les écoles laïques. Même si l'on n'y croyait guère. Il s'agissait en fait d'une abstraction, d'une menace de justice immanente qui pèserait sur les « faux jetons », ceux qui n'ont pas de parole, pas d'honneur et dont il convenait de se démarquer par un serment solennel, main levée et droit comme un « i », en récitant devant les copains (ou les copines) assemblé(e)s la formule rituelle :

Croix de bois, croix de fer
Si je mens j'irai en enfer !

ou sa variante, incorrecte grammaticalement mais encore plus répandue :

Si j'mens, j'vais en enfer !

Le tout immanquablement suivi, chez les garçons en tout cas, d'un « *Juré ! Craché !* », prononcé d'une voix forte, sinon « ça ne vaut pas ! ». Certes il s'agissait d'un crachat symbolique, au sol bien sûr, mais il purifiait la bouche et montrait à tous que les paroles avaient bien été prononcées et non marmonnées ou ravalées. Qui n'a pas prononcé au moins une fois cette formule clé avec un certain sérieux ?

Ce fragment d'enfance populaire, comme bien d'autres ponctués de joies et de larmes, se déroulait entre gamins vivant volontiers en bandes, débordant de vitalité, tous habillés des mêmes blouses grises rapiécées, et surtout hors de la vue des grands, de tous les autres, c'est-à-dire de ceux qui avaient « passé leur certif » et/ou « fait leur communion », ces lignes-repères qui bornaient l'horizon depuis trois quarts de siècle. Au-delà, on quittait le monde de l'enfance.

Sources et bibliographie

L'objectif principal de cet ouvrage étant de faire revivre le monde de l'enfance nous avons consulté prioritairement la production de l'époque (affiches, brochures de propagande, catalogues de jeux et jouets, livres...) spécifiquement destinée aux enfants.

– La bibliothèque du musée national de l'Éducation à Rouen (à Mont-Saint-Aignan) possède des jeux et de l'imagerie maréchalistes, des brochures, des livres pour enfants peu répandus et des cahiers d'écoliers. C'est un lieu incontournable pour quiconque étudie ce thème.
– Au musée des Arts décoratifs, Palais du Louvre, 107, rue de Rivoli à Paris, le Centre de documentation du jouet nous a accueilli et communiqué des informations utiles complétées par une visite du musée du Jouet de Poissy dans les Yvelines.
– La BDIC à Nanterre dispose d'affiches, de nombreuses brochures politiques et de quelques livres destinés à l'enfance dont des almanachs illustrés par Saint-Ogan.
– Le Centre international de l'enfance (installé depuis 1949 au château de Longchamp à Paris) nous a réservé le meilleur accueil. Il est spécialisé dans les ouvrages médicaux et d'aide à l'enfance.
– Le Centre d'histoire de la Résistance et de la déportation à Lyon nous a communiqué des microfilms dont ceux de la collection complète du journal *Benjamin* publié à Vichy puis Clermont-Ferrand de 1940 à 1944.
– Le CEDIAS, au Musée social, 5, rue Las-Cases à Paris, dispose de collections intéressantes de tracts, brochures, documents syndicaux, documents sur les colonies de vacances, revues...
– Les archives du Mémorial de Caen possèdent des brochures, dont la pochette de Saint-Ogan, « La France que nous aimons », des affiches, des photos originales, quelques livres pour enfants, des lettres d'écoliers, des albums de Vica et une imposante documentation sur la guerre.
– Pour les livres à destinés à l'enfance, nous avons consulté avec le plus grand profit, le fonds ancien de la bibliothèque *L'Heure joyeuse* à Paris, 6, rue des Prêtres-Saint-Séverin (V^e^). Ce fonds, riche de plus de 10 000 volumes (du XVIIIe siècle à 1950) est particulièrement utile au chercheur et remarquablement tenu par le conservateur, Mme Françoise Lévêque. Nous avons aussi

travaillé sur les fonds anciens de quelques bibliothèques municipales de province dont celle de Soissons.

– Les bibliographies annuelles, publiées par le Cercle de la Librairie, sont disponibles au siège de l'IMEC (rue de Lille à Paris, VIe). Elles comportent quelques erreurs minimes pour les années 1941 et 1945 où quelques titres sont présentés comme des nouveautés de l'année alors qu'il s'agit en réalité de livres publiés au printemps 1940 ou en 1944 et tardivement enregistrés en raison des circonstances.

– Les catalogues et les fichiers de la Bibliothèque Nationale constituent une source précieuse, en particulier ceux de l'annexe de Versailles où sont entreposés la plupart des illustrés. Pour compléter notre information nous avons aussi fait appel à des collections privées de jeux et jouets et à des professionnels de la bande dessinée ancienne comme Michel Denni (librairie Lutèce 5, rue d'Arras, Paris V[e]) ou Roland Buret (6, passage Verdeau, Paris IXe) à Paris. Leurs conseils nous ont été précieux en particulier pour dater ou identifier certains tirages.

– On pourrait penser que les archives des éditeurs constituent une inépuisable source de documentation pour le chercheur. En réalité ce n'est pas toujours le cas, ce pour plusieurs raisons. Tout d'abord parce que les « archives » des éditeurs, au sens où l'entendent les historiens, n'existent généralement pas. Surtout pour des périodes aussi récentes. Ensuite parce que bien des éditeurs répugnent à ouvrir des dossiers privés vieux d'à peine cinquante ans. Nous avons néanmoins pu travailler sur le fonds Hachette, au Seuil et chez quelques autres éditeurs.

– Au musée de l'Armée, Hôtel national des Invalides, le conservateur, M. Bendjebbar, nous a réservé un bon accueil. La bibliothèque, ouverte au public, comporte des livres et documents en rapport avec la jeunesse.

– Aux Archives nationales, Mme Bonnazi et M. Pouessel nous ont aidé à mieux connaître les dossiers de l'imposant fonds contemporain (rue Vieille-du-Temple à Paris). Grâce à leurs conseils, il nous a été possible de repérer les plus utiles ce qui n'était pas toujours évident car de nombreuses personnes employaient des pseudonymes alors que les dossiers sont archivés à leur nom patronymique officiel sans renvoi au pseudonyme. Ensuite une dérogation est encore nécessaire pour accéder à la plupart d'entre eux ce qui ralentit la procédure de recherche. Il a été néanmoins possible de glaner des informations importantes au sujet d'artistes, illustrateurs, éditeurs ou auteurs qui ont accepté (voire sollicité...) des commandes officielles du gouvernement de Vichy puis du Gouvernement provisoire à la Libération. Nous avons aussi eu accès à des dossiers d'éditeurs subventionnés par « l'État français » ou à ceux qui ont eu maille à partir avec les Comités d'épuration après 1944. C'est indubitablement aux Archives nationales que nous avons trouvé les informations les plus originales et parfois les plus inattendues.

Ainsi avons-nous surtout consulté des extraits des séries :

F 44 archives du secrétariat à la Jeunesse ;
F 41 archives du secrétariat général à la Propagande ;
F 40 archives allemandes ;
F 12 entreprises jugées à la Libération ;
Z 6 dossiers judiciaires d'épuration ;
3 W dossier du procès Paul Marion ;
2 AG archives du Conseil national et correspondance officielle du docteur Ménétrel ;

Pour obtenir des indications sur les tirages des journaux nous avons consulté les archives de la Préfecture de police, en particulier la série BA 1713.

– Sur certains thèmes particuliers signalons les recherches d'équipes universitaires comme les travaux coordonnés par Dominique Veillon et Henri Rousso à l'Institut d'histoire du Temps présent en 1994 sur le thème « Le temps des restrictions »; les travaux diligentés par le Conseil régional de Haute-Normandie et l'Université de Rouen sur les bombardements en 1944, coordonnés par M. Pigenet à Rouen; les travaux de Serge Klarsfeld, Sabine Zeitoun et Anne Grynberg sur le martyre des enfants juifs et l'aide apportée par l'OSE, ainsi que les écrits d'Alfred Brauner qui a encadré de nombreux enfants victimes de la guerre entre 1939 et 1949.

Pour ce qui concerne le fonctionnement général du monde de l'enfance et du jouet nous avons rencontré de nombreux professionnels et avons consulté des collections privées réunies par des amateurs ou par des témoins. Les témoignages nous ont apporté un complément utile, parfois passionnant. Cependant le corpus de cette étude est constitué par les jeux et les jouets, les ouvrages et les affiches, ceux-là mêmes que les enfants ont eu entre les mains sans qu'ils sachent toujours bien qui les avait conçus. Par principe, nous avons préféré rencontrer les témoins « en fin de chaîne », après avoir préalablement pris connaissance des documents et dossiers. Cette méthode rend les échanges plus fructueux et permet d'aller droit à l'essentiel. Signalons que nous avons parfois senti des réticences de la part de certaines personnes. Même un demi-siècle plus tard il arrive que l'on ne souhaite plus évoquer cette période. Néanmoins la plupart des témoins se sont montrés particulièrement coopératifs. A ce sujet nous voulons remercier une fois de plus tous ceux, auteurs, amis ou simples relations, et ils sont nombreux, qui nous ont aidé dans cette recherche parfois difficile mais toujours passionnante.

BIBLIOGRAPHIE

Ouvrages contemporains des événements
(publiés avant 1950)

Auriac O. : *L'école exemplaire. Initiatives et suggestions*, Armand Colin, 1948.

Bonnard Abel : Discours prononcé à Lille pour la distribution des prix le 13 juillet 1942, Paris, Plon, 1942.

Bonnard Abel : Les messages de M. Abel Bonnard, ministre de l'Éducation nationale, précédés du « Message du Maréchal de France Chef de l'État (aux instituteurs), brochure du service information de l'État français (coll. part).

Bouchet H. : *Le scoutisme et l'individualité*, Alcan, 1933.

Bourdan Pierre : *Carnet de retour avec la division Leclerc*. Éditions Pierre Trémois, Paris, 1er trimestre 1945.

Blancho Pierre : *Esquisse sur l'enfance après la guerre de 1940-45*, Foulon, 1948.

Brauner Alfred : *Ces enfants ont vécu la guerre*, ESF, Paris, 1946.

Brichet Robert : *La caisse des écoles*, Paris, La vie communale et départementale, (vers 1948).

CAPPE Jeanne : *Clartés sur les livres destinés à la jeunesse*, Casterman, Paris, 1945.
CARRARD A. : *La jeunesse de demain. Réforme scolaire et principes pédagogiques*, Delachaux et Niestlé, Neufchâtel et Paris, 1942.
CHOCQUET Commandant : *Les devoirs du jeune Français*, Charles Lavauzelle, 1942.
COLETTE : *Dictée aux écoliers de France* (rédigée pour le Secours national), publiée dans *La Semaine* du 5 mars 1942.
COLETTE : *De ma fenêtre*, Aux armes de France, 1942 (réédition Arthème Fayard puis « Bouquins »).
COURTOIS Gaston (abbé) : *Pour réussir auprès des enfants. Quelques conseils de pédagogie pratique*, préface du cardinal Verdier, Centre d'études pastorales et pédagogiques, Paris, rue de Fleurus, 1938.
DEWEY John : *L'école et l'enfant*, Delachaux et Niestlé, 1947.
DZELEPY N. : *Villages d'enfants*, Ed. Morance, Paris, 1949.
ELSLANDER J.-F. : *L'enfance libérée*, Institut Jean-Jacques Rousseau, Genève, Delachaux et Niestlé, 1948.
FOUCHÉ Suzanne : *Le quart d'heure du chef aux filles de France*. Éditions de la Revue des jeunes, Pau, janvier 1944 (coll. part.).
FOULQUIÉ Paul : Cours de morale pour l'enseignement primaire supérieur, écoles et collèges, 1941.
FRANÇOIS Claude : *Enfants victimes de la guerre, Le Renouveau,* préface d'Henri Wallon, Bourrelier, 1949.
GAUTHIER et ROUABLE : *Morale. Enseignement primaire supérieur*, première année, Librairie Vuibert, Paris (coll. part.).
GILBERT-ROBIN Docteur : *La guérison des défauts et des vices chez l'enfant*, Domat, Paris, 1948.
GRAILLE Émile : *Services publics d'assistance*, Sirey, 1942 ; rééd. 1947.
HAZARD Paul : *Les livres, les enfants, les hommes*, Boivin, 1949.
HENRIOT Gabriel : *Des livres pour tous*, Éditions Durassié, 1943.
HUBIN Anne-Marie : *Gai, gai, Marions-nous ! Fiançailles et noces d'autrefois*, ill. André Jourcin, Bias, Paris, 1947.
JENTZER Ketty : *Jeux de plein air et d'intérieur*, Neufchâtel, Paris, 1946.
JOLY René : *Jouets et jeux d'antan*, Bias, 1947.
JOUHYE et SHENTOUB : *L'évolution de la mentalité de l'enfant pendant la guerre*, Delachaux et Nieslé, Genève, 1949.
PELLOS : *Vive le sport !,* Commissariat général à l'éducation et aux sports, Lyon, 1942 (B.N.)
Maréchal PÉTAIN : *L'éducation nationale*, introduction d'Albert Rivaud, *Cahiers de politique nationale* n° 2, Comité France-Amérique, Sorlot, Clermont, automne 1940.
Maréchal PÉTAIN : *La France nouvelle. Principes de la communauté. Appels et messages* (17 juin 1940-17 juin 1941) Fasquelle Éditeurs, Paris (coll. part.).
PIVO Pierre : *La Gerbe tricolore*, Gallet, 1941.
MIGNOT A. : *Semences de crimes*, Éditions du Cartel d'action morale et sociale, 1948.
POSTAL Raymond : *Réflexions sur le manuel d'éducation civique*, Alsatia, 1943 (B.N.).
REY-HERME Philippe : *Quelques aspects du progrès pédagogique dans la rééducation de la jeunesse délinquante*. Librairie philosophique Vrin, Paris, 1945.
ROUX Catherine : *La légende des jouets*, Lyon, Les Deux Collines.
ROY Claude : *Journée des mères*. Éditions pour la Famille, Orléans, 1943.

SADOUL Georges : *Ce que lisent nos enfants*, Bureau d'éditions, 1938.
SAUVAGE Pierre : *Dix entretiens de morale civique*, SPES, 1942.
SAUVAGEOT Pierre et GRILLO Paul : *La culture familiale du blé, facteur de renaissance française. Croisade du blé*, Sequana, 1943 (coll. part.).
SENNEP : dessins de Sennep présentés par la Société des Grands hôtels de Vichy, Vichy 1942 (B.N., cabinet des Estampes).

OUVRAGES POUR ENFANTS CONSACRÉS AU MARÉCHAL PÉTAIN

1941

« Oui Monsieur le Maréchal ! » par Léon Chancerel illustrations André-Paul Pecnard. Éd. Arthaud Grenoble.
Figure aussi sous le titre :
« Oui Monsieur le Maréchal ! ou le serment de Pouique le Glouton et Lududu le paresseux », par l'Oncle Sébastien. Dessins de André-Paul et Louis Simon. Impressions Richard à Lyon, B. Arthaud à Grenoble. Collection la Gerbe de France (H.J. Paris).
« Maréchal nous voilà ! » Texte et dessins d'Aude Roche. Société Anonyme Générale d'Éditions. Lyon. Les Presses de Savoie. Date probablement du premier trimestre 1941. (H.J. Paris et coll. part.).
« La vie d'honneur du Maréchal Pétain. » Texte et illustrations de P. Hérault. Imprimerie Farré et Freulon pour les Éditions artistiques à Cholet. (BDIC Nanterre).
« Il était une fois un Maréchal », par Paluel-Marmont, ill. Rousseau. Éditions et Publications Françaises (coll. part.), et 2e édition « Il était une fois un Maréchal » par Paluel-Marmont avec une couverture illustrée par Germaine Bouret, édité pour Noël 1941 par le Secours national, entraide d'hiver du Maréchal (coll. part.).
« La vie du Maréchal : petit album à colorier par les enfants de France », Imagerie du Maréchal à Limoges. En fait, il s'agit d'un petit livre car un texte figure en vis-à-vis de chaque gravure. (INRP Rouen) et « Maréchal Pétain » par Roland Forgues. Album de dix planches à découper ; sans mention d'éditeur.
« Aux enfants de France ». Citations du Maréchal Pétain et courte biographie. Brochure sans nom d'auteur. Imprimerie du Nouvelliste à Lyon (INRP Rouen).
« La vie du Maréchal Pétain racontée aux enfants de France », par Roger Descouens. Ill. de Mario Simon et Francis Dujardin. Éditions de la Vraie France. Nice. imprimerie de « L'Éclaireur de Nice » (H.J. Paris).

1942

« Philippe Pétain, le Maréchal des jeunes » par A. Bussières. Éditions Mame à Tours (B.N.).
« La belle histoire d'un chêne » par Yvonne Estienne (œuvre du Maréchal racontée aux enfants), couverture A. Desroches, ill. M. de Montfalcon. Éditions Les Alpes à Grenoble (BDCI Nanterre).
« Six petits enfants et treize étoiles » par Paluel-Marmont, illustrations de Lucien Boucher, Éditions et Publications Françaises. Paris (coll. part.).
« Le Maréchal Pétain raconté à la jeunesse de France », par Armand Praviel, couverture J. Brionès, Éditions du Clocher à Toulouse (coll. part.).
« Pourquoi aimez-vous le Maréchal Pétain ? » Éditions MD (sans nom d'auteur).
« Suivez-moi ! » : petite brochure sur le Maréchal Pétain édité par les éditions G.P. à Paris sans mention d'auteur, ill. Raoul Auger (INRP Rouen).

1943

« Il était une fois un pays heureux... », par Victor Dancette, illustrations de P. Baudier, Éditions de la Générale Publicité, Paris, 20 mars 1943 (INRP Rouen).

Ouvrages pour enfants consacrés au général de Gaulle

1942

« Général de Gaulle, chef des Français combattants » par Philippe Barrès et illustré par Nash.

1944

« Mon album » par Mariette, bande dessinée publiée vers juillet 1944.
Planche d'images d'Épinal sur de Gaulle (16 dessins accompagnés de textes), imprimerie Crété à Corbeil, octobre 1944.
Un grand Français, le général de Gaulle » par R. Perrein, illustrations de M. Falter, Éditions Musy Paris, 15 décembre 1944.

1945

« La merveilleuse aventure du général de Gaulle racontée aux petits Français », par Henriette Chandet, 10 septembre 1945.

Ouvrages collectifs ou sans nom d'auteur

« Almanach de la famille française – 1941 », illustrations André Lagrange et R.-G. Gautier, Durassié et compagnie éditeurs, Paris.
« Almanach Hachette 1943 », Hachette novembre 1942.

« CAHIERS D'INFORMATION » : Secrétariat général de la Jeunesse n° 2, 1941 (coll. part) et n° 2, 1942.

« CAHIERS DE LA FONDATION FRANÇAISE POUR L'ÉTUDE DES PROBLÈMES HUMAINS », Librairie de Médicis n° 4, nov. 1945.

« CAHIERS DE L'INSTITUT DE PSYCHOLOGIE ET DE PÉDAGOGIE » : n° 1 avril 1944 (visa de censure de février 1944) textes réédités en 1943 à Lyon. PUF 1944 (coll. part.).

« CONGRÈS EUROPÉEN D'ÉDUCATION NOUVELLE » Pour l'Ere nouvelle, numéro spécial août 1946, Bourrelier, Paris.

« LA COLONIE DE VACANCES ÉDUCATIVE » Centre de formation des moniteurs de cadres de loisirs éducatifs, 15 mai 1942, Éditions sociales françaises.

« LES ENFANTS DE BUCHENWALD », Union OSE, Genève, 1946.

« ENSEIGNEMENT CIVIQUE » : brochure du Secrétariat général à la jeunesse, Imprimerie Mont-Louis, Clermont-Ferrand (coll. part).

« FÉDÉRATION GÉNÉRALE DES ASSOCIATIONS DES PUPILLES DE L'ÉCOLE PUBLIQUE », Brochure d'information publiée en 1947.

« JEUNESSE 1944 », livre publié par les Éditions Séquana pour le compte du Commissariat général à la jeunesse, peu diffusé car imprimé le 15 avril 1944 soit deux mois avant le débarquement (coll. part.).

« LES MAISONS D'ENFANTS », par Le Guillant, Cortez, Jouhy, Seclet-Riou, Rougerie, Brauner, Lebovici, Diatkine, Zarro, Patin Koskas, François, Lacapère, Schwarz, Deligny, préface d'Henri Wallon PUF 1950.

« LES MARIONNETTES SCOUTES » : numéro spécial du *Routier*, Éclaireurs de France, Vichy, juin 1942.

« LIVRE DE RAISON 1944 : Jeunesse de France » (228 pages, ill. et photos), ouvrage rédigé par 27 écrivains français, publié aux éditions Alsatia en déc. 1943.

LIVRES D'ÉTRENNES 1941 : publication du Cercle de la Librairie, 180 pages, catalogue des principaux livres d'art et de jeunesse de l'année 1941.

« L'ŒUVRE DU MARÉCHAL juillet 1940-juillet 1941 », Éditions du secrétariat général de l'Information, imprimerie Curial-Archereau, déc. 1941 (coll. part.).

« PROBLÈME ET ASPECT DE LA PUÉRICULTURE MODERNE », ouvrage collectif rédigé par des médecins et publié sous les auspices du Comité national de l'enfance et de l'école nationale de puériculture par les soins des établissements Blédine Jacquemaire à Villefranche, Rhône, illustrations André Marty, Daeger, Paris 1943.

« RADIO 44 », revue de la radio, n° 9, 24 décembre 44 (coll. part.).

SEMAINE D'ÉTUDES POUR L'ENFANCE VICTIME DE GUERRE (SEPG), Zurich, septembre 1945.

« VISAGE DE L'ENFANCE », préface de Paul Hazard, 2 volumes à Paris aux Éditions Horizons de France, 1937.

« VOCATION D'HOMME » : programme pour une année de travail de la Jeunesse étudiante chrétienne, année scolaire 1943/44, imprimé à Issoudun en 1943 (coll. part.).

OUVRAGES GÉNÉRAUX ET TRAVAUX UNIVERSITAIRES

ALTEN Michèle : *La musique dans l'école de Jules Ferry à nos jours*, Éditions EAP, 1995.

AMOUROUX Henri : *La France du baby-boom : photos retrouvées de l'AFP*, La Découverte/AFP 1991.

AMOUROUX Henri : *La grande histoire des Français sous l'occupation*, 10 tomes, Robert Laffont, 1993.

AUDOUIN-ROUZEAU Stéphane : *La guerre des enfants ((1914-1918)*, essai d'histoire culturelle, Armand Colin, 1993.

AUDOUIN-ROUZEAU Stéphane : *L'enfant de l'ennemi (1914-1918)*, Aubier, 1995.

AZÉMA Jean-Pierre : *De Munich à la Libération*, Le Seuil, 1979.

AZÉMA Jean-Pierre et BÉDARIDA François : *La France des années noires*, 2 tomes, Le Seuil, 1993.

AZÉMA Jean-Pierre et BÉDARIDA FRANÇOIS : *La France de Vichy*, Fayard, 1992.

AZÉMA Jean-Pierre et WIEVIORKA Olivier : *Libérations de la France*, La Martinière, 1994.

BARRÉ Michel : *Celestin Freinet, un éducateur pour notre temps (1936-1966)*, PEMF, Mouans Sartoux, 1996.

BEAUDUFFE Christophe : *L'été 1944, le sacrifice des Normands*, Perrin, 1994.

BENDJEBBAR André : *Libérations rêvées, Libérations vécues*, Hachette, 1994.

BERGEAL Catherine : *L'univers de Bécassine*, mémoire de DEA sous la direction de M. Girardet, Institut d'Études Politiques de Paris.

BERSTEIN Serge et MILZA Pierre : *Histoire de la France au XXe siècle*, tome II, 1930-1945, Éditions Complexe, Bruxelles, 1991.

BERTRAND DORLÉAC Laurence : *L'art de la défaite 1940-1944*, Éditions du Seuil, 1993.

BOUJU Marie-Cécile : *Les maisons d'éditions du PCF*, mémoire de DEA d'Histoire de Saint-Quentin-en-Yvelines (direction Jean-Yves Mollier).

BRAUDEL Fernand et LABROUSSE Ernest : *Histoire économique et sociale de la France*, tome IV, PUF, 1980.

BRAUNER A. : *Nos livres d'enfants ont menti – une base de discussion*, préface d'Henri Wallon, A. Sabri, Paris, 1951.

BRAUNER Alfred et Françoise : « J'ai dessiné la guerre. Le dessin de l'enfant dans la guerre », *Expansion scientifique française*, Paris, 1991.

BROCHAND Christian : *Histoire générale de la radio et de la télévision en France.* 2 tomes, La Documentation française, Paris, 1994.

BROSSAT Alain : *Les tondues, un carnaval moche*, Hachette Pluriel, 1994.

BRUNSCHWIG Chantal, CALVET L.-J. et KLEIN J.-C. : *Cent ans de chanson française*, Le Seuil, 1981.

CARADEC François : *Histoire de la littérature enfantine en France*, Albin Michel, 1977.

CAZALS Rémi : *Les écoliers de Tournissan (1939-1945)*, Fédération audoise des œuvres laïques, Privat, 1978.

CHATEAU René : *Le cinéma français sous l'occupation*, coll. « Mémoire du cinéma », Éd. René Chateau, 1995.

CHARTIER Anne-Marie et HÉBRARD Jean : *Discours sur la lecture* (1880-1980), publication du Centre Georges-Pompidou, 1989.
CHAUVIÈRE Michel : *Enfance inadaptée : l'héritage de Vichy et les années quarante*, Éditions Ouvrières, 1980.
CHAUVIÈRE, LENOËL et PIERRE : *Protéger l'enfant (XIXe, XXe siècles)*, Presses Universitaires de Rennes, 1996.
CHOLVY Gérard : *Mouvements de la jeunesse chrétiens et juifs*, Cerf, 1985.
CHOMBART de LAUWE M.J. : *Un monde autre, l'enfance*, Payot, 1979.
CHOPPIN Alain et CLINKSPOOR Martine : *Les manuels scolaires en France, textes officiels 1791-1992*, INRP et Publications de la Sorbonne, 1993.
COINTET Michèle : *Vichy capitale (1940-1944)*, Perrin, 1995.
CONAN Éric : *Sans oublier les enfants*, Paris, Grasset, 1991.
CORBIN Alain : *L'avènement des loisirs*, Aubier, 1995.
COUSIN Bernard : *L'enfant et la chanson. (Une histoire de la chanson d'enfant)*, Messidor, 1988.
CRUBELLIER M. : *L'enfance et la jeunesse dans la société française 1850-1950*, Armand Colin, 1979.
DELPORTE Christian : *Les caricaturistes et illustrateurs français de 1935 à 1945*, doctorat de l'Institut d'Études Politiques de Paris. Une partie de cette thèse a été publiée sous le titre : *Les crayons de la propagande*. CNRS Éditions, Paris, 1993.
DELOYE Yves : *École et citoyenneté*, PFNSP, Paris, 1994.
DESQUESNES Rémy : *Normandie 1944*, Éd. Ouest-France et Mémorial de Caen, Rennes.
DOISNEAU et CAVANNA : *Les doigts pleins d'encre*, Hoêbeke, 1991.
DURBECQ Sandrine : *Un journal comme papa, Benjamin, 1929-1939*, maîtrise de Paris X, 1991, direction Philippe Levillain et Pascal Ory.
DUPAQUIER J. : *Histoire de la population française*, 4 tomes, PUF, 1988.
EISEN George : *Les enfants pendant l'holocauste*, Calmann-Lévy, 1993.
ESCARPIT Denise : *La littérature d'enfance et de jeunesse*, « Que sais-je ? » PUF, 1982.
EYRE Frank : *20 th Century children's books*, Longmans, Green and Co. Londres, 1952. (Étude sur les livres d'enfants britanniques.)
FAURE Christian : *Le projet culturel de Vichy*, Presses Universitaires de Lyon, 1989.
FEAVER William : *Les images de notre enfance*, Le Chêne, 1976 (nombreux documents sur le monde anglo-saxon; quelques exemples en France).
FEROLDI Vincent : *La force des enfants. Des Cœurs Vaillants à l'ACE*, Éditions ouvrières, 1987.
FEUERHAHN Nelly : *Le comique et l'enfance*, PUF, 1993.
FINEL Gérard et Frédéric : *Rappelez-vous 44* (avec Claude Flory et Didier Truffaut) Éditions Ouest-France, 1994.
FISHMAN Sarah : *Femmes de prisonniers de guerre 1940-1945*, L'Harmattan, 1996.
FOUCHÉ Pascal : *L'édition française sous l'Occupation*, 1940-1944. Bibliothèque de littérature française contemporaine. Université de Paris IV, 2 vol., 1987.
FOUCRE Gwénaël : *Les frères Caouissin, Bretons sans entraves sur la route au but lointain*, mémoire de maîtrise d'histoire soutenu à Rennes II. Octobre 1990. L'auteur est le petit-fils de Ronan Caouissin, un des fondateurs des éditions Ololê.

FOUILHE Pierre : *Journaux d'enfants, journaux pour rire*, Paris, 1954. Centre d'activité pédagogique.

FOURMENT Alain : *Histoire de la presse des jeunes et des journaux d'enfants 1768-1988*, thèse d'histoire publiée aux Éditions Éole, Paris, 1988.

FRANCK Christiane : *La France de 1945. Résistances, Retours, Renaissances*, Actes du colloque de Caen (mai 1995), université de Caen, 1996.

FRANÇOIS Pierre et KERGOMARD Pierre : *Les éclaireurs de France* 1911-1951, ESF, Paris, 1983.

GAILLAC Henri : *Les maisons de correction 1830-1945*, avant-propos de Michel Chauvière du CNRS, Éditions Cujas, 1991.

GAUCHET-PLAT Hélène : *La semaine de Suzette : sources et lectures*, Université de Paris VII, 1985, maîtrise de lettres dirigée par Anne-Marie Christin.

GARNIER N. : *L'imagerie populaire française*, Réunion des Musées nationaux, 1990.

GAY-LESCOT Jean-Louis : *Sport et éducation sous Vichy*, Presses Universitaires de Lyon, 1991.

GERVEREAU Laurent et PESCHANSKI Denis : *La propagande sous Vichy* (1940-1944), publication de la BDIC (dirigée par Joseph Hue), éditée en 1990 à l'occasion d'une exposition à l'Hôtel des Invalides.

GIOLITTO Paul : *Histoire de la jeunesse sous Vichy*, Perrin, 1991.

GODFRIN Jacqueline et Philippe : *Une centrale de presse catholique : la bonne presse et ses publications*, PUF, 1965.

GOURÉVITCH Jean-Paul : *L'enfant dans l'image*, Retz, 1987.

GOURÉVITCH Jean-Paul : *Images d'enfance*, Alternatives, 1994.

GRYNBERG Anne : *Les camps de la honte – les internés juifs des camps français 1939-1944*, La Découverte, 1991.

KEITH BARNETT Graham : *Histoire des bibliothèques publiques en France de la Révolution à 1939*, Promodis, Cercle de la Librairie.

KLARSFELD Serge : *Les enfants d'Izieu*, Paris, 1984.

KLARSFELD Serge : *Le mémorial des enfants juifs déportés de France*, édité par les fils et filles des déportés juifs de France, Paris.

KRUMEICH Gerd : *Jeanne d'Arc à travers l'histoire*, Albin Michel, 1993.

KULHMANN Marie : *Censure et bibliothèques au XXe siècle*, Cercle de la Librairie, 1989.

LABARRIÈRE Dominique : *Survivre. La vie des Français de l'Ouest en 1944*, Ouest-France et Mémorial de Normandie, Caen 1994.

LAMMING Clive : *Les jouets Citroën*, Maeght éditeur, 1988.

LAMMING Clive : *JEP (le jouet de Paris de 1902 à 1968)*, Maeght éditeur, 1988.

LANEYRIE P. : *Les scouts de France, évolution du mouvement des origines aux années 80*, Cerf, 1985.

LECHAT Jean-Louis : *Le Lombard, Un demi-siècle d'aventures*, tome I 1946-1969, Le Lombard, 1996.

LE GUEN Roland : *Un périodique nationaliste et chrétien pour les jeunes bretons : « Ololê ». 1940/44*, mémoire de maîtrise d'histoire de l'Université de Brest, 1984.

LELIÈVRE C. et NIQUE C. : *Bâtisseurs d'école – histoire biographique de l'enseignement en France*, Nathan.

LEPAGNOL Catherine : *Biographies du Père Noël*, Hachette, 1979.

LUXARDO Hervé : *Histoire de la Marseillaise*, C. de Bartillat, 1989.

MALLE Louis : *Au revoir, les enfants*, Gallimard, 1987.

MANN Erika : *Dix millions d'enfants nazis*, Paris, Taillandier, 1988.

MARCHAND Frédéric : *Avions-jouets (des origines à 1945)*, Maeght éditeur, 1990.
MARCHETTI Stéphane : *Images d'une certaine France*, affiches 1939-1945, Edita, Lausanne, 1982.
MARTENS Thierry : *Le journal de Spirou (1938-1988) cinquante ans d'histoire (s)*, Dupuis, 1988.
MARNY Jacques : *Le monde étonnant des bandes dessinées*, Le Centurion, 1968.
MASSON Philippe : *Une guerre totale. Stratégies 1939-1945, moyens, controverses*, Hachette Pluriel, 1990.
MILZA Pierre : *Art et fascisme*, ouvrage collectif sous la direction de Pierre Milza et Fanette Roche-Pézard. Éditions Complexes, 1989, Bruxelles.
MIQUEL Pierre : *Mille images inédites des archives militaires. 1939-1945*, Le Chêne (s.d.).
MISTLER Jean : *La librairie Hachette de 1816 à nos jours*, Hachette, 1964.
MORDREL Olier : *Breiz Atao, histoire et actualité du nationalisme breton*, Moreau, Paris, 1973.
MUEL-DREYFUS Francine : *Vichy et l'éternel féminin*, Seuil, 1996.
MURACCIOLE Jean-François : *Les projets de la France libre et de la Résistance en matière d'éducation (1940-1944)*, thèse de doctorat d'histoire, direction J.F. Sirinelli, Université de Lille III, 1995.
NEAUMET Philippe : *L'éducation physique et ses enseignants au XXe siècle*, Amphora, Paris, 1992.
ORY Pascal : *La belle illusion, culture et politique sous le signe du Front populaire*, Plon.
ORY Pascal : *Le petit nazi illustré*, Le Téméraire, Albatros, 1979.
ORY Pascal : *Les collaborateurs*, Seuil, 1976.
PAILHES G. : *Rouen et sa région dans la guerre 1939-1945*, Bertout, 1993.
PARMEGIANI Anne-Claude : *Les petits Français illustrés 1860-1940*, Éditions du Cercle de la Librairie, Paris, 1989.
PIERRARD Pierre : *Enfants et jeunes ouvriers en France XIXe, XXe siècle*, Éditions Ouvrières, 1987.
PRASTEAU Jean : *Il était une fois... des enfants dans l'Histoire*, Perrin, 1980.
PROST Antoine : *Histoire générale de l'enseignement et de l'éducation en France*, tome IV, Nouvelle Librairie de France, Paris, 1981.
QUELLIEN Jean : *La Normandie au cœur de la guerre*, Mémorial et Ouest-France, 1992.
QUETEL Claude : *Caen 1940-1944* Mémorial et Ouest-France, 1994.
RAGACHE Gilles : *1940, la guerre détraquée*, Aubier Montaigne, 1983.
RAGACHE Gilles et Jean-Robert : *La vie quotidienne des écrivains et des artistes sous l'Occupation 1940-44*, Hachette 1988.
RAUCH André : *Vacances en France de 1830 à nos jours*, Hachette, Vie quotidienne, 1996.
REMONTE Jean-François et DEPOUX Simone : *Les années radio (1949-1989)*, L'Arpenteur, 1989.
RIGOULOT Pierre : *Les enfants de l'épuration*, Plon, 1993.
RIOUX Jean-Pierre : *La France de la IVe République* (t. 1944/52), Le Seuil, 1980.
ROSSIGNOL Dominique : *Histoire de la propagande en France de 1940 à 1944*, collection « Politique d'aujourd'hui » PUF, Paris, 1991.
ROUSSO Henry : *Les années noires. Vivre sous l'occupation*, Découvertes Gallimard, 1992.

SIRINELLI Jean-François : *Histoire des droites en France*, t. II, Cultures, NRF, essais. Gallimard.
SORIANO Marc : *Guide de la littérature enfantine*, Flammarion, 1959.
SORIANO Marc : *Guide de la littérature pour la jeunesse*, Flammarion, 1975.
THALMANN Rita : *La mise au pas. Idéologie et stratégie sécuritaire dans la France occupée*, Fayard, 1991.
THEIMER François : *Les jouets*, « Que sais-je ? », PUF, 1996.
THEIMER François : *Madame la poupée Bleuette*, éd. Polichinelle.
THOMAS Raymond : *Éducation physique et sportive*, « Que sais-je ? », PUF.
TRIBOUILLARD Édouard : *Caen après la bataille, la survie dans les ruines*, 1993.
TRIGON Jean de : *Histoire de la littérature enfantine*, Paris Hachette, 1950.
VEILLON Dominique : *Vivre et survivre en France 1939-1947*, Paris, Payot, 1995.
VOLDMAN Danièle : *La reconstruction des villes françaises*, L'Harmattan, 1997.
WELLERS Georges : *L'étoile jaune à l'heure de Vichy*, Paris, Fayard, 1973.
ZEITOUN Sabine : *Ces enfants qu'ils fallait sauver*, Albin Michel, 1989.
ZEITOUN Sabine : *L'Œuvre de Secours aux enfants sous l'occupation en France*, thèse de doctorat Paris-Jussieu, préface de Serge Klarsfeld, L'Harmattan 1990.

SOUVENIRS ET BIOGRAPHIES

ASSOULINE Pierre : *Hergé*, Plon, 1995.
BOUQUET G. et MENATEAU P. : *Charles Vildrac,* collection « Poètes d'aujourd'hui, Seghers.
BESSON Jean-Louis : *Paris rutabagas*, Bayard, 1995.
CARCOPINO Jérôme : *Souvenirs de sept ans*, Paris, 1957.
CENDRARS Blaise : *Le lotissement du ciel*, Denoël, 1949.
CHADEAU Emmanuel : *Saint-Exupéry*, Plon, 1994.
CHOISY Bernard de : *Uderzo-storix L'aventure d'un Gallo-Romain*, JC Lattès, 1991.
CHRISTOPHE Francine : *Une petite fille dans le monde des camps*, L'Harmattan.
DELMAS André : *Mémoires d'un instituteur syndicaliste*, Albatros, 1979.
DESNOS Youki : *Les confidences de Youki*, Fayard, 1957.
DUHAMEL Georges : *Chroniques des saisons amères*, Hartmann, 1944.
EPTING Karl : *Réflexions d'un vaincu*, Bourg en Bresse, ETL, 1952.
FAVREAU Ivan : *Chronique enfantine des années sombres*, Seuil, 1994.
GERMAIN Yvonne : *Notre ami Jean Nohain*, préface de Charles Trénet, L'Harmattan, 1992.
GODDIN Philippe : *Hergé et Tintin reporters*, le Lombard, 1986.
GRIMAL, CARCOPINO et OURLIAC : *Jérôme Carcopino*, Belles-Lettres, 1981.
HAYMANN Emmanuel : *Albin Michel, le roman d'un éditeur*, Albin Michel, 1993.
HELLER Gerhard : *Un Allemand à Paris 1940-44*, Seuil, 1981.
HOLSTEIN Denise : *Je ne vous oublierai jamais, mes enfants d'Auschwitz...*, Éditions n° 1, 1995.
HOULE Jacqueline : *La guerre quand on a quinze ans (en Normandie)*, Éditions Bertout Luneray, 1987.
JARDIN Pascal : *La guerre à neuf ans*, Grasset, 1971.

JARDIN Pascal : *Guerre après guerre*, Grasset, 1973.
JOUBERT Pierre : *Souvenirs en vrac*, ill. de Pierre Joubert, Éditions Universitaires, 1986.
LATAILLADE Alix : *Institutrice au cœur du siècle*, Flammarion, 1996.
LERICHE Mathilde : *50 ans de littérature de jeunesse*, Magnard, 1979.
LEVERT Jean-Pierre : *Un lycée dans la tourmente : Jean-Baptiste Say 1934-1944*, Calmann-Lévy, 1994.
MARIJAC : *Souvenirs de Marijac et l'histoire de Coq Hardi*, Glénat, Grenoble, 1978.
MENUET Claude (MASSIN) : *Le pensionnaire*, Seuil, 1993.
NOHAIN Jean : *La main chaude. Souvenirs*, Julliard, 1980.
NOHAIN Jean : *J'ai cinquante ans... Souvenirs*, Julliard, 1952.
NOURISSIER François : *Un petit bourgeois*, Grasset, 1963.
PAGLIANO Jean-Pierre : *Paul Grimault*, Éditions Dreamland, 1996.
PALMAERT Albéric de : *Le secret d'Herboné ou La fabuleuse histoire de Fripounet et Marisette*, préface de Jean Pihan, Éditions du Triomphe, Paris, 1993.
PEETERS Benoit : *Le monde d'Hergé*, Casterman, 1991.
PEREC Georges : *W ou le souvenir d'enfance*, Denoël, 1975.
PIHAN Jean : *Merci pour le passé*, Fleurus, 1985.
ROBICHON François : *Poulbot le père des gosses*, Éd. Hoebeke, 1994.
SAINT-OGAN Alain de : *Je me souviens de Zig et Puce et de quelques autres*, La Table Ronde.
SAINT-OGAN Alain de : *Sans tambours ni trompettes*, Paris, Fayard, 1946.
TEITGEN Pierre-Henri : *Faites entrer le témoin suivant*, Ouest-France Rennes, 1988.
UNGERER Tomi : *A la guerre comme à la guerre*, préface de Jean Vautrin, La Nuée bleue, 1991, Strasbourg.
VAGH Claudine : *Je ne lui ai pas dit au revoir : des enfants de déportés parlent*, postface de Bettelheim, Gallimard.
VILDRAC Charles : *Pages de journal 1922-1966*, Gallimard, 1968.

CATALOGUES, RECUEILS ET DICTIONNAIRES SPÉCIALISÉS

ARCHIVES DE GUERRE 1940-1945 (préface de Jean-Pierre Azéma) : catalogue des « Actualités mondiales » archives de l'INA et Documentation française 1996.
AVEC LES ÉLÈVES DE CÉLESTIN FREINET, extraits de journaux scolaires (présentation Michel Barré) INRP, 1996.
CATALOGUE : Les meilleures cartes postales d'illustrateurs, par Gérard Neudin, Éditions images et documents, Paris, 1991.
CATALOGUE du salon du livre de jeunesse de Montreuil, déc. 1990 : pp. 277 à 288, bibliographie d'ouvrages de science-fiction destinés à la jeunesse par Éliane Dufour et Françoise Levêque.
CHANSONS D'UNE VIE (1940-1990) : Francine Cockenpot, Seuil, 1992.
DICTIONNAIRE DE LA BANDE DESSINÉE : Henri Philippini, Éditions Bordas, 1986.
DICTIONNAIRE DES ILLUSTRATEURS de 1890 à 1945 : Marcus Osterwalder, Ides et Calendes, 1992.
DICTIONNAIRE DES ÉCRIVAINS POUR LA JEUNESSE : Éditions Seghers, 1969.

DICTIONNAIRE DES ÉCRIVAINS FRANÇAIS POUR LA JEUNESSE (1914-1991), par Nic Diament. L'École des loisirs, Paris, 1993.

DICTIONNAIRE NATIONAL DES CONTEMPORAINS : dirigé par Nath Imbert, Éditions Lajeunesse, 1938.

DICTIONNAIRE DU MONDE RELIGIEUX DANS LA FRANCE CONTEMPORAINE : Éditions Beauchesne. Paris 1990 (comporte quelques biographies dont celles des frères Caouissin).

DICTIONNAIRE DE LA POLITIQUE FRANÇAISE, par Henry Coston, Publications H. Coston, La librairie française, Paris, 1967.

ÉPHÉMÉRIDE DE LA SOCIÉTÉ DES GENS DE LETTRES de 1888 à 1987, établi par Geneviève Py, publié par la Société des Gens de lettres, Paris, 1988.

ENCYCLOPÉDIE DES BANDES DESSINÉES : Marjorie Alessandrini, Albin Michel, 1979.

ENCYCLOPÉDIE DE L'UTOPIE, DES VOYAGES EXTRAORDINAIRES ET DE LA SCIENCE-FICTION : Pierre Versins, L'Age d'homme, Lausanne.

GUIDE DE LA BANDE DESSINÉE : Philippe Bronson, Éditions Temps Futurs, 1984.

HISTOIRE DES BIBLIOTHÈQUES FRANÇAISES t. IV : Éditions du Cercle de la Librairie, Promodis, publication dirigée par Martine Poulain. Lire en particulier : « Les bibliothèques dans la tourmente », par Marie Külhmann ; « Les premières heures des bibliothèques pour enfants », par Viviane Ezratty.

HISTOIRE DE L'ÉDITION FRANÇAISE, t. IV, *Le livre pour enfants*, par Laura Noesser (pp. 456 à 475).

HISTOIRE DES LITTÉRATURES, t. III, *La littérature enfantine*, par André Bay (pp. 1604 à 1621), Encyclopédie de la Pléiade, 1963.

HISTOIRE GÉNÉRALE DE LA PRESSE, t. IV, par Claude Bellanger, PUF, Paris.

HOMMAGE À ROBERT DEBRÉ : L'épopée de la médecine des enfants. Catalogue de l'exposition du musée de l'Assistance publique, 1988.

IMAGES DE LA FRANCE DE VICHY : ouvrage collectif (D. Peschanki, Y. Durand, D. Veillon, P. Ory, J.P. Azéma, R. Franck, J. Eichart, D. Maréchal), La Documentation française, 1988.

TRÉSORS DE LA BANDE DESSINÉE : catalogue encyclopédique par Michel Béra, Michel Denni, Philippe Mellot. Éditions de l'Amateur à Paris. Destiné aux collectionneurs ce catalogue comporte de très utiles renseignements sur les différentes éditions des ouvrages et les variantes éventuelles, existe depuis 1980 en 9 éditions différentes. Dernière édition disponible : BDM 1993-94.

LIVRES ET LIVRETS D'EXPOSITIONS

A L'ENSEIGNE DU PÈRE CASTOR : livret réalisé à l'occasion du 50e anniversaire de la collection et d'une exposition à « L'Heure joyeuse ».

GARDE-LE TOUJOURS : lettres et dessins des enfants d'Izieu, Mémorial d'Izieu et Bibliothèque nationale de France, 1994.

JIJÉ : « Vous avez dit BD... » album édité à l'occasion de l'exposition Jijé au centre culturel Wallonie-Bruxelles, Éditions Dupuis 1983.

LA VILLE EN JOUETS, musée des Arts décoratifs, octobre 1996-février 1997, exposition de jouets.

LIVRES D'ENFANTS, LIVRES D'IMAGES : musée d'Orsay, Réunion des Musées nationaux, Paris, 1989.

LIVRES, ENFANTS, BIBLIOTHÈQUES : 1940/1990. Toulouse à L'Heure joyeuse, livret de l'exposition réalisée par Anne Marinet, Pierre Julien et la Bibliothèque municipale de Toulouse, Imprimerie municipale de Toulouse, oct.-nov. 1991.

LIVRE MON AMI : lectures enfantines 1914-1954, catalogue d'une exposition des mairies de Paris conçues par Annie Renonciat, Viviane Ezratty et Françoise Lévêque. Mairie de Paris 1991. Les pp. 89 à 102 ont pour objet l'occupation.

IMAGES À LA PAGE : « L'illustration du livre pour enfants en France », présentée au Centre Georges-Pompidou », l'exposition avait pour objet la période 1954/84 mais les pages 9 à 20 portent sur la période antérieure.

IMAGES ET COLONIES 1880-1962 : ouvrage collectif, exposition organisée par la BDIC aux Invalides en octobre 1993.

« P » COMME PATRIE : exposition organisée en 1988/89 par le musée national de l'Éducation à Rouen, catalogue réalisé par Yves Gaulupeau et préfacé par S. Chassagne, pp. 80 à 86.

SAMIVEL : Cinquante ans de création littéraire et artistique sur la Côte d'Azur. Bibliothèque de l'Université de Nice, exposition réalisée à l'occasion de la création du fonds Samivel, mai-juin 1981.

ARTICLES DE REVUE

BERTRAND DORLÉAC Laurence : « La vérité dans l'art-Maréchal : remarques sur les sources et leur présentation », *L'Image fixe*, n° 7, oct. 1993.

CREPIN Thierry : « La défense du dessin français », *CBD*, n° 80, 1996.

DELOBBE Georges : « Des premières lectures à la pratique d'un métier. » *Nous voulons lire* : revue d'information sur le livre d'enfance et de jeunesse, n° 99, juin 1991 (pp. 56 et 57), Bordeaux.

GROETSCHEL Yves et PAYEN-APPENZELLER Pascal : « Poulbot et Montmartre », *Paris aux cents visages*, 1979.

GUILLOT Claude : « Le journal Jumbo », *CBD* n° 66, 1991.

HAZAN Katy : « Les maisons d'enfants juifs après la guerre », *Le Monde juif* n° 158, septembre 1996.

HUE François : « Jean Ache » revue *Hop !* n° 21, 1979.

JAN Isabelle : « Colette Vivier. » *Revue du livre pour enfants* n° 70, décembre 1979.

KAUFFMANN Pierre : « Une expérience vécue : la maison d'enfants de déportés des éclaireurs israélites à Jouy-en-Josas », *Le Monde juif* n° 158, septembre 1996.

LEHIDEUX Guy : « Omer Bouquey et le dessin animé », *CBD* n° 81, automne 1996.

LEJEUNE Philippe : « Entretien avec Colette Vivier » *Revue des livres pour enfants* n° 141, automne 1991.

NOGUES Jean-Côme : « Mes premiers livres d'enfants », Inter CDI *Revue des Centres Documentaires et Bibliothèques* n° 119, sept.-oct. 1992.

PARMEGIANI Claude-Anne : « Castor des années trente », *Revue des livres pour enfants* n° 72/73, mai 1980.

PARMEGIANI Claude-Anne : « Naissance de l'album moderne », *Revue des livres pour enfants* n° 92/99.

PARMEGIANI Claude-Anne : « Tête à tête avec Samivel », *Revue des livres pour enfants* n° 139, 1991.
PARMEGIANI Claude-Anne : « Différentes formes d'Aymé », *Revue des livres pour enfants* n° 107/108, 1991.
PIHAN Abbé : « Cœurs Vaillants. » B.D. BULLE, *Revue du salon d'Angoulême* n° 5, 1979.
PIPET Albert : « Échappés de l'enfer de Saint-Lô, recueil de témoignages », *Sleipnir*, magazine culturel normand n° 16, juillet 1984.
RAGACHE Gilles : « L'exode », *Le Peuple français* n° 1, Paris, 1971.
RAGACHE Gilles :« De Jeune Force à Vaillant, naissance d'un hebdomadaire pour la jeunesse 1942-46 », *Gavroche*, revue d'histoire n° 85 et n° 86, 1996. Ces deux articles apportent de nombreux éléments dans l'histoire croisée du *Téméraire* et de *Vaillant.*
RAGACHE Gilles : « Histoire de la littérature de jeunesse : l'offensive catholique pendant l'occupation », *Trames, Cahiers d'histoire de l'IUFM* de l'Académie de Rouen, n° 1, 1996.
RAGACHE Gilles : « Maréchal nous voilà ! Pétain ou le culte de la personnalité à l'usage de la jeunesse », *Gavroche*, n° 83 et 84, 1995.
RIOUX Jean-Pierre : « La France a faim » *L'Histoire* n° spécial, *La France libérée*, juillet 1994.
ROGER Dominique : « Les livres d'enfants en breton », revue *Ar Men*, n° 53, août 93, Douarnenez.
WOLFROMM Jean-Didier : « Des contes à rêver perchés », *Magazine littéraire* n° 124, mai 1977.

REVUES DIVERSES

« ACTION POPULAIRE : CAHIERS D'ACTION RELIGIEUSE ET SOCIALE », SPES, Paris, en particulier des numéros de 1948 et 1949.
« LES CAHIERS DE L'ANIMATION », n° 49 et 50, Éducation populaire et jeunesse dans la France de Vichy, 1985.
« LES CAHIERS DE LA BANDE DESSINÉE » : publiés par les Éditions Glénat, on y trouve de nombreux articles sur des illustrateurs de cette période en particulier dans le n° 30 un article consacré à Edgar P. Jacobs et dans le n° 31 un autre consacré à Pellos.
« CBD » : « Le Collectionneur de bandes dessinées » consacre plusieurs articles à des illustrateurs des années 40. En particulier un numéro spécial (n° 60/61 de 1989) consacré à Calvo, un article de Jean Fourié sur Guy Sabran (n° 56 de 1988) et un article de Claude Beylie sur *Hurrah* de 1940 à 42.
« ENFANCE » numéro spécial : « Les livres pour enfants », année 1956. (Cent entretiens avec des écrivains, éditeurs et illustrateurs dont plusieurs travaillaient déjà de 1940 à 1944.)
« ENFANCE MAJUSCULE » : « L'ordonnance de 1945 » n° 24, 1995.
« ENFANCE MAJUSCULE » : « L'enfant et la guerre » n° 31, octobre-novembre 1996.
« HOP », Revue d'informations et d'études sur la BD : plusieurs articles sur cette période en particulier dans le n° 55 où l'on trouve un portrait d'Erik, un de Poïvet et un panorama de l'année 1943 (publiée par l'AEMEGBD à Aurillac).

« ICARE », revue de l'aviation française : numéro spécial *Saint-Exupéry*, n° 84, printemps 1978. Ce numéro comporte de nombreux documents inédits et des témoignages.
« LE JOUET FRANÇAIS » organe professionnel des fabricants français de jouets, jeux, articles de fête et voitures d'enfants, nouvelle série, n° 1, mai 1949.
« LA FUSÉE » : recueil hors série du Signe de Piste. EPI/1975 (témoignages de Serge Dalens et de Pierre Joubert).
« MAGAZINE LITTÉRAIRE » : Dossier Marcel Aymé, n° 124, mai 1977.
« LE MONDE JUIF » : Le sort des enfants juifs pendant la guerre, janvier 1978, n° 89 ; et « Des lendemains qui ne chantaient pas », n° 158, septembre 1996, CDIC.
« PHENIX » : numéro spécial « Saint-Ogan », n° 9.
« SAUVEGARDE » : Revue des associations régionales de sauvegarde de l'enfance et de l'adolescence, n° 1, mai 1946.
« VIE SOCIALE » : le social aux prises avec l'Histoire. Enfances XIXe et XXe siècles, n° 3/4, 1990. Cédias. Musée social, Université de Caen.

OUVRAGES POUR ENFANTS INTERDITS PAR LA CENSURE

2e liste (dite liste Otto) du 8 juillet 1942*

BRES H.S. : *Mon histoire de France*, Hachette.
FRANCES HODGSON BURNETT : *Petite princesse* (auteur anglais), Hachette.
JEANJEAN Marcel : *Alerte aux avions* (manuel illustré des services de défense à destination de l'Éducation nationale), Hachette.
VERDUN Commandant : *Face à l'ennemi.* Tome I : La guerre souterraine ; tome II : L'escadron cyclone. Édition Denoël 1939.
VERNE Jules : *Les cinq cents millions de la Bégum*, Hachette.

* Les listes « Otto » furent appliquées en zone occupée. Le gouvernement de Vichy appliqua son propre système de surveillance et de censure qui persista au-delà de novembre 1942. Les listes allemandes établies en septembre 1940 et juillet 41 ne comportaient aucun titre de jeunesse.

OUVRAGES INTERDITS À LA LIBÉRATION

Toutes les biographies consacrées à Pétain (soit une douzaine de titres) sont retirées de la vente ainsi que *Maréchaux de France* publié aux éditions Alsatia.
Un « Syllabaire illustré » de Fournier (1943) par circulaire du B.O. le 1er février 1945 car il comportait une francisque et la trilogie « Travail-Famille-Patrie ».
Une bande dessinée de Job de Roince : *La vie agitée d'un petit chasseur de fourrure*, collection « A la Française » Éditions Littéraire et artistique. Paris 1943 est nommément interdite.
Les trois albums en bandes dessinées de Vica deviennent de facto introuvables mais ne semblent pas avoir été interdits.

QUELQUES FILMS ET DESSINS ANIMÉS SUR L'ENFANCE OU POUR L'ENFANCE

DE 1939 À 1949

« Gô chez les oiseaux », dessin animé de Paul Grimault, 1939.
« Nous les gosses », film de Louis Daquin, Dialogues de Marcel Aymé, 1941.
« L'assassinat du Père Noël », film de Christian-Jacque, 1941.
« Bobineau », dessin animé belge d'Albert Fromenteau, 1942.
« L'épouvantail », dessin animé de Paul Grimault, 1943.
« Graine au vent », film de Maurice Gleize, 1943 (sortie mars 1944).
« Zazou chez les nègres », dessin animé belge d'Eddy Paape et Émile Van Herck, 1943.
« Le voleur de paratonnerre », dessin animé de Paul Grimault, 1944.
« La cage aux rossignols », film de Jean Dréville avec Noël Noël et les Petits chanteurs à la croix de bois (réalisation en 1944 mais première sortie en 1945).
« La captive de Frok-Manoir », « Un voyage imprévu » et « Wrill écoute la BBC », dessins animés belges de Fromentau et Madeleine Charlier, 1945.
« La flûte magique », dessin animé de Paul Grimault, 1946.
« Choupinet au ciel », dessin animé de Omer Boucquey, 1946.
« La petite république », de Victor Vicas. La vie d'une institution à Sèvres où les enfants se dirigent eux-mêmes, 1947.
« Le petit soldat », dessin animé de Paul Grimault, 1947.
« L'école buissonnière » de Jean-Paul Le Chanois, 1948, une allusion aux méthodes d'éducation de Freinet.
« Le troubadour de la joie », dessin animé de Omer Boucquey, 1949.

APRÈS 1949 MAIS EN RAPPORT AVEC LA PÉRIODE

« Jeux interdits », René Clément d'après le livre de François Boyer avec Brigitte Fossey et Georges Poujouly, 1952.
« Chiens perdus sans collier » de Jean Delannoy, 1955.
« J'ai huit ans », Comité Maurice Ceudin, film commenté par Vercors 1962.
« Le vieil homme et l'enfant », Claude Berri, 1966.
« Un enfant dans la foule », Gérard Blain, 1975.
« Au revoir les enfants », Louis Malle, 1987.

Enfin « FR3 Normandie » a réalisé en collaboration avec le Mémorial de Caen une émouvante vidéo-cassette intitulée « Les larmes de la liberté » qui fait le point sur le prix payé par les civils dans cette région particulièrement éprouvée, 1994.

Quelques repères chronologiques pour l'enfance

1939

Première édition du *Sceptre d'Ottokar* d'Hergé.

Sortie sur les écrans de La Famille Duraton, film de Christian Stengel avec Noël-Noël, Jules Berry, Blanchette Brunoy... Ce film correspond à la célèbre émission de radio qui existe depuis 1937.

Automne 1939 : déclaration de guerre qui entraîne l'évacuation de milliers d'enfants alsaciens et lorrains vers le Massif central et la mobilisation de plusieurs millions d'hommes.

Exercices de « Défense passive » dans les écoles.

1940

En mai puis en juin : bombardements de nombreuses villes et gares ; exode de centaines de milliers d'enfants et de leurs familles sur les routes de France.

25 juin : mise en application des clauses de l'armistice. La ligne de démarcation coupe la France en deux.

Juillet : « Les compagnons de France » organisent un camp de plein air à Randan (Puy-de-Dôme) avec diverses autres associations (scouts, éclaireurs...) et, à la même époque, ouverture des premiers chantiers de jeunesse.

Octobre : lois discriminatoires sur le statut des Juifs.

Octobre : circulaire Ripert sur l'enseignement des dialectes locaux aux enfants des écoles.

20 octobre : les écoliers de France sont conviés à une journée nationale de ramassage des faines.

15 août : de nombreux louveteaux, des enfants des écoles chrétiennes et des patronages participent aux fêtes de la Vierge à Vichy.

30 août : ordonnance interdisant l'usage de certains livres d'histoire de l'enseignement primaire.

Septembre : en zone libre, la rentrée des classes est avancée au 1re septembre afin de regrouper les enfants au plus vite ; de nombreux enfants participent aux vendanges pour remplacer les prisonniers.

6 septembre : à la demande de Jean Borotra, les programmes scolaires

prévoient neuf heures d'éducation générale et sportive dans le primaire et le secondaire.

1er octobre : regroupement de cinq fédérations scoutes, autorisées en zone libre uniquement, au sein du « Scoutisme français ».

15 octobre : une loi étend l'action des caisses des écoles aux enfants qui fréquentent les établissements privés.

Novembre : expulsion de plus de 120 000 Alsaciens et 60 000 Lorrains vers la zone libre.

15 novembre : en Bretagne, lancement de *Ololê*, illustré pour la jeunesse.

18 novembre : loi nataliste instituant une prime à la première naissance.

20 novembre : réintroduction des « devoirs envers Dieu » dans les programmes de l'école primaire par le ministre Jacques Chevalier.

21 novembre : 24 manuels d'enseignement primaire sont interdits d'utilisation.

26 novembre : restriction d'utilisation des métaux pour fabriquer des jouets.

13 décembre : création d'une carte nationale de priorité pour les jeunes mères de famille.

20 décembre : adoption de la « Charte des sports ».

31 décembre : création du Secours national.

1941

Première édition du *Crabe aux pinces d'or* d'Hergé.

Janvier : quelques dizaines d'enfants juifs sont acheminés vers l'Amérique depuis la zone libre.

6 janvier : les prêtres peuvent faire le catéchisme dans les écoles primaires.

15 février : à Vichy, « L'enfance artistique », exposition de dessins est inaugurée par Jacques Chevalier.

Février : le taux des Allocations familiales est relevé ainsi que la prime à la première naissance.

10 mars : Jérôme Carcopino, ministre de l'Education nationale maintient les horaires d'éducation religieuse dans l'enseignement primaire mais il fait préciser qu'elles doivent se dérouler hors des locaux scolaires.

Avril : nombreux bombardements anglais sur Brest; la rue de Siam est détruite.

8 mai : les mouvements « Ames Vaillantes » et « Cœurs Vaillants » sont à nouveau autorisés au port de l'insigne en zone libre et Outre-Mer.

17 juin : les jeunes de moins de 18 ans peuvent passer la ligne de démarcation librement s'ils sont accompagnés d'un adulte. Cette mesure est appliquée seulement aux enfants de moins de quinze ans à la fin de l'année 1941.

25 juillet : publication d'une liste de 82 livres scolaires interdits d'utilisation (dite liste A1) : bombardement de Cherbourg.

Décembre : circulaire de Carcopino sur l'enseignement des langues dialectales dans les écoles.

2 décembre : sortie au Paramount du film « Nous les gosses » de Louis Daquin tourné avec le concours de 80 gosses des banlieues.

16 décembre : sortie au Normandie du film « Prisonniers » sur la vie quotidienne des soldats français retenus en Allemagne.

22 décembre : célébration des 300 ans de la mort de Sully dans les écoles.

1942

Première édition de *L'étoile mystérieuse* d'Hergé.
Toute l'année 1942 : importante campagne en faveur des colonies de vacances pour les petits citadins intitulée « Croisade de l'air pur ».
En zone occupée, la plupart des illustrés pour enfants cessent de paraître. Seul subsiste *Ololê* en Bretagne.
10 février : à Vichy, « L'art et le sport », exposition inaugurée par MM. Carcopino et Borotra.
3 mars : premier bombardement de la RAF sur Boulogne Billancourt (623 morts et plus de 1 500 blessés).
29 mai : port obligatoire de l'étoile jaune pour les Juifs de la zone occupée.
31 mai : la « Fête des mères » est célébrée dans tout le pays.
Juin : obligation effective de porter l'étoile jaune pour tout Juif de plus de six ans en zone occupée. Ce décret ne s'applique pas à la zone libre.
8 juillet : interdiction faite aux Juifs d'accéder aux cinémas, bibliothèques, musées...
16 juillet : des enfants juifs sont raflés à Paris avec leurs parents et regroupés au « Vel d'Hiv ».
27 juillet : une loi réorganise la protection et le redressement des mineurs de moins de 18 ans et crée un corps spécial de magistrats spécialisés dans la juridiction des mineurs.
17 août : première attaque de bombardiers américains sur la France contre Rouen et sa banlieue.
3 septembre : journée de l'enseignement. Le Maréchal fait une allocution retransmise à la radio.
Décembre : loi créant les « associations familiales » qui permettent aux familles de s'exprimer et de participer à la vie publique.
Ouverture à Paris des premiers « Rescos » (« restaurants communautaires ») qui servent des repas aux familles les plus démunies et des goûters aux jeunes mères.
Octobre : « La France que nous aimons » concours de dessins pour décorer les salles de classe.
16 décembre : lois codifiant la protection de la maternité et de la première enfance en particulier dans le domaine sanitaire et social ; loi prévoyant la création de maisons-maternelles pour les filles-mères ; création de foyers pour les pupilles ; facilités pour l'adoption d'orphelins...
29 décembre : Journée des enfants. A Vichy, 1 200 écoliers remettent au Maréchal 4 000 000 de francs collectés en faveur de l'enfance malheureuse.
31 décembre : dissolution du syndicat français des fabricants de jouets.

1943

Première édition du *Secret de la Licorne* d'Hergé.
Création à Vichy du Conseil technique de l'enfance déficiente et en danger moral par Jean Chazal de Mauriac.
En janvier, mise en vente à Paris du premier numéro du *Téméraire*.
14-15 janvier : 155 Juifs sont raflés puis déportés à Rouen et dans les environs ; plusieurs enfants figurent parmi eux ; établissement de filières pour les enfants juifs en direction de la Suisse par l'OSE.

16 février : mise en place du Service du Travail Obligatoire.
8 mars : bombardements alliés sur Rennes (252 morts).
Avril : à Paris, premier « Congrès du film documentaire » auquel assistent plus de 25 000 écoliers.
4 avril : Bombardements de Boulogne Billancourt et des environs (plus de 400 morts).
15 avril : une loi renforce la protection et la prise en charge des enfants abandonnés.
30 mai : « Fêtes des mères » célébrée avec faste dans tout le pays.
1er septembre 1943 : publication d'une liste remise à jour de 95 livres scolaires interdits d'usage (dite liste A2).
Octobre : à Paris, esplanade des Invalides grande fête du jouet sportif ; les enfants concourent avec des patins à roulettes, des patinettes, des autos à pédales...
Bombardement de Toulon (450 morts).
25 décembre : nombreux « Arbres de Noël du Maréchal » en particulier à Vichy et à Paris, au Grand palais, goûters de Noël pour des milliers d'enfants de prisonniers.

1944

Au cours de cette année décisive qui voit la libération de la majorité du territoire, des milliers d'enfants sont victimes des bombardements sur la France et des violents combats de la Libération, spécialement d'avril à septembre. A Oradour-sur-Glane, des familles entières sont massacrées par des SS. Dans plusieurs villes, les déportations d'enfants juifs se poursuivent.

Janvier : rafle à la direction de l'Organisation de Secours aux Enfants.
Avril : Raimu distribue des gâteaux vitaminés aux Halles de Paris à des enfants.
11 mai : une vingtaine d'enfants juifs sont acheminés vers la Palestine (via l'Espagne) par des militants de l'OSE.
30 mai-4 juin : Semaine rouge sur Rouen. Les bombardements sont quotidiens.
6 juin à l'aube : débarquement des Alliés en Normandie.
22 juillet : rafle à Louveciennes de 34 enfants juifs qui sont aussitôt déportés ; le même jour deux cents autres enfants sont arrêtés et déportés dans la région parisienne, à quelques semaines de la libération.
Juillet : mort en plein ciel d'Antoine de Saint-Exupéry, auteur du *Petit Prince*.
Août : des milliers de gamins de Paris assistent ou participent, symboliquement, à la Libération de la capitale.
Septembre : Hergé est arrêté à Bruxelles par les épurateurs et provisoirement interdit de publication puis Vica est arrêté à Paris et sera interné un an à la prison de Fresnes.
Septembre : création d'une direction ministérielle à l'éducation populaire confiée à Jean Guéhenno puis naissance du « Grand mouvement laïque » qui doit encadrer les loisirs des enfants.
Septembre : Destruction totale du Havre par un « tapis de bombes. »
Novembre : premier congrès (à Lyon) de l'Organisation de Secours aux Enfants reconstituée.

Novembre : des trains franchissent à nouveau la Loire sur des ponts provisoires.

1945

Première édition du *Trésor de Rackham le Rouge* d'Hergé.

5 janvier : destruction totale de Royan par un « tapis de bombes ».

15 janvier : mise en place de la Direction générale de la Jeunesse et des Sports qui succède aux commissariats de Vichy.

Janvier : début d'organisation des « Francas » organisation de patronages laïques.

Février : importantes ordonnances sur la responsabilité pénale et criminelle des enfants de moins de 13 ans.

Février : parviennent enfin en France les premiers navires américains contenant du ravitaillement à destination des civils, les cargaisons depuis juin 1944 étant réservées à l'armée.

22 février : création des comités d'entreprises qui jouent un rôle important dans l'organisation des loisirs et des vacances des enfants.

4 avril : création du « Secrétariat général à la famille », sous la direction d'Alfred Sauvy, par une ordonnance du gouvernement provisoire. Il est rattaché au ministère de la Santé publique.

8 mai : l'armistice est proclamé en Europe. Le retour des prisonniers, des requis du Travail obligatoire, des « Malgré nous » d'Alsace Lorraine et des déportés politiques ou raciaux s'amorce. Il durera plusieurs mois. Parmi les déportés on trouve de nombreux enfants ou adolescents raflés en France ou provenant de divers pays, très éprouvés et qu'il faut réinsérer dans la vie. Libération des « poches » de Saint-Nazaire, Lorient, l'Île de Ré, La Rochelle et Dunkerque après plusieurs mois de siège.

Au printemps : « L'Entraide française » prend la relève du « Secours national » ; lancement de la « Croisade de l'air pur » afin de financer des centres de vacances.

23 mai : lancement de *Vaillant* par le PCF qui se trouve pendant plusieurs mois en situation de monopole.

6 juin : une ordonnance annule la loi d'octobre 1940 sur les caisses des écoles qui désormais n'aideront que les enfants des écoles publiques et non ceux des écoles privées.

Mort dans un camp de déportés de Robert Desnos, auteur des « Chantefables » et des « Chantefleurs ».

Septembre : à Zurich, « semaines d'études pour l'enfance victime de la guerre » (SEPEG).

Octobre : relance du mouvement et des publications de l'École Freinet à Vence puis à Cannes.

31 octobre : ordonnance réorganisant la législation antituberculeuse. Le dépistage devient systématique et obligatoire dans les écoles.

28 décembre : rétablissement de la carte de pain.

30 décembre : célébration du 25e anniversaire de la fondation des Scouts de France.

1946

Mai : circulaire aux recteurs d'académies sur les livres scolaires à écarter en raison de leur esprit pro-allemand.
1er mai : la ration de pain est fixée à 250 grammes par jour et par personne.
Juillet et août : congrès européen d'éducation nouvelle à la Sorbonne sous la présidence de Paul Langevin.
Création du prix Guy de Larigaudie par les éditions Alsatia.
Septembre : lancement de l'édition française de *Spirou.*
11 décembre : mise en place à l'ONU d'une structure spécialisée dans les secours d'urgence à l'enfance. C'est l'ancêtre de l'UNICEF actuelle.
Décembre : sortie en Europe du dessin animé de Walt Disney, « Pinocchio » (film réalisé en 1940) et Tino Rossi chante « Petit papa Noël ».

1947

Janvier : un jeune FTP, Jean Thomas, qui avait quitté son école en 1943 pour rejoindre la résistance est décoré dans la cour de cette même école.
Juillet : premiers échanges-voyages entre classes correspondantes des écoles Freinet.
27 août : la ration de pain est abaissée à 200 grammes par jour et par personne.
Le prix Guy de Larigaudie est attribué à Marie Moreau-Bellecroix pour son roman *Les trois pastoureaux* et le « Prix jeunesse » revient à Jean Bosshard pour *Le marchand de sable attendra...*
Sortie sur les écrans du dessin animé de Pierre Grimault et Pierre Prévert « Le petit soldat » et du dessin animé de Walt Disney « Bambi ».
En décembre sortie à Bruxelles d'un film d'animation sur « Tintin et Milou » d'après *Le crabe aux pinces d'or.*

1948

Première édition des *Sept boules de cristal* d'Hergé.
Retour sur les ondes de Radio Luxembourg de la célèbre Famille Duraton.
26 février : au Conseil de la République, Suzanne Girault (PCF) dénonce « l'invasion de nos écrans et de notre presse par la littérature et les films américains ».
Avril : les chaussures, les vêtements de travail et le linge de maison sont remis en vente libre.
3 mai : Arrêté du Préfet de police interdisant l'exposition et la vente sur la voie publique d'une vingtaine d'illustrés jugés licencieux.
10 décembre : déclaration universelle des droits de l'Homme. Deux articles (25 et 26) concernent spécifiquement les enfants.
Fondation de la bibliothèque internationale de l'enfance à Munich et du Bureau International Catholique de l'Enfance à Genève.

1949

Première édition du *Temple du Soleil* d'Hergé.
Sortie du film « L'école buissonnière ».
19 janvier : suppression des cartes de pain.
21, 22 et 27 janvier : discussion à l'Assemblée nationale d'une loi sur les publications destinées à la jeunesse.
mai : reparution de la revue *Le jouet français.*
16 juillet : entrée en vigueur d'une importante loi réglementant toutes les publications destinées à la jeunesse.
10 novembre : ouverture à Paris d'un Centre International de l'Enfance à l'initiative du professeur Robert Debré, avec l'approbation des Nations unies.
30 novembre : suppression du rationnement et par la même occasion du Haut Commissariat au ravitaillement.
22 décembre : réunion au « Vel d'Hiv » à Paris, à l'initiative du PCF et en présence de Marcel Cachin et de Jacques Duclos, d'un « Noël des enfants des fusillés ». La guerre est toujours bien présente dans les mémoires.

Remerciements

L'auteur remercie vivement tous ceux qui l'ont aidé dans ses recherches, en particulier Anthony ROWLEY, éditeur, et Serge BERSTEIN, professeur à l'Institut d'Études politiques de Paris, qui sont tous deux à l'origine de ce livre

ainsi que Mesdames :

Christiane BERY, responsable de la section jeunesse de la bibliothèque d'Evreux
Chantal BONAZZI, conservateur de la section contemporaine des Archives de France
Eliane CAROUGE, conservateur des archives de l'Eure
Mme MANTOUE, ancienne directrice de la bibliothèque « L'Heure joyeuse » de Versailles
Françoise LÉVÊQUE, bibliothécaire, chargée du fonds ancien de la Bibliothèque « L'Heure joyeuse » de Paris
Catherine TAPIA, documentaliste du Centre international de l'enfance au château de Longchamp à Paris.

et

François BERQUET, bibliothécaire du fonds ancien de la bibliothèque d'Evreux
Roland BURET, spécialiste de la bande dessinée ancienne, passage Verdeau à Paris
Serge DALENS, écrivain, auteur du « Signe de Piste »
Michel DENNI, animateur du catalogue de la bande dessinée, le « BDM », et de la librairie Lutèce, rue d'Arras à Paris, spécialiste de la bande dessinée ancienne
Jean-Louis FONCINE, écrivain, auteur du « Signe de Piste »
Yves GAULUPEAU, conservateur du musée national de l'Education à Mont-Saint-Aignan
Pierre JOUBERT, peintre-illustrateur de la collection « Signe de piste »

Georges Lanthoinnette, conservateur du fonds ancien des éditions Hachette à Paris
Guy Maconi, professeur à l'IUFM de Rouen-Evreux
Michel Manson, conservateur au musée de l'Education à Rouen (INRP)
Bernard Le Nail, directeur de l'Institut culturel de Bretagne à Rennes
Georges Pelletier, animateur de la librairie de livres anciens « Floréal » à Evreux
Monsieur Pouessel du fonds contemporain des Archives nationale
Le père Gilbert, moine à l'abbaye du Bec-Hellouin et son frère François-Xavier

et bien sûr Claude et Nicolas.

Table

Cet ouvrage a été réalisé par la
SOCIÉTÉ NOUVELLE FIRMIN-DIDOT
Mesnil-sur-l'Estrée
pour le compte des Éditions Perrin
en septembre 1997

Imprimé en France
Dépôt légal : septembre 1997
N° d'édition : 12920 – N° d'impression : 39637